"十二五"国家重点图书出版规划项目

2012年度国家出版基金项目

国家出版基金项目
NATIONAL PUBLICATION FOUNDATION

Doctrines of the Great Educators

伟大教育家的学说

〔英〕罗伯特·R·拉斯克　詹姆斯·斯科特兰/著
朱镜人　单中惠/译

山东教育出版社

图书在版编目(CIP)数据

伟大教育家的学说/(英)拉斯克著;朱镜人,单中惠译.—济南:山东教育出版社,2013(2017 重印)

(西方教育史经典名著译丛/单中惠,徐小洲主编)

ISBN 978-7-5328-6307-5

Ⅰ.①伟… Ⅱ.①拉…②朱…③单… Ⅲ.①教育史—西方国家 Ⅳ.①G519

中国版本图书馆 CIP 数据核字(2013)第 162208 号

西方教育史经典名著译丛

单中惠　徐小洲　主编

伟大教育家的学说

[英]罗伯特·R·拉斯克　詹姆斯·斯科特兰/著

朱镜人　单中惠　译

主　　管:山东出版传媒股份有限公司

出 版 者:山东教育出版社

　　　　　(济南市纬一路 321 号　邮编:250001)

电　　话:(0531)82092664　传真:(0531)82092625

网　　址:www.sjs.com.cn

发 行 者:山东教育出版社

印　　刷:山东新华印刷厂潍坊厂

版　　次:2017 年 3 月第 1 版第 2 次印刷

规　　格:710mm×1000mm　16 开本

印　　张:22.5 印张

字　　数:305 千字

书　　号:ISBN 978-7-5328-6307-5

定　　价:45.00 元

(如印装质量有问题,请与印刷厂联系调换)
印厂电话:0536-2116806

"西方教育史经典名著译丛"总序

　　教育史蕴藏着教育智慧，教育史名著闪耀着人类教育智慧的光辉，因此，从教育史中可以寻找教育智慧的宝藏。教育是人类社会的一个永恒课题，在教育发展的过程中，不同历史时期不同国家的思想家和教育家，或在自己教育实践的基础上，或在总结前人教育经验的前提下，提出各具特点的教育主张、教育理论和教育方法。毋庸置疑，在数千年的历史长河中，古今教育家通过他们的实践探索和理论思考给后人留下很多教育智慧。从事教育的人，研究教育的人，管理教育的人，以及学习教育的人，如果不了解教育的历史，那不仅与自己的崇高称号不相匹配，而且是令人难以想象的。不了解教育历史的人往往对教育限于感性，在教育实践中会走弯路。不了解教育的历史，不知道教育上的巨人是谁以及他的肩膀在哪里，就无法在历史传承的基础上谈教育创新。

　　法国教育社会学家涂尔干（Emile Durkheim）在《教育思想的演进》（The Evolution of Educational Thought）一书中曾这样说过："历史的研究不仅将会使我们有能力与我们自己的原则交流，而且也会使我们时不时从我们的前辈那里，发现我们必须纳入考虑的一些至关重要的东西，因为他们是我们的先辈，而我们是他们的传人。"概括起来，教育史研究的意义主要在于：一是拓展教育视野。教育既是一种历史现象，又是一种永恒现象。通过教育史，可以了解古今教育家是如何对教育问题进行实践探索和理论思考的，从而拓展教育视野。二是增长教育智慧。教育问题的解决需要教育智慧。通过教育史，可以拥有前辈的经验和智慧，从而既能对过去和现在的事情作出合理的解释，也能对将来的事情作出合理的推测。 三是寻求教育思想支撑。 从历史传承的意义上来讲，教育史上教育家的一些思想并没有过时。 通过教育史，可以从历史上的教育家那里借鉴一些有益的东西，得到一些有益的启迪。 四是获得教育方法。 在教育发展历史上，很多教育家都是有长期教育实践经验的教师。 通过教育史，可以了解其有特色的教育理论，获得其有启示的教育方法。

20 世纪以来，在西方教育史学界，美国、英国和法国等国教育史学家撰著了很多在学术上造诣很深和影响很广的教育史著作。 这些著作既对西方教育史学的发展起了很大的推动作用，也在西方教育史学界确立了重要的学术地位。 这次，我们策划翻译出版"西方教育史经典名著译丛"，其目的在于向我国教育界尤其是教育史学界推介一些西方教育史经典名著。 通过这些西方教育史经典名著，教育学者尤其是教育史学者不仅能在教育理论素养上有所提高，而且能在教育史学观念上有所感悟，还有能在教育史研究方法上有所启迪。

在确定"西方教育史经典名著译丛"的入选书目时，我们主要考虑了三条原则：一是经典性。 入选的书目在西方教育史学界应是流传较广和影响较大的著作。 由于它们具有形成智慧的教育价值，因而凸现出经典性。 二是代表性。 入选的书目在西方教育史领域的不同学术研究方向和研究视角应有一定的代表性。 其中，既有通史，又有问题史；既有制度史，又有思想史；既有古代史，又有近现代史。 三是独特性。 入选的书目在西方教育史领域应能体现不同的史学理论和研究方法，同时应能体现西方不同国家教育史学家的学术成果和学术思想。 其中，既有体现传统史学研究的著作，又有体现当代史学研究的著作。 在确定"西方教育史经典名著译丛"入选书目的过程中，我们还征求了国内外一些学者的意见，在此表示衷心的感谢。

据此，"西方教育史经典名著译丛"精选了十本西方教育史经典名著。 其中有：

〔美〕布里克曼（William W. Brickman）：《教育史学：传统、理论和方法》（Educational Historiography：Tradition，Theory，and Technique）。

〔英〕弗里曼（Kenneth J. Freeman）：《希腊的学校》（Schools of Hellas）。

〔英〕科班（A. B. Cobban）:《中世纪大学：发展与组织》（The Medieval Universities：Their Development and Organization）。

〔英〕伍德沃德（William Harrison Woodward）:《文艺复兴时期教育研究》（Studies in Education During the Age of the Renaissance, 1400—1600）。

〔法〕孔佩雷（Gabriel Compayre）:《教育学史》（The History of Pedagogy）。

〔美〕伯茨（R. F. Butts）:《西方教育文化史》（A Cultural History of Western Education）。

〔美〕布鲁巴克（John S. Brubacher）:《教育问题史》（A History of the Problems of Education）。

〔英〕拉斯克（Robert R. Rusk）、斯科特兰（James Scotland）:《伟大教育家的学说》（Doctrines of the Great Educators）。

〔美〕克雷明（Lawrence Arthur Cremin）:《学校的变革》（The Transformation of the School）。

〔美〕托里斯（Carlos Alberto Torres）:《教育、权力与个人经历：当代西方批判教育家访谈录》（Education, Power, and Personal Biography, Dialogues with Critical Educators）。

改革开放以来，由于山东教育出版社领导的精心打造，教育史著作出版已成为山东教育出版社的特色品牌。这次"西方教育史经典名著译丛"的翻译出版，得到了山东教育出版社领导的高度重视和大力支持，在此谨致最诚挚的敬意。还必须感谢的是，在翻译出版的过程中，教育理论编辑室主任蒋伟编审做了大量的指导和协调工作，付出了辛勤的努力。

我们希望"西方教育史经典名著译丛"的翻译出版，不仅能推动我国西方教育史的学术研究和学术积累，而且能为我国教育界提供一些具有重要学术价值的西方教育史经典读物。

单中惠　徐小洲

浙江大学教育学院

2009 年 2 月

目　录

解　读

朱镜人　单中惠

　　《伟大教育家的学说》(*Doctrines of the Great Educators*)是英国教育史学家、乔旦希尔教育学院(Jordanhill College of Education)和格拉斯哥大学教授罗伯特·R·拉斯克(Robert R. Rusk,1879—1972)与英国教育家和地方戏剧家、阿伯丁大学教授詹姆斯·斯科特兰(James Scotland,1917—1983)合著的著作。本书1918年第一次出版,先后一共出过5版。在每一次再版时,作者对内容都作了重新修订,并根据自己认识的变化对人物作了增减。例如,"杜威"这一章是在1954年第二版才出现在本书中的。该书前四版的作者是拉斯克本人。本书第五版出版于1979年,作者除了拉斯克之外,还有他的学生詹姆斯·斯科特兰。

　　拉斯克1879年6月生于苏格兰的埃尔。他先后就读过英国格拉斯哥大学和剑桥大学以及德国耶拿大学,在耶拿大学获得博士学位。后在苏格兰的敦提和圣安德鲁斯的教师训练学院任教。从1923年起,他在乔旦希尔教育学院执教,一直到1946年退休。退休后,他又应聘在格拉斯哥大学任教,于1951年第二次退休。1928年,拉斯克与其他教育学者一起创建苏格兰教育研究会(The Scottish Council for Research in Edcuation),担任首任主席,并主管研究会事务长达30年。英国一位通讯作家曾这样评论道:"拉斯克是一群杰出的苏格兰教育家中的一位。这群教育家对苏格兰教育作出了贡献,使它拥有了国际声誉。……他们特别感兴趣于苏格兰教育研究会,倾注他们的很多时间和精力来促进它的发展。所有人都承认拉斯克的领导。"①作为一位资深的教育学者,拉斯克的学术著作颇丰。除了本书之外,主要还有《实验教育导论》(*Introduction to Experimental Education*,1912)、《儿童的宗教教育:以主日学校为例》(*The Religious Education of the Child, With Special Reference to Sunday School Work*,1915)、《实验教育》(*Experimental Education*,1919)、《教育的哲学基础》(*The Philosophical Base of Education*,1928)、《苏格兰教师训练:历史的审视》(*The Training of Teachers in Scotland:A Historical Review*,1928)、《幼儿教育史》(*A History of Infant Education*,1933)②、《实验教育大纲》(*Outline of Experimental Education*,1960)等。他还在许多教育期刊上发表文章,这些期刊有《实验教育学杂志》(*Journal of Experimental Pedagogy*)、《苏格兰教育杂志》(*The Scottish Educational Journal*)、《儿童研究》(*Child Study*)、《学校界》(*School World*)、《教育研究杂志》(*Journal of Educational Research*)等。1972年拉斯克去世,享年93岁。

斯科特兰在格拉斯哥大学学习时曾是拉斯克的学生。他1917年9月生于苏格兰的格拉斯哥。斯科特兰曾就读格拉斯哥大学,先后获得文学学士(1940)、法律学士(1943)、教育学硕士(1949)等学位。1940—1946年,曾随英军在南非和意大利服务。1949—1961年,斯科特兰任教于乔旦希尔教育学院。从1961起,他担任阿伯丁大学教育学院院长,一直到1983年8月去世。他还曾是阿伯丁大学校务会成员。斯科特兰生前积极参加学术团体的活动,其中有苏格兰教育考试资格委员会(Scottish Certificate of Education Examination Board)、苏格兰普通教学研究会(General Teaching Council for Scottish)、苏格兰教育学院院长委员会(Committee of Principals of the Scotish Colleges of Education)、苏格兰学校广播理事会(School Broadcasting Council for

---

① From Scottish School of Educational Research. http://www.ces.ed.ac.uk/SSER/about/biofraphies.html.

②《幼儿教育史》中译本1939年由商务印书馆出版,周竟中译,书名为《幼稚教育史》。

Scotland)等，他在前三个学术团体中还担任过主席职务。斯科特兰的学术著作除本书外，主要还有《现代苏格兰简史》(*Modern Scotland：A Short History from 1707 to the Present Day*，1953)、《苏格兰教育史》(*The Historu of Scotish Education*，1969)两卷本、与戴维·托马斯(David Thomas)合著的《教育革新的管理》(*Management of Innovation in Education*，1970)等。1974 年，曾与霍尔姆斯(B. Holmes)一起合编《欧洲教育》(*Education in Europe*)。

《伟大教育家的学说》1979 年第五版与前四版有所不同。因为此时拉斯克教授已去世 7 年，所以，这一版内容的增减是由斯科特兰负责的。他在第五版中删去了艾利奥特(Elyot)、弥尔顿(Milton)和怀特海(Whitehead)三章内容。在斯科特兰看来，"他们还够不上拉斯克提出的'伟大教育家'的标准"，但他同时增加了一章，即第十三章"20 世纪教育家"。① 此外，本书第五版还为读者开列了各章的参考文献，②供读者进一步阅读。

《伟大教育家的学说》的研究目的十分明确。作者在第一章中就明确表明，之所以强调研究希腊时代以来的教育，其目的"在于把我们碰到的现代问题放到历史背景中去认识"③。正是出于这一目的，所以，他们在选择"伟大教育家"(Great Educators)时制定了两条标准："第一，他们的思想对西方学校教育产生过显著的重要影响，其中一些是对他们那个时代的学校教育产生过影响的教育家，如昆体良和赫尔巴特；另一些影响范围相对较窄但在特殊领域却有重要影响的教育家，如罗耀拉；还有一些无论时代如何变迁其影响依然不减的教育家，如柏拉图和卢梭。第二，他们中的一些人，尤其是早期的教育家，具有典型的代表性。"④因此，入选本书的伟大教育家个个都是西方教育史上具有某种里

---

① Robert R. Rusk and James Scotland. *Doctrines of the Great Educators*，Fifth Edition，New York：The Macmillan Press Ltd.，1979，Preface，p. vii.

② 这也是詹姆斯·斯科特兰为本书英文本第五版增加的内容。按照斯科特兰的解释，拉斯克本人也已发现前四版缺少这一内容是个缺憾，准备再版时增加。

③ *Doctrines of the Great Educators*，Fifth Edition，p. 5.

④ *Doctrines of the Great Educators*，Fifth Edition，pp. 5—6.

程碑意义的教育家。这些教育家的思想基本上反映了西方教育思想史发展的轨迹。在某种意义上说,了解了这些伟大教育家的学说,就等于了解了西方教育思想演进的历程。

从全书框架来看,除"前言"(1979 年第五版)外,《伟大教育家的学说》共有 13 章。

在第一章"伟大教育家"中,作者首先论述了何谓人类教育史上的"伟大教育家"。在他们看来,在教育的历史进程中,曾产生过一些具有重大影响力的教育家。因为"人们会发现,在面对现实教育问题时,人们仍然可以通过阅读他们的作品,从他们的思想中获得许多有益的启迪。仅凭这一点,他们就完全可以被称为'伟大教育家'"①。大凡"伟大教育家"都具有五个共同特征:第一,每位教育家都为教育的发展贡献了新的理论或对教育进程中的问题作了新的阐释。第二,他们或多或少都是哲学家。第三,他们的理念具有新奇性。第四,能够发现这些教育家的思想对教育实践产生影响的场所。第五,他们的著作一定在某个时期显然产生过重要的影响。在这一章中,作者还解释了亚里士多德、富兰克林和欧文等人没有入选"伟大教育家"的原因。

从第二章开始到第十二章,作者分章论述了柏拉图、昆体良、罗耀拉、夸美纽斯、洛克、卢梭、裴斯泰洛齐、赫尔巴特、福禄培尔、蒙台梭利和杜威等 11 位教育家。对每位教育家的教育思想产生的背景或生涯著作、教育主张以及教育思想对后世的影响,作者都进行了翔实而客观的论述、分析和评价。

第十三章作者简要论述了一些 20 世纪教育家,其中包括弗洛伊德、尼尔、皮亚杰、马克思、怀特海、曼海姆、布鲁纳、伊里奇等 8 位教育家。作者认为,在 20 世纪,自杜威这位古典式伟大教育家之后,再没有出现过像"伟大教育家"那样的教育家。这是因为在现代社会,许多人都对教育有兴趣并且多少获得了一些教育的知识,巨人般的教育预言家的产生不再那么容易了。虽然现代社会教育问题依然存在,生活更加复杂,但现代教育的一些基本问题也是伟大教育家曾经遭遇的问题,

① *Doctrines of the Great Educators*, Fifth Edition, p. 2.

换言之,这些问题都是伟大教育家曾经论述过的问题。本章作者斯科特兰认为,尽管 20 世纪难以再产生伟大的教育家,但还是有一批教育家为解决一些教育问题贡献了思想和方法,后人需要了解他们。

通过对《伟大教育家的学说》全书的简要概述,人们可以发现,本书似乎并不是一本系统的教育史著作。拉斯克本人也曾这样说:"教育史应当阐释教育学说与致使其产生的那个时代的知识和社会发展趋势之间的关系,应当详细论述这些教育学说,而且应当指明这些学说是如何影响教育实践的。这本著作不是一部教育史(History of Education)著作,它只论述与评价了部分具有代表性的教育家。"[①]但是,通过阅读这本著作,人们也可以清晰地发现,本书存在着一条纵贯全书的隐形的逻辑主线,这就是教育思想的传承以及在传承基础上的思想创新。它使读者明显地感觉到西方先贤的教育思想对后世的影响,深刻地感受到教育思想的历史继承性。正如作者在书中所说:"在莫尔的《乌托邦》、艾利奥特的《行政官之书》和其他人文主义作家的作品里,在约翰·诺克斯的《规则书》、卢梭的《政治经济学论文》以及费希特的《对德意志民族的演讲》中,都可以看到柏拉图的影响。"[②]实际上,本书是一部逻辑主线清晰的教育思想史经典著作。

本书表现出以下几个特点。

第一,研究重点突出。这一特点,首先,表现在研究的人物对象上。这本著作虽然涉及 19 位教育家,但他们在教育史中的地位和影响是不一样的。在论述这些教育家时,作者没有采取平均主义的做法,而是根据他们自己的认识进行区别对待,重点突出一些特别有影响的教育家,做到了需详则详、可略则略。除了在第十三章中简要论述弗洛伊德等 8 位教育家之外,即便分章论述的教育家,作者也依据这 11 位教育家的影响而突出了其中一些重点人物。这一点可以从作者所用笔墨的多少来判断。根据本书英文本第五版,这 11 位教育家所占篇幅的排序如

---

① Robert R. Rusk, *Doctrines of the Great Educators*, Second Edition,. New York: The Macmillan Press Ltd. , 1954, p. v.

② *Doctrines of the Great Educators*, Fifth Edition, p. 33.

下：卢梭（36页）、柏拉图（28页）、赫尔巴特（23页）、蒙台梭利（22页）、洛克（20页）、裴斯泰洛齐（19页）、夸美纽斯（18页）、杜威（18页）、罗耀拉（16页）、福禄培尔（15页）、昆体良（11页）。其次，表现在每个人物研究内容的取舍上。作者根据每个人物的具体情况对研究内容作了不同的安排，而没有完全按照时代背景、生平与著作、主要教育观点、教育思想的特点以及教育思想的影响这样统一的结构模式来论述。例如，在论述柏拉图教育思想之前，作者先介绍了当时雅典的教育情况，其中涉及的有智者派和苏格拉底的教学方法，为论述柏拉图教育思想作了铺垫；而在论述其他教育家时，则很少涉及该教育家所处时代的教育情况。这也许是这本著作唯一有欠缺的地方。但是，作者这样安排结构有其自己的道理，这也是作者认为自己的这本著作算不上教育史著作的原因。

第二，论析深入透彻。这表现在，首先，在探讨每位教育家的教育思想时，除了介绍其教育著作之外，还对该教育家的其他相关著作作了剖析，为理解该教育家教育思想的形成提供了支持。例如，在论述洛克的绅士教育思想时，对其《政府论》和《人类理解论》中与其教育思想相关的内容作了介绍；又如，在论述卢梭时，作者介绍了卢梭的《论艺术与科学》和《论政治经济学》等著作对其教育思想产生了影响的观点。其次，对教育家教育思想的发展变化作了分析。例如，在论述柏拉图教育思想时，对柏拉图早期著作《理想国》和晚年著作《法律篇》中的教育主张分别作了介绍，清晰地展现了柏拉图的教育思想所发生的变化。又如，在论述夸美纽斯教育思想时，作者不仅着笔探讨了夸美纽斯早期教育著作《大教学论》的泛智教育主张，而且花了相当笔墨探讨了夸美纽斯晚年最后一本教育著作《泛教论》，这使人们了解夸美纽斯教育思想在不同的时期是发展的，或者说，夸美纽斯随着年龄的增长对人的教育的理解有了明显的深入。更值得注意的是，作者对西方教育史上的一些有争议的问题，例如，洛克是否是形式训练支持者、卢梭的积极教育和消极教育、赫尔巴特的多方面兴趣学说等，作了颇为精辟的论述和分析。

第三，论点清晰独到。作者提出了不少独特的观点。其中，有的观点给人一种豁然开朗、耳目一新的感觉。例如,作者认为,卢梭"是一位理想主义者。他承担了连接斯多葛派和康德的桥梁作用。同样,《爱弥儿》不是一部论述个人教育的著作,也许人们第一眼会产生这种感觉,实际上,它提出了一个普遍的制度问题"①。又如,作者在阐释福禄培尔与蒙台梭利的区别时,认为是环境造成了他们理论重心的差异:"福禄培尔在勃兰根堡的幼儿园建在迷人的施瓦察塔尔的入口、图林根地区风景最优美和最漂亮的树林茂密的一个村庄之中;而蒙台梭利的'儿童之家'则建立在一个欧洲国家首都的贫民窟里。这种差异决定着他们各自的观点。在一个理想的农村环境里,福禄培尔主要把注意力集中在儿童的天赋和发展上;而蒙台梭利则把她的制度重要性的中心放在环境上。"②再如,作者反驳了一些人对罗耀拉耶稣会教育的批评,认为是"耶稣教育制度将统一的和普遍的教育方法的价值观传播给了世界,而且将一种有文化的受过高等训练的教学专业组织带给了世界"③。有的观点则给人以深刻的启迪。例如,作者说:"自古以来,几乎所有的伟大教育家都是哲学家,而且他们也没有因为在实际教学活动中的技能而出名——事实上,他们中的一些人在承认自己是不成功的实践者时表现出一种童真的快乐。"④还有的观点则颠覆了传统的看法。例如,作者认为,赫尔巴特"最著名的教育著作是书名被译为《心理学教科书》和《教育科学》的两本著作"⑤,而不是我们所熟知的《普通教育学》和《教育学教授纲要》。

第四,史料引用翔实。通读本书会使读者有一个深切的感受,这就是作者在写作时很少带有主观臆测的成分,而是旁征博引,引用了大量的一手资料,以史料说话。正是在大量史料的基础上,作者对这些西方"伟大教育家"进行了逻辑的思考和精辟的分析。在这本总共 310 页的著作(英文本第五版)中,仅注释就占了 55 页,可见其论据之充实。翔

---

① *Doctrines of the Great Educators*, Fifth Edition, p. 110.
② *Doctrines of the Great Educators*, Fifth Edition, p. 192.
③ *Doctrines of the Great Educators*, Fifth Edition, p. 61.
④ *Doctrines of the Great Educators*, Fifth Edition, p. 223.
⑤ *Doctrines of the Great Educators*, Fifth Edition, p. 156.

实的史料有力地支持了作者的观点,增加了其论点的说服力。

　　《伟大教育家的学说》一书出版后,受到了学界的广泛欢迎。仅前四版就重印了 16 次。其中,第一版 1918 年出版后,先后于 1922、1926、1930、1937、1941、1948 和 1952 年重印了 7 次;第二版出版于 1954 年,也于 1955、1956、1957 和 1959 年重印过 4 次;第三版出版于 1965 年,1967 年重印过 1 次;第四版出版于 1969 年,于 1971、1972、1974 和 1976 年重印过 4 次。这一系列重印和再版数字,足以说明《伟大教育家的学说》一书在西方教育史研究领域的地位。确实,这是一本值得阅读的西方教育思想史经典著作。也许正如斯科特兰教授所说的:"我们依然可以期待,本书在 60 年后会再版。"①

---

① *Doctrines of the Great Educators*, Fifth Edition, Preface, p. viii.

前　言

（1979年第五版）

1972年，年迈的93岁的罗伯特·拉斯克（Robert Rusk）博士去世了。但是，他的影响力并未随之消失。本书在他在世时曾出过4个版本，印刷过17次。在他去世后，本书还重印过3次。显然，这是一本经典的教育著作。

在这次新的版本中，我对内容作了些增减。其中，删去了艾利奥特（Elyot）①、弥尔顿（Milton）②和怀特海（Whitehead）③三章内容。虽然前面两位是文艺复兴和宗教改革时期英国教育家的代表，但我觉得他们还够不上拉斯克提出的"伟大教育家"（Great Educator）的标准，因为今天很少有学生甚至很少有专家关心他们的学说。他们的一些主张，特别是艾利奥特的主张，我放在罗耀拉（Loyola）这一章的开头部分作了介绍。怀特海思想是在本书第四版时开始出现的，事实也证明他的思想影响力不如预期的大。尽管如此，他的思想依然具有一定影响，因此，本书最后一章还是花了一定的笔墨对他作了介绍。

最后一章本身也是附加的。17世纪、18世纪和19世纪的杰出教育家是举世公认的。但是，在杜威（Dewey）④之后，哪些教育家应当入选呢？在过去的半个世纪里，涌现出了许多才华横溢的作家，数量实在

---

① 艾利奥特（Thomas Elyot，1490—1546），英国人文主义教育家，著《行政官之书》（*The Boke named the Governour*）。——译者注

② 弥尔顿（John Milton，1608—1674），英国诗人和教育家。——译者注

③ 怀特海（A. N. Whitehead（1861—1947）），英国教育家。——译者注

④ 杜威（John Dewey）这一章是从本书第二版才开始出现的。

太多了。皮亚杰(Piaget)①有其支持者,但也有其反对者。尼尔(Neil)、②布鲁纳(Bruner)③和伊里奇(Illich)④也同样如此。还有一个很有说服力的例子,这就是马克思(Marx)和弗洛伊德(Freud),他们对教育的影响力甚至超过一些教育专家。但是,时势会发生变化:今天的使徒彼得(Peter the Apostle)明天可能会是隐者彼得(Peter the Hermit)。⑤ 在最后一章中,我对当代教育思潮中涌现出的不同思想范式(pattern)作了尝试性区分。

为了保持本书脉络的连续性,我为各章补充了一些材料——在每一章开头,简要介绍了这位教育家的生平和影响;在每一章结尾,简要评价了这位教育家对中小学、大学和教育制度的影响。为了帮助学生阅读,我为每一章列出了简要的书目文献,这是拉斯克他自己最初忽略但已准备补充的。而且,为了使这一版本给人以新的感觉,我还根据近期的学术研究成果对正文内容进行了订正。

最后的这项任务并不特别繁重。一般情况下,我只是提供了一些参考读物,并对一些内容重新作了强调。至于书中的观点,我则几乎未作修正。这是因为拉斯克的研究习惯是从原始的文献或最佳的译著中进行研究。我们所看到的教育思想是原作者本人原汁原味的表述,而不是拉斯克自己归纳各种评价后的总结。因此,在上一版中,他所审阅过的章节在这一版中也几乎没有变化。所以,我们依然可以期待,本书在60年后会再版。这就是30年前我在格拉斯哥大学读书时期的老师——罗伯特·拉斯克的治学标准。

詹姆斯·斯科特兰
(James Scotland)
1977年9月

---

① 皮亚杰(Jean Paul Piaget,1896—1980),瑞士心理学家。——译者注
② 尼尔(Alexander Sutherland Neil,1833—1973),英国教育家。——译者注
③ 布鲁纳(J. S. Bruner,1915—),美国心理学家和教育家。——译者注
④ 伊里奇(Ivan Illich,1926—2002),出生奥地利,美国教育家和社会批评家。——译者注
⑤ 使徒彼得(Peter the Apostle),耶稣的门徒之一;隐者彼得(Peter the Hermit),法国僧侣。——译者注

第一章 "伟大教育家"

有没有"伟大教育家"

许多关心教育的人认为,当今世界没有人可以称为"伟大教育家"(Great Educator)。有些人甚至说,从来也没有诞生过"伟大教育家"。"伟大教育家"作为英雄神话的一部分,现今已经受到人们广泛的质疑。"伟大教育家"也是一种所谓个体的英雄能够改变人类前行路径的幻想。在当今"超级大国"和国际合作并存的世界,越来越难以想象,任何个人具有对世界产生重要影响的能力。英雄已经转化成一种抽象的概念,是那些整天忙于日常事务和处理各种冲突的男人和女人们所需要借助的精神力量。在战争时期,英雄是道格拉斯·黑格(Douglas Haig)①、福煦(Foch)②、"蒙蒂"(Monty)③、隆美尔(Rommel)④、丘吉尔(Churchill)⑤、斯大林(Stalin)⑥、卡斯特罗(Fidel Castro)⑦和切·格瓦拉(Che Guevara)⑧。在教育领域,这些英雄就是"伟大教育家"。这些

---

① 道格拉斯·黑格(1861—1928),第一次世界大战期间曾任英国陆军元帅。——译者注

② 福煦(1851—1929),法国元帅。——译者注

③ "蒙蒂"即蒙哥马利(Bernard Law Montgomery,1887—1976),第二次世界大战期间任英国陆军元帅。——译者注。

④ 隆美尔(1891—1944),第二次世界大战期间纳粹德国陆军元帅。——译者注

⑤ 丘吉尔(1874—1965),第二次世界大战期间英国首相。——译者注

⑥ 斯大林(1879—1953),曾任苏联共产党中央委员会总书记、苏联部长会议主席。——译者注

⑦ 卡斯特罗(1926—),古巴领导人。——译者注

⑧ 切·格瓦拉(1928—1967),出生于阿根廷,古巴革命领导人之一。——译者注

英雄形象之所以存在，那是因为我们需要他们存在。虽然我们生活在一个无序的世界中，但我们依然坚信，在某个地方有那么一个人，他手里有一把使无序世界变成有序世界的钥匙。我们都是教育的炼金术士，苦苦寻觅着可以雕琢出教育家的巨石。

支持这一论点的证据是，那些反英雄的人们也同样满腔热情地在寻找着他们的论据。只不过，他们期望，能够在各种委员会、工作团队、苏维埃代表会议（soviets）里，在民主的进程中，本着民族的善良和依据人民的意愿寻觅到教育家巨石。我们已经从先知时代过渡到了专家时代。虽然许多人，也许是绝大多数人，依然渴望着先知，但是，专家们却没有看到自己的追随者。现今时代像过去时代一样，有许多著名且十分时尚的名字，例如，皮亚杰（Piaget）、尼尔（Neill）、怀特海（Whitehead）、斯金纳（Skinner）[1]和伊里奇（Illich）等，但很少有人敢冒风险去预测他们中谁会成为"伟大教育家"。

然而，正如怀特海所说的："凡是在一位伟大教育家出现之后，教育便会发生重大的变革，再也不会是原先的模样了。"[2]在教育的历史进程中，曾经确实产生过一些具有重大影响力的教育家。人们会发现，在面对现实教育问题时，人们仍然可以通过阅读这些教育家的著作，从他们的思想中获得许多有益的启迪。仅凭这一点，他们就完全可以被称为"伟大教育家"。

"伟大教育家"的共同特征

本书所论述的伟大教育家具有五个共同特征。

第一，每位教育家都为教育的发展贡献了新的理论或对教育进程中的问题作了新的阐释。这些理论也许与师生的心理学有关，例如，卢

---

[1] 斯金纳（Burrhus Frederic Skinner，1904—1990），美国新行为主义教育思想的代表人物。——译者注

[2] 怀特海（A. N. Whitehead）:《过程与实在》（*Process and Reality：An Essay on Cosmology*），纽约:哈珀 & 罗图书公司 1957 年版。

梭(Rousseau)和福禄培尔(Froebel)描绘了儿童成长的阶段,洛克(Locke)或裴斯泰洛齐(Pestalozzi)阐述了他们心目中"理想的教育家"的品质。他们所关心的也许只是教与学的普通方法和特殊方法。夸美纽斯(Comenius)在这一领域指明了历史必然的道路;罗耀拉(Loyola)和耶稣会派精心构思了严密的教学制度;杜威(Dewey)是"设计教学法"之父(不管其自己如何评价);赫尔巴特(Herbart)提出的"阶段"理论成为教育学里难以计数的课程的内容。这些先驱者所指引的方向,或者与教育经验的内容有关,或者与教育经验的场所有关。我们发现,卢梭和洛克在教育场所选择方面的意见高度一致,即他们都认为家庭是最佳的教育场所。但是,在应当教授什么的问题上,他们的意见又大相径庭。另一方面,裴斯泰洛齐接受了卢梭的大部分课程理论,但他将教学场所搬到了教室。福禄培尔和蒙台梭利(Montessori)都将注意力放在了幼儿学习过程的研究上,但他们在精心设计的制度上的细微差异又导致他们各自追随者的激烈争执。

总体而言,我们研究的这些教育家都提出了涉及教育和社会的个人新观点。例如,柏拉图非常清楚地提出了至今依然困扰我们的有关个人责任和社会满意两者冲突的问题。又如,卢梭和洛克的教育关注点有所不同,前者关注的是如何防止孩子受到社会不良风气的影响;后者的教育目标则侧重培养绅士为其所在社会作出重大贡献的能力:"我处处受到英国的恩惠,而我又如何效力英国呢?"

在个人和社会需求两者的冲突中,始终存在着一个永恒的纪律问题。这也是许多伟大教育家为什么都会谈到纪律问题的原因。昆体良(Quintilian)把鞭挞作为"培养顺从品性的手段";卢梭则寄希望于自然对儿童的约束力;柏拉图(Plato)、裴斯泰洛齐和蒙台梭利则主张通过强迫的方法迫使儿童集中注意力。今天,接受教师教育的学生会发现,这个问题依然像过去一样令人烦恼。

第二,从特定角度看,伟大教育家区别于其他人的一个明显特征,在于他们或多或少都是哲学家。他们的教育理念无一例外地都深深地扎根在各自明确的哲学基础之中,且基于他们对人类本性及其重要性的理解。正是由于这一原因,我们才可以不用花费太多气力就能鉴别

3

出他们各自的教育目的。就柏拉图而言,他告诉我们,为了探寻"正义"的真正含义,他才去审视可以促进"正义"得到伸张的理想国,探讨那种能够促进这种理想国诞生和稳固发展的教育。夸美纽斯、罗耀拉和福禄培尔认为,在我们生活的世界中,人的"完美"是难以实现的,因此,他们所设计的教育制度的目的在于尽可能地使人类接近"上帝"对人类的期望,为儿童日后能过一种较好的生活作准备。赫尔巴特认为,教育目的是伦理学的,教育方法是心理学的。杜威的实用主义哲学观使他确信,思维产生于实际的需要,行动必须通过实际效用来检验。这两个概念对他的教育理论具有重要的影响。本书的著者罗伯特·拉斯克博士本人也是一位哲学家。正因为如此,教育哲学家才引起他的浓厚兴趣。

另一方面,这不是一本规范的教育史著作。它无意去记录或评判教育理念的演进。在论述每位教育家时,为了帮助读者了解影响这位教育家思想的因素,我增加了一些相关材料,但可以说,也许除了罗耀拉之外,每位教育家都是论述他的那一专章中的绝对中心人物。我和拉斯克一直不想特别费力去厘清"宏大"的教育历史运动。未"特别费力"的意思是,直到最后一章,拉斯克才在这一方面作了少许的努力。教育家在本书中出现的顺序是按照年代排列的,尽管每位教育家对国际思潮产生影响的速度大相径庭:杜威和蒙台梭利活着的时候已经是世界级的教育大师了,而夸美纽斯在西方人视线中实际上消失了一个半世纪之后才重新引起人们的关注。

第三,这些教育家的特征是他们都具有新颖的教育理念。每位教育家都呼吁与他所处时代的教育规范决裂。甚至像昆体良和罗耀拉,也提出了一些系统的建议要求进行相应的改革,尽管他们的教育目的为他们同代人所接受。其他人,如卢梭和裴斯泰洛齐,坦白地说,他们是革新者,至少在当时他们是被看成革新者的。

第四,人们能够发现这些教育家的思想对教育实践产生影响的场所,正是在课堂里和学科教学中,在中学、托儿所和孤儿院里,面对各种真实的儿童,其中有的是逆反心理的,有的是"没有特权"的,但几乎都未曾接触过哲学。面对这样的儿童,他们提出的教育理念的真理性和实效性受到了检验。这些实践不一定是这些伟大教育家的亲历亲为。实际上,从我们所掌握的资料来看,像昆体良和蒙台梭利这样著名且能够留名青史的教师是不多的,也许著名的教师中还可包括夸美纽斯和柏拉图,不过他们是以论述大师级教师而闻名的。赫尔巴特和杜威基本上是大学的教师:他们致力于培养弟子。但是,在大学的世界中,学生们是以重空谈轻行动而声名远扬的。从所掌握的第一手资料看,他们都没有担任过义务教育阶段的教师。裴斯泰洛齐赢得的尊重也是通过督导和个人的人格魅力获得的,在他的课堂里,像无序这样的现象会得到及时的控制。卢梭是纸上谈兵的教师。但是,他们的教育思想却被许多教师在许多不同的场合应用过。因此,这些教育家虽然已经故去,但他们所提出的教育思想却一代代薪火相传了下来。

第五,最后一点是关于教育家入选的资格问题:他们的著作一定在某个时期显然产生过重要的影响。从理论上说,他们也应该继续发挥影响,真正伟大的教育家的思想应当对今天的教育有所启迪。由于教育理论与其他古怪的时髦一样会有其不足,因此,其影响并非一定是不曾间断的。杜威曾经因为被认为是过于戏剧性的教育革命之父而出局,可是在沉寂了多年之后,现在他又"回来了"。罗耀拉和福禄培尔也因为其追随者运用其教育理念而复活。在他们所生活的世界——柏拉图、昆体良的世界以及洛克和夸美纽斯的世界一起消失之后,他们的基本教育理念却保存了下来。拉斯克博士选择哲学家是对的:因为哲学与心理学和社会学不同,它不受哲学家所生活的那个世界干扰而更具独立性,那些曾经困扰柏拉图和卢梭的问题今天依然困扰着我们。

如此,我们界定了"伟大教育家"。那么,我们所讲的"学说"(Doctrines)这一概念的含义是什么呢?实际上,本书的题目可能产生了一些误导。学说是一种系统化的东西,但并非所有教育家都打算建立或者勾勒一种完整的教育系统。《教学大全》(Ratio Studiorum)这本耶稣会教育制度的纲领性指南,是在罗耀拉去世后一个半世纪才问世的。洛克的工作,正如其著作《教育漫话》(Some Thoughts Concerning Education)的书名表明的那样。① 裴斯泰洛齐的理念最初是在其罗曼蒂克小说中提出的,后来虽通过实验得到拓展和修改,但直到最后也还

5

---

① 《教育漫话》,英文直译的意思是"关于教育的一些想法"。该书专门讨论了英国的绅士教育问题。——译者注

是一种尝试性或实验性的理念。赫尔巴特的贡献主要还是心理学的，他从来没有为年轻人的教育设计出综合性方案。正如福禄培尔和蒙台梭利一样，他们的理论只涉及特定年龄阶段儿童的养育问题。简而言之，"学说"所涉及的范围可能是狭隘的。

从另一方面看，正如我们已经注意到的，他们的教育理念都有坚实的哲学基础。那些仅仅讨论教学方法或心理学的人在本书中是没有位置的。当然，单纯叙事性的作家在本书中同样是没有位置的。此外，本书也不专门研究"伟大哲学家"（Great Philosophers），除非他们直接论及教育问题。无论他们多么有影响，他们在本书中的出现取决于他们对教育者的影响，例如，康德（Kant）和黑格尔（Hegel），我们是通过福禄培尔来了解他们的。在最后一章，我们也是遵循这一重要原则来论述对学校教育产生过影响的马克思（Marx）和弗洛伊德（Freud）思想的。

为什么其他教育家没有入选

到这里，问题依然存在，那就是，为什么选择了这些教育家而非其他教育家？难道亚里士多德（Aristotle）①不是"伟大教育家"吗？难道富兰克林（Benjamin Franklin）②或欧文（Robert Owen）③也不是"伟大教育家"吗？其答案在本书的最初计划里。虽然它不是一部综合性的教育思想史，但它的形式还是历史学的。本书考察了希腊时代以来的西方教育，目的在于把我们碰到的现代问题放到历史背景中去认识。本书在选择教育家时有两点考虑：第一，他们的教育思想对西方学校教育产生过显著的重要影响，其中一些是对他们那个时代的学校教育产生过影响的教育家，如昆体良和赫尔巴特；另一些影响范围相对较窄但在特殊领域却有重要影响的教育家，如罗耀拉；还有一些无论时代如何

① 亚里士多德（公元前 384—前 322），古希腊哲学家、科学家和教育家。——译者注
② 富兰克林（1706—1790），18 世纪美国思想家、科学家和教育家。美国文实学校的创始人。——译者注
③ 欧文（1771—1858），19 世纪英国空想社会主义者、教育改革家。——译者注

变迁其影响依然不减的教育家,如柏拉图和卢梭。第二,他们中的一些人,尤其是早期的教育家,具有典型的代表性。第二章在论述柏拉图之前,也简要介绍了希腊教育的前辈。亚里士多德的影响主要体现在中世纪,而柏拉图的思想与当今现实更加关联。同样,昆体良代表的是罗马教育,罗耀拉代表的是文艺复兴和反宗教改革运动。

这种研究单个教育家的方法具有一个很大的优点:每一位教育家,正如我们所研究的那样,都是一个个实实在在的人,而不是一个个抽象的名词。尽管他们比我们的能力强很多,但他们也像我们一样在苦苦地寻觅解决一些永恒问题的方法。他们的见解令人炫目,他们的错误也能令后人从教训中受益。这就是学校教育过程中古典教育的益处,学生不仅可以学到许多新的事实和拓展新的视野,而且可以从那些充满活力的心智中汲取无穷无尽的营养。

第二章　柏拉图

虽然考古资料一再证明，迈锡尼（Mycenaean）[1]、米诺斯（Minoan）[2]和埃及文明都对希腊的发展作过贡献，但柏拉图（Plato）曾说过，希腊人是从外国人那里学到了什么之后才有了更高程度的发展。[3] 柏拉图的话并不是没有道理的。但是，思考任何伦理学、教育和政治的问题，都需要从希腊思想开始，因为它是西方文化的源头。

希腊思想，除了其原创性之外，令人惊讶的是其普世性，并非仅适用于一隅之地。柏拉图和亚里士多德（Aristotle）提出的逻辑学、伦理学和政治学原理放之四海皆适用；希腊诗人的作品今天依然有人诵读；希腊悲剧仍为现代观众所欣赏；文化程度不高的人也能欣赏希腊幸存的艺术作品。

同样，相比现代思想的复杂性而言，希腊思想简明朴实，这就使我们能够较为容易地运用其来探讨那些使我们感到困惑的问题。因此，

---

① 迈锡尼文明是希腊青铜时代晚期的文明，它由伯罗奔尼撒半岛的迈锡尼城而得名。——译者注

② 米诺斯文明，爱琴海地区的古代文明，主要发生在克里特岛。——译者注

③ 哈沃德（J. Harward）译：《柏拉图的〈伊壁诺米篇〉》（*The Epinomis of Plato*），第 487 节。这里假定这篇著作是柏拉图的。参见泰勒（A. E. Taylor）：《柏拉图：伟人和他的著作》（*Plato: The Man and His Work*），伦敦：梅修因图书公司 1960 年版，第 497—498 页。

所有后面的柏拉图著作的引文都出自乔伊特（Jowett）的 1875 年译本。参考文献出处标的是这本著作的页码。

研究伟大教育家的教育学说就自然而然地需要从希腊思想家开始。①

社会背景及生涯

　　大约在公元前4世纪或公元前3世纪的时候,希腊人涌起一股智力的躁动(intellectual unrest),于是,在希腊出现了新的教学方式。拓展知识的视野,需要一批能够在短时间内传授各种知识的人。为满足人们的求知欲望而提供教育服务的人被统称为"智者"(Sophist)。《普罗塔哥拉篇》(*Protagoras*)曾经问道:"难道不是智者在批发或零售灵魂的食粮吗?"②面对像欧西德莫斯(Euthydemus)和他的兄弟迪奥尼索杜拉斯(Dionysodorus)这样的大师,语言学大家普罗迪科斯(Prodicus)③和"最具智慧的人"④普罗塔哥拉(Protagoras)⑤都宣称自己"只是改善道德的教师"。⑥

　　智者的教学不是系统进行的,它也是仅限于能够付费的人。⑦ 例

---

　　① 关于希腊教育,参看耶格(Werner Jaeger)著、海特(G. Highet)译:《教育:希腊文化的理想》(*Paideia*,*The Ideals of Greek Culture*);马罗(H. I. Marrou)著、拉姆(G. Lamb)译:《古代教育史》(*A History of Education in Antiquity*);贝克(F. A. G. Beck):《希腊教育:公元前450—前350》(*Greek Education*,*450—350 B. C.*);巴克利(W. Barclay):《古代社会的教育理想》(*Educational Ideals in the Ancient World*)。

　　② 柏拉图:《普罗塔哥拉篇》(*Protagoras*),第313节。

　　③《普罗塔哥拉篇》,第340节。参看柏拉图:《欧西德莫斯篇》(*Euthydemus*),第277节。

　　④《普罗塔哥拉篇》,第309节。

　　⑤ 普罗塔哥拉(公元前481—约前411),古希腊思想家、教师。智者学派的创始人。——译者注

　　⑥ 柏拉图:《论勇气篇》(*Laches*),第186节。

　　⑦ 普罗塔哥拉是第一个收取学费的人。《普罗塔哥拉篇》,第348节:"你声称自己是一位智者,是德行的教师,是第一位收费的教师。"

　　普罗塔哥拉采取按绩效收费法,如他自己所说(《普罗塔哥拉篇》,第328节):"我的学生如果喜欢我的教学,他就付费,绝不强迫;如果他不喜欢,他得去神庙对神发誓,说明我的教学价值,然后按照他认为的价值付费,不多付一个子。"在《曼诺篇》(*Meno*)

如,我们发现,苏格拉底(Socrates)曾这样说过:"就我自己而言,我首先得承认,我从来没有过自己的老师,尽管我从很小的时候就期望有一个能够教我的老师。我太穷了,无钱付给智者,他们是改善道德的唯一教师。"①接受报酬这一事实,使人们对智者产生了偏见。因为这样一来,那些能够付费学习的人便获得了比其他人优越的地位。因此,他所教的也不是最优秀的学生,而是付得起学费的学生。智者讲课的目的不是教育而是娱乐,例如,教学内容琢磨的是如何使用词汇,而不是探讨价值。②当时人们对智者的态度可以从阿尼图斯(Anytus)爆发的愤怒中揣测一二,在听到苏格拉底关于曼诺(Meno)应当去拜智者为师的建议后,阿尼图斯说:"这些付钱给他们(智者)的年轻人脑子有问题,他们的那些信任智者的亲戚和监护人的脑子更有问题,那些允许智者进入而不将其驱逐的城镇以及那些信任智者的公民或外国人的脑子也同样有问题……我没有师从过智者,我的亲属也没有,而且我也不允许他们师从智者,或者和智者发生任何联系。"③

人们讨厌智者,那是因为智者教学的功利性目的太明显,玷污了知识的尊严。希腊人接受教育的目的在于消闲而非为了谋生。例如,在《普罗塔哥拉篇》中,有人曾这样问道:"为什么你不像文法家或音乐家或教练那样学习文法、音乐和接受训练,也不想把它们变成自己的专业,而只是把它们看成教育的一部分,或者看成一个有教养的人应该了解的知识?"④

苏格拉底承认,智者的教学方法是不科学的,而他自己的方法尽管表面上看类似智者的方法,但本质上却不一样,因为它是系统的、是建

(接上页)第91节中,苏格拉底对此有过介绍:"我知道有个叫普罗塔哥拉的单身汉,他比将教学视为神圣工作的著名的菲德亚斯(Pheidias)挣得要多,也比10个雕塑家挣得多。"智者一直被称为教育科学的奠基者。见耶格:《教育:希腊文化的理想》,第1卷,第295页。

　　①《论勇气篇》,第186节。

　　②鲍恩(James Bowen):《西方教育史》(A History of Western Education),第1卷,《古代社会》(The Ancient World),伦敦:梅休因图书公司1972年版,第86—87页;穆勒(J. S. Mill),见巴里·格罗斯(Barry Gross)主编:《伟大思想家论柏拉图》(Great Thinkers on Plato),纽约:卡普里考恩图书公司1969年版,第151—152页。

　　③柏拉图:《曼诺篇》,第92节。

　　④《曼诺篇》,第312节。

立在一般原则基础上的。① 按照亚里士多德的说法，有"两样东西可以归功于苏格拉底，一是诱导式谈话（inductive discourse），一是一般概念（universal definition）"②。归纳推理（inductive reasoning）是苏格拉底得出结论的方法。用这种方法获得的结果在许多时候不一定符合科学的精确性，但这并不让苏格拉底感到不安。他一直强调，除了自知本人知识有限之外，他没有掌握任何其他知识。在《会饮篇》（*Symposium*）中，③醉汉阿克拜第（Alcibiades）说："他的确无知，对什么都不了解——这就是他给人的印象。"尽管自己没有什么知识，但苏格拉底声称他有一种与众不同的天赋，即能够帮助别人获得知识。④

苏格拉底的第一个任务是唤醒那些自以为找到苦难的原因而产生虚幻的、自我满足感的人，引导他们自我反省和自我批判。他说："由此看来，无知的邪恶在于，那些既不善良也没有智慧的人往往自我满足。他没有一点点想得到什么的欲望。"⑤苏格拉底坦承，他承担的使命正如亚西比德（Alcibiades）⑥所说的，是用"毒蛇的刺"即"哲学的困惑"去刺激人们。苏格拉底在作自我辩护时说："我是一个牛虻。"⑦他告诉法官："我是神指派到城邦的，时时刻刻地在每一个角落盯着你、唤醒你、说服你和谴责你。"⑧

苏格拉底方法的特征是，寻觅真理需要有一个同伴。只要你怀抱探究真理的目的，他总有许多设计来引导你。尽管在旁观者看来这些设计很有趣，但苏格拉底的同伴却并不总是乐意参与。⑨ 在《普罗塔哥

---

① 参见泰勒（A. E. Taylor）:《苏格拉底》（*Socrates*），伦敦:彼得·戴维斯图书公司 1933 年版;利文斯通（R. W. Livingstone）:《苏格拉底传记》（*Portrait of Socrates*），牛津:牛津大学出版社 1938 年版。

② 亚里士多德:《形而上学》（*Metaphysics*），第 1078 节,b。

③《形而上学》，第 216 节。

④ 比较柏拉图:《泰阿泰德篇》（*Theaetetus*）中的助产士，第 150 节;柏拉图:《会饮篇》（*Symposium*），第 209 节;比较耶格:《教育:希腊文化的理想》，第 2 卷，第 27 页:"他（苏格拉底）是欧洲历史上最伟大的教师"。

⑤《会饮篇》，第 204 节。

⑥ 亚西比德（约公元前 450—前 404），雅典政治家。——译者注

⑦《会饮篇》，第 217 节。

⑧ 柏拉图:《申辩篇》（*Apology*），第 31 节。

⑨《申辩篇》，第 33 节。

拉篇》中,苏格拉底说:"如果谁自己弄明白了一个道理,他就会到处寻找可以与之交流的人以共同确认。"①这一原则所隐含的意思是,如果另一个人可以被说服,那么其他人也就都可以被说服,因此有关某一问题的认识便普遍适用。卡莱尔(Carlyle)引用的一句话表达了相同的意思:"可以确定地说,一旦另一个灵魂相信了我的观点,那么我的观点就会获得普遍的赞同。"这样一来,对话(dialogue)就是十分必要的,它也成为苏格拉底方法的基本特征。

10　　　苏格拉底的对话一般可以分为三个步骤。第一阶段,是柏拉图称为的"论点表述"(opinion)阶段。在这一阶段,对话者(individual)还不能对知识或假定的知识作有效的解释。第二阶段,称为"破坏性的"或"分析的"阶段。在这一阶段,经过引导,对话者意识到他并不知道他所假定知道的知识,于是矛盾和怀疑或复杂思维接踵而至。第三阶段,是柏拉图称为的"知识"的综合阶段。当到达第三阶段时,对话者的经验已经批判性地重新进行构建,这时他能够通过理性分析来证明其观点。②

　　人们一直怀疑采用类似苏格拉底的教学方法对小学生进行教学的效果,甚至有时人们对这种方法的效果持否定态度。裴斯泰洛齐也许是他称之为"苏格拉底法"(Socratizing)的最坚决的反对者。在一本著作中,他说:"苏格拉底法基本上不适合儿童,因为儿童既需要了解基础知识的背景,也需要掌握表达的手段——语言。"③但是,如果教师能够充分了解其学生经验的局限性,而且所使用的词汇为学生所熟悉,这种方法将会是十分成功的。④

　　我们仅仅是从苏格拉底的信徒(以及其信徒的信徒)的介绍中认识

---

① 《申辩篇》,第 348 节。

② 比较《泰阿泰德篇》(*Theaetetus*),第 201 节:"知识是由理性伴随的真实意见"。

③ 裴斯泰洛齐:《葛笃德如何教育她的子女》(*How Gertrude Teaches her Children*),英译本,伦敦:斯旺·素南夏因图书公司 1907 年版,第 46 页。比较同书第 57 页。

④ 关于成功的例子,参见亚当斯(J. Adams):《教学入门》(*Primer on Teaching*),第 90—108 页,爱丁堡:T. & T. 克拉克图书公司 1903 年版;同时参见《讲解与例证》(*Exposition and Illustration*),伦敦:麦克米伦图书有限公司 1909 年版,第 80—82 页。

苏格拉底的。在这些信徒中,最伟大的当属柏拉图。公元前 428 年,柏拉图生于一个双亲家庭都是贵族的贵族家庭。他生长在动荡不安的伯罗奔尼撒战争时期。[①] 有一段时间,他还曾想投身军营。20 岁时,他与苏格拉底结识并成为朋友。之后几年,他一直在伟大的苏格拉底身边生活,受其影响甚深。他的朋友苏格拉底被处死后,他远离了城邦政治生活。据说,他花了 10 年左右时间周游了当时的文明世界,例如,埃及、昔兰尼(Cyrene)[②]、西西里和意大利南部。他和色诺芬(Xenophon)[③]以及苏格拉底的其他信徒一样,参加了编辑苏格拉底对话集的工作,使他们老师的思想得以永久保存。在这一方面,柏拉图是英雄,他的《申辩篇》(Apology)和《克里托篇》(Crito)是对话集的代表作。

大约在公元前 389 年,柏拉图回到雅典。在雅典附近的一所以英雄阿卡德慕斯(Academus)命名的体育馆(gumnasion)中教学,这所学校就是众所周知的"学园"(Academy)。由于贵族出身的缘故,他对大众民主越来越不信任,也不喜欢公共生活。有关他的教学情况,保存下来的记录很少,只有在他的学生亚里士多德的著作中可以发现一些线索。很可能,主要还是关于数学的。因为在柏拉图看来,数学是未来哲学家不可或缺的知识。在这一时期,他写了许多对话,其中大部分幸存了下来。也正因为如此,他才成为历史上最有影响的哲学家和教育家中的一位。随着其年龄的增长,这些对话中的思想渐渐地变成了他自己的,而不再是他的老师的思想,即使对话中的人物依然是苏格拉底。大约公元前 347 年,柏拉图去世。[④]

---

① 伯罗奔尼撒战争(Peloponnesian War,公元前 431—前 421),指以雅典为首的提洛同盟与以斯巴达为首的伯罗奔尼撒联盟之间的一场战争,最后斯巴达获胜。——译者注

② 昔兰尼,利比亚古希腊移民地。——译者注

③ 色诺芬(Xenophon,约公元前 431—前 354),古希腊历史学家和作家。苏格拉底的弟子。——译者注

④ 参见布莱克(R. S. Black):《柏拉图的生平与思想》(Plato's Life and Thought),伦敦:劳特里奇 & 基根·保罗图书有限公司 1949 年版;或参见泰勒:《柏拉图:伟人和他的著作》。

教育的重要性和理想的教育

教育是柏拉图谈话的一个主题,在他看来,教育是最重要的事情。[①]在《理想国》(*Republic*)[②]中,他像重视战争、战役进程和城邦管理一样重视教育,而且把教育视为最宏伟、最美好的事业。在《法律篇》(*Laws*)中,他反复地说:"这是最优秀的人可能获得的最公平的事情。"[③]在专门讨论教育的论文《论勇气篇》(*Laches*)中,他问道:"这就是你和利西马科斯(Lysimachus)[④]讨论的一件小事吗?难道你们不是在冒最大的财产风险吗?因为儿童是你们的财富,他们后来或变好或变坏完全取决于他们父亲家庭的秩序。"[⑤]在《克里托篇》(*Crito*)中,他又一次说:"凡是不愿承担养育和教育子女责任的男子都不应当生孩子。"[⑥]在《理想国》和《法律篇》以及其他地方表现出的柏拉图对教育的关心程度和精细程度都证明,教育是柏拉图心目中重要的事情。

我们可以从对话中了解当时希腊所流行的教育类型。在《克里托篇》中,有一句问话:"难道没有一部命令你父亲让你接受音乐和体操训练的、涉及教育权利的法规吗?"苏格拉底回答:"有,我得如实说。"[⑦]在《普罗塔哥拉篇》中,有一句话是这样的:"我以为,诗歌的技巧应当是教育的重要部分,掌握了技巧就能辨别诗歌结构的正确与否,就能区分不同诗歌的差异。当别人问起诗歌差异的原因时,还能予以解释。"[⑧]在《蒂迈欧篇》(*Timaeus*)中,有一些关于古代希腊教育的介绍。[⑨] 克里提

---

① 参见洛奇(R. C. Lodge):《柏拉图的教育理论》(*Plato's Theory of Education*),伦敦:劳特里奇 & 基根·保罗图书有限公司 1947 年版。

② 柏拉图:《理想国》(*Republic*),第 599 节。

③ 柏拉图:《法律篇》(*Laws*),第 644 节。

④ 利西马科斯(约公元前 355—前 281),马其顿将军、总督和国王。亚历山大大帝的继位者之一。——译者注

⑤ 《论勇气篇》,第 185 节。

⑥ 柏拉图:《克里托篇》(*Crito*),第 45 节。

⑦ 《克里托篇》,第 50 节。

⑧ 《普罗塔哥拉篇》,第 339 节。

⑨ 柏拉图:《蒂迈欧篇》(*Timaeus*),第 21 节。

亚(Critias)说:"在青年人都要登记参加的阿帕图里亚节(Apaturia)的
日子里,根据传统父母往往要颁发背诵奖。我们男孩要背诵一些诗人的
作品,我们中许多人还要吟诵梭伦(Solon)的诗歌,这是当初的时尚。"

　　《普罗塔哥拉篇》描写了希腊人心目中的理想的教育。①"教育与训
诫从出生就开始,一直持续到生命的终结。当男孩一懂事,母亲、保姆、
父亲和教仆就在为他的成长烦心。他们会告诉男孩:什么是正义,什么
是非正义;什么可怕,什么不可怕;什么是神圣的,什么是非神圣的;这
件事情可以做,那种事情不能做。没有他们的认可,男孩是不能乱说乱
动的。如果男孩顺从了,那一切都好。如果男孩不顺从,那他便会受到
威胁甚至挨揍。男孩成了扭曲的木头。稍后一个阶段,他们会将男孩
送到教师那里。他们要求教师多注意男孩的举止,而对男孩的阅读和
音乐学习倒不十分在意。教师一般会按家长要求行事。学过字母之
后,男孩开始学习书面文字,在此之前他只是能听懂别人说的话。教师
将伟大诗人的作品交给男孩,让他在学校里阅读。这些诗歌里,有许多
训诫、许多寓言故事和值得称赞的人物以及对古代著名人物的颂扬。
所有这些都要求男孩熟记在心,以便他能够模仿或效仿他们,成为那样
的人。同样,七弦琴教师所关心的也是学生的节制品德,不让学生犯什
么过错。教会学生弹奏七弦琴后,他会引导学生诵读其他杰出七弦琴
诗人的诗歌。七弦琴诗人将诗歌与音乐结合起来,让儿童熟悉其悦耳
的韵律,以便使他们言谈举止更加温文尔雅、更加和谐发展以及更加富
有韵律。因为无论男子汉到了哪里,和谐和韵律是不可少的。接下来,
父母们会将孩子送到体操教练那里,以便其身体可以为善良的心灵服
务,同时防止他们因身体羸弱而变成战场上或其他什么场合的懦夫。当
时,有条件的家庭都会这么做,所谓有条件就是家庭富足;这种家庭的儿
童早早就获得上学的机会,而他们离开学校的时间则最晚。当这些儿童
接受教育后,城邦便强迫他们学习法律,要求他们按照法律生活,不许他
们随心所欲、为所欲为。学习书写时,书写教师先为初学者画出线条来,
然后给学生一块书写板,让学生依样画出线条来。城邦的法律也是这样

---

①《普罗塔哥拉篇》,第 325—326 节。

拟定的,这是古代优秀法律制定者的创造。目的是告诉年轻人,他应当按尺子或规则行动,若有逾越的话,就会被纠正,换言之,就会受到责问。责问这个词汇不仅在你们国家使用,在其他许多地方也十分流行。"①

色诺芬的《经济论》(*Economist*)②对希腊教育作了补充。"啊,伊斯霍马查斯(Ischomachus),这就是我(苏格拉底)特别要向你学习的地方,是你自己把妻子应当做的事教给你的妻子的吗?还是在你从她父母那儿将他娶来时她已经谙熟一个妻子应当承担的家庭职责了?——对,娶来时她已谙熟!(他回答)。她与我结婚时还不足 15 岁,她能谙熟哪些事情呢?嫁给我之前,她的家教严格,受到的教育是尽可能少看、少听、少提问。难道你认为,一个女子结婚时已经知道如何剪羊毛、缝衣服,见过母亲的女仆纺棉纱,他的丈夫就应该满意吗?(他补充)她受到的最完满的教育就是能够控制自己的欲望,从不放纵(相对烹调技术而言),我认为,这才是男子或女子成长中最重要的东西。"

《理想国》中的教育主张

《理想国》③是柏拉图的主要著作,其具有持久影响力的哲学观是在这本著作中表述的,也正是在这本书里人们可以发现他的主要教育观。④ 卢梭说过:"如果你想知道什么是公共教育,就去读《理想国》吧。那些仅看书名的人会把它当做政治学著作,它实际上是迄今为止最精

---

① 了解柏拉图本人的教育,可参见沃拉斯(Graham Wallas):《思想的艺术》(*The Art of Thought*),伦敦:琼纳塞恩·凯普图书公司 1926 年版,第 230 页。

② 达金斯(H. G. Dakyns)译:《色洛芬的著作》(*The Works of Xenophon*),英译本,第 3 卷,第 1 部分,第 226—227 页和注释,伦敦:麦克米伦图书有限公司 1897 年版;同时参见耶格:《教育:希腊文化的理想》,第 3 卷,第 175—177 页。

③ 这是现代的书名。柏拉图原书名叫"Politeia",意思是"国家"(state)或"宪政"(constitution),是一篇有关政府的论文。参见鲍恩:《西方教育史》,第 1 卷,《古代社会》,第 105 页。

④ 博伊德(W. Boyd):《为了今天的柏拉图理想国》(*Plato's Republic for Today*),伦敦:海涅曼图书公司 1962 年版。

美的教育论文。"①爱德华·凯尔德（Edward Caird）②也以同样的口吻称赞《理想国》："也许是一篇最佳的教育论文，它将教育视作人生中最伟大的事业。"③

《理想国》宣称，它所探究的是"正义"（justice）的本质，即道德或公正。④ 但是，正义本质上是一种社会美德。⑤ 因此，为了探究正义的本质，柏拉图需要构建一个"彰显"正义的理想国家。⑥ 按照他的想法，在这个理想国中，所有的人都平等地享有幸福的权利，理想国的一切安排均以此为目的。⑦

柏拉图认为，由于人的需求是多方面的，而个人仅凭自身努力是难以满足自己的各种需求的，因此，需要由国家来完成这一任务。⑧ 他发现，在他那个时代的各城邦国家中，由于个人需求的冲突导致了社会革命，国家饱受痛苦。要解决这个问题，没有它法，唯有建立一个国家利益至上的国家。⑨ 国家的优点是，考虑到组成这个国家的每个人自然秉性存在着差异，国家因此要根据劳动分工与合作的原则来争取获得最

14

① 卢梭：《爱弥儿》（Émile），埃弗里曼图书馆 1911 年版，第 8 页。

② 爱德华·凯尔德（1835—1908），英国哲学家、神学家。——译者注

③《希腊哲学家的神学思想演进》（Evolution of Theology in the Greek Philosophers），格拉斯哥：迈克尔霍斯和森斯图书有限公司 1904 年版，第 1 卷，第 140 页。

④ 比较耶格：《教育：希腊文化的理想》，第 1 卷，第 102—104 页："所有美德都归结为公正。"也可参见第 2 卷，第 202 页。

⑤ 比较亚里士多德：《政治学》（Politics），第 3 卷，第 13 章："正义已经被我们公认为社会美德。"

⑥ 比较卢梭：《爱弥儿》，第 202 页："的确如此……如果我们不审读人的心灵，我们有关人的心灵的知识就不完善；但正确的是，要评判人类，我们必须研究单个的人。能够深刻了解单个人的倾向，就可能预见到人们的倾向对国家机构的影响。"也可比较耶格：《教育：希腊文化的理想》，第 2 卷，第 366 页："他（柏拉图）在奠定政治学的伦理学基础……因为在柏拉图看来，完美的国家是美好生活的唯一理想框架。"

⑦ 巴罗（Robin Barrow）：《柏拉图：功利主义与教育》（Plato, Utilitarianism and Education），伦敦：劳特里奇＆基根·保罗图书有限公司 1975 年版，第 1 页。

⑧《理想国》，第 369 节。

⑨ 波珀（K. R. Popper）：《开放社会与其敌人》（The Open Society and Its Enemies），伦敦：劳特里奇＆基根·保罗图书有限公司 1966 年版，第 171 页；巴罗：《柏拉图：功利主义与教育》，第 50 页。

大效益。① 亚里士多德多次提到了这两条原则。② 国家因生活的基本需要而产生,因谋求未来美好生活而继续存在。

由于应用了劳动分工原则,国家的公民于是分成了两个等级——工匠或手工业者和护卫者,前者负责提供生活的必需品,③后者的职责是拓展国家的疆土④——从事战争——以便能够为公民提供奢侈品,使国家不再是一个"贫民窟"。⑤ 柏拉图又进一步把护卫者划分成两个等级——军人和统治者,分别行使政府的执行和协商功能。

在将公民分成三个等级,即工匠、军人和统治者之后,国家的永久性结构的特点显现了,这就是柏拉图构建的"等级制度"(a system of caste)。⑥ 为了使这种等级制度合法化,柏拉图编造了一个"贴切的虚假故事"。⑦ 他告诉人们:"你们是兄弟。然而,神在造你们时用了不同的材料。你们中的一些人具有管理的力量,是因为他在你们身体中掺了金子,因此你们获得了最高的荣誉;在另一些人身体中,他放了银子,因此这些人是辅助者;在那些将成为庄稼汉和工匠的人的身体里,他放置了铜和铁。"⑧然而,各等级之间不存在不能逾越的栅栏,也不存在被法律视为世袭的原则。因为柏拉图紧跟着补充说:"但是,所有的人都同宗同源,金质父母有时会生出银质儿子,或者,银质父母会生出金质儿子。而且,上帝还将第一原理(a first principle)告诉了统治者,世上没有什么需要他们竭力护卫的,或者说,他们成为护卫者完全是人种纯洁的原因。他们应当观察其后代身体组成元素。因为,如果银质父母

① 注意,柏拉图预先假定初始的社会是不平等的。比较亚里士多德:《政治学》,第 2 卷:"完全相似就不会形成国家。"

②《政治学》,第 1 卷,第 2 章。

③《理想国》,第 369—372 节。

④《理想国》,第 373 节。

⑤《理想国》,第 372 节。

⑥ 坎贝尔(Lewis Campbell):《柏拉图的理想国》(Plato's Republic),伦敦:约翰·默里图书公司 1902 年版,第 54 页。

⑦ 希腊的《幻想故事》(Pseudos),是一种寓言或神话。编撰的目的是为了阐明一个论点,而非有意说谎。参见巴罗:《柏拉图:功利主义与教育》,第 30 页。

⑧《理想国》,第 415 节。

生了一个金质的儿子，或者生了铜和铁的儿子，自然就会重新排列等级，统治者不要因为儿童等级下降成为一个庄稼汉或手工业者而怜悯他，这是自然的选择。正如手工业者儿子身体里有了金或银会获得荣誉成为护卫者或辅助者一样。因为神谕说：'铜铁当政，国运衰微。'"①

但我们应当想象得出，柏拉图应该已经为每个等级——生产者、军人和统治者——提供了适当的训练。尽管在理想国里，他花了很长篇幅谈论军人的教育以及统治者或哲学家的教育，但几乎未提手工业者等级的教育。② 但这一等级成员的教育，按照柏拉图的设想，是严格意义的职业教育，它也不是国家的职业教育计划，而类似"现代欧洲的学徒制"③，他们接受的教育不含公民教育，因为这一群体的成员在国家管理上没有发言权；他们典型的美德是服从，用技术术语来说是"节制"，即他们应当知道自己的地位而安分守己。④

柏拉图对护卫者的资格作了严格的规定：智力超常、笃守德行，不利用护卫者职位攫取个人利益，始终如一地渴求为全体人民谋幸福。⑤然而，尽管柏拉图对他的理想国作了多么精心的规划，但是，理想国中的一个事实是：它否定了人数众多阶层的公民权和福祉，因此，这份美好的规划只属于护卫者阶层。我们应当看到，这是柏拉图理想国的一个严重的缺陷。而这一缺陷是与柏拉图的贵族偏见以及希腊人对工匠手艺的鄙视有关的。亚里士多德甚至认为，手工匠人的价值不如奴隶，他坚持认为，⑥手工匠人只有变成奴隶之后才会有出色表现，因为变成奴隶后获得了主人的指导。如果国家的结构是稳定的，或者说国家是

16

---

① 《理想国》，第 423 节。

② 比较亚里士多德：《政治学》，第 2 卷，第 5 章、第 23 章："苏格拉底从未提及的教育、政府的形式和社会底层阶级的法律会是什么样的？"然后，比较《理想国》，第 467 节。

③ 坎贝尔：《柏拉图的理想国》，第 65 页。

④ 坎贝尔：《柏拉图的理想国》，第 54 页。柏拉图认为，"工匠的自然禀赋有先天的缺陷，他们的心灵因苦力的生涯而受到严重损害，正如他们的身体因手工艺和贸易劳作而受损害一样。"《理想国》，第 495 节。

⑤ 巴罗：《柏拉图：功利主义与教育》，第 151 页。

⑥ 亚里士多德：《政治学》，第 1 卷，第 3 章。

一个"统一体"，按照柏拉图的话说，全体国民必须共享政府。① 托马斯·H·格林(Thomas H. Green)②在比较了希腊与现代美德理念之后指出："这不是对待同胞(neighbour)责任感问题，而是在回答谁是我的同胞的问题，这两个问题是不同的。"③这不仅解释了柏拉图规划的缺陷，而且有助于我们理解为什么当代的伦理、社会和教育问题日趋复杂。

柏拉图课程的第一阶段是普通教育，④以模仿为原则，训练对象是包括军人和统治者在内的护卫者。教育主要通过希腊当时流行的两种教育进行，即音乐⑤和体操。但是，正如柏拉图又告诫我们的那样："现实中，音乐和体操这两门艺术并不像人们所设想的那样，一门以训练灵魂为目的，而另一门以训练身体为目的。我相信，这两门课的教师主要关注的还是心灵的改善。"⑥

记住这一点，而且留意一下柏拉图理想主义的总原则，我们就不会感到惊讶，他在处理教育问题时宣称，教育应当先从音乐开始，进而过渡到体育，因而智育应先于体育。⑦ 母亲和保育员只能给儿童讲经过审查的故事，"让他们用这些故事塑造他们的心灵，要远比用手去铸造他们的身体重要得多"。

在柏拉图看来，教育不能进行得太早。他认识到，在正确态度的形成过程中，第一印象是至关重要的。他说："任何工作的开端都是重要的，特别是年轻和稚嫩的事物。"⑧因此，柏拉图认为，给幼儿讲寓言并不

---

① 比较《普罗塔哥拉篇》，第 322 节："如果共享美德的人数像共享艺术的人那样少，城市就不可能存在了。"同时，参见亚里士多德《政治学》，第 3 卷，第 15 章；第 2 卷，第 2 章。

② 托马斯·H·格林(1836—1882)，英国哲学家。——译者注

③《伦理学前言》(Prolegomena to Ethics)，牛津：牛津大学出版社 1899 年版，第 207 页。

④《理想国》，第 376—412 节。

⑤ 几乎相当于大学课程里的艺术(Arts)。

⑥《理想国》，第 410 节。比较上面提到的《普罗塔哥拉篇》的引文。

⑦《理想国》，第 376 节。比较和对照亚里士多德的观点："身体的养育应当先于心灵，接着要训练节制欲望；不过应当遵循理性原则，身体的养育是为心灵服务的。"《政治学》，第 7 卷，第 15 章。

⑧《理想国》，第 377 节。

降低哲学家的身份。①

　　音乐包含叙事;叙事又分真实的和虚构的两种。② 这似乎有点自相矛盾,但柏拉图主张,幼儿应当受到两种训练,从虚构的叙事开始。他强调,寓言是最适合儿童心灵的。这样,他提出,真理有艺术的真理和事实的真理之分。但是,按照柏拉图的观点,并不是所有寓言都适合教给儿童,"因为幼儿还不能判断什么是寓言的夸张,什么是事实;在那个年龄阶段进入儿童心灵的东西会持久不变;因此,儿童听到的故事应当是美德的典范,这是最为重要的"③。

　　到这里,我们理出了柏拉图的主导原则——无助于提升美德的东西不能成为教育的内容。他用"善与恶"的标准解释"真实与谬误"。柏拉图自己拒绝编写适合儿童的寓言,但是他主张把上述的原则作为一个标准,提出要对当时流行的寓言实行审查制度。"有些故事是不能进入我们的国家的,不管它们是否属于寓言的夸张还是别的什么,如赫淮斯托斯(Hephaestus)④捆绑其母亲赫拉(Hera)⑤的故事,另一场合宙斯(Zeus)⑥又是如何派他飞去拯救其正在被围攻的母亲的故事,还有《荷马史诗》中有关诸神争斗的故事等。"⑦尽管这种规定未受到自由批评家的欢迎,但正如人们所指出的:"如果人民不易受到虚构人物的影响的话,也就难以看到广告有何效果了。"⑧

　　柏拉图开始审查有关诸神的故事,并提出了以下神学准则:(1)"神不是万物的创造者,他只是善的创造者"——不允许诗人说受罚者之所以痛苦是因为神是他们痛苦的创造者。⑨ (2)"诸神不是善变的魔术师,他

---

① 比较亚里士多德:《政治学》,第7卷,第17章。
②《理想国》,第376节。
③《理想国》,第378节。
④ 赫淮斯托斯,希腊神话中的火神,宙斯和赫拉的儿子。——译者注
⑤ 赫拉,希腊神话中的宙斯的妻子和姊妹。——译者注
⑥ 宙斯,希腊神话中最高的天神。——译者注
⑦《理想国》,第378节。
⑧ 巴罗:《柏拉图:功利主义与教育》,第110页。
⑨《理想国》,第380节。

们也从不以任何方式欺骗人类。"①讲给儿童听的故事必须符合这一原则。其他的诸如颂扬诸神、家长和友谊的故事，也不要讲给青年听。②

在处理了涉及诸神的寓言后，柏拉图开始思考那些与英雄和过世者灵魂相关的故事。为了使公民成为畏惧奴隶制超过畏惧死亡的自由人，另一个世界在寓言的故事里就应当受到推荐而不是受到诅咒。寓言中的英雄是不能哭泣的，更不能恸哭，如果有的话，那要全部删除。同样，所有描写狂笑或几乎引起暴力行动的放纵大笑的故事也应当删除。③

在那些准备让儿童熟记的故事中，真理应当受到高度重视。"如果说谁可以有说谎的特权的话，那应当是国家的统治者。在对付敌人或个人的公民事务时，出于公共利益的目的，统治者可以说谎。其他任何人则都不能说谎。"④节制意味着对长官的顺从和对感官快乐的自制，这一美德应当受到崇尚，而贪婪应当受到谴责。因此，那些涉及英雄和其他人物的故事应当根据这些原则修订。

有些语言应当禁止，例如，隐含邪恶者快乐和善者悲惨的语言；又如，隐含未被察觉的非正义是有利可图的语言，以及隐含正义就是一人受损而另一人获益的语言。⑤

讨论过儿童教育中的故事内容之后，柏拉图开始考虑讲故事的形式。⑥ 在他的著作中，他对直接引语和间接引语作了区分，前者他称为"模仿"，后者他称为"简单描述"。"模仿"只允许模仿德行高尚者的言行。而其他人的言行只能在描述中介绍。对其原因，柏拉图解释说："模仿始于幼年，随着成长而成为习惯，变成第二本性，终身影响儿童的身体、声音和心理。"⑦

---

① 《理想国》，第 383 节。

② 《理想国》，第 386 节。

③ 《理想国》，第 386—388 节。

④ 《理想国》，第 389 节。比较莫尔（More）:《乌托邦》(*Utopia*) 中的国际道德 (international morality)

⑤ 《理想国》，第 392 节。

⑥ 《理想国》，第 392—403 节。

⑦ 《理想国》，第 395 节。

　　关于狭义的和带有现代感觉的音乐,柏拉图认为,所有娇柔的、欢宴的和声都应当剔除,只保留那些能够促使公民养成节制品格和鼓舞公民勇敢精神的和声。歌词的性质决定韵律,正如歌词的风格由灵魂中的道德决定一样。

　　所以,音乐必须与其他艺术和工艺有关,不仅是诗人,而且也包括各门工艺的专家,都应使他们的产品标有善的烙印。[①] 在这里,我们找到了诗歌与哲学或艺术与道德长期争论的历史根源。柏拉图不接受所谓"纯艺术"的观点,他唯一认可的标准是伦理标准。

　　柏拉图之所以强调为那些将成为国家护卫者的儿童提供良好的简单的环境,原因在于他相信,无意识的吸收或模仿对儿童性格的形成具有重要的功效。这一观点我们可以从下面一段话中得到证明:"我们不能让我们的未来护卫者生活在丑恶的道德环境之中,好比在浸满毒液的牧场上,稚嫩的牧草与有毒的花草为伴,日复一日,一点一点地悄无声息地吸吮着毒液,直到它们自己的灵魂被完全腐蚀。我们要让我们的艺术家具有鉴别优美、雅致、真实本质的天赋;这样,我们的青年才能生活在健康的环境之中,在美妙的景致和音乐中成长,点点滴滴地受益。他们眼睛所看到的是美好与公正,他们耳朵所听到的是美好与公正,好像一阵来自纯净区域的有益健康的微风刮过人的心田,使儿童的心灵不知不觉被外在的美和理性的美所吸引。"[②]

　　而且,柏拉图继续说:"音乐训练的影响力无与伦比。因为韵律与和声有一条独特的通往人心灵的通道,它具有强大的美的感染力,使那些有教养的和没有教养的灵魂得以改造。"由于音乐教育的结果应当使人变得平静和优雅,因此,柏拉图在论述高等教育或哲学家教育的时候对音乐作了反复的强调。对此,他解释说:"音乐与体操相似,它通过形成习惯来训

19

---

　　① 《理想国》,第 401 节。

　　② 《理想国》,第 401 节。比较亚里士多德《政治学》,第 7 卷,第 17 章:"所有卑鄙的和粗俗的东西都不应当让他们看见";也可参见博赞克特(B. Bosanquet):《柏拉图理想国中的年轻人教育》(*The Education of the Young in the Republic of Plato*),剑桥:剑桥大学出版社 1904 年版,第 102 页,脚注。

练护卫者,和声使其平静,韵律使其富有节奏感。"①音乐教育的目的自始至终是为了实现希腊人的生活理念,即生活本身就是一种艺术。

柏拉图在《理想国》中论述体操的篇幅十分简短。② 他仅仅提出了总的原则:"体操与音乐应当从幼年开始,体操训练应当小心翼翼地进行,终身不停。"然而,他又补充说:"我现在相信的是,强健的体魄无助于心灵的改善,恰恰相反,美好的心灵则很有可能改善身体。"

柏拉图描述了一个简单适度的能够促进健康特别是有助于获得敏锐的视力和听力的方法。③ 他不赞成由专门的体操家来锻炼人们的身体的做法。柏拉图认为,这种方法不适合那些缺乏战争经历的人,也不适合那些在战斗中会面临食物经常变化的人。精美的食物应当禁绝。人生一世不能只做体操。因为其他什么事情也不做的人到头来会成为粗野而无教养的人:"他像是一头野兽,狂暴和残忍,不懂其他处理方法,无礼且粗俗。"④

柏拉图的早期教育计划中包括了音乐和体操的训练。但是,他补充说,流行的舞蹈、狩猎、野地训练、各种体操和赛跑,都应当按照前述的原则进行。⑤

应当指出,柏拉图的早期教育计划中有一点疏漏,这是柏拉图有意所为,就是没有提到手工技艺的训练。对此,柏拉图在《理想国》后面的章节中作了解释:"所有实用的艺术都是卑贱的。"⑥

同时,无意识的疏漏也十分明显。他后来认识到,高等教育的学科应当从青少年时期开始学习。在他有关统治者或哲学家教育的论述中,我们发现了他这样的说法:"儿童幼年时就应当接触计算、几何和其他学科知识,为学习辩证法做准备。当然,不能采用强迫的方法。"⑦

---

① 《理想国》,第 522 节。

② 《理想国》,第 403—412 节。

③ 《理想国》,第 404 节。

④ 《理想国》,第 411 节。

⑤ 《理想国》,第 412 节。

⑥ 《理想国》,第 522 节。

⑦ 《理想国》,第 536 节。

　　柏拉图对教学法的原则作了详细的解释:"强迫的身体操练不会损伤身体,但是,强迫学习获得的知识不会在心灵中留下痕迹。……因此,不要使用强迫的方法,早期的教育应当是一种娱乐;这样你将很有可能发现儿童天赋的倾向。"在《法律篇》中,游戏的积极意义受到了强调。这样,我们不必到现代,到赫尔巴特、福禄培尔和蒙台梭利那里,就能找到将儿童的兴趣或游戏作为教育主导原则的理论,这一理论在柏拉图这里已经成型了。

　　那些准备接受早期教育并准备担任国家护卫者的人应当"精通哲理,富有精神,行动快捷,精力充沛"[1]。在整个教育过程中,他们应当受到严密的监督,并接受各种方法的测验和考验。[2] 经过考核,那些优胜者和品行纯洁者将被任命为统治者或国家的护卫者,其他人则成为辅助者或军人。

　　高等教育的质量[3]或者哲学家的特点是柏拉图谈到的事情。他特别看重的是:"他们是可靠的、最勇敢的,也许是最公平的,他们也同时具有完成他们教育的天赋。"[4]此外,"他还需拥有良好的记忆力、学习快捷、高尚、文雅、与真理为友、公正、勇敢和节制。"[5]需要注意的是,这里再次提到了勇敢、高尚、理解力和记忆力。[6]

　　高等教育的目标不仅仅是为了拓展知识,按照柏拉图的话来说,"心灵要从对可感知世界的研究转向对真实存在的沉思"[7]。他解释说:"如果我是对的,那么,那些从事教育工作的教师一定就是错了,因为他们声称可以向先前空泛的心灵灌输知识,好比给盲人的眼睛注入光明一样。实际上,我们想论证的是,学习的能量和能力早已蕴藏于灵魂之

21

　　① 《理想国》,第 376 节。在这里,我们可以看到职业筛选由此开始以及筛选的步骤。
　　② 《理想国》,第 413 节。并不像坎贝尔(Lewis Campbell)所说的"是完美环境中的教育",见坎贝尔:《柏拉图的理想国》,第 73 页。
　　③ 《理想国》,第 521—541 节。
　　④ 《理想国》,第 535 节。
　　⑤ 《理想国》,第 487 节。
　　⑥ 《理想国》,第 490 节。
　　⑦ 《理想国》,第 521 节。

中。正如没有整个身体的配合，我们的眼睛是无法立即从黑暗转向光明的。知识的工具作用的道理也是同样，只有借助整个心灵的活动，知识才能帮助我们从了解现实的世界到渐渐看见存在的情影，那个最光明、最美好的存在，换言之，即善的存在。"①

这就是高等教育的目标，即哲学家或统治者的教育。② 柏拉图在决定了高等教育的目标之后，接着开始思考高等教育的学科范围。它包括数或算术、平面几何和立体几何、天文学、音乐理论或和声学，所有这些学科都是为学习最高的科学做准备，即为学习辩证法做准备。柏拉图的高等教育方案可以用一句话来概括，即"通过数学学习形而上学"。

选择接受高等教育学生的标准是，他们必须具有反省的能力，而不是处理可感知事物的能力。③ 同样，他们必须具有普遍的适应性。④ 能够满足这一要求的第一个学科是数目，因此，柏拉图总结到："这是一种需要法规予以规定的知识；我们必须努力劝导那些准备担任我们国家领导职务的人去学习算术，而且不是作为一种业余学习，而是应当持续学习直到他们能够用头脑理解数的本质为止；他们也不能像商人或小商贩那样学习算术是为了做买卖，他们学习算术的目的一是为了军事用途，二是为了心灵的需要，因为这是使心灵接近真理和真实存在的最便捷的途径。"⑤因此，数目的主要功能在于训练抽象的能力。

柏拉图将数目看成学习哲学的一种准备。他的这种有关数目价值的评判，在现代人看来有点言过其实了。然而，可以这样解释，哲学家需要从研究普遍的概念或概念性观点起步学习哲学，而数学可以在相当程度上满足这种需要。毕达哥拉斯学派（Pythagoreans）的确曾经坚持认为，数目是理性的本源或事物的本质。柏拉图对此是认可的。苏格拉底死后，柏拉图到意大利南部游历了很长一段时间，途中曾造访过

---

① 《理想国》，第 518 节。
② 关于柏拉图对哲学家的描述，参见耶格：《教育：希腊文化的理想》，第 2 卷，第 267—268 页。
③ 《理想国》，第 523 节。
④ 《理想国》，第 522 节。
⑤ 《理想国》，第 525 节。

毕达哥拉斯学派的学校,他显然受到他们的影响。实际上,柏拉图在其学说发展某一阶段所理解的"理念"也完全是与数目有关的。在写《理想国》的时候,他已经超越了自己对数目本身的幼稚的理解,因为我们发现,他曾断言:"然而,任何对几何学略知一二的人都不会否认,这门学问的概念与几何学家的日常语言存在着明显的矛盾。他们只有实用的观点,总是习惯性地用一种狭隘的和好笑的方式谈论直角(squaring)、延伸(extending)和应用(applying)等。——他们将几何学的必要性与日常生活的必要性混为一谈;然而,知识是全部科学的真正目的。"①如果希腊人正如柏拉图所说的,有一段时间忽略过数目纯概念性的本质,那么今天,我们则忽略了对数学的实际需要,而这种需要恰恰是科学得以存在、数目最初得以解释的坚实基础。

　　在坚持认为数目具有训练抽象能力的价值的同时,柏拉图表达了一个有关形式学科或训练迁移说的观点,即心智中某一功能的训练的结果会对其他功能产生有利的影响。例如,他曾问道:"你注意到没有?在一般情况下,有计算能力的人学习其他知识的速度也快一些;如果他们受到算术训练,即便由于训练单调,他们并没有获益多少,但他们学习速度总比他们没有接受过训练时要快。"②在同一个段落里,他又补充说:"的确如此,你很难再发现比数学更加困难的学科,或者像数学一样难的学科。"这样,他就接近了他自己的教义,越是难学的科目所提供的训练价值越大。一位当代反论哲学家认为,这个观点是明显的谬论。因为假如学生不想学,你教什么都没有用。

　　在谈及几何学时,柏拉图也同样评论说:"正如经验所表明的那样,在所有的知识中,学习过几何学的人,其理解问题的速度显然快于那些没有学习过几何的人。"③

　　这些观点还必须在涉及数学和辩证法两者关系的论述中得到进一

　　①《理想国》,第 527 节。
　　②《理想国》,第 526 节。在《法律篇》(第 747 节)中,这一观点被再次提到:"数学能使性情懒散和反应迟钝的学生兴奋起来,使他学习变得快捷、记忆力得到增强,人也变得机灵。在这门学科的帮助下,他取得的进步远远超出他的自然能力。"
　　③《理想国》,第 527 节。

步证明。"你能想当然地将一位老练的数学家看成辩证法家吗？当然不能，他说，我甚至还没有听说过数学家一定具有理性思维能力。"①这种资格标准，虽然存在着争论，②使柏拉图卸去了承担形式训练说(doctrine of formal training)初创者的责任，但如果确实如此，那它是以牺牲学科相容性为代价的。然而，可以这样说，在柏拉图时代，人们对数目科学知之甚少，尽管人们期望有深入的了解。假如柏拉图说过，数目的知识只是"拓展"了头脑，而不是使头脑变得"敏捷"了，他也可能就不会遭遇到反对意见了。数目，像语言一样，为我们提供了掌握和控制经验的无可估价的工具，一般来说，它的地位是不需以影响我们心智的假设为基础来捍卫的。

由于数目是第一学科，因此，几何是高等教育课程中的第二学科。这种策略的意义是得到认可的，但柏拉图考虑的是，它能否使对善的理念的理解变得容易一些。③ 在他看来，几何学是应该学习的："几何学会将灵魂拉向真理，创造出哲学的精神。"④因此，必须引导那些准备担任理想国统治者的人学习几何学。

接下来，天文学是高等教育的又一工具性学科。柏拉图列举了这门学科的实用价值，如农学家和航海家需要它："你对这个世界的恐惧让人感到可笑，它使你对学习无用的东西十分戒备。我承认，人们难以相信，每一个人都有一只灵魂之眼。不过，一些人却丢失了这只眼睛，或者，这只眼睛虽在却了无光泽；而另一些人的这只眼睛则清纯明亮、熠熠有神，这样的灵魂之眼远比一万只肉眼珍贵，因为它能看见真理。"⑤"正如我们探索几何学的问题一样，在天文学里，我们也应当探索

①《理想国》，第 531 节。

② 穆尔(E. C. Moore)：《教育是什么？》(*What Is Education?*)，波士顿和伦敦：吉因图书公司 1915 年版，第 3 章：将官能(faculty)解释为功能(function)应当归功于柏拉图。(《理想国》，第 477 节)他回避了长期阻碍心理学发展的"官能"说。

③《理想国》，第 526 节。善的理念(the idea of good)或"善的形式"(the Form of the Good)是柏拉图哲学的最高原则，同时也是所有存在和所有知识的来源。比较《理想国》，第 509 节。

④《理想国》，第 527 节。

⑤《理想国》，第 527 节。

问题,而将天空搁置一旁。如果我们能用正确的方法研究这一问题,就可以给任何的实用献上一份理性的自然礼物。"①

为学习辩证法做准备的最后一门学科是音乐。但它已不是早期教育中的那种音乐艺术了,而是音乐理论、和声学以及隐含在音符与和弦之中的数学关系;或者,我们可以将其称为音乐的物理基础②——"主题",柏拉图强调说:"我所说的有用,是指有助于探寻美与善,如果是为了探寻其他什么精神,则毫无用处。"③

柏拉图认为,如果上述的数学学科的共同基础可以被发现的话,那么,就可以考虑向目的地进发了,即准备学习辩证法科学了。

对于柏拉图来说,辩证法是一门最高级的学问。它像远离实际技艺一样远离数学科学。数学科学假定了某种前提,或提出了某种假设。例如,几何学假设存在着空间,但它不要求是否具有可感觉的论据,它是一种概念性建构,或者,按照康德(Kant)所说,是一种"先验论"(priori Anschauung)。哲学,或者是柏拉图所说的辩证法,试图在没有假设前提下,或者至少是批判地,探究事物的确实性并确定其可应用性。

柏拉图说:"我必须提醒你,辩证法具有单独揭示这个事物(绝对真理)的力量,不过只有那些掌握了作为学习辩证法基础的其他科学的人才行。"④他继续说:"可以肯定,没有人会认为,还有另外的方法通过常规途径可以理解事物的真实性,或者还有另外的方法可以确定每一个事物都存在其自身的自然性之中。一般而言,艺术是与人们的欲望和

---

① 《理想国》,第 530 节。为了与这一原则一致,柏拉图很可能称赞亚当斯(Adams)和莱弗利尔(Leverrier)能够计算出海神(Neptune)的存在;而通过观察来证明其存在的做法则可能受到他的蔑视。

② 马罗:《柏拉图:功利主义与教育》,第 371 页。在这里,将音乐译成"声学"(acoustics)——包含毕达哥拉斯(Pythagoras)介绍的数的科学以及研究音程和韵律的数字结构。

③ 《理想国》,第 531 节。

④ 《理想国》,第 533 节。在《克拉底卢斯篇》(Cratylus)中,柏拉图将辩证学者定义为"那些知道如何提出问题和如何回答的人"。在《斐德罗篇》(Phaedrus)中,他用区分和归纳法界定辩证法;在《理想国》(第 537 节)中,他补充说:"根据一个人能否将对象作为一个整体来观察,可以判断他是否是辩证学者。"

意见有关联的,或者说,艺术是在生产和建设中培育出来的,或者是为了保护这些生产与建设而产生的;至于我们所说的数学科学,它虽能理解部分的真实存在——也包括几何学等——但还都是以对存在的理解为梦想的。它们只要离开未经检验的假设,就从未关注过现实的问题,它们也无法解释现实。因为当一个人所掌握的不是自己的第一原理,当他的知识还不足以作出结论和采取过渡性措施的时候,那他怎能奢望这种常规的方法能够成为科学呢?"

"然而,辩证法,只有辩证法,可以直接走向第一原理。辩证法也是唯一不需以假设为支撑的科学;它把我们所讨论的这些科学作为女仆或助手,将深埋在稀奇古怪的沼泽中的灵魂之眼轻轻地提升出来。"

辩证法是科学的压顶石,①在它之上再无其他科学,②它位于一系列科学的终端。所有准备担当理想国领袖的人,都必须学习辩证法,以便能够非常科学地使用辩证法家的这一武器。

在决定了哲学家或统治者应当学习的科目之后,柏拉图开始思考如何安排这些学习。③ 早期教育后的三年,也就是 17 岁至 20 岁期间,青年要作为军校学生参加实战,"要像猎狗一样尝尝血腥的味道"。这种课程在柏拉图时代雅典的埃弗比(ephebi)里十分流行,柏拉图本人也曾在埃弗比服役过。

在身体训练的这几年里,没有智力学习,因为"睡眠和训练不利于学习"。

到 20 岁时,优秀者被挑选出来学习数学,为接受辩证法训练做准备。这一训练持续 10 年,到 30 岁时还要筛选一次,被选中者准备学习辩证法。④ 柏拉图有意把辩证法的学习放在最后阶段,他的理由是:"当年轻人第一次品尝到辩论的愉悦后,会像小狗喜欢摆弄和撕扯身边的

---

① 《理想国》,第 534 节。

② 压顶石(coping-stone),墙顶部的石头,通常有斜度,以使雨水流走。——译者注

③ 《理想国》,第 537—541 节。

④ 《理想国》,第 536 节。哲学家的测试包括智力测试。护卫者的测试主要是气质测试。

东西一样热衷于辩论,他们会提出不同的观点,然后反驳对方。"①辩证法学习持续 5 年,这期间,其他学习科目都停掉了。之后的 15 年,即从 35 岁到 50 岁,哲学家或统治者将返回实际生活,作为"合适的年轻人选"在战争和国家事务中担任领导职务。50 岁后,统治者要深入思考"善"的问题,以便在他们受到召唤去管理国家事务的时候,这种通过沉思获得的启示能够帮助他们胜任统治者的任务,使国家、个人的生活以及他们自己的余生都井然有序。"使哲学成为他们的主要的追求,但当他们回到实际生活时,同样能够在政治领域和统治工作中为公共利益辛勤劳作,他们这样做不是为了表现其英雄行为,而只是因为这是他们的职责。当他们将下一代也培养成像他们一样的人时,他们便可以动身去极乐世界定居了。"②

26

这就是柏拉图在《理想国》中提出的教育计划。他在结论中告诫我们,女子教育和男子是一样的,她们要接受同样的训练和教育,包括音乐和体操训练以及战争艺术训练,因为在战争中她们必须像男子一样战斗。他特别补充说:"你不要以为我所谈论的只适合男子,它同样适合女子,除非她们的本性不允许。"③

别人嘲笑他建议男女在体育馆里接受同样的体操训练,柏拉图对此并不在意,坚持按原则来考虑这一问题。他认为,处理这一问题的原则是,国家的每一个成员都应当从事其力所能及的工作,女子在体力上的确弱于男子,然而,在政治和管理能力上,女子毫不弱于男子。假如柏拉图认为女子平均智力水平也与男子同样的话,那他的结论可能就远远领先于现代研究的结论。

柏拉图的男女同校教育的建议受到了人们的质疑,起因不在其表述本身,而在于其可能引发的第二次"浪潮"(second wave),即出现妇女

①《理想国》,第 539 节。比较亚里士多德:《伦理学》,第 1 卷,第 3 章:"年轻人不适合学习政治学。"

②《理想国》,第 540 节。

③《理想国》,第 540 节。比较同书第 451—457 节。

和儿童公社。① 为了确保国家的统一,柏拉图不得不摧毁作为社会单位的家庭。家族关系和情感纽带是柏拉图唯一担心的可能形成对国家至高无上权威的挑战或者导致国家分裂的力量,他只能以牺牲所有差异性为代价来确保国家的一体化。他制造了一片荒芜,还将其称为"宁静"。这是他理想国的最大缺陷。亚里士多德对他的共产主义计划作了有效的批判。② 卢梭也作出了类似的批判,他说:"我非常清楚,柏拉图在他的《理想国》中是主张女子和男子接受同样的体操训练的。女子既没有家庭,也没有政府机构中的职位,柏拉图只得将她们变成男人。这位伟大的天才周密地设计他的计划,考虑到了每一个细节,甚至考虑到了一个人一生中也难以碰到的困难,但是,他在遭遇实际困难时却没有成功。我这里不是指那个被柏拉图视为自己职责的妇女公社……我是指他对我们最温馨的自然情感的颠覆,他以此牺牲换取的是一种只有借助他人帮助才能苟存的虚假情感。这种缺乏自然基础的契约能够有多大的黏合力?对国家的忠诚能够离开对同胞和亲人的爱吗?离开了微型国家——家庭的土壤,爱国主义情感能够繁荣地生长吗?如果没有好儿子、好丈夫和好父亲,能够有好公民吗?"③

《法律篇》中的教育主张

柏拉图在其晚年阶段的著作《法律篇》(*Laws*)中再次谈到教育的话题。对话从探讨米诺斯法律转到探讨完美的"公民—统治者"及其训练,简言之,即探讨教育问题。一些解释者认为,受生活经历的启发,柏拉图宣布放弃了他在《理想国》中提出的教育计划。然而,在他后期的著作中,柏拉图并没有真正放弃他早先提出的原则,而是力图阐明这些

---

① 《理想国》,第 457 节。在柏拉图构建的理想国里,这些伟大的浪潮或反论主要是指:(1)财产公有,职业共享;(2)妇女和儿童公有;(3)可以归纳为:"除非国王是哲学家或哲学家是国王,否则城市便会百病缠身,永无宁日。"

② 亚里士多德:《政治学》,第 2 卷,第 3 章。

③ 卢梭:《爱弥儿》,第 236 页。

原则的实用性。他说,理想国的计划虽已搁置一旁,但他描绘的即便不是最理想的城邦,至少也是次优的城邦,这种城邦"在当前"是可以实现的。①

《法律篇》有关教育的论述是对《理想国》的补充,强调了实际应用方面,这一点类似亚里士多德在《政治学》(Politics)中的态度。然而,教育目的依旧未变。因为柏拉图在《法律篇》中说过:"目前,当我们谈论一个人成长过程时,我们常常用'受过教育的人'(educated man)和'未受过教育的人'(uneducated man)来表示我们对一个人的褒贬,虽然那个未受过教育的人可能是受过良好零售商教育的人,或者是受过良好船长教育的人,等等。因为我们谈论的教育不是狭义的教育,而是指青年时代开始的美德教育,这种教育促使人渴望成为理想的完美公民,教育他如何正确地统治国家以及如何学会服从。这才是我们心目中唯一可以称之为教育的教育。其他的训练,诸如目的旨在获取财富或旨在强健身体,或仅仅为了变得聪明而非智慧和公正的训练,是无价值的和狭隘的,也是根本不配称为教育的。我们不必为一个词的含义相互争论不休,只要出发点是向善的,即那些受到正确完整教育的人能够成为好人。我们丝毫不能轻视教育。教育是那些最优秀的人应当接受的第一件和最公正的事,尽管教育可能走错方向,但教育是可以改革的,教育改革是每个人一生中最重要的事业。"②

《法律篇》中的教育是全民普及的,不像《理想国》中的教育专属护卫者,因此,教育也是强迫的。"不管家长是否愿意,儿童必须上学。教育是强迫的,正如俗话所说,只要可能,全体儿童都必须接受教育;而且,学生是属于国家的,而非属于家长的。我的法律对男女一视同仁,男女都必须接受体操训练。"③柏拉图在《法律篇》中多次提到他的男女同校教育原则及其所依据的共产主义计划,④这表明他在《理想国》中提

28

---

① 《法律篇》,第 739 节、第 753 节。

② 《法律篇》,第 643—644 节。

③ 《理想国》,第 804 节。比较亚里士多德:《政治学》,第 8 卷,第 1 章。

④ 《法律篇》,第 804—806 节。

出的建议是认真的。为了支持他关于女子应当接受与男子和男孩一样的体操和军事训练的观点,柏拉图说:"当她们还是女孩时,她们应当学习军事舞蹈,学习战斗技术,当她们成人后,她们应当学习队形变换和战术操练,掌握武器使用方法;如果没有其他原因,在军队离开城邦去执行军事任务时,那些负责照看幼儿的人以及城市中剩下的其他人应当承担同样的任务。另一方面,当人数不是太多的敌人,无论是野蛮人还是希腊人,向城邦发起猛烈进攻时,应该强迫她们为保卫城邦而战。这不是不可能的,不过对于国家来说,这是件最丢面子的事情了。如果女子受到这样悲惨的训练,在远比她们强壮的男人面前,她们还没有能力会像鸟儿保护幼鸟一样保护儿童,在面对要么死亡、要么经历危险时,她们应当迅速躲到神庙去,聚集在圣坛和圣地,诅咒所有动物性中最懦弱的男人的人性。"①

《法律篇》提出的课程建议中所包含的主要学科与《理想国》中的学科是一样的:音乐和体操属于早期教育,数学属于高等教育。不过,在《理想国》里,数学仅仅是学习辩证法的预备性学科,而在比较注重实际应用的《法律篇》中,辩证法只被间接地提及。

体操的地位要比《理想国》中的体操重要得多。在《理想国》中,它仅仅是一个轮廓性的东西。在这里,体操被分为两部分:舞蹈和角力。这两部分又进一步分化。"一种舞蹈模仿音乐吟诵,旨在维护尊严和自由;另一种舞蹈的目的则在于促进身体健康、动作敏捷、四肢及身体各部分匀称美观、富有柔韧性和弹性,举手投足动作协调,舞姿优美。"②至于角力,从健康的角度说,它有实用的价值。在角力时,身体挺直,颈部、双手和身体两侧可以自由活动。角力不仅需要精力和耐力,而且需要全身的力量,因此,应当要求师生都要练习。③ 角力所有动作的意图类似军事艺术,所以,开展角力活动是为了军事的目的,而不是为了角力而角力。④

---

① 《法律篇》,第 814 节。
② 《法律篇》,第 795 节。比较同书第 814—816 节。
③ 《法律篇》,第 796 节。
④ 《法律篇》,第 814 节。

柏拉图在《法律篇》中对音乐的处理沿袭了在《理想国》中的做法。长期以来有关诗歌与哲学的争论，也被反复提及。[①] 结论是相同的，那就是，必须在年轻人的心灵上烙上这样的原则，即"诸神安排的生活既是最幸福的生活也是最佳的生活"[②]。

在《理想国》中被忽略的工匠或手工艺人的教育在《法律篇》中得到了部分纠正。柏拉图说："在我看来，任何擅长某一事情的人都应当从年轻时期开始练习，分部门在娱乐活动中认真地练习。例如，擅长建筑的人应当玩建筑儿童居所的游戏；擅长耕作的人应当玩耕作游戏；对那些关注自己教育的人，应当在他们年轻时为他们提供可供模仿的工具。他们应当事先学习日后从事这个职业所需的知识。例如，未来的木匠应当在游戏中学习测量或线条测绘的知识；未来的军人应当把骑术或其他操练当做娱乐活动；教师应当帮助儿童，使他们在游戏中获得愉悦，喜爱这门职业，并将其作为终生的追求。这种教育最为重要的部分是在幼儿时期进行的训练。通过游戏，儿童心灵深处萌生的对完美的热爱，会在儿童长大成人后依然指引他追求完美。"[③]

和《理想国》中主张的教育一样，《法律篇》中也指出教育不能太早进行。"我坚持认为，良好的教育应当与身心发展相一致，我的这一观点对吗？而且，道理再很清楚不过，最公正的人是那些从婴儿时期起就生活在最佳和最单纯的环境中的人。"[④]柏拉图甚至还谈到了儿童出生前的养育。[⑤] 和亚里士多德一样，柏拉图认为，早期的训练在于养成追求善与美的习惯："我现在所说的教育是指良好的习惯对儿童的最初天性的养成——将快乐、友谊、痛苦和仇恨的种子正确地种植在尚未懂得它们本质含义的儿童心灵深处，待到他们能够理解时，他们便会与德行和谐相处。从整体视角来看，心灵的和谐就是美德；有关快乐和痛苦的专门训练，会帮助你从生到死始终如一地去恨你应该痛恨的，去爱你应

---

① 比较《法律篇》，第 659—670 节、第 800—804 节、第 811 节。

②《法律篇》，第 664 节。

③《法律篇》，第 643 节。

④《法律篇》，第 788 节。

⑤《法律篇》，第 788—792 节。

当热爱的;但是,这两种训练应当分别进行,按照我的观点,这才可以正确地称之为教育。"[①]

在《理想国》中,按照设计,人生最初的 17 年是用来进行包括音乐和体操在内的早期训练的。这一期间学习的各科目内容,并没有得到进一步详述。在《法律篇》中,柏拉图周密地安排了早期教育的时间:"3岁前的儿童,无论是男孩还是女孩,如果人们能够严格执行我们前面提出的规则,并将其作为主要的目的,那是对幼儿最大的帮助。但是,当儿童到 3 岁、4 岁、5 岁或甚至 6 岁的时候,儿童的天性需要活动……这一年龄段的儿童需要有某种自然方式的娱乐,这是他们聚集在一起时自己发现的。"[②]

在柏拉图看来,儿童早期的活动对于维持国家的稳定具有极为重要的意义。在《理想国》中,[③]柏拉图反复表达了他对音乐和体操革新的担忧,害怕它们会毁掉社会秩序的稳定。这也很自然,理想国家的任何变革只能被认为是向坏的方面转变的。这与希腊人的态度是一致的,对他们而言,现代不断发展的观念所带来的不停顿的革新是令人厌恶的。他们是仿照有局限性的永恒的雕塑艺术方式构思完美的。实际上,即使在《法律篇》中,宪法也只是"次完美"的。对于革新的恐惧依然萦绕在柏拉图心头,促使他去观察"儿童的游戏与已经实施的法规或需要实施的法规之间存在的密切联系。因为在安排的井然有序的游戏中,儿童以同样的方式获得了娱乐,而且从同样的玩具中获得了快乐,国家的更为严肃的制度就可能不受干扰。如果儿童的游戏被扰乱了,游戏在混乱中不断革新、不断变化,儿童也从不谈论他们共同的兴趣爱好,他们对举止或者对衣着也没有共同的评价标准,那些在造型和色彩方面别出心裁的儿童还能得到特别的荣誉,我们就可以说,在这个国家里,再也没有比这个更邪恶的事情会发生了。因为改革游戏的人正在悄然改变这个国家年轻人的生活方式,老人颜面尽失,新人受到宠爱。

---

① 《法律篇》,第 653 节。
② 《法律篇》,第 794 节。
③ 比较《理想国》,第 424 节。

我敢断言,这种损害对所有国家而言是无以复加的。"①

　　在 6 岁之前,男女孩可以在一起做游戏。然而,在 6 岁之后,男女孩子应该分开——"让男孩与男孩生活在一起,同样让女孩与女孩生活在一起。现在,他们都得开始进行学习——男孩要跟骑手去学习骑马,学习弓箭的使用,学习投标枪和掷石头;如果女孩不反对的话,她们也学习同样的内容,直到她们掌握这些武器的使用方法为止,尤其是知道如何使用重武器。"②

　　音乐学习与体操训练交替进行。"对于男孩来说,10 岁开始用 3 年时间学习文字是合适的。13 岁是学习七弦琴的合适年龄,而且连续学习 3 年,这个时间不长不短正好,无论他的父亲和他本人喜欢或不喜欢,他也不能违反法律规定,在音乐学习上既不能多花时间也不能少花时间。"③

　　"还有三门学科适合自由人学习。算术是其中一门;长度、面、深度的测量是第二门;第三门与星体及其运行有关。不是所有的人都需要在这几门学科中按照严格的科学方式进行辛苦学习的,需要辛苦学习的只是少数人。"④对于多数人来说,学习这些知识"正如埃及儿童学习字母一样",可以使他们"避免因缺乏这些学科的基本知识受到嘲笑而丢失脸面"。⑤ 然而,男孩要想成为国家的统治者,他必须认真学习这些科目,了解科目之间的相互联系;他必须知道这两条基本原则——"灵魂是一切生物中最年长者,它是不灭的,它支配着所有的肉体。而且,如果谁没有沉思过据说存在于星际间的自然神(Mind of Nature)的话,或者没有接受过之前的训练,看不到音乐与这些事物的联系,不会用法律和习俗去协调所有事物的话,那他是不可能解释所有合理存在的事物的原因的。除了获得普通公民的美德之外,如果他不懂得这些,那他

---

① 《法律篇》,第 794 节。
② 《法律篇》,第 794 节。
③ 《法律篇》,第 810 节。
④ 《法律篇》,第 817—818 节。
⑤ 《法律篇》,第 819 节。

是不可能成为整个国家的优秀统治者的。"①

在《理想国》里,教育是由护卫者直接管理的;而在《法律篇》中,教育是由教育官员负责的。② 然而,教育目的还是相同的。教育是为个人幸福和国家安全服务的。在《法律篇》中,柏拉图重申:"如果你问教育有何益处,答案很简单——教育可以造就有教养的人,有教养的人举止文雅,能够在战斗中征服敌人,因为他们是善的。教育确实能带来胜利,尽管胜利有时候会遗忘教育。许多战争胜利者会因为胜利而变得傲慢,而傲慢会在他们身上滋生无数邪恶,许多胜利也因此已经或将被自我葬送,但教育永远不会被自我葬送。"③

教育思想的地位和影响

33   对于柏拉图的影响,怀特海(Whitehead)有一个被广为引用的评价:"在欧洲哲学传统中,最稳定的一般特征是柏拉图思想的最好注释。"实际上,对于柏拉图的影响无论怎么评价也不会过分。埃默森(Emerson)④曾有过类似的评价:"柏拉图著作中强烈的现代风格和精神让人印象深刻。"柏拉图抓住的问题一直是西方历史进程中的核心问题。这倒不是说,后辈思想家都赞同他的观点,即便那些深入研读柏拉图的研究者也不一定同意他的观点。例如,他的理想主义对基督教教义的产生发挥了很大的作用——即当代尼采(Nietzsche)所称之为的"为弥撒而生的柏拉图主义"——但是,基督教思想家必须修正他的哲学以满足他们的需要,用信仰替代理性。⑤

柏拉图建立了西方教育的人文主义传统。他对后世教育思想的影响,可以回溯到昆体良那里。在中世纪课程里,如在三艺(文法、修辞、

---

① 《法律篇》,第 967 节。
② 《法律篇》,第 765—766 节、第 809 节。
③ 《法律篇》,第 641 节。
④ 埃默森(1803—1882),美国教育思想家。——译者注
⑤ 巴里·格罗斯:《伟大思想家论柏拉图》,前言,第 20 页。

逻辑或辩证法)和四艺(音乐、算术、几何和天文学)的课程里,也许这些课程的排序略有差异,柏拉图为哲学家描述的那种教育也是显而易见的。在莫尔(More)的《乌托邦》(*Utopia*)、艾利奥特(Elyot)的《行政官之书》(*Governour*)和其他人文主义作家的作品里,在诺克斯(John Knox)①的《规则论》(*The Book of Discipline*)、卢梭的《政治经济学论文》(*Article on Political Economy*)以及费希特(Fichte)的《对德意志民族的演讲》(*Addresses to the German Nation*)中,都可以看到柏拉图的影响。尽管有关柏拉图影响的好与坏的争论一直激烈地进行着,但柏拉图是唯一的一位可以让人们做出不同解读的具有丰富原创性思想的思想家。

这样,柏拉图的关于国家相对静态的观点,即把社会分为界限分明、不易逾越的阶层的观点受到了谴责,被认为是不民主的。1930年,从残忍的专制政权逃生出来的波珀(Karl Popper)认为,柏拉图是集权主义的辩护士,维持的是统治阶级的"正义"。② 一些类似的批评过了头甚至不够公正。在《理想国》里,还没有找到证据能证明选拔是不依据能力的。但是,个人的自由以及自由带来的重要利益需要一个开放的社会。柏拉图认为,在这样一个社会里,不幸福和不公正是不可避免的。按照他的观点,最大多数人的最大幸福只有通过那些最有能力的护卫者的努力才能实现:"容忍的代价是无能。"③另一方面,那些信奉民主近乎神秘主义的利益的人会引证历史来证明,人们不可能长期忍受独裁体制的幸福,即使是最仁慈的独裁者最终也会被视为专制者的。争论在继续:在当今"宽容的社会"和机会均等的时代,争论之活跃前所未有。现代柏拉图主义者提出了一个特别的观点:"在不同的时代,如果以教育名义进行的活动完全以儿童的需求和价值观的变化为参照的话,那么,教育只能是教育了。"④在这样的氛围下,人们可以挑战柏拉图

34

---

① 约翰·诺克斯(1505—1572),16世纪苏格兰宗教改革领导人。——译者注

② 参见卡尔·波珀:《开放社会与其敌人》。

③ 巴罗:《柏拉图:功利主义与教育》,第14页。

④ 巴罗:《柏拉图:功利主义与教育》,第24页。

的理念,但他们是不可能否认柏拉图思想的关联性的。

在怀特海看来,柏拉图文化的另一个不适当的方面是完全忽略了技术教育是理想的人的全面发展的重要组成部分。[1] 另一方面,怀特海也承认,柏拉图理念鼓励了艺术的发展,培育了科学之源泉的无偏见探究精神,维护了心灵在物质力量前的尊严,从而对欧洲文化作出了不可磨灭的贡献。[2] 杜威(Dewey)对柏拉图的自由探究的方法也给予了类似肯定,[3]"对于当前的哲学研究来说,最好开展一场'回归柏拉图'运动。但是,回到柏拉图是指对《柏拉图对话》(the Dialogues)中的柏拉图作令人激动的、不停顿的和合作的研究,尝试用不同方法进行研究,看看能产生什么不同的结论,去探究为什么每次柏拉图形而上学思想上扬总以社会和实践的变革为终结,而不是回到仅被视作最古老大学教授的柏拉图,对柏拉图作些肤浅的、没有想象力的评论。"如果将柏拉图的《理想国》看做是一份蓝图的话,那么,认为它建议的制度不切实际,那将是一个错误。柏拉图原本意在提出一些生动的、令人信服的哲学问题和可能的解决方案。柏拉图思想产生的持续影响已达 2300 多年之久。它也许是"对自由理念最猛烈的攻击",它的温和的包容能力"也许是历史上最令人惊异的文人的势利性的典范",但是,它同样"也许是迄今为止最不矛盾的和最具逻辑性的著作"。[4]

---

① 怀特海:《教育的目的》(The Aims of Education),伦敦:威廉斯和诺加特图书有限公司 1929 年版,第 77 页。

② 怀特海:《教育的目的》,第 71 页。

③《当代美国哲学》(Contemporary American Philosophy),伦敦:乔治·艾伦 & 昂温图书有限公司 1930 年版,第 2 卷,第 21 页。

④ 格罗斯曼(R. H. Crossman):《今日柏拉图》(Plato Today),伦敦:艾伦 & 温图书公司 1963 年版,第 84 页;罗素(Bertrand Russell):《哲学与政治》(Philosophy and Politics),载《未发表的论文集》(Unpopular Essays);巴罗:《柏拉图:功利主义与教育》,第 2、123 页。

第三章 昆体良

昆体良自己说过,[①]罗马的第一本教育论著是马尔库斯·加图 *35*
(Marcus Cato)[②]的《论儿童教育》(*De Liberis Educandis*)。然而,这本
书未能幸存下来。我们认为,罗马最著名的教育家应该是昆体良。柏
拉图给我们详细介绍了哲学家的教育,昆体良则详细介绍了雄辩家的
教育。前者的教育目的在于思辨,后者的教育目的在于现实生活。这
种差别典型地反映了希腊人和罗马人这两个民族的自然特征。[③]

生涯与著作

马尔库斯·法比尤斯·昆体良(Marcus Fabius Quintilianus)大约
公元 35 年出生在西班牙北部埃布罗河畔的卡拉古里斯(Calagurris),
即现代卡拉霍拉(Calahorra)的一个乡村家庭。关于他早年的生活,人
们知道得不多。虽然这还不能完全确定,但是,从他父亲是一位修辞学
家来看,他可能是在罗马接受教育的。根据昆体良后来的回忆,他曾经

---

① 昆体良:《雄辩术原理》(*Institutio Oratoria*),第 3 卷,第 1 章,第 19 节。本章参
考文献凡未专门说明的都是引自洛波(Loeb)古典图书馆所藏由巴特勒(H. E. Butler)
翻译的《雄辩术原理》文本。

② 马尔库斯·加图(公元前 234—前 149),即"大加图",古罗马执政官(前 195
年)、历史学家和作家。——译者注

③ 关于罗马教育,参见威尔金斯(A. S. Wilkins):《罗马教育》(*Roman
Education*),剑桥:剑桥大学出版社 1905 年版;格温(A. Gwynn):《从西塞罗到昆体良
的罗马教育》(*Roman Education from Cicero to Quintilian*),牛津:克拉伦顿出版社
1926 年版;鲍恩(James Bowen):《西方教育史》,第 1 卷,《古代社会》。

有一位精力旺盛且富有创造性的老师。早期,他曾在罗马法院当过律师。公元 60 年代初,昆体良回到了家乡西班牙。在那里,他结识了塔拉格尼西斯的行政长官加尔巴(Galba)。后来,加尔巴当了罗马皇帝,将昆体良一起带回罗马。公元 68 年,他在罗马建立了第一所公费的修辞学校,从罗马帝国国库领取了上万塞斯特斯。① 同时,他还继续在法院担任律师。昆体良不仅是"罗马帝国时期最著名的修辞学教授"②,而且按照马提雅尔(Martial)③的说法,"他还是罗马法庭的荣耀"。

昆体良开办学校近 20 年,于公元 88 年退休。4 年后,他开始撰写 *magnum opus*,即《雄辩术原理》(*The Institutes of the Orator*)。但是,他的写作受到了多米提安(Domitian)④的干扰,后者让他去做皇帝的两个侄子的导师,他们是克里门斯(Flavius Clemens)的儿子,未来皇位继承人。《雄辩术原理》一书于公元 96 年出版,出版后不久,多米提安遭暗杀,昆体良自己也去世了。这是一部了不起的著作。书中的观点受到了他的老师的影响,其中著名的有阿法尔(Domitius Afer of Nîmes),但大部分观点还是他自己的。⑤ 他的一些主要原则受到西塞罗(Cicero)⑥的影响,不仅从西塞罗那里获得许多启发,而且将西塞罗的思想作为评判标准的试金石,⑦还通过西塞罗进而了解了伊索克拉底

① 塞斯特斯(sesterce),古罗马货币单位。——译者注
② 鲍恩:《西方教育史》,第 1 卷,《古代社会》。关于昆体良的生平,参见科尔森(F. H. Colson):《昆体良的〈雄辩术原理〉》(*M. Fabii Quintiliani Institutionis Oratoriae*),第 1 卷,剑桥:剑桥大学出版社 1924 年版,第 ix-xx 页;克拉克(M. L. Clarke):《昆体良传记纲要》(*Quintiliani:A Biographical Sketch*),载《希腊和罗马》(*Greece and Rome*),第 2 辑,第 16 期(1967 年 4 月)。
③ 马提雅尔(约 38/41—104),罗马著名修辞作家。——译者注
④ 多米提安,罗马帝国皇帝,公元 81—96 年在位。——译者注
⑤ 塔西佗(Tacitus)对阿法尔(Afer)的德行评价不高,但昆体良对此未作评论,他只是提到其老师的能力随着年事增高而逐渐衰微。参见克拉克:《昆体良传记纲要》,第 28—29 页。
⑥ 西塞罗(公元前 106—前 43),古罗马文学、哲学家和教育家。——译者注
⑦ 乔治·肯尼迪(George Kennedy):《昆体良》(*Quintilian*),纽约:特威尼图书公司 1969 年版,第 111 页。

(Isocrates)。① 伊索克拉底所建立的伟大的雅典传统深刻地影响了昆体良的著作。昆体良著作的写作风格拒绝了西塞罗批评过的遁词和诡辩方法,重新回归古典修辞学传统。

《雄辩术原理》这本著作的视野有新的拓展。其他人也有关于雄辩家训练的著述,但他们所讨论的只是如何教授那些已有教育基础的人成为雄辩家。而昆体良则不同,他说:"在我看来,对于雄辩术而言,没有什么知识是不相干的……如果将雄辩家的训练委托给我,我将从他幼儿期的学习开始训练。"②鉴此,昆体良的《雄辩术原理》就不仅仅是一本修辞学著作,而且已经成为一本教育经典著作。

雄辩家的特点

昆体良本来一直拒绝将自己著作的思辨性和实用性与柏拉图的著作进行比较。他认为,这位哲学家不大实际——也是因为了解了这位哲学家,他明显地倾向于智者派。③ 但是,他所描述的理想的雄辩家(orator),④不能被认为是缺乏思辨能力和哲学修养的人。柏拉图的哲学家是统治者或国王;昆体良的雄辩家是哲人和政治家。因为说话是人类活动的典型特征,所以,培养完美的演说能力是教育的最高目标。⑤ 这样,柏拉图和昆体良两人都描述了完美的人的特征以及如何训练完美的人。

昆体良将其理想的雄辩家的特点归纳为:"完美的雄辩家必须是一个正直的人、一个善良的人,否则他不可能成为雄辩家。因此,我们不能只要求他具备特殊的演说天赋,还应该要求他心地善良。因为正直的、诚实的生活并不只属于哲学家,因为那些拥有处理实际事务能力的人,那些具

---

① 伊索克拉底(公元前436—前338),古希腊雄辩术学者、教育家。——译者注
② 《雄辩术原理》,第1卷,导言,第1节。
③ 比较昆体良提到的"唯一的智慧的教授",这也是柏拉图在《论勇气篇》(第186节)中描述的智者派特征。
④ 《雄辩术原理》,第1卷,第10章,第4节:"我正在描述的演说家,不是实际存在的或是已经存在的,而是我心目中理想的演说家,是没有任何瑕疵的、完美的演说家。"
⑤ 乔治·肯尼迪:《昆体良》,第13页。

有管理公共和私人事务天赋的人,那些通过自己的审议能够管理城市的人,那些通过自己的法律维持城市秩序的人以及那些通过自己的裁决来改善城市的人,不可能是其他人,而只能是雄辩家……因此,让雄辩家成为真正的哲人,他们不仅道德完美、知识渊博,而且拥有雄辩术的一切条件和力量。"①为简便起见,他用加图的一句话给雄辩家下了这样的定义:雄辩家"是一个精通演说艺术的善良的人"②。在这里,昆体良强调了善良。他还特别补充说:"雄辩家应当成为善良的人,不善良的人是不可能成为雄辩家的。"只有在善良的人手中,修辞学才能发挥其应有的作用,以保证道德上令人赞美的目的的实现。

没有一定的天赋,仅靠训练是无法培养出雄辩家的;天性和养育必须发挥作用。对此,昆体良这样评论说:"我必须承认,没有自然天性的帮助,箴言和技巧是毫无效用的。那些缺乏天赋官能的人不会从这些著作中收获多少,就像面对贫瘠的土壤,农业箴言是毫无用处的一样。"要想成为雄辩家,还需具备其他的天赋条件,例如,洪亮的、清晰的和听得清的嗓音;肺活量大,身体健康,体格匀称,举止文雅。这些虽然无关紧要,而且可以通过观察和勤奋来改善,但是在一些情况下,如果这些天赋缺少到一定程度的话,也会影响才智和学问的获得。"③

雄辩家的教育

雄辩家的教育分为三个阶段:7 岁前的早期家庭教育;普通"文法"学校教育;修辞学的专门训练。④

---

① 《雄辩术原理》,第 1 卷,导言,第 9—18 节。

② *Vir bonus*,*dicendi peritus*,第 7 卷,第 1 章,第 1 节,比较同书第 2 卷,第 15 章,第 1 节。昆体良严格地限定,只有善良的人才配称为演说家,也才配从事演说这门艺术。同时,参见同书第 2 卷,第 15 章,第 33 节。格温声称,这种界定显然是与希腊理想相悖的。(格温:《从西塞罗到昆体良的罗马教育》,第 40 页)

③ 《雄辩术原理》,第 1 卷,导言。

④ "显然从一开始他就是为富人子弟写作的。其中没有一个词提到初等学校教师(ludi magister)和他的班级。"——格温(《从西塞罗到昆体良的罗马教育》,第 189 页)

　　柏拉图对其理想国的公民和统治者的早期教育是十分关注的。像柏拉图一样,昆体良也十分关心雄辩家的早期家庭教育。由于意识到暗示和模仿在儿童早期教育中具有重要作用,他要求未来雄辩家的父母——不只是父亲——应当有教养;[①]他的保姆的口音应当适当;他将来受教育时的同伴应当起到好的榜样作用;他的导师应当具有娴熟的技能或了解自己的不足,而且不能容忍虽有学习愿望但又不肯付诸行动的学生。当这些条件都不具备时,昆体良建议,语言教师应高度关注并及时纠正学生所听到的发音不准确的单词,以免学生染上不良的发音习惯。他还特别补充说:"如果认为我要求得太多了,那么就想一想,造就一个雄辩家是多么困难的事吧。"[②]

　　昆体良讨论了是否应当强迫 7 岁前的儿童学习的问题。[③] 虽然他承认儿童在那个年龄以前学习的效果并不佳,但是,他得出的结论是,我们不要忽略这几年的早期教育。其主要理由是——尽管现在看来是无效的——学习的要素取决于记忆力,而一般情况下,儿童这一时期的记忆力不仅非常成熟,而且非常持久。[④] 不过,他告诫我们,应当特别当心,要防止那些还没有来得及热爱学习的孩子变得痛恨学习。他仿照柏拉图而声称,这一时期的学习应当在娱乐中进行。这一时期的教学应当包括:(1) 阅读;(2) 演说练习,即反复练习含有复合音素的韵律;(3) 书写也是要教的,字母刻在书写板上,以便笔可以沿着板上的沟槽移动,这一方法是以肌肉运动协调性的练习为依据的,后来这一做法在蒙台梭利原则中得到了复活。

　　在思考第二阶段教育之前,昆体良先讨论了一个问题,即儿童的教育是公共的好还是私人的好。亚里士多德曾经坚持认为,教育应当是公共的而不是私人的;[⑤]但是,罗马早期的教育是家庭的教育,只是在希

---

　　① 典型的罗马人想法,与希腊人形成鲜明的对照。

　　②《雄辩术原理》,第 1 卷,第 1 章,第 2 节。

　　③《雄辩术原理》,第 1 卷,第 1 章,第 4 节。

　　④ 在他论记忆力一章(《雄辩术原理》,第 6 卷,第 2 章)中,昆体良的一些表述令人惊讶地说明了他有着丰富的经验。

　　⑤ 亚里士多德:《政治学》,第 8 卷,第 2 章,比较伯内特(J. Burnet):《亚里士多德论教育》(*Aristotle on Education*),剑桥:剑桥大学出版社 1905 年版,第 97 页。

腊的影响下,罗马才建立了学校。亚里士多德的立场是政治性的,而昆体良的立场则是从实际出发的,带有教育性质。①

当时有两种强烈反对公共教育的意见。第一种意见认为,到学校里读书的儿童要冒与其他同龄学生交往的道德风险;第二种意见认为,教师感到困难的是学校孩子太多,他不可能像带一个学生那样关注每一个人。如果第一种意见是对的,那么,学校有利于学习,但不利于道德成长。倘若如此,昆体良宁肯劝告孩子先学习做正直的人,而不是先学习雄辩口才。但是,他坚持认为,如果说学校可能是邪恶的孕育场所,那么,父母的家庭也可能同样是。——许多例子证明,在这两个场所都有丧失天真或保留天真的可能——儿童可能将坏的影响从家庭带到学校,而不是从学校接受坏的影响。针对第二种反对意见,昆体良以数量会激励教师努力教学为依据进行了反驳:"面对一个学生教学,教师不可能像面对一群学生那样生气勃勃、情绪高昂和激情四溢地讲课。"他补充说:"然而,我并不建议将孩子送到他可能被忽视的学校里读书,而且,一位好教师所教的学生人数也不应该超出其承受能力……但是,如果说需要躲避人满为患的学校,那也并不意味着需要躲避所有的学校,因为在完全躲避与正确选择之间是有明显差异性的。"

在批驳了反对公共教育的意见之后,昆体良历数了公共教育的优点。在家庭中,学生只能学到教给他个人的知识,但在学校里,学生还可以学到教给别人的知识;在学校里,作为一种模仿模式,学生有机会与同学竞争并为之服务;他还有机会结下同学友谊。昆体良问道:"如果将学生与社会隔绝,那么,学生怎样才能学到我们称之为的'共同意识'呢?而且,作为一个雄辩家,他必须出席许多隆重的集会,关注整个国家的情况,公共教育最特殊的优点就是使学生从小就能适应如何面对听众。"

在昆体良看来,文法学校的训练包括道德和智力两个方面。

他承认,儿童的道德倾向是有差异的,因此,训练应当区别对待。但是,他期望,未来的理想雄辩家有强烈的荣誉感,他会因赞扬而受到激励,因失败而感到伤心,"让他的思想充满高尚情感;让责备刺激他变

---

① 《雄辩术原理》,第1卷,第2章。

得敏捷；让荣誉感激励他充满斗志；在他身上懒散永远不能被理解"。

儿童必须得到放松的机会，但是，正如在其他场合一样，休息应当适当。不让儿童游戏，他们会痛恨学习；休息过多，他们会养成懒散的习惯。游戏会显露儿童的喜好和道德品质。昆体良发现，那些抑郁的、萎靡不振的、没精打采的、缺乏游戏热情的儿童，不要太期望他们能朝气蓬勃地学习。

在论述体罚的时候，昆体良的意见具有明显的现代性。他说："有一件事情我很不喜欢，这就是鞭挞儿童——虽然它有习俗赋予的权威。①多年来，我一直认为，这种惩罚的方式似乎意味着低劣、奴性和严重的当众侮辱。如果一个儿童性格懦弱、不能自我纠正错误而受到惩罚时，那他就会像卑微的奴隶那样对鞭笞麻木不仁。简言之，如果一位教师经常要求学生报告学习情况，那他也就没有机会去求助这种极端方法。最容易导致惩罚学生的原因是教师的疏忽。"他在作结论时问道："如果除了鞭挞之外再无其他纠正儿童错误的方法，那还能做什么呢？当成长中的年轻人不能领悟这种惩罚的意义时，他还能继续学习更重要和更困难的东西吗？"简言之，重要的一点是，不要强制性地将儿童塞进刻板的学习组织中去，而是让这种学习组织适应儿童的发展阶段——这是非常典型的早期的心理学方法。

在讨论过道德训练的纪律措施之后，昆体良开始考虑应当由"文法学校"②提供的智力训练。在这方面，昆体良提出的第一个问题是：罗马青年的文法学校教育应当从学习希腊语开始还是从学习拉丁语开始。这让我们感到十分惊讶。海因（Heine）研究了我们知之不多的罗马教育之后评论说，如果罗马人有必要学习拉丁语，他们也就不会去征服世界了。罗马青年即使不必学习拉丁语，他们也必须学习希腊语。人们必须注意到的是，那一时期，希腊语依然是活的语言，希腊知识是罗马上层社会人人必备的知识，在罗马家庭中，希腊语是许多奴隶的母语。③

----

①　昆体良论体罚引自艾迪生（Addison）:《旁观者》(*The Spectator*)，埃弗里曼图书馆，第1卷，第2册，第313页。在该书中，教师被看做是领了执照的专制者。

②　《雄辩术原理》，第1卷，第4章。

③　参见威尔金斯:《罗马教育》，第19页及其后诸页。

因此,昆体良评论说,①先学拉丁语还是先学希腊语并不是一个重要问题,但是,在早期教育中,昆体良建议还是先学希腊语,因为拉丁语是人们通常使用的语言,可以不知不觉地学会。

即便在儿童的早期阶段,昆体良也不会要求男孩只说希腊语,不像文艺复兴学校那样要求男孩只说拉丁语,因为他担心那样做会影响孩子的发音;因此,"拉丁语学习应当紧跟其后,而且在很短的时间内同时学习两种语言;到这时,两种语言能够同时进步,而且互不影响"。

柏拉图用音乐与文学特别是与诗歌进行对比,②昆体良则用文法与文学对比。他将文法分为两个部分:一是正确的演说和书写知识;二是诗歌解释。完美的演说必须是正确的、清晰的和文雅的、思辨的、引经据典的、权威的和有效用的,这些是指导原则。对于修辞学后期训练的实践,昆体良建议,学生先用平淡的语言讲述伊索寓言故事,然后再用文雅的风格解释一遍。③ 至于正确的书写或正字法,昆体良说:"如果没有其他惯例,那我会要求按照发音写出每个单词;因为字母的使用和字母本身要求保存声音,也为了将它们忠实地展现在读者面前,为读者负责。因此,文字应当表达我们需要说的意思。"这是在呼吁进行"简化拼写"的改革。

像柏拉图一样,昆体良认为,不仅应当教儿童认识美和雄辩,而且更重要的是教儿童认识善和诚实。荷马(Homer)和维吉尔(Virgil)的作品是首选读物,即便"他们的美感主要是指成熟的价值判断"。悲剧作品和抒情诗歌也可以读。但是,过多宣传自由思想的一些希腊抒情诗歌以及涉及爱情的哀歌不要让儿童接触到。当儿童道德信念不再遭遇危险时,喜剧是主要的读物。这一阶段,儿童阅读的主要目的是拓展其心智和强化其天赋。文法学习和阅读不能仅限于在校期间,而应当延伸到其生命的最后阶段。

———————

① 《雄辩术原理》,第1卷,第4章;比较同书第1卷,第1章。

② 昆体良在《雄辩术原理》(第2卷,第1章,第4节)中将"文法"(grammar)界定为"文字的学问"(the science of letters)。科尔森说:"那时的文法是一门活跃的学科……按照那一时期学生的观点看,其地位等同于今天的科学的地位。"(《昆体良的雄辩术原理》,第34页)

③ 《雄辩术原理》,第1卷,第6章。

　　讨论完文法之后,昆体良开始考虑未来雄辩家在文法学校里还应该学习的其他科目与学问。为了证明其选择的正确性,他反复重申,他一直在心里"想象,对于完美的雄辩家来说有哪些知识是不需要的"①。

　　音乐是雄辩家必须训练的内容。② 昆体良坚持认为,也许应该以自己能够引证古代权威思想感到满意,其中柏拉图就是一例。根据柏拉图的观点,文法甚至应当纳入音乐范畴。根据昆体良的观点,音乐有两种韵律,一种是声音的韵律,另一种是身体的韵律。前者涉及词汇的选择及其发音、语调,这些是作案件辩护所需要的基本要素。③ 后者处理的是应当伴随语调并与之相和谐的手势和动作,这些是属于修辞学校的事情。昆体良最后考虑它,是准备结束他的工作。④

　　像柏拉图一样,昆体良将含有数学的几何学纳入学习科目。⑤ 但是,与柏拉图的《理想国》不同的是,昆体良没有轻视几何学对于演说家的实际用途。在他看来,在法庭辩论时,雄辩家可能会犯计算错误或者"用手指打手势时与他计算的结果不一致",从而导致人们对他能力的怀疑。平面几何是处理许多涉及房产和地界诉讼案件的必备知识。柏拉图将几何学看做学习哲学的准备,昆体良则建议将其作为学习修辞学的一种训练。因为次序是几何学所必备的,所以,昆体良认为,次序也是雄辩的基本要素。他问道:几何学制定了基本原理,并依据基本原理得出结论,用确定来证明不确定,难道雄辩术不能做到这些吗?这样,在几何学的学科价值问题上,昆体良坚持了柏拉图的观点。

　　昆体良也愿意让学生上体育学校(school of physical culture)以让学生获得文雅的仪态。在学生年幼的时候,应该允许学生学习舞蹈,但是,舞蹈的时间不能持续太久,因为他要培养的是雄辩家,而不是舞蹈家。然而,舞蹈带来的益处会不知不觉地悄然增长,神秘的优雅将融入我们的所有行为之中并伴随我们终生。

　　在确定了所选学科之后,昆体良探讨了这些学科是否可以同时教

42

①《雄辩术原理》,第1卷,第7章。
②《雄辩术原理》,第1卷,第8章。
③《雄辩术原理》,第1卷,第10章;第11卷,第3章。
④ 比较《雄辩术原理》,第11卷,第3章。
⑤《雄辩术原理》,第1卷,第9章。

学的问题。在他看来,同时教学是有必要的。① 反对这种做法的意见认为,学科的性质各不相同,在一起教学可能会造成学生头脑糊涂,影响他们的注意力。再说,学生的智力、体质和在校时间都不足,难以承担这样的学习任务。而且,即便这些耗费体力的辛苦可以多年分担,但也不能假定纤弱体质的儿童个个都能胜任。对此,昆体良回答道:如此推论的人不大了解人的大脑性质。人的大脑是非常活跃、敏捷的,能够记住展现在它面前大量的观点,它不会局限自己只关注某一特殊事物,而是有能力关注许多事物,不仅在同一天,甚至可以在同一时刻。昆体良问道:在经过数小时的连续学习之后,特别是在遇到各种不同事物的变换和更新之后,还有什么东西可以阻碍我们的大脑学习许多学科? 那就是只学习一门内容相同的令人痛苦的课程。整天面对一位教师,学生会十分疲劳,换换教师会使学生恢复精神。为了支持其论点,昆体良以农耕为例作了说明,他问道:"为什么我们建议农夫要同时耕作他们的葡萄园、橄榄地和灌木丛?"因为没有间歇地长时间从事其中任何一种活动,都会使人十分疲劳。按照昆体良的观点,同时做许多事情比长时间只做一件事情要容易得多。他认为,没有哪个年龄段的人比儿童更容易疲劳了,因此,学习应当遵循协调原则。如果昆体良认为没有哪个年龄段的人愿意接受疲劳,即人人需要变换,那他的观点就更科学了。

对文法学校教育作了研究之后,昆体良开始考虑修辞学校的教育。他对这两类学校教学存在一定程度的重叠表示不满。在他看来,这两类学校最好是分别承担相应的任务。② 在为青年选择修辞学校的时候,家长一定要首先考虑教师的特点,因为决定学校质量的关键不是物质环境而是教师。昆体良描述了他心目中的理想教师:"他对学生要有家长般的慈爱,是一个家长可以信赖的人。他没有任何道德瑕疵也不容忍道德瑕疵。他严格而不严厉,和蔼可亲而不放任,为的是防止前者产生仇恨,防止后者产生轻视。他经常给学生讲述荣誉和善良,因为经常告诫会减少惩罚。他不轻易发脾气,但不忽略需要纠正的错误。教学时,他对学生不提过多的要求,提出的要求必须坚持到底而不轻易变

---

① 《雄辩术原理》,第 1 卷,第 12 章。
② 《雄辩术原理》,第 2 卷,第 1 章。

动。他随时准备回答学生的问题,并鼓励那些不爱提问的学生提出问题。他对学生背诵的表扬既不吝啬也不过分,吝啬会使学生对背诵感到厌倦,过分会使学生松懈。纠正学生错误时,他绝不讽刺也不辱骂,因为令人厌恶的责备会使学生设法逃避学习。"①修辞学校教师的教学资格中,高标准的道德修养也被认为是有必要的。正因为这些原因,《雄辩术原理》被认为是第一部细致讨论教师训练的著作,尽管它没有明确地点出这一议题。②

　　昆体良发现,一些家长在孩子到了上修辞学校的年龄时,竟然会认为没有必要将孩子立即送到最著名的学校,而是允许孩子待在不太出名的学校里。昆体良认为,这些家长的看法糊涂,因为后来接任的教师将承受双重负担,他们在教授正确的东西的同时还要纠正学生以前所学的错误。也许人们认为,著名的教师看不上这样的教学或者不愿屈尊教授基本的知识。对此,昆体良反驳说,这样的人不能算是教师,因为杰出人物是不可能忽略小事情的。他还补充说,最简单的方法往往是最好的方法,它所取得的成效会远远超过其他的方法。

　　在讨论学生应当就学的修辞学学校类型之后,昆体良接着考虑了教学的科目和方法。《雄辩术原理》的第 3 卷到第 7 卷主要讨论的是修辞学技巧问题,对于学习教育的学生来说价值不大,学生也可能没有兴趣。也许它有益于作者改变写作风格,③或许也有益于古典课程教师的教学,因为它包括除了材料和写作风格原则的选择和安排之外,还从雄辩家的视角审视了拉丁文学。④

　　由于昆体良论述的是雄辩家的教育,因此他没有涉及女子教育。但是,从他关于雄辩家的父母都应该有教养的主张来看,他可能期望女

---

　　①《雄辩术原理》,第 2 卷,第 2 章。对教师而言,也许这是一流的标准。比较现代的要求"教师所要掌握的是他那个学科的知识并有幽默感。"引自亚当斯(J. Adams)《赫尔巴特的教育心理学》(*The Herbartian Psychology applied to Education*),伦敦:D·C·希斯图书公司,无出版日期。

　　②鲍恩:《西方教育史》,第 1 卷,《古代社会》,第 200 页。

　　③比较奎勒-库奇(A. T. Quiller-Couch):《论书写艺术》(*On the Art of Writing*),剑桥:剑桥大学出版社 1916 年版,第 138—139 页。

　　④《雄辩术原理》,第 10 卷。

子接受一定程度的教育。虽然没有证据表明在罗马有过男女合校的教育机构,但有迹象表明女孩学习的科目同男孩是一样的。毫无疑问,女子的早婚使她们无缘高等修辞教育,但在昆体良看来,在修辞学方面,她们可以接受早期的教育,直至文法学校的教育结束为止。

教育思想的影响

昆体良的《雄辩术原理》即使不是最系统的修辞学著作,那它也是迄今为止现存的最为全面论述修辞学的著作。[①] 不过,毫无疑问的是,它对罗马教育产生的伟大影响太迟了一点:普林尼(Pliny)[②]、朱文诺尔(Juvenal)[③]和斯维都尼亚(Suetonius)[④]提到昆体良时都非常敬重。但是,他的著作是否被广泛地阅读过仍令人感到疑问。在罗马时代即将结束时,曾经有一段阅读像杰罗姆(Jerome)[⑤]一类作家著作的复兴时期,但只有这本残缺不全的《雄辩术原理》的手稿到中世纪时还得以幸存。[⑥] 1416 年,波吉欧(Poggio)[⑦]在圣高尔修道院(St Gall)[⑧]重新发现了它,这本书于是成为权威的教育专著。可以确证的是,伊拉斯谟(Erasmus)[⑨]曾(在 1512 年)为自己谈论过教学方法和教学目的而道歉。他说:"因为在这一方面,昆体良实际上已经把最后一句话也说完

---

① 比较科尔森:"昆体良的书是修辞学教育思想流派的最伟大的代表性著作,而且一般而言,也是古代教育学的伟大的代表性著作;同时必须记住的是,它并非是专门论述教育的著作,甚至也不是专门论述这样教授修辞学的著作,它的相当一部分,如《雄辩术原理》第 2 卷(14-XI),是修辞学论文。"(《昆体良的雄辩术原理》,第 25 页)

② 普林尼(23—79),即"大普林尼",古罗马学者。——译者注

③ 朱文诺尔(60? —140?),古罗马讽刺诗人。——译者注

④ 斯维都尼亚,公元 2 世纪罗马传记作家和历史学家。——译者注

⑤ 杰罗姆(约 347—420),罗马神学家和历史学家。——译者注

⑥ 乔治·肯尼迪:《昆体良》,第 139—140 页。

⑦ 波吉欧(1380—1459),文艺复兴时期意大利人文主义学者。——译者注

⑧ 圣高尔修道院(The Abbey of St. Gall),位于瑞士,它的主体是教堂和图书馆,外围是中世纪城市圣高尔城。——译者注

⑨ 伊拉斯谟(约 1469—1536),文艺复兴时期尼德兰人文主义思想家、语言学家和教育家。——译者注

了。"昆体良的理想人物是雄辩家,文艺复兴时期的理想人物是"廷臣"
(courtier),英语对应的词汇是"行政官"(governor)——行政官是指参
加执法和立法活动的所有领取薪水或不领薪水的官员、皇家大臣、大使
和法官,等等。① 无论是在罗马时期还是在文艺复兴时期,训练的实用
性目的是显而易见的,即都是为了公共生活。艾利奥特在他的《行政官
之书》中仅仅是扼要地重述了昆体良的思想。从这一高度来看,他的名
望只是动了动嘴皮而已。不过,通过文艺复兴时期的教育家,昆体良的
《雄辩术原理》才对整个欧洲一直到现代的教育训练产生了重要的影
响。②

---

① 参见科尔森:《昆体良的雄辩术原理》,第 4 章:"1416 年之后昆体良的知识及其
用途"(KnowLedge and Use of Quintilian after 1416);同时参见唐斯(John F.
Downes):《今日昆体良》(Quintilian Today),载《学校与社会》(School and Society),第
73 期(1951 年 3 月)。

弥尔顿(Milton)认为,《雄辩术原理》前面几卷主要是道德的说教。

② 伍德沃德(W. H. Woodward):《文艺复兴时代教育的研究》(Studies in
Education During the Age of the Renaissance),剑桥:剑桥大学出版社 1906 年版,第
272 页。

第四章 罗耀拉

46   从公元 92—95 年昆体良《雄辩术原理》的完稿到文艺复兴
(Renaissance)后期 1416 年该著作完整文本的再发现这一段时间里,教
育的组织者是教会(Church)。12 世纪时,文艺复兴还是一个小规模的
运动。之后,大学(university)——教会的产物——承担了保存和推进
文化的重任。所以,在这一背景下,应运而生了一位满怀热情捍卫宗教
信仰的教育家,他也是文艺复兴时期[①]最有影响的新教育家之一。

生涯及耶稣会的建立

依纳爵·罗耀拉(Ignatius of Loyola)[②]1491 年出生于西班牙的罗
耀拉城堡,父亲叫伯德隆(Don Beltran Yanez de Oñaz)。他所接受的是

---

① 按照传统的观点,文艺复兴不是突然再生的运动,而是一个渐进发展起来的运
动。参见埃利奥特-宾斯(L. E. Elliot-Binns):《英格兰与新学问》(*England and the
New Learning*),伦敦:勒特沃斯出版社 1937 年版,第 10 页;蒂利亚德(M. W.
Tillyard):《英格兰文艺复兴:事实还是杜撰》(*The English Renaissance: Fact or
Fiction*),伦敦:霍格思出版社 1952 年版。

② 关于依纳爵·罗耀拉的生平,可以参见汤普森(Francis Thompson)的《圣依纳
爵·罗耀拉》(*Saint Ignatius Loyola*),伦敦:伯恩斯 & 奥茨图书有限公司 1909 年版;
戴克(Paul Van Dyke)的《依纳爵·罗耀拉:耶稣会创始人》(*Ignatius Loyola: The
Founder of the Jesuits*);马特(Leonard von Matt)和拉纳(Hugo Rahner):《圣依纳爵·
罗耀拉传记》(*St Ignatius of Loyola: A Pictorial Biography*),默里(John Murray)译,
伦敦:朗曼斯·格林图书公司 1956 年版;布罗德里克(James Brodrick):《圣依纳爵·罗
耀拉:朝圣的年代》(*Saint Ignatius Loyola: The Pilgrim Years*),伦敦:伯恩斯 & 奥茨
图书有限公司 1956 年版;奥林(John C. Olin)主编的《圣依纳爵·罗耀拉自传及相关
文件》(*The Autobigraphy of St Ignatius Loyola, with related documents*),奥卡拉汉
(Joseph O'Callaghan)译。

当时西班牙贵族流行的教育,不是正规的学校教育,而是在军队和法庭事务中接受磨炼。在当过斐迪南(Ferdinand)①和伊萨贝拉(Isabella)②一段时间的侍从之后,他随纳杰那公爵(Duke of Nájera)出征战场,但是,他的军事生涯在法国人围攻纳瓦拉(Navarre)的潘普洛纳(Pamplona)的战斗中戛然而止,在这次战斗中他的两条腿负了重伤。其时,罗耀拉 30 岁。在治疗康复期间,他读到了鲁道夫(Ludolf of Saxony)所著的《基督传》(Vita Christi),对圣母玛利亚(Blessed Virgin)和她的儿子有了一种神秘的认识,决心成为"基督的战士"。他散尽其财富,长期斋戒,自我鞭笞和祈祷,还去了耶路撒冷朝圣。1524年,罗耀拉意识到不接受适当的教育,他的努力会付诸东流,于是他返回西班牙,在巴塞罗那一所普通学校和儿童一起学习一些简单的拉丁语。1526 年,他进入阿尔卡拉大学学习。他在这所大学的学习以及后来在萨拉曼卡的学习并不顺利。1534 年,罗耀拉在巴黎获得了学位。4年后,他被委任为牧师。1539 年,在一帮志同道合的狂热者尤其是著名的彼得·费伯(Peter Faber of Savoy)和弗朗西斯·萨维尔(Francis Xavier of Navarre)等人的帮助下,罗耀拉建立了耶稣会(the Society of Jesus)——一个"基督的战士"组织。次年,该组织得到教皇保罗三世(Pope Paul Ⅲ)的批准,罗耀拉成为被任命的第一任总会长。

47

耶稣会的教育主张

耶稣会的主要目的是传教——先将福音传到"土耳其大地"(Turkish lands),然后传到"新世界"——它的辉煌历史的诞生地。从建立初期,耶稣会就制定了教学秩序。《耶稣会章程》(Constitutions of the Society)是在创建者有生之年完成的,其中一半内容与教育有关。1546 年,位于西班牙的甘迪亚学院招收了第一批耶稣会会外学生。两

---

① 斐迪南(1452—1516),即"斐迪南二世",卡斯提尔和亚拉冈国王。——译者注

② 伊萨贝拉(1451—1504),即"伊萨贝拉一世",西班牙卡斯提尔女王(1474—1504)。1469 年与亚拉冈王子斐迪南结婚。——译者注

年后,在西西里的墨西拿建立了第一所古典学院。1556 年罗耀拉去世时,地中海和中欧已经有了 35 所学院,大多数招收"走读学生"。从此,一个欧洲最具综合性的单一学校体系发展了起来。①

耶稣会体制具有一种贵族倾向性,这种倾向性也是其教育制度的特征。因为罗耀拉是一位出身贵族的骑士。他认识到,十字军招募耶稣会连队,将需要出身高贵且天资聪颖的青年。因此,当他看到贵族青年顺利通过了耶稣会的入学考试时,他深感欣慰。② 耶稣会主要致力于高等教育,虽然并非绝对如此,但历史资料证明了这一点。它的目的在于俘获欧洲各种不同的宗教力量。③ 为了实现这一目的,有必要在邪恶的源头,也就是在大学阻止邪恶,因此,耶稣会主要关注高等教育。④

在耶稣会明确表示将致力于高等教育的同时,他们也表示如果需要

---

① 鲍恩:《西方教育史》第 2 卷,《欧洲的文明》(*Civilization of Europe*),第 423 页。

关于耶稣会的起源和历史,可参见布罗德维克(James Brodwick)《耶稣会的起源及其发展》(*The Origin of the Jesuits and The Progress of the Jesuits*),伦敦:朗曼斯·格林图书公司 1940 年版;也可参见沃森(F. Watson)主编的《教育百科全书和词典》(*Encyclopaedia and Dictionary of Education*)中由科科伦(T. Corcoran)撰著的《耶稣会教育》(*Jesuits Education*),伦敦:伊萨克·皮特曼图书公司 1921 年版,第 2 卷,第 913—916 页。

② 汤普森:《圣依纳爵·罗耀拉》,第 171—172 页。

③ 那种关于耶稣会的成立是为了与新教对抗的假定,是没有历史根据的。它代表的是教会内部的新的发展。耶稣会教育同样是文艺复兴的一个发展阶段,耶稣会学校所做的一切与西欧和中欧各种教会的实践基本是一致的。参见施韦卡斯(R. Schwickerath):《耶稣会教育:历史与原则》(*Jesuit Education: Its History and Principles*),圣路易斯:B·赫德图书公司 1903 年版,第 77 页;同时参见沙尔莫(F. Charmot):《耶稣会教学法》(*La Pédagogie des Jésuites*),巴黎:斯佩斯图书公司 1943 年版,第 32—47 页。

④ 耶稣会的正式出版物有《精神训练》(*Spiritual Exercises*)、《耶稣会章程》(*The Constitutions of the Society*)和《教学大全》(*the Ratio Studiorum*)。

《精神训练》还有各种版本的翻译本,例如,希普利(O. Shipley)主编:《圣依纳爵·罗耀拉的精神训练》(*The Spiritual Exercises of St Ignatius of Loyola*),伦敦:1870 年版;郎里基(W. H. Longridge):《圣依纳爵·罗耀拉的精神训练》,伦敦:A·R·莫布雷图书公司 1930 年版;《圣依纳爵的精神训练的全本》(*The Text of the Spiritual Exercises of St Ignatius*),伦敦:巴姆斯和奥茨图书有限公司 1880 年版;新编《曼雷萨或或圣依纳爵的精神训练》(*Manresa or the Spiritual Exercises of St Ignatius*),伦敦:巴姆斯和奥茨图书有限公司 1881 年版。

的话会毫不犹豫地献身于初等教育。①有时候,耶稣会这种有意识的但并
非必要的专注高等教育的做法也会受到指责。这时,它会讲出一套自己
的道理。根据《耶稣会章程》,②如果耶稣会有足够的成员来关注其他事
情的话,那么教授其他人读写的任务将是慈善事业;正因为人手不足,这
种初等教育工作才没有正常进行。就耶稣会学校招收青年学生问题,耶
稣会的第五任总会长阿奎维瓦(Aquaviva)在 1592 年 2 月 22 日写
道:③只有那些掌握了文法基础知识并懂得如何阅读和书写的人才能被

(接上页)《耶稣会章程》(*Constitutiones Societatis Jesu*),罗马:1558 年版。附录含翻译本
和几个重要文件的原版重印本(伦敦:J·G·里文顿和 F·里文顿图书有限公司 1838 年
版),其中不包括"宣言"(Declaration)或"澄清"(Clarification)。附录包括 1540 年保罗三世
(Paul Ⅲ)颁布的第一份耶稣会许可证(First Approbation of the Society of Jesus)、克里门
十四世(Clement ⅩⅣ)1773 年颁布的镇压耶稣会制度的教皇训令的译本、庇护七世(Pius
Ⅶ)1814 年颁布的恢复耶稣会制度教皇训令的译本。甘斯(George E. Ganss)所著的《圣
依纳爵的耶稣会大学理念》(*Saint Ignatius's Idea of a Jesuit University*)中包括从西班牙
文翻译过来的《耶稣会章程》的第四部分以及对《耶稣会章程》的说明和 10 个部分的题
目。菲茨帕特里克(E. A. Fitzpatrick)在他的《圣依纳爵和教学大全》(*St Ignatius and the
Ratio Studiorum*)也收录了《耶稣会章程》的第四部分。在帕赫特(G. M. Pachtler)所著的
《日耳曼教育学经典文献》(*Monumenta Germaniae Paedagogica*)第 5 卷中的《耶稣会学校
教学大全》(*The Ratio Studiorum et Institutiones Scholasticae Societatis Jesu*)包括了 1586
年的拉丁文本《耶稣会学校教学大全》、1599 年拉丁文本和德文译本及 1832 年修订版。
显然,帕赫特不知道还有 1591 年文本〔见法雷尔(Alan P. Farrell):《耶稣会自由教育规
程:发展与范围》(*The Jesuit Code of Liberal Education:Development and Scope of the
Ratio Studiorum*),第 308 页〕。科科伦(T. Corcoran)在都柏林大学学院印发"the Renatae
Litterae saeculo a Chr. ⅩⅥ in Scholis Societatis Jesu Stabilitae"以供学术研究之用,其中
包括拉丁文本《教学大全》的三个版本,即《初级教学大全》(*Ratio Studiorum Prima*,
1586)、《中级教学大全》(*Ratio Studiorum Intermedia*,*1591*)和《高级教学大全》(*Ratio
Studiorum Definitiva*,*1599*)。法雷尔的著作探寻了《教学大全》的发展,其中包括了耶
稣会恢复后于 1832 年出版的文本。

① 在 1832 年版《教学大全》中,有供小学使用的参考资料(Reg. Praef. Stud. Inf.),
第 8 章,第 12 节。

② 甘斯:《圣依纳爵的耶稣会大学理念》,第 12 章,第 332 页,"澄清·C"
(*Clarification C*)。

③ 比较帕赫特:《日耳曼教育学经典文献》,第 2 卷,第 311 页。

录取。任何人没有特权,无论他生活条件多么优越。那些向我们施压的人得到的回答只能是"我们不允许"。《教学大全》(Ratio Studiorum)第21条规定,教区大主教或修道院长可以开设不能超过5个班级的低年级部:1个班学习修辞、1个班学习人文学科、3个班学习文法。如果容纳的班级数量少,大主教必须保证高年级班级的开设,低年级班级可以视情况取消。① 有人曾指责耶稣会只选择教育作为其致力的特殊领域的做法,事实证明这种指责是毫无意义的,因为他们在教育方面的努力是当时最需要的、也可能是最富成效的。

从创办之初,耶稣会的教学是免费的,甚至包括大学阶段的教育。② 这显然表明,它没有打算推进社会排他主义,甚至在那些主张收费的竞争对手用收费的好处诱惑他们收费时,他们经常挂在嘴边的最多的话是"你们免费接受教育,我们免费教学"③。在这一方面,耶稣会实现了连现代许多民主社会都没有完全实现的原则,他们在这方面的做法令人回忆起希腊人对待知识的公正态度。

贵族的耶稣会的确不是利己主义者。正因为如此,他们像昆体良一样颂扬公共教育。"因为公共教育在学生道德品格和智力发展方面都具有重要的作用,因此,依纳爵·罗耀拉描述的教育是一种公共教育——所谓公共教育,就是许多学生在一起学习。公共教育反对的是私人导师制。总之,公共教育需要在实际道德行为和宗教信仰方面进行足够的、公开

---

① 《教学大全》,"主教规则"(Reg. Provincialis),第21条,第4节。比较帕赫特:《日耳曼教育学经典文献》,第2卷,第258页。

② 《耶稣会章程》(第4部分,第15章,第4节):"正如耶稣会教师是免费的一样。"依纳爵在《耶稣会章程》(第4部分,第7章,第3节)中规定,耶稣会不能接受特殊场合馈赠的礼物。有关耶稣会教育的礼物,可参见法雷尔的《耶稣会自由教育规程:发展与范围》,第436—440页。

③ 休斯(T. Hughes):《罗耀拉和他的耶稣会教育制度》(Loyola and the Educational System of the Jesuits),伦敦:威廉·海因曼图书公司1892年版,第67、117页。比较《耶稣会章程》第4部分,第7章,第3节;第4部分,第15章,第4节。《教学大全》第9条规定:任何人不能因为贫穷或地位低下可以例外。有关教师和班级规则的第50条规定:教授不得歧视任何学生,要像关心富人子弟一样关心穷人子弟。比较菲茨帕特里克的《圣依纳爵和教学大全》(纽约和伦敦:麦格劳—希尔图书公司1933年版),第155页。

的、大胆的训练。"①

　　耶稣会公开宣称,他们的目的是宗教的。耶稣会的典型特征表现为他们的传教精神和教育活动。为了凸显其成员的责任,汤普森(Francis Thompson)曾写道:"教规中没有任何关于非宗教使命的规定,但是,他们的教育责任是一种崭新的责任。对青年免费实施高等教育无疑是耶稣会的首创。但对儿童和穷人的教育却没有团体声称负责,这种疏忽也是特兰托公会议②指责的一个弊端。他们针对当时的形势,在布道和撰写的文章中,对那些政界和知识界反天主教的智囊和精英作了抨击;他们面对未来,巧妙地抓住了学校。他们不仅面对而且赋予行动。他们不仅消弭了正在成长的一代的反抗,而且将其后代召集在天主教旗帜下。如果后来反宗教改革获得成功、天主教势力突然回潮使文艺复兴陷入沼泽的话,那么,这种反动是在耶稣会学校准备的。"③

　　在可以称为这个新社团章程条款的初稿中,提到了教学。1539年5月3日,罗耀拉和其他一些组织就他关于组建耶稣会的建议达成了一些决议:同意(1)公开宣示服从教皇;(2)向儿童或任何其他人教授圣训;(3)花一定的时间——一个小时左右,用普通的方法教授圣训和教义;(4)一年中花40天时间做这一工作。④ 根据罗马教皇颁布的第一份认可证书(First Papal Approbation),耶稣会成员"将明确承诺担当男孩子和无知民众的基督教十条圣训以及其他基本教义的教学任务,教学的对象、地点和时间要因人、因地和因时而异"。在最后一条誓言中,他承诺要"对男孩子的教育特别关注"。⑤

----

　　① 休斯:《罗耀拉和他的耶稣会教育制度》,第99页。
　　② 特兰托公会议(Council of Trent),天主教的一次重要会议。1545年在罗马帝国城市特兰托正式开幕。会议分三个阶段,断断续续开了18年之久。会址后迁博洛尼亚。这是一次反宗教改革会议。天主教会称这次为第19次公会议。对罗马天主教具有重要意义。——译者注
　　③ 汤普森:《圣依纳爵·罗耀拉》,第179页。比较甘斯:《圣依纳爵的耶稣会大学理念》(第117页):"他(依纳爵)似乎是宗教界通过颁布章程,把对青年进行世俗和神圣学科的教育看做教会主要工作之一的首位奠基者。"
　　④ 汤普森:《圣依纳爵·罗耀拉》,第136页。
　　⑤《耶稣会章程》,第5部分,第3章,第3节。

《耶稣会章程》

在《耶稣会章程》里,罗耀拉根据教皇的要求做了一项工作,制定了该会的基本原则。原则分为十个部分。① 第四部分,也是内容最多的一部分,提出了一个大纲式的学习计划,其中大部分体现在《教学大全》中。《耶稣会章程》的第一部分规定了申请者入会的条件,第二部分规定了开除不合格者的理由。罗耀拉对新入会者所设置的资格标准,让人回想起柏拉图在《理想国》中对其未来哲学家提出的标准。罗耀拉说:"这是需要的。那些被录取来援助耶稣会的人,在精神方面应当具有上帝赋予的下列天赋:在智能方面应当有完美的教义知识,或能够学习它;具有管理事务的判断力,至少有参与事务的能力和判断力;至于在记忆力方面,能够接受并保存住感知到的观念;在目的方面,乐意追求美德与精神的完美,恬静、坚定,勤奋从事为上帝服务的工作,燃烧着解救灵魂的激情。加入耶稣会是为了借助上帝即造物主之手帮助人的灵魂实现其终极的目的。至于外在的条件,最需要的是语言能力,它是我们与邻居交流的需要。其次是相貌清秀,这是我们与人交往传教的需要。再次是身体健康,能够胜任耶稣会委派的工作。至于年龄条件,应当与上述条件相适应,录取为见习期学生的年龄应当超过 14 岁;录取为正式会员的年龄应当超过 25 岁。如果出身、财富和声望等其他外在因素不能满足条件,这时如果还有其他人提出要求,且候选者数量充足,那身份等'天赋'条件就不是必备的。只要他们的目的在于传教,他们就更符合上述录取资格,而且入会的愿望越强烈就越符合耶稣会的需要,也是上帝——我们的主的荣耀。你不如别人优秀,你服务的贡献就少。不过,所罗门智慧(Wisdom)的神圣启示将教导那些担负宗教仪式和颂扬职责的人,应当保持什么样的标准。"②

---

① 甘斯:《圣依纳爵的耶稣会大学理念》中第 287 页中提供了一份目录。

《耶稣会章程》第四部分所有引文都经过许可,引自甘斯译自西班牙文的《圣依纳爵的耶稣会大学理念》,第 281—345 页。

② 《耶稣会章程》,第 1 部分,第 2 章,第 6—13 节。比较教皇的第一份认可中的资格:"谨慎的基督徒和饱学之士。"

　　《耶稣会章程》第三部分涉及的是有关那些仍然留在见习修行阶段的人的学籍保留和提升学习成绩的事宜,还有教育者更为关心的问题,即其中一章提到的"对肉体监督"的问题。罗耀拉根据自己的经验经常告诫他的同伴,要注意赢弱身体所产生的破坏性影响。我们发现,他在给耶稣会第三任总会长博尔吉亚(Borgia)的信中写道:"对于斋戒和禁欲,我想,上帝的意思是保留和促进消化功能及其他自然力量,而不是去削弱它们。……我希望您能认真想一想,上帝,您的造物主给了您灵魂和身体,这两者您就得兼顾。看在上帝的面上,您也不能削弱您身体的自然力量,因为精神不可能自己独立活动。"[①]《耶稣会章程》中也有同样的意见。[②]"许多关于身体的意见是应当受到指责的,而那种关于强调身体健康和保留身体力量以便更好地为上帝服务的意见则值得表扬,应当受到所有的人关注。……一般而言,需要注意的是用餐、睡觉和起床的时间。在见习阶段,对于食物、衣服、居住以及其他身体所需要的东西,我们应当注意借助神的帮助,养成美德和自我克制能力。不过,为了上帝,自然天性应当得到承认和保护,因为它们是上帝赋予的。超负荷的体力劳动既会使人的智力也会使人的身体遭受伤害,那是得不偿失的,因此,对于所有包括那些从事智力工作的人而言,都需要通过外部身体活动来调节,即从事有助于健康的身体锻炼,而不能连续不间断地工作。在斋戒前夜、斋戒和其他苦行和劳动期间,肉体惩罚既不能严厉也不能轻率,因为严厉和轻率会造成伤害或成为美好事物的阻碍。……让每一栋房舍都有人负责身体健康的事务。"根据《耶稣会章程》来看,那些喋喋不休指责耶稣会教育制度忽视学生身体健康的说法是没有依据的。

　　《耶稣会章程》的第四部分涉及的是入会之后执行使命以及耶稣会管理的问题,具体规定了文学教学的管理以及那些在两年预备期之后仍留在耶稣会学习的人的管理。这一部分的前 10 章涉及的是学院的组织与

51

──────────

　　① 比较汤普森:《圣依纳爵·罗耀拉》,第 282 页。博尔吉亚(Borgia)是耶稣会第三任总会长。

　　②《耶稣会章程》,第 3 部分,第 2 章;第 4 部分,第 4 章。比较甘斯《圣依纳爵的耶稣会大学理念》,第 303 页。

管理,余下的 7 章涉及的是耶稣会的大学管理。

学院的目的和工作范围是这样规定的:"耶稣会提出的学习目的,是在上帝的帮助下,拯救我们自己成员的以及朋友的灵魂。因此,它所制定的相关标准,例如,耶稣会成员应当学习的科目、学到什么程度,既具有普遍性原则,也具有个别针对性。一般来说,人类各种语言文字、逻辑、自然哲学、道德哲学、形而上学、经院哲学、实证神学和圣经都是有益的。这些都是被送到学院的学生应当学习的科目。他们将勤奋地学习有助于实现上述目的的知识。而且,还要根据主要责任者的意见,按照上帝的意愿,最佳地安排好教学的时间、地点和对象。"①

学习是按下列顺序进行的,首先是拉丁语,然后是自由艺术,接着是经院哲学,再往下是实证神学。《圣经》既可以同时学习,也可以稍后再学。②

学生必须按时上课,课前要细心准备,课后要认真复习。他们必须提出自己不懂的问题,记下日后可能有助于记忆的东西。③ 通常,所有的人都要说拉丁语,人文学科的学生尤其要说拉丁语。④ 由于辩论的练习十分有用,尤其对自由艺术和经院哲学的学生来说,因此,要指导学生何时以及怎样安排与组织辩论或争论。⑤ 每所学院都应当设有图书馆,钥匙由院长指定的人保管;而且,图书馆应当藏有必要的书籍。⑥

那些准备日后献身耶稣会工作的学生需要参加教堂的礼仪工作,从中接受进一步教育;⑦为了履行这一工作,他们应当努力学好本国语。⑧

---

① 《耶稣会章程》,第 4 部分,第 5 章,第 1 节;甘斯:《圣依纳爵的耶稣会大学理念》,第 306—307 页。

② 《耶稣会章程》,第 4 部分,第 6 章,第 4 节;甘斯:《圣依纳爵的耶稣会大学理念》,第 310 页。

③ 《耶稣会章程》,第 4 部分,第 6 章,第 8 节;甘斯:《圣依纳爵的耶稣会大学理念》,第 312 页。

④ 《耶稣会章程》,第 13 节。《教学大全》第 18 条作了强调,1832 年《教学大全》进行了微调。

⑤ 《耶稣会章程》,第 4 部分,第 6 章,第 10—12 节。

⑥ 《耶稣会章程》,第 4 部分,第 6 章,第 7 节。

⑦ 《耶稣会章程》,第 8 章。

⑧ 《耶稣会章程》,第 8 章,第 3 节。

　　耶稣会建立和维持的大学分为三个学部：语言、自由艺术和神学。[①]
"医学和法律在耶稣会大学是不教授的，因为这些学科与我们学院毫无
关联，或者至少可以说，耶稣会不会通过其成员进行这些活动。"[②]自由
艺术类课程将持续开设三年半多的时间，神学课程开设四年多时间。
自由艺术类课程涉及自然科学，因为自然科学可以为学习神学做好智
力准备，可以很好地为深刻理解和运用神学服务，而且也有助于自然科
学本身去实现同一目的。[③]　后来，又进一步要求"学生应当具备适当的
智力，教师应当由博学者担任"。那些指责耶稣会忽略自然科学的批评
也因此成为一种有趣的评论。所有这一切都应当真诚地归功于上帝。

　　罗耀拉在《耶稣会章程》中修订了教学计划的规定。[④]"考虑到不同
地方和不同人员的情况有很大的差异"，因此，有必要采取坚定的态度，废
除不统一的制度，制定一个更加权威的也更加详细的教学计划，作为耶稣
会学校和学院的办学指南，而不是仅仅在《耶稣会章程》公布大纲了事。

《教学大全》

　　通常被简称为《教学大全》(*Ratio Studiorum*)的《耶稣会学院教学
大全》(*Ratio atque Institutio Studiorum Societatis Jesu*)出台了，并成
为耶稣会教育信条的主要源泉。朱万希(Jouvancy)的《教学原则》
(*Ratio Discendi et Docendi*)[⑤]是官方认可的对《教学大全》的补充和解

---

　　① 《耶稣会章程》，第17章，第5节。

　　② 《耶稣会章程》，第12章，第4节。

　　③ 《耶稣会章程》，第12章，第3节。

　　④ 比较《耶稣会章程》，第4部分，第7章，第2节；第4章，第8节。《教学大全》保留
了同样的自由。比较 Regulae Praepositi Provincialis，第39页。

　　⑤ 朱万希(Joseph de Jouvancy, 1643—1719)的《教学原则》(*Ratio Discendi et
Docendi*)1692年出版，1703年重印。后根据需要作了修订，并得到1696—1697年耶稣
会大会(the General Assembly of the Order)的认可。该书法文版和德文版保留了下
来，但没有英文版。休斯的《罗耀拉和他的耶稣会教育制度》提供了提纲。了解朱万
希，可参见沙尔莫(F. Charmot)：《耶稣会教学法》(*La Pédagogie des Jésuites*)，巴黎：
斯佩斯图书公司1943年版，第559—563页。

释。因此,《教学大全》被认为是"迄今为止所看到的最详尽和最彻底的学校教学方案"①。

《教学大全》的初稿是 1584 年 6 位耶稣会会员应第五任总会长的邀请到罗马工作的成果,文稿花了他们一年多时间。此时,罗耀拉已去世 30 年。耶稣会已有 160 多所学院,全部招收会外学生。得益于他们自己能够收集的有关教育的方法和管理的资料,也得益于耶稣会教育实践经验的启示,这些初稿撰写者才能够在 1585 年 8 月向耶稣会总会长提交了他们的成果。1586 年,总会长将报告提交给大主教审查和征求意见。1591 年,新的报告以《学院教学大全》(*Ratio atque Institutio Studiorum*)为名发布,后又经修改,最终的定稿于 1599 年在那不勒斯以《耶稣会学院教学大全》(*Ratio atque Institutio Studiorum Societatis Jesu*)为书名出版。②

与《耶稣会章程》不同,《教学大全》所涉及的全是教育问题。它制定的规章是总主教区修道院长处理教育问题的指南,也是耶稣会学院院长管理学院的指南。因此,可以说,它是耶稣会实现其完美教学的指南。《教学大全》为高年级学部教授神学和哲学制定了一般性原则,也制定了各学部各学科教授必须遵守的特殊规定,如必须开设下列课程:《圣经》、希伯来文、经院哲学、教会史、教规(canonical law)以及道德或实践神学、道德哲学、物理和数学等。《教学大全》还对低年级学部的规章、书面考试以及有关奖励规则作了详细的规定。在这些规则之后,还有关于低年级学部教授的一般规则以及修辞学教授、人文学科教授和高、中、低级文法教授应当遵守的详细规则。它还增加了如学生管理学院的规定等。③ 这部《教学大全》的相关规定是如此全面、系统和详尽,以至于现代读者似乎忘了《教学大全》是有史以来关于教育组织、管理和方法的最早的探索之一,它的分年级教学的做法在当时是不同寻常

① 鲍恩:《西方教育史》,第 2 卷,《欧洲文明》,第 423 页。
② 《教学大全》没有声称它具有伟大的原创性,但声称它体现了那个时代的最佳的教学实践,并使之系统化。
③ 在特殊的日子里,学生会自己组织讲座和辩论等。

的。它也吸引人们将它与经过几代人努力才发展和完善起来的现代学校规章制度作比较,不过比较的目的并不在于试图去发现它的不足。《教学大全》涵盖了所有的问题,从总主教区教育管理原则到学校假日的确定、拉丁文法课教学使用的课本和纠正学生错误的练习方法。

耶稣会教育工作的组织可以从发给总主教区作为指南的规章中推测出。[1] 为期4年的神学课程是最高层次的课程。在它之前是为期3年多的哲学课程。虽然人文学科和修辞学的学习时间无法准确判定,但它规定,总主教区不允许未修完为期2年修辞学课程的学生去学习哲学。根据1599年的《教学大全》,所有学习哲学课程的学生必须学习数学。还有,它专门规定,在任何一门学科中显示出才华的学生应该可以获得在这一学科深造的机会。低年级学部的班级不能超过5个,其中,一个是修辞学班,另一个是人文学科班,还有三个是文法班。这些班级不能混杂,这一做法让人想起昆体良的怨言。如果学生人数得到保证,不同年级可以开设平行班。

在针对学院院长的规定里,[2]要求院长意识到,低年级学部课程的教师需要培训,即没有接受培训的低年级学部教师不能承担教学工作。它还规定,[3]人文和文法学科教师不足的学院院长应当挑选出擅长教学的教师来培训新教师。未来的教师在其学习快要结束之前,应该每周3次、每次花1个小时跟着这位教师学习,接受有关解释、听写、书写和纠错的训练,并了解优秀教师的所有职责。

在学院里,院长会任命部长(prefect of studies)作为其助手。[4] 后者的地位有点类似学部主任。他为院长负责,组织学习活动,管理班级,以使学生在其日后生活中,即在自由艺术和教义学习方面取得更多

55

---

① Regulae Praepositi Provincialis。比较菲茨帕特里克:《圣依纳爵和教学大全》,第121—137页。

② Regulae Rectoris。比较菲茨帕特里克:《圣依纳爵和教学大全》,第137—143页。

③《教学大全》,第9条。同样的观点在1586年版《教学大全》的批评中可见到。参见休斯:《罗耀拉和他的耶稣会教育制度》,第160—161页。

④ 院长规则(Rules for Rector),第2条。菲茨帕特里克:《圣依纳爵和教学大全》,第138页。

的进步。① 低年级学部的部长,类似小学校长,他协助院长控制和管理学校,目的是使学生在未来正直生活方面不亚于自由艺术学科的学生。在日间学校(day school),学科负责人一般负责学习和纪律两件事务;在寄宿学校,他只在上课时间里履行上述两项职能。② 但是,院长职责规定,③需要时,寄宿学校里如果有分管纪律的负责人作为助手,学科负责人就会成为类似英国公学和大学学院中的财务主管。

在有关高年级学部的全体教授的规定中,④重申了耶稣会的教育目的,即引导学生为上帝服务、热爱上帝和践行美德。要求每一位教授讲课之前要做祈祷。规定教授应当遵循的权威观点和使用的权威材料以及上课时怎样保证学生能够作适当的笔记。⑤ 每次讲完课,教授应当留出一刻钟时间给学生就讲座内容提问。⑥ 每学期期末时,要留出一个月时间复习该门课程。⑦ 最后,要求所有的教授对待学生不能有亲疏之别,不能忽视任何学生,促进贫富学生平等学习,促进每一个学生成长。⑧

接着是关于神学和哲学各学科教授的详细规定。其中值得一提的是 1832 年再版的《教学大全》中,特别提到了物理学教学问题,而以前这部分内容归类在哲学名下。有关数学的规定也与时俱进现代化了。这表明,耶稣会并没有忽视自然科学。只要对照一下帕赫特(Pachtler)编辑的《教学大全》⑨有关这些学科的栏目就可以驳倒那些有关耶稣会

---

① 部长规则(Rules for Prefect of Studies)。菲茨帕特里克:《圣依纳爵和教学大全》,第 143—150 页。

② 低年级学部部长规则(Rules for Prefect of Lower Studies)。菲茨帕特里克:《圣依纳爵和教学大全》,第 176—190 页。

③《教学大全》,第 22 条。菲茨帕特里克:《圣依纳爵和教学大全》,第 142 页。

④ Regulate Communes Omnibus Professoribus Superiorum Facultatum。菲茨帕特里克:《圣依纳爵和教学大全》,第 150—155 页。

⑤ 比较《教学大全》,第 9 条。

⑥《教学大全》,第 11 条。

⑦《教学大全》,第 13 条。1599 年的《教学大全》。但在 1832 年《教学大全》中未对时间做出规定。

⑧《教学大全》,第 20 条。

⑨ 帕赫特:《日耳曼教育学经典文献》,第 5 卷,第 346—351 页。

忽视时代变迁的指控。

在有关低年级学部部长的规定中，①需要注意的是，他是教师的协助者和指导者，他的工作应当细致入微，不能让教师的尊严和权威受到丝毫伤害。② 他每两个星期要听每位教师一次课。③ 他要督导教师在第一学期上完所有课程内容，在第二个学期开始从头复习。④ 强调复习的理由有两个：⑤一是经常复习会加深印象；二是可以使特别聪颖的男孩学得比其他男孩快，因为他们可以在完成第一个学期学习任务后升级。升级往往在长假之后。如果高年级班学生学业进步快的话，他不必继续待在低年级班，但需要通过升级考试。考试可以在学年中任何时间里举行。⑥ 如果对学生能否正常升级有怀疑，那就要检查其班级记录，审核学生的年龄、能力及其在该班上课的学时数。⑦ 在宣布升级名单时，首先宣布那些受到特别指导的学生名单，其次再按姓名的字母顺序宣布其他学生名单。⑧ 学院任命一位在同学中有威信的学生担任审查员，他拥有处罚学生的权力。⑨ 考虑到一些学生的智力和品德存在着不足，建议和规劝也不起什么作用，因此，要任命一个非耶稣会会员的矫正员。当对一个学生感到无计可施而丧失促进其改变的信心，⑩并且这个学生可能危害其他学生时，这个学生将被开除。⑪

低年级学部的教授规定中，⑫有的涉及"praelectio"，即学科课程或

---

① Regulate Praefecti Studiorum Inferiorum。比较菲茨帕特里克：《圣依纳爵和教学大全》，第 176—190 页。

② 《教学大全》，第 4 条。

③ 《教学大全》，第 6 条。

④ 《教学大全》，第 8 条，第 3 节。

⑤ 《教学大全》，第 8 条，第 4 节。

⑥ 《教学大全》，第 13 条。

⑦ 《教学大全》，第 23 条。

⑧ 《教学大全》，第 26 条。

⑨ 《教学大全》，第 37 条。

⑩ 《教学大全》，第 38 条。比较甘斯：《圣依纳爵的耶稣会大学理念》，第 319 页。

⑪ 《教学大全》，第 40 条。

⑫ Regulae Communes Professoribus Classium Inferiorum。比较菲茨帕特里克：《圣依纳爵和教学大全》，第 195—208 页。

每堂课的讲解方法,有的涉及与竞赛相关的规定。每堂课或一篇文章的讲解要分四个阶段:①(1) 如果文章不长,先通读全文。(2) 讲解主要内容,如果需要的话,联系以前所学的进行讲解。(3) 朗读每句话,阐明其中模糊的论点;将每句话串联起来,明了其含义。(4) 从头再复习一遍。

在这一部分中,还介绍了竞赛的规定。② 整篇《耶稣会章程》和《教学大全》都反对竞争,反对制造令人反感的差异。在大学的班级里,除了表现特殊的学生外,学生一般是不能坐特殊席位的。学生的名册按姓名的字母顺序排列。竞争不是耶稣会教育制度中的主要的或一体化的组成部分。这一点可以从规定中只有四条与此有关而作出判断。③在其他条目中,也仅有一条涉及如何使教学富有生气以及如何让学生迅速掌握所学知识的内容。

耶稣会教育的特点

耶稣会会士必须获得采用统一的(uniform)和普遍的(universal)方法进行教育的学分。有人说:"历史证明,无论何时,在科学研究肇始阶段,必不可少的因素是要有一群有组织的牧师,而且他们要享有必要的闲暇并遵循同样必要的传统。"④教学方法与之十分相似,因为它有不容置疑的优点。在 1586 年《教学大全》的序言中,对采用统一的和普遍的教学方法提出了要求:"除非方法成熟和正确,否则事倍功半,投入大而收效微……我们很难想象,如果我们不像保姆一样,将食物用最佳的方法包装起来,用同样的方法去喂养大批学生,我们怎么能实现公正和实现我们的理想。我们担心,他们在我们学校里成长的同时却无学问的

---

① 《教学大全》,第 27 条。

② 比较法雷尔:《耶稣会自由教育规程:发展与范围》,密尔沃斯:布鲁斯出版公司 1938 年版,第 292—296 页。

③ 《教学大全》,第 31 条、第 32 条、第 34 条、第 35 条。

④ 贡珀茨(T. Gomperz):《希腊思想家》(Greek Thinkers),伦敦:约翰·默里图书公司 1901 版,第 1 卷,第 43 页。

长进。"①

　　然而,耶稣会教育制度并没有像夸美纽斯后来那样以牺牲教师为代价来提升方法的地位。在选拔教师时,与罗耀拉选择耶稣会第一批会员时一样,有一些同样歧视的做法。被选中的候选人要接受培训,其时间长度和严格态度除柏拉图在《理想国》中探索过的之外,没有其他教育制度可与之比拟。② 甚至许多现代国家的教育权威机构还没有认识到,对包括大学在内的高等教育机构的教师进行严格专业培训具有重要的意义。在 1586 的《教学大全》中,有一段关于培训价值的阐述:"如果将准备担任教师的人交到经验丰富的人手里,经过两个月或更长一点时间的有关阅读、教学、纠错、写作和班级管理等方法的实习,对学校是有许多益处的。如果教师事先没有学习过这些方法,那他们将不得不在后来的教学过程中学习,不过这要以牺牲他们的学生的利益为代价。而且,在他们掌握熟练的技能时,他们早已名声扫地了;如果他们没有染上一个坏习惯,那将十分侥幸。这种坏习惯如果在开头染上,有的时候,它还不会太严重,还能得到纠正;但是,如果这种坏习惯在露头时没有得到及时纠正而发展下去的话,本来可能很有作为的一个人也许就会百无一用了。规定中没有说明,如果染上坏习惯究竟会有哪些不良后果;也没有解释,如果得到及时纠正,教师已经适应的固定的教学方法与学部部长日后的评价标准是否一致。为了消除这种弊端,就我们的教授而言,让重要学院的学部部长,即我们的人文学科和文法教师集中的学院的学部部长,在下一学年开始前的三个月提醒学院院长和大主教应注意的事项;如果下个学期总主教区需要新的教师,他们应当选择那些通晓班级管理的佼佼者,无论他当时已经是教师还是神学或哲学学生,让这些未来的教师每天用一个小时为他未来的使命做准备,或讲课、或听写、或写作、或纠错以及履行一位好教师应当履行的其他职责。"③

----

　　① 帕赫特:《日耳曼教育学经典文献》,第 5 卷,第 27 页。

　　② 比较休斯:《罗耀拉和他的耶稣会教育制度》,第 10 章和第 12 章;施韦卡斯:《耶稣会教育:历史与原则》,第 15 章。

　　③ 帕赫特:《日耳曼教育学经典文献》,第 5 卷,154 页;施韦卡斯:《耶稣会教育:历史与原则》,第 432—433 页。

历史证明,耶稣会课程中经典著作占有主导地位。但是,耶稣会并没有像人们经常指控的那样,盲目地固守 17 世纪的课程。从一开头,他们制定的规定中就允许拓展和修订课程;而且,耶稣会的自由也有助于它自己这样做。但它对教育制度的革新十分谨慎,不愿冒进,只采取在它看来能够持久的、有价值的革新措施。文化理念的拓展不仅意味着古典语言的使用,而且意味着能准确地使用母语。耶稣会认识到,现代文学的欣赏、数学的原理、自然科学的方法是需要学习的。新的学科纳入课程后,其教学会像老的学科一样严格。的确,随着时间流逝,变革已经得到了完全的认可;而且,耶稣会进行的变革是一些学校无法比肩的,有意思的是,这些学校的学生还用过分的语言指责耶稣会学校的守旧。

在解释戏剧是一种教育工具方面,①耶稣会抢占了以"戏剧教学法"(dramatic method)命名的现代运动的先机。在坚持说拉丁语方面,他们也同样走在了直接教授经典名著方法的前列。② 在一个学年里,班级课程采取复习法(重复学习法),使有才华的青年在同一年级能够只花费一半时间就可升入高一年级,就此而言,他们采取了在一些现代学校里才会制定的措施。

耶稣会在纪律方面所作的贡献就像《教学大全》在教学实践方面所作的进步一样令人瞩目。我们将用监督替代强制的做法归功于早期的耶稣会,后者也是耶稣会制度经常受到的指责对象,③这与当时流行的残酷的

---

① 比较 Reg. Rectoris(第 73 条):"悲剧和喜剧可能用拉丁文写的,但很少表演,内容都为虔诚的说教。"

② 培根(F. Bacon)可能将表演艺术(*actio theatralis*)作为青年教育的内容。他说,耶稣会不歧视它;他认为,耶稣会是正确的;虽然作为一个职业,它名声不好,但它作为学科内容,则有极高的使用价值。

③ 赫尔巴特(Herbart)在他的《警句》(*Aphorisms*)中声称:"旧教育学暴露出的明显的缺点莫过于过度依赖强制;现代教育学的优点莫过于强调监督的价值。令人极为困惑的是推荐这样一种充满偏见的、不合适的且高成本措施的动机。只有当新的活动不断地替代被限制的活动时,才需要阻止过错的发生。"在他的《教育学讲授纲要》(*Outlines of Educational Doctrine*)第 3 节中,他说:无论如何,"赌博应当禁止,为了防止出现违禁现象,应当通过严密的监督确保这一禁令得到服从。"

纪律手段相比,它实现了他们理想中的革新。其原理是预防胜于治疗。但是,他们并未废止惩罚,1599年版的《教学大全》介绍了纠错者。[①] 纠错办公室后来撤销了,但将惩罚与教学分离的原则保留了下来。但这绝不能断言,他们的方法过分严厉。他们特别强调要态度温和地对待学生。罗耀拉强调"始终以爱管理学生"[②]作为耶稣会的原则。耶稣会会士关于服从的誓言,一定会使他们的教学变得轻松些。耶稣会握有包括忏悔和圣餐在内的强有力的道德和宗教教育工具。无论其他人怎么看待忏悔,耶稣会认为,在学生的道德训练中,忏悔具有不可估量的价值。[③] 通过圣餐,耶稣会确保了礼拜的练习,这是一种区别宗教与日常生活的仪式,也是一种十全十美的慷慨教育的基本训练方式。[④]

到18世纪,耶稣会卷入了政治漩涡,使命不再像以往那样单纯,教育热情也随之减弱。这样做的可怕后果是教皇克里门十四世(Clement XIV)受法国和西班牙的挑唆,颁发了镇压耶稣会的教皇训令。在处理教育事务方面,《教学大全》的十分详细的规定始终存在着呆板僵化的危险。但许多年来,耶稣会教育制度却能够采取成功的方法使其适应了环境的巨大变迁。[⑤] 例如,它的会长们不仅是神学的领导人,而且也是科学研究的领导人。1814年,教皇庇护七世(Pius VII)恢复了耶稣会,从此耶稣会步入了稳定发展的时期。

耶稣会教育制度的影响

耶稣会制度的局限性是其自身造成的。毫无疑问,精通它的人是

[①] 低年级学部部长规则,第38条。比较菲茨帕特里克:《圣依纳爵和教学大全》,第187页;低年级学部部长规则,第40条。比较菲茨帕特里克:《圣依纳爵和教学大全》,第206页。

[②] 比较汤普森:《圣依纳爵·罗耀拉》,第295页。

[③] 比较菲茨帕特里克:《圣依纳爵和教学大全》,第553—555页。

[④] 关于赫尔巴特将道德作为教育目的理论的欠缺之处,参见本书第9章。

[⑤] 参见《耶稣会教士:现代世界中的训练与功能》(*Jesuit Fathers: Training and Functions in the Modern World*),《时代》(*The Times*)1958年1月2日。

知道其缺陷的,也容易将其表述出来,而其他批评它的人则未能有的放矢。由于它的阐释者不仅是教育者,而且也是宗教信仰的传播者,因此,世界上几乎所有国家都有其响应者。正因为这些原因,它的创始人可以算作是一位伟大的教育家,正如他可以在圣徒席中占有一席之地一样。

虽然带着骑士风度的现代阐释者低调地将耶稣会成功的原因归于《教学大全》中原创的教学方法,但是,毫无疑问,耶稣会培训的严格性和其阐释者献身事业的态度也发挥了重要的作用。《罗耀拉》(Loyola)一书的作者汤普森(Francis Thompson)说过一句颇具他那个时代的代表性的话:"当罗耀拉发表演讲时,不是他在说什么,而是在喷发一种被压抑的个人情感,阐述一种可以点燃别人热情的个人信仰。这也一直是伟大教师们的秘密。如果他们仅仅是学校教师,那秘密就是他们自己之间的相互受益的交流。"①这里可以加一句话,那就是,他们得到的回报是来自学生的尊重和对学生的影响,这是真正的教师的唯一回报;也许还没有其他教师像耶稣会会士已经做的和正在做的那样,对学生产生如此深刻的影响。耶稣会教育制度将统一的和普遍的教育方法的价值观传播给了世界,而且将一种有文化的、受过高等训练的教学专业组织带给了世界。

61

---

① 汤普森:《圣依纳爵·罗耀拉》,第181页。

第五章　夸美纽斯

约翰·阿姆斯·夸美纽斯(John Amos Komensky 或 Comenius)[①]　62
是不幸的,因为他生活的时代是欧洲历史上最令人烦恼的时期之一,他
生活的地区是欧洲麻烦最多的地区之一。因此,人们也就毫不惊讶地
看到:历史在他看来是一种延续的挑战,人类获取智慧的目的在于应对
这些问题。

生涯与著作

夸美纽斯 1592 年出生在靠近乌赫斯基·布罗德(Uhersky Brod)
的摩拉维亚(Moravian)一个小村庄。他的父亲是一个叫做"兄弟会"的
小宗教派别成员,这个派别更多地被称为"摩拉维亚兄弟会"(Moravian
Brethren)。他的父亲去世时,夸美纽斯仅 12 岁,家里还有母亲和两个
姐妹。16 岁时,他成为一名牧师候选人,教会把他送到位于普热罗夫的
文法学校读书。在这里,他不仅表现出是一个智力超常、学业成绩优秀
的学生,而且表现出独特的人格魅力,以至于学校的校长兰西主教
(Lanecky)给他加了个名字"阿姆斯"(Amos),意思是"亲爱的"。在赫
尔博恩的加尔文学院(Calvinist Academy of Herborn)夸美纽斯接受完
高等教育,在海德尔堡住了一年,在普热罗夫当了一段为期不长的教师
之后,他于 1616 年担任了牧师。之后两年时间,他担任了兰西主教的

---

① 萨德勒(John E. Sadler)所著的《J·A·夸美纽斯和普及教育的概念》(*J. A.
Comenius and the Concept of Universal Education*,伦敦:艾伦 & 昂温图书公司 1966
年版)是论述夸美纽斯教育思想的最佳和最全面的著作。

助手。随后,他结了婚并去北摩拉维亚履职。

1618 年这一年,三十年战争爆发了。[1] 几乎与其同时,为了躲避帝国军队,夸美纽斯立刻开始了逃亡生活。他流离颠沛达 7 年之久,妻子与孩子都死于瘟疫。1624 年,他再次结婚。4 年后,他在波兰的莱什诺(Leszno)山区为他的教派和家庭寻得一处安身之地。这时,夸美纽斯已成为兄弟会的秘书,之后又担任了兄弟会高级主教。但这一时期,兄弟会成员的数量在不断下降。从 1641 年到 1656 年,他四处奔走履行其宗教使命——在英国待了一年,直到英国内战爆发被撵了出来。离开英国之后,夸美纽斯访问了瑞典、西普鲁士和匈牙利等国。当他第二个妻子去世后,他又第三次结婚。1656 年,当波兰军队野蛮地摧毁莱什诺省时,他将书籍和手稿埋藏起来和家人一起逃到西里西亚(Silesia),并重新开始写作。1657 年,他的著作《教学论全集》(Opera Didactica Omnia)出版。

这时,夸美纽斯已经 65 岁了,这个年纪在 17 世纪是很老的了。他的朋友一个个过世,他的第三位妻子也离世了。他的最后岁月是在荷兰度过的。1670 年,夸美纽斯去世,被葬在荷兰的纳尔登(Naarden)。不过,其坟墓至今未被找到。[2]

早期的教育家将自己的注意力放在社会统治阶层的训练上,直到

---

[1] 三十年战争(Thirty Year's War),指 1618—1648 年之间在欧洲爆发的一连串战争。始于德国天主教与新教之争,后多国参与。——译者注

[2] 关于夸美纽斯的生平,参见斯平卡(Matthew Spinka)的《J·A·夸美纽斯:一个与众不同的摩拉维亚人》(John Amos Comenius: That Incomparable Moravian),芝加哥:芝加哥大学出版社 1943 年版,1973 年重印。同时参见尼达姆(Joseph Needham)主编,贝内斯(Eduard Beneš)等著:《世界各国的教师:纪念夸美纽斯访问英格兰的演讲和论文集,1641—1941》(The Teacher of Nations: Addresses and Essays in Commemoration of the Visit to England of Jan Amos Komensky, Comenius,1641—1941)。

关于夸美纽斯对英国的访问,参见 1928 年 3 月 10 日《泰晤士报教育增刊》(The Times Educational Supplement)和 R·F·杨(R. F. Young)撰写的《夸美纽斯在英国》(Comenius in England)。同时,参见特恩布尔(G. H. Turnbull):《夸美纽斯访问英国计划》(Plans of Comenius for his Stay in England),《夸美纽斯全集》(Acta Comeniana),第 2 卷,第 1 章,第 7—23 页,以及《哈特利布、杜里和夸美纽斯》(Hartlib, Dury and Comenius),利物浦:利物浦大学出版社 1947 年版,第 349—370 页。

夸美纽斯时代之前,才出现过唯一的一个像莫尔(More)这样的理想主义者,他冒险地提出建议:"所有儿童都应当接受教育……而且用母语学习。"①但是,夸美纽斯不仅建议将"一切事物教给一切人类"——"每个人应当采取一切方法多方面地、竭尽全力地和彻底地学习所有的事物"②,而且,他从实际出发,开始着手规划一个普及的(universal)教育制度,设计可以加速实现其理想的教学方法,甚至还编写了学校用书来说明如何在实际中运用其提出的原则。这倒不是因为他预见到民主的胜利,他想抓住时机来"教育我们的教师",也不是他想将自己的信仰建立在诸如人的平等这样的抽象的政治原则基础上,而是因为他认识到了人自然本性的无限可能性和人的发展的可塑性,他才倡导人人都应当获得受教育的机会。在那个时代,有关人民的普及教育信仰的基础只能是宗教,因为历史证明,实现教育普及化的理念所遭遇的困难是夸美纽斯不可能预见的。③

　　夸美纽斯的普及教育制度是无法回避的,因为人类的终极目的是为死后在天国的永生服务的,而且也必须将幸福的机会给予所有的人。④除了尽力救济他的被流放和被迫害的人民以及竭力缓和宗教改革各派之间的分歧之外,他献给其祖国最有影响的礼物是《世界迷宫和心灵的天堂》(*The Labyrinth of the World and the Paradise of the Heart*)。该书的副标题有一段这样的文字:"本书想表明的是,这个世界及其与之有关的所有事务是如此杂乱令人晕眩,痛苦和辛劳、欺骗和虚伪、悲惨和焦虑交

64

----

①　莫尔(More):《乌托邦》(*Utopia*),第 182 节、第 183 节。

②　参见凯普科娃(Dagmar Capkova):《论夸美纽斯思想对学前教育理论和实践的意义》(*The Significance of Comenius's Ideas on the Theory and Practice of Preschool Edcuation*),《达勒姆研究评论》(*Durham Research Review*),第 4 卷(1969 年春季号),第 334 页。

③　比较斯平卡:《J·A·夸美纽斯:一个与众不同的摩拉维亚人》(第 32 页):"他成为教育改革家并非事先有意所为,而纯属偶然性。如果我们不能认识到他起主导作用的主要的生活动机的话,对他而言就有欠公平了。"同时参见威廉森(Mark Williamson):《革新与现实主义:夸美纽斯幼儿学校研究》(Innovation and Realism: A Study in Comenius' School of Infancy),《教育发展》(*Education for Development*),第 Ⅲ 期(1974 年 4 月号),第 39 页。

④　凯普科娃:《论夸美纽斯思想对学前教育理论和实践的意义》,第 334 页。

织在一起令人厌恶与绝望；但是，谁只要心中有定数且向上帝敞开心扉，他的心灵就能获得真正的、完全的平静和快乐。"①

《世界迷宫和心灵的天堂》在许多方面类似班扬（Bunyan）②的《天路历程》（*Pilgrim's Progress*）。它既是一本经典的捷克文学著作，也是一本宣传神秘信仰的伟大著作。③《世界迷宫和心灵的天堂》中具有教育意义的章节，是其中关于当时教学实际的描述以及夸美纽斯关于教学应当如何进行的阐述。他说："我所谈论的不是他们的书包（pouches），而是他们遭受的皮肉之苦，拳头、笞杖、棍棒和桦木条落在他们的脸颊上、头上、背上和臀部，鲜血淋淋、全身鞭痕、伤疤累累。"④然而，在理想的国家里，即心灵的天堂里，夸美纽斯说：他发现"与现实世界形成鲜明对照的是，多数博学者要比其他人谦卑得多，正如他们的学问远远超过其他人一样。而且，他们是绝对的谦谦君子和善良之辈。因此，他们说，有学问的人不是因为他能说几种语言，而是因为他能谈论有用的事物。现在，他们将有用的事物都称作上帝的杰作。他们说，自由艺术的一些用途在于懂得基督；他们还说，真正的知识源泉是圣经，我们的老师是圣灵，所有的真正知识的目的是懂得钉在十字架上的基督"⑤。

泛智教育与普遍的学校理想

尽管夸美纽斯教育改革的动力来自宗教的目的，但除了宗教之外，他那伟大一生的兴趣在于拟定普遍的知识或泛智主义（pansophism）的计划，这一兴趣影响甚至改变了他的教育活动的方向。泛智主义不能

---

① 夸美纽斯：《世界迷宫和心灵的天堂》（*The Labyrinth of the World and the Paradise of the Heart*, 1623），卢茨欧（Count Lutzow）编译，伦敦：斯旺·索伦斯切恩图书公司 1901 版；或斯平卡译的《世界迷宫和心灵的天堂》，芝加哥：芝加哥大学出版社 1942 年版。

② 约翰·班扬（John Bunyan, 1628—1688），英国著名作家。著有《天路历程》。——译者注

③ 斯平卡：《J·A·夸美纽斯：一个与众不同的摩拉维亚人》。

④ 卢茨欧编译的《世界迷宫和心灵的天堂》，第 116—117 页。

⑤ 夸美纽斯：《世界迷宫和心灵的天堂》，第 335—336 页。

简单地用百科全书的知识（encyclopaedism）来界定，正如里奇蒙（Kenneth Richmond）在《教育的永恒价值》（*The Permanent Values in Education*）中颇费心思解释的那样："百科全书式的教学既不实际也无必要；而泛智主义教学是既符合实际也有必要的。一个目的在于把学习者变成储藏各学科信息的用之不竭的府库，另一个目的则在于使学生获得学习各种学科知识的智慧，能够明白各种学科之间的关系，能够懂得一般的原则。"①也不能像劳里（Laurie）在《夸美纽斯》（*Comenius*）②中提出的那样，仅仅是了解"统一体中各门科学之间的交互作用"。因为交互作用毕竟是某种表面的外部进程。理解泛智主义概念最好用现代词汇来解释，即识别知识的有机构成（organic conception of knowledge）——"嵌在墙壁裂缝中的花卉"。在其勾勒的泛智主义蓝图中，夸美纽斯本人解释说，泛智主义是"对宇宙进行精确的解剖，以确定所有事物的血管、肢体等，做到所有一切一览无余，没有被遗漏；而且确认每一事物都在其应在的位置上，互不干扰"。其目的正如他在《光明之路》（*The Way of Light*）③中详细解释的那样，不在于使人们通晓一切知识，而在于使人们理解个人之目的和万物之目的。泛智主义思想反映出培根（F. Bacon）的影响，而且主要是受培根的《新大西岛》（*New Atlantis*）的影响，而非《学问的进展》（*Advancement of Learning*）或《新工具》（*Novum Organum*）中的科学方法的影响。《新大西岛》的主要特征在于"所罗门宫"（Salomon's House）："这所宫殿或学院是王国的智慧之眼"，其基础就是体现培根寄希望的、可能给人类带来幸福的科学精神。所罗门宫是一个装备了所有科学工具的实验室，还有一群有组织的科学研究人员。在那里，自然的进程能够人工再现，研究成果用于

65

---

① 里奇蒙（Kenneth Richmond）：《教育的永恒价值》（*The Permanent Values in Education*），伦敦：康斯特布尔图书公司 1917 年版，第 36 页。

② 劳里（S. S. Laurie）：《约翰·阿姆斯·夸美纽斯》（*John Amos Comentius*），剑桥：剑桥大学出版社 1899 年版，第 20 页。

③ 夸美纽斯：《光明之路》（*The Way of Light*），坎佩因（E. T. Campagnac）译并作序，利物浦：利物浦大学出版社 1938 版，第 148—151 页。

服务人类。① 对于培根坚持的科学实验价值,夸美纽斯未能完全理解;但他相信,如果能根据其归纳的科学原则,将可获得的有关上帝、自然和自由艺术等的知识纳入其提出的泛智的或普遍的智慧体系,那么人类社会的物质化进程的速度便会明显加快。

尽管《大教学论》(*The Great Didactic*)②是夸美纽斯早期的著作——是以宗教而非以泛智为目的的——尽管如此,其副标题"大教学论是将一切知识教给一切人类的艺术"表明了其"追求无所不知的欲望"。根据亚当森(Adamson)的说法,③这在 17 世纪的作家中是相当少见的。同样,副标题阐述了夸美纽斯的民主态度:"本书旨在:在每一个基督教王国的所有教区、城镇和村庄建立这样的学校,使全体男女青年毫无例外地、迅捷地、愉快地和彻底地成为懂得科学、纯于德行和习于虔信的人,并用这样的方法教授现今和未来生活所需的所有知识。"

从那一个时期的教育学作家对当时普通学校条件的抱怨中,可以明显地看出,重组教育机构和改革教学方法在当时已经刻不容缓。对于这些学校,夸美纽斯是这样描述的:"它们是男孩的恐怖之所、心智的屠宰场——一个滋生痛恨学问和书本的场所,花费十年或更多的时间学到的知识其实只要一年就可以学到;本来应当温和导入的东西却被暴力的强行灌输所取代;本来应当清晰和条理分明的讲授却被混乱和复杂的讲授所取代,好像是进了知识迷宫——这是个呆读死记之场所。"④

---

① R·F·杨在《泰晤士报教育增刊》(1928 年 3 月 10 日)追溯了一些伟大的科学研究社团的发展,例如,15 世纪佛罗伦萨的"柏拉图学园"(Accademia Platonica)、1560 年建立的那不勒斯"自然奥秘学园"(Accademia Secretorum Naturae)、1603 建立于罗马的"林塞学园"(Accademia des Lincei)以及 16 世纪和 17 世纪初类似的意大利科学社团。

② 该书用捷克文写于 1628—1632 年之间,1657—1658 年用拉丁文出版。捷克文版到 1849 年才出版。英文译本《夸美纽斯大教学论》(*The Great Didactic of John Amos Comenius*)由基廷(M. W. Keatinge)译。比较杰利内克(V. Jelinek)《夸美纽斯的分析教学论》(*The Analytical Didactic Comenius*),芝加哥:芝加哥大学出版社 1954 版。

③ 亚当森(J. W. Adamson):《现代教育的先驱者》(*Pioneers of Modern Education*),剑桥:剑桥大学出版社 1905 年版,第 149 页。例如,培根将所有知识纳入其知识领域。

④ 引自劳里:《约翰·阿姆斯·夸美纽斯》,第 55 页。

在《大教学论》中,他废除了当时的学校,因为它们是"男孩的恐怖之所,在其中男孩智力发展蹒跚而行"。

为了与《大教学论》副标题中提出的普遍的学校理想一致,夸美纽斯设计了他的教育制度。在其中,所有的青年,"不仅仅是富家子弟或当权者家的孩子,而是所有的孩子,即所有来自城镇或乡村的男孩和女孩,无论其家庭出身如何,高贵还是卑微,富裕还是贫困,都应该被送到学校中去,无人可以例外,除非上帝没有赋予其感觉能力和智力"①。他还呼吁,女孩也应当如此:"她们同样被赋予了敏捷的智能、求知的能力,她们能够到达最高的社会地位,因为她们也经常应上帝之呼唤来统治国家。因此,为什么我们不能招收她们来学习一些基本知识,然后再让她们远离书本呢?"

班级教学和学校教育制度

像昆体良一样,夸美纽斯坚决主张,学校教育要优于家庭教育,学校教育是需要的,因为很少有家长具有适当的教学能力或拥有必要的闲暇时间来教育孩子。"尽管一些家长也可能有闲暇时间来教育自己的孩子,但也远不及班级教学好,因为在班级里一个学生成为榜样便会激励其他学生,这样,就能收获更好的教学效果和得到更多的快乐。因为去做别人所做之事,前往别人所去之地,追随走在我们前面的人,继续保持领先于别人的距离,几乎是我们所有人的本能所倾向的行动路径。榜样比格言更容易使年轻的儿童受到引领和支配,而如果你给他一个格言,他会毫无印象。但是,如果你告诉他别人在做什么,他会立刻模仿而毋庸嘱咐。"②同样,夸美纽斯也积极宣传公共学校。"我希望所有的人都能得到美德的训练,特别是谦虚、友善和温和。因此,在这么小的年龄就制造阶级差异,或者只关注一部分孩子的命运而鄙视另一部分孩子的命运,那是不可取的。"③

67

---

①　夸美纽斯:《大教学论》(*The Great Didactic*),第 4 章。

②　《大教学论》,第 8 章,第 7 节。

③　《大教学论》,第 29 章,第 2 节。

　　夸美纽斯是按照下列计划来构建他的学校制度的:6 岁前上母育学校或保育学校;①每个村庄为 6 岁至 12 岁儿童设立国语学校或小学;②每个城市为 12 岁至 18 岁学生设立拉丁语学校或中学;每个王国或省为 18 岁至 24 岁学生设立大学,旨在为学生提供职业准备。学生能否晋级全凭他的能力:"当男孩只有 6 岁时,确定其未来生活的职业,或确定其更适合学习还是更适合体力劳动,都为时过早。在这个年龄阶段,心智和倾向性都还没有得到足够的开发。拉丁语学校也不能只招收富人、贵族和官员的儿子,好像只有这些人的儿子才能补充这些职位。正如大风起时风向难定且不定时那样。"③大学入门要更加严格控制:"如果只挑选那些有才能者、人类的精华读大学,学习将会轻松且顺利。其他人最好转向选择一个更适合他的职业,如农业、机械技能或贸易。"④这个建议让人想起了蒙田(Montaigne)⑤。蒙田也建议那些缺乏学习天赋的学生最好能够"到一些好的城镇或者其他地方,譬如其父是公爵的地方,去做某些底层职业的学徒"⑥。

　　当时的学校缺乏内部组织的状况,使得夸美纽斯甚为苦恼。经过他的诊断,学校存在许多弊端,其中突出的有:各所学校和各位教师的教学方法迥异;教学过程中教学语言混用,一会儿用这种语言,一会儿用另一种语言;甚至在同一学科,方法也大相径庭,以致学生难以明白

①《大教学论》,第 28 章,也可参见《母育学校》(*The School of Infancy*),贝纳姆(D. Benham)译,伦敦:W·马拉柳图书公司 1858 年版,或《母育学校》,埃勒(E. M. Eller)编,北卡罗来纳大学出版社 1957 年版。

② "我并不想建议超过 6 岁的儿童待在家中。"

③《大教学论》,第 29 章,第 2 节。

④《大教学论》,第 16 章,第 4 节。

⑤ 蒙田(1533—1592),文艺复兴晚期法国人文主义思想家、散文家和教育家。——译者注

⑥ 论文《论儿童教育的机构》(Of the Institution and Education of Children,1580),源自手稿校订本。比较劳里:《文艺复兴以来教育思想史研究》(*Studies in the History of Educational Dpinion from the Renaissance*),剑桥:剑桥大学出版社 1903 年版,第 105 页。似乎蒙田(Montaigne)会让学生作临终忏悔,因为他建议教师:"如果青年敢在无人监督下做事,就立即掐死他们。"

究竟应当学习什么。也没有人知道,在同一时间面对全班学生应当使用什么方法,学生只是被教着。① 为了弥补这些不足,他建议:② 一所学校应当只有一位教师或者至多每个班级一位教师;一个学科只能学习一个作者的著作;全班做同样的练习;用同样的方法教授所有的学科和语言;所有事物的教学都应彻底、简明、扼要;所有存在自然联系的事物都应当作为联合体来教;每一学科的教学都应按照确切的分级步骤进行;每天的学习既是前一天学习的拓展,也是翌日学习的前奏;最后,所有无用的事物一律摒弃。

教学原则与方法

夸美纽斯不仅想使教学方法井然有序,而且也想让学生学得更加愉快。他建议,③学校应当建在一个适当的地点,远离喧闹和分心之场所。他还作了进一步解释:④"学校自身应当是一个令人愉快的场所,里里外外都令人赏心悦目。在学校里面,教室窗明几净,墙壁贴有装饰物,或是著名人物的肖像画,或是地理地图、历史示意图,或是其他装饰品。⑤ 在学校外面,应该有一个开放场地以供散步或游戏之用(因为这对儿童而言是绝对需要的),还应有一个附属学校的公园,允许学生自由进出,让他们尽情观赏各种树木、花卉和植物。如果能做到这些,那么,男孩们便可能会像赶集贸市场一样带着愉快的心情去上学,在那里他们期望看到和听到新的东西。"

夸美纽斯反复强调一个教学原则,那就是,儿童必须首先认识事物,然后再学习用语言表达这些事物,⑥即首先借助感官的媒介来学习事物。⑦ 在这一点上,他比前辈中的任何人都坚定。他解释说:"人类必

① 《大教学论》,第 19 章,第 7—8 节。
② 《大教学论》,第 19 章,第 14 节。
③ 《大教学论》,第 16 章,第 56 节(ⅱ)。
④ 《大教学论》,第 17 章,第 17 节。
⑤ 比较同书,第 17 章,第 42 节。
⑥ 《大教学论》,第 16 章,第 19 节。
⑦ 《大教学论》,第 17 章,第 2 节(ⅷ)。比较同书第 17 章,第 38 节(ⅲ)。

须尽可能地通过天空、地球、橡树和山毛榉的教学变得聪慧,而不是通过书本;就是说,他们必须自己学习和调查事物,而不是学习别人已经做过的观察。如果我们每个人都能从本源获取自己的知识,都能自己从事物中学习,而不是从其他来源学习,那么,我们将踏着先贤的脚印前行。"①他对培根的话作了回应:"书本中的知识不足以信,唯有感觉到的事物才具权威性,才能为心智所接受。"

为 6 岁至 12 岁儿童开设的公共学校不仅要求通过母语学习其他语言,而且要求直接用母语进行教学。② 夸美纽斯说:"在学校学习母语之前就教外语,就像儿童还没有学会走路就教他骑马一样不够理性。西塞罗说过,他不可能教授还没有学会说话的人学习雄辩术。同样,我的方法承认,它无法教授一个忽略母语的人学习拉丁语,因为两者是相辅相成的。最后,我认为,我们可以通过母语课本获得围绕在我们周围的事物的教育以及对这种教育的观察,因为母语体现了外部世界存在的一批事物。这种初步观察将使后来的拉丁语学习变得容易得多,因为只需使用一个新术语来适应该事物便可。"③蒙田曾早于夸美纽斯建议先学习母语,但与夸美纽斯不同的是,他倡导的是一个适合"出身高贵的、完全绅士的教育"④。

夸美纽斯的课程包括"所有可以赋予人以智慧、德行和虔信的学科"⑤。实际上,他要求每个学生,按照弥尔顿(Milton)的话说,具有洞察万物的能力,这是他增加的资格,但显然并不实际。"但是也不要因此假定,我们会要求所有的人都掌握囊括所有自由艺术和科学知识的一种知识(也就是一种精深的知识)。我们希望所有的人都能学习现实中存在的最重要事物的原理、原因和用途。也就是说,所有被送到这个世界上的人都应当成为演员和观众。因为我们将采取强有力的严格的措施,不让一个人在其生命旅途中遭遇任何的未知事物,以致其不能做

---

① 《大教学论》,第 18 章,第 28 节。比较同书第 20 章。

② 比较《大教学论》第 17 章,第 27—28 节。

③ 《大教学论》,第 29 章,第 3—4 节。关于母语教学,可以参见同书整个第 29 章。

④ 蒙田的论文《论儿童教育的机构》(1580):"我首先应当十分熟悉自己的母语,接着去了解我将开始交往的邻居。"

⑤ 《大教学论》,第 17 章,第 2 节。

出正确的判断而致使知识得不到正确的利用。"①

夸美纽斯假定,如果遵循秩序的原则,所有过去的错误都能得以避免,所有目的都可达成。他相信,秩序是教育的以及天国的第一法则。因此,他认为,教学艺术莫过于对教学时间、教学内容和教学方法的娴熟的管理。因为培根的归纳法无法鉴别心理在提出假设过程中的作用,所以,夸美纽斯低估了教师教育的重要性;②由于培根认为通过他的方法便可直接获得真理,因此夸美纽斯假定,这个方法可以很容易地迁移到所有的事物。例如,我们发现他还作了如此补充:"只要我们能找到合适的方法,就可以教任何数量的儿童,它一点也不比用印刷机每天印刷一千页最清洁的书更困难。"③

夸美纽斯相信,正确的秩序或适当的方法是可以获得的,如果在模仿了他那个时代的作家之后,我们"遵循了自然的话"。例如,他声称:"把一切事物教给在一切人类的教学艺术中起支配作用的秩序,应当或能够借用自然运作的原理,除此之外,再无其他源泉。只要这一原则得到彻底的保证,教学艺术将会像自然进程一样容易地和自发地进展。"④对于夸美纽斯来说,"遵循自然不过是引证自然进程中相似物来支持其预先设定的、独立的原则;从许多方面来看,这些类比有丰富的想象力,但缺乏方法论(maxims of method)赖以依存的权威性。"

在夸美纽斯的箴言中,可以找到一些传统的教学法原理,例如,"由易到难"⑤,"由特殊到一般"变成了"由一般到特殊"⑥。学科知识中的相互关联或综合的原则隐含在下面的告诫中:"(应当)高度重视同源学科的相似性"⑦;"有着自然联系的所有事物应当同时讲授"⑧。归纳教

⁷⁰

---

① 《大教学论》,第 10 章,第 1 节。
② 参见夸美纽斯:《泛教论》(*Pampaedia*)中关于教师重要性的论述。
③ 《大教学论》,第 30 章,第 15 节。比较同书第 20 章,第 16—29 节。
④ 《大教学论》,第 16 章,第 7—10 节。
⑤ 《大教学论》,第 16 章,第 25 节;第 17 章,第 2 节。
⑥ 《大教学论》,第 17 章,第 2 节。
⑦ 《大教学论》,第 18 章,第 4 节。
⑧ 《大教学论》,第 14 章,第 14 节。

学法，或亚当斯（Adams）称为的"事先举例法（anticipatory illustration）"①，得到了这样的解释：②"在总结规律之前，有必要举例说明。"赫尔巴特的兴趣学说在这里提前有了说法："应当尽可能激发学生认知和学习的欲望"③；"就学生而言，每门学科的学习一开始就应当唤醒学生对它的真正的喜爱"④。虽然夸美纽斯的心理学属于那种最原始的类型，但他提前表述了裴斯泰洛齐的心理学原则。他肯定地指出，⑤在儿童年龄和智力既不需要也不允许的情况下，什么也不要教授。他相信，而且也经常强调，儿童从同伴那里可以学到不少东西："尽管在所有的这些事情上，年长者可以为儿童做许多，然而，他们同龄伙伴可以做得更多。"

　　夸美纽斯所建议的一些原则和方法，对他和耶稣会会士来说都是普通的东西。他还引用耶稣会成功的例子来支持自己所宣传的教学程序。⑥例如，夸美纽斯声称，应当谨慎地选择学生教科书；学生使用的教科书应当是智慧、德行和虔信的源泉。⑦他对当时人们在这一问题上的疏忽深感痛心。⑧《教学大全》指令大主教⑨要确保学生手中没有任何有害美德或良好道德的学校用书，除非相关有害内容得到删改；建议低年级学部的教师⑩不要向学生介绍损害良好道德的作品，而且不仅不能解释这些作品，同时还要阻止学生放学后阅读它们。夸美纽斯也建议学会利用梗概⑪，这个方法耶稣会曾经使用过，但受到了批评。⑫下面

71

---

① 夸美纽斯：《讲解与例证》(*Exposition and Illustration*)，第 31 页。

② 《大教学论》，第 16 章，第 19 节。

③ 《大教学论》，第 17 章，第 13 节。

④ 《大教学论》，第 18 章，第 16 节。比较同书第 19 章，第 20 节（ⅱ）。

⑤ 《大教学论》，第 18 章，第 38 节。比较同书第 18 章，第 35 节。

⑥ 比较斯平卡：《夸美纽斯》，第 129—130 页。

⑦ 《大教学论》，第 4 章，第 6 节；第 19 章，第 62 节。

⑧ 《大教学论》，第 4 章，第 6 节。比较同书第 19 章，第 52 节。

⑨ Reg. Provincialis，第 34 条。

⑩ Reg. Com. Prof. Class. Inf. 第 8 条。

⑪ 《大教学论》，第 21 章。

⑫ 比较法雷尔：《耶稣会自由教育规程》，第 248—251 页。

一段从《大教学论》中摘录的但读起来好像是《耶稣会章程》的译文：①
"如果想让学生产生兴趣,应当注意使教学方法令人愉快,所有事物都
应当以学生熟悉的有吸引力的方法展示在学生的面前,无论它多么严
肃。例如,采用对话的形式,使男孩们相互竞争,回答并解释迷语般的
问题、比喻和寓言故事……""市镇官员和学校管理者可以借出席公共
集会(如宣誓、辩论、考试或升级典礼)的机会,通过对勤奋学生(无论是
谁)的表扬和赠送小礼品的方法来点燃学生的学习热情。"在夸美纽斯
看来,甚至连竞赛对学生而言,也是"最好的刺激物"②。

学校纪律和教科书

对于学校的纪律,夸美纽斯的态度比较开明。他遵循了昆体良在
这个问题上阐明的原则。③ 例如,他明确地说:"不要打击那些对学习尚
未做好准备的学生(因为如果学生没有做好学习的准备,这是教师的错
误,他不知道怎样让他的学生接受知识或者没有设法去让学生接受知
识)。"④在"论学校纪律"一章中,⑤他作了有说服力的类比。例如,他
说:"音乐家不会用拳头或棍棒去敲击七弦琴,他也不会将琴摔在墙上,
因为那样它就不会发出和谐的声音;但是,如果用科学的方法,他会先
调音使声音变得悦耳。同样,需要用娴熟的、令人愉悦的方法先在学生
心灵中注入对学习的热爱,而其他措施只会导致学生从懒散转为厌恶,
从缺乏勤奋转为显而易见的愚蠢。"

夸美纽斯很早就感到需要有合适的教科书。"对他而言,'印刷是一

72

---

①《大教学论》,第17章,第19--20节。需进一步了解,可参见同书第14章,第
25节;第26章,第5节;关于公开辩论和论文,参见同书第26章,第5节。

②《大教学论》,第19章,第16节。

③《大教学论》,第3章。

④《大教学论》,第17章,第41节(ⅰ)。

⑤《大教学论》,第26章。

种不可思议的设计',通过它,随处可见的人类无知现象就可以解决了。"①但尽管他赋予母语教学优点,像他那个时代的其他教育家一样,夸美纽斯被迫十分关注语言教学,特别是拉丁语的教学。在这一方面,他获得了极大的成功,他制定的促进拉丁语学习的指南被广泛接受,他的《语言入门》(*Janua Linguarum Reserata*)②无疑是迄今为止最著名的教科书,他的《世界图解》(*Orbis Pictus*)是最早借助视觉工具的教科书之一。③

《泛教论》中的教育主张

夸美纽斯的一份拉丁文手稿——《泛教论》(*Pampaedia*)毫无疑问是他最后的一本论述教育的著作,1934 年被奇策维斯基(Dmitrij

---

① 萨德勒(John E. Sadler):《伟大教育家夸美纽斯》(*Comenius as a Great Educator*),《教育史学会通讯》(*History of Educatioan Society Bulletin*),第 6 期(1970 年秋季号),第 32 页。

② 英文为"*The Door of Languages Unlocked*"。——译者注

③ 比较夸美纽斯的《语言入门》和萨拉曼卡爱尔兰学院耶稣会教士巴瑟(Bathe)早期出版的《语言入门》,可参见科科伦(T. Corcoran):《古典教学史研究》(*Studies in the History of Classical Teaching*),伦敦:朗曼斯•格林图书有限公司 1911 年版,第 1—130 页。

如果夸美纽斯的《语言入门》不是首创,他也应该因将教科书分为 Janua、Vestibulum、Atrium 和 Palladium 四个等级而得到称赞。直到一个多世纪之后,编写系列教科书的做法才流行开来。参见尼茨(A. Nietz):《从旧教科书分析中的发现》(*Some Findings from Analyses of Old Textbooks*),《教育史》(*History of Education*),第 3 卷(1952 年春季号),第 81 页。

关于图画书,见《大教学论》,第 28 章,第 25—26 节。《世界图解》(*Orbis Pictus*)不是第一本图画书。参见布里克曼(W. Brickman)一封论述"早期教科书"的信函,《教育杂志》(*Journal of Education*)(伦敦:1947 年 7 月)。显然,夸美纽斯接受了罗斯托克(Rostock)神学教授鲁宾纳斯(Eilhard Lubinus)关于教科书带插图的建议。关于《世界图解》与早期译本的照片,参见特恩布尔(G. H. Turnbull):《夸美纽斯不完整的世界图解》(1653 年印刷)。《夸美纽斯全集》,布拉格:1957 年版,第 1 卷,第 1 章,第 35—54 页。

莱布尼茨(G. W. Leibniz,1646—1716)时代的男孩是在阅读夸美纽斯的图画书和马丁•路德(Luther)的教义问答中长大的。——见拉塔(R. Latta):《莱布尼茨:单子论》(*Leibniz: The Monadology*)(1898),第 1 页。康德在他的讲座里也提到了《世界图解》。

Tschizewskij)教授在德国的哈勒孤儿院图书馆发现。[①] 1960年,拉丁文加德文翻译的版本在海德尔堡出版。[②] 然而,至今为止英文的只有少量的选集出版。《泛教论》是7卷本中的一本,每卷的题目前都有前缀"pan"——希腊文意思是"全部"——全集有一个总的题目:《人类改进通论》(*General Considerations concerning Human Improvement*)。根据泛教论,需要在真正的全部知识中,即在泛智论的背景下才能理解教学。[③]

在德文版《泛教论》的附录中[④],盖思勒(H. Geissler)声称,原本认为与夸美纽斯教育学说无关的泛智现在被认作是其教育理论的框架,他引用狄尔泰(W. Dilthey)[⑤]的话证明,其大意是,将泛智与《大教学论》联系起来是审视和理解夸美纽斯教育制度的最佳视角。

《泛教论》一书得心应手地选用了《圣经》的经文,用了相当的篇幅论证了所有的人,无论其阶级出身、宗教信仰、性别或年龄如何,都应当受到适合其本性的一切事物的教育。人的一生就是一所学校,从摇篮开始,直至进坟墓之前结束。这种学校可以清楚地分为七个阶段:[⑥] (1)诞生之前;(2)婴儿期;(3)少年期;(4)青少年期;(5)青年期;(6)成年期;(7)老年期,到去世为止。第一种学校在母亲的子宫里;第二种学校在每个家庭中;第三种学校在每个村庄中;第四种学校在每个城镇中;第五种学校在每个王国或每个省;第六种学校在整个世界;第七种学校在老年人聚集的地方。前两种学校属于"私立学校";中间三种学校属于"公共学校",因为它们处于教会或公共团体监督之下;最后两种学校属于"个人的",因为在之后的岁月中,每个人是或者应当是自

---

① 德文版的《泛教论》(*Pampaedia*)第490—495页对手稿的发现作了介绍。同时,可以参见图雷克(A. Turek)的文章《夸美纽斯泛教论中的学校》(*Schools in the Pampaedia of J. A. Comenius*),《研究评论》(*Research Review*),达勒姆大学教育学院研究出版物,第2卷(1951年9月),第29—39页。(伦敦大学出版社)

② 奎尔·迈耶(Quelle Meyer)。

③《泛教论》,第3章,第19节。

④《泛教论》,第507—511页。

⑤ 狄尔泰(1833—1911),德国哲学家。——译者注

⑥《泛教论》,第5章,第6节。

己命运的建筑师,他的教育掌握在自己和上帝的手中。① 在生活的每个阶段,应当设立相应的学校,提供相应的教材和教师。在《泛教论》中,有一章专门讨论了这些问题。② 夸美纽斯十分重视教学辅助工具的价值,如果在今天,他肯定会迫切要求尽可能使用大众媒介。不过,他用了一章的篇幅讨论教师应当具备的个性特点,这一事实会纠正他留给人们的过分强调教育方法的一般印象。在他看来,真正的教师必须具备:他自己必须完全是他期望学生成为的那种人;他应当掌握塑造学生的技艺;他必须对工作满腔热情,也就是,他应当能够知道并愿意通过让学生掌握自我教育的方法去塑造"泛智者"(pansophes)。③ 根据他的观点,"人的塑造者应当是百里挑一的人,虔诚、可敬、严肃、敏锐、勤奋和机智"。教师必须了解他们职业的目标或目的,所有实现目标的手段以及各种方法。④ 夸美纽斯以"问题"为标题讨论了 24 个教学方面的问题。例如,第六个问题提出:应当将例子、原则和练习结合起来,因为没有例子学习就不会容易;没有规则或原则,一切就会混乱;没有练习,学习就不会巩固。要想正确洞察自然界,需要分析、综合和比较。比较是指部分与部分、整体与整体之间的比较。⑤

74　　　在后面的章节中,夸美纽斯应用了他提出的一般原理,为各个年龄阶段的学校,即从出生前到老年的学校提出了如何办学的建议。⑥ 在被称为第一所学校,即出生前学校的那一章中,⑦他为我们提供了读起来好像他是在尝试拟定婚姻指导委员会的规程和商谈母亲(父亲)如何对儿童进行产前诊断的方法。像洛克一样,夸美纽斯十分重视儿童健康。例如,他给母亲提供了关于健康、妊娠和喂奶的详细指导。他关心的是

---

①《泛教论》,第 5 章,第 7 节。

②《泛教论》,第 5 章,学校;第 6 章,书本;第 7 章,教师。

③ 萨德勒:《伟大的教育家夸美纽斯》,第 33 页。

④《泛教论》,第 7 章,第 3—5 节。

⑤《泛教论》,第 7 章,第 16 节。

⑥ 比较莎士比亚(Shakespeare)在《如愿》(*As You Like It*)第 3 部分第七节中所写的:"男人年龄的七个阶段:(1)幼儿;(2)学校儿童;(3)恋爱;(4)士兵;(5)正义;(6)傻老头;(7)第二次童年。"

⑦《泛教论》,第 8 章。

如何消除困扰孩子成长过程中的迷信。同样,他建议,要按"健康规律"作为"自然疗法"来抚养幼儿,避免养成坏的习惯。他认为,在早期阶段安全与快乐是最重要的。夸美纽斯的这种观点在最近的研究中得到了呼应,其中著名的是鲍比(John Bowlby)[①]的研究。[②]

　　幼儿学校,[③]从出生到 6 岁,可以比作夸美纽斯《大教学论》[④]为我们提到的母育学校。针对这个年龄阶段儿童不宜学习的说法,夸美纽斯反驳说:在这个年龄阶段,儿童不仅已经开始学习说话,而且说的都是他学习到的东西。他强调了良好开端的重要性。他断言,在幼儿教育阶段犯下的错误很难在日后的生活中进行纠正。在这里,夸美纽斯提出了他未曾在其他著作中提及的新建议,即为 4 岁至 6 岁儿童设立托儿所,这一想法是受索福尼亚·哈森米勒(Sophonias Hasenmüller)启发的,走在福禄培尔的前面。但是,一些练习——从音素学习过渡到单词学习,提出了我们后面将在裴斯泰洛齐那里遇到的问题。然而,夸美纽斯不断提醒我们,这一时期的学校应当是儿童快乐的场所。儿童如果期望进入学校学习的话,那应当受到鼓励。[⑤]

　　少年阶段的目标[⑥]是使身体更加敏捷、感觉和天生的智力更加敏锐。这时,男孩不仅能很快吸收教给他们的东西,而且也学得非常细致。然而,低年级班级教师的教学技艺应当比其他年级的教师更高,按照夸美纽斯的观点,他们的工资也应该高于其他教师。符合教育原则的教科书应当精心选择,例如,三年级学生的道德箴言应当来自自然现象的演绎。例如,玫瑰虽花香袭人但是有刺,因此,博学和德行虽有价值,但须付出艰苦的努力和遵守纪律才能获得,努力和纪律代表的是

75

---

　　① 约翰·鲍比(John Bowlby,1907—1990),英国发展心理学家。——译者注

　　② 参见鲍比:《儿童养护与爱的成长》(*Child Care and the Growth of Love*),哈蒙茨沃斯:企鹅图书公司 1965 年版;威廉森(Mark Williamson):《革新与现实主义》(*Innovation and Realism*),第 40—43 页。

　　③《泛教论》,第 9 章。

　　④《泛教论》,第 28 章。

　　⑤《母育学校》,第 12 章。

　　⑥《泛教论》,第 10 章。

"刺"。宗教练习也安排在这一时期及以后的阶段进行。此外,书写从头至尾都要学习。前两年要练书法,快速书写在之后两年练习,最后两年学缀字法。夸美纽斯建议,开始学习书写时用大号的罗马大写字母,然后用小号的字母。他建议采取简化的拼写形式,使声音和符号一致起来。在算术课中,所有学生都要学习数字、面积和重量。音乐也包括在学习科目之内。10 岁和 11 岁学生还要学习一门现代语言。①

在青少年时期,学生必须研究世界、心灵和《圣经》以了解万物之根源。此外,我们必须将哲学、政治学、神学等作为工具。与这些学科相对应的方法有对话法、辩论法、戏剧表演法和文学(letters)。课程包括三个部分:(1) 语言;(2) 科学和自由艺术;(3) 道德。语言包括周边国家的一门或两门现代语言以及拉丁语、希腊语和希伯来语。所有语言用 6 年时间学完。其中,拉丁语 3 年、希腊语 2 年、希伯来语 1 年。科学和自由艺术课程包括自然、人类的技术成就和涉及信仰、希望和行动等内容的《圣经》。在谈到身体养护时,夸美纽斯要求训练儿童的性格。其中要考虑三个因素:(1) 环境的影响;(2) 体液(bodily humours);(3) 心智的自然倾向或者其他所需要的想象力。这些因素处理得当,会指导学生倒向德行一边;如果忽略了,那将会把学生投向邪恶的深渊。

青年时期学校的目标②在于获得最高的智慧。通过感官、内省(intellectual deliberation)和见证《圣经》才能获得完整的综合性知识,因为理解的完美与否取决于我们对自然界的敏锐的观察;意志的完美与否取决于我们选择的正确性;技能的完美与否取决于处理事务的熟练程度。这一时期的学校或青年男子学校分为三个阶段:(1) 学园;(2) 旅行;(3) 职业准备。学园是一个永久性机构,其中有学生、教师、图书馆和实验室,学生在这里可以进行理论学习和机械演示。这个阶段也适合旅行,其益处不胜枚举,但也要警惕可能伴随而来的诱惑。

76

----

① 关于初等学校阶段的活动,图雷克(Turek)在其文章《夸美纽斯泛教论中的学校》(*Schools in the Pampaedia of J. A. Comenius*)中有详细的描述。
② 《泛教论》,第 12 章。

　　这一年龄阶段男子教育的目标在文本中是这样表述的:你要首先寻觅天国。这是一件需要做的事。然而,我们必须十分谨慎,在早期阶段,如果不能在博学、德行和虔信等方面获得什么,那就意味着丧失了什么。忽视早期训练的益处是愚蠢的。这一时期不能像生活在这一阶段的多数人那样丢弃书本,而是应当聪明地利用它。需要读的书应当是与心灵、自然和《圣经》有关的书;此外,还要读历史、哲学和神学;进而再读演说和诗歌以改进文风;最后,还要读道德和技艺作家的作品以能适宜地和聪明地做事。由于教学要有案例、箴言和练习,因此,青年男子学校必须从历史中寻找案例,从书本中寻找理论的智慧,并参加日常实践活动。这是自我教育的阶段。一个人的职业就是一所学校,在其中他自己是老师。他提出自己的案例和箴言,并自己进行实践。他还要在农业、贸易和商业中明确选择一个职业来为上帝和人类服务。很显然,夸美纽斯倾向选择第一种职业。一个人的职业生涯应当与其天赋倾向和能力相配,他应该能够说:"这是适合我的工作"——这是职业指导的理念。由于竞争是学校生活的特点,学生应当参与正直的竞争去争取优秀——这显然是从耶稣会那里借鉴来的。最后,在这一年龄阶段,人必须学会过一种能够享受剩余人生的生活。

　　夸美纽斯对老年阶段的学校或衰老阶段的思考读起来像是有关老年病学的讲座。这一阶段的生活不应当被看做是一座终止了劳动的坟墓。像《传道书》(Ecclesiastes)所哀叹的那样:"在你将去往的坟墓那里,没有工作,没有欲望,没有知识,也没有智慧。"但这是生命的一个阶段,对此约伯(Job)①曾这样说:"啊,他们是智者,他们懂得这些,他们考虑过这种结局。"这一阶段的目标应当是对过去作完美的总结;应当将前面各个阶段发生的事情看成是有价值的或者说并非徒劳无益的。夸美纽斯修改了塞涅加(Seneca)②的一句话说:年轻时认真准备,成年时辛勤劳作,老年时收获果实。老年人并非无所事事地寻觅满足,而是继续完成其正在进行的工作,甚至在有机会时做他之前未曾想到的事情。

　　① 约伯(Job),《圣经》中希伯来之族长。——译者注
　　② 塞涅加(约公元前4—公元65),古罗马政治家、哲学家和悲剧作家。——译者注

但是,他们应当量力而行,在没有深思熟虑之前不要草率和武断——这在各个阶段都是缺点——去做可能导致灾难的新工作。老年人有其独特的缺点,如一些习惯本身就是缺点的表现,需要预防。但是,整个老年阶段仍然是人生的活跃时期,老年人应当反思过去,为过去的成就而欣慰,思考如何改善过去所做的工作以及对过去的不足进行补救;他们应当审视当前,将其看做忙碌一周后的星期天,思考还该做些什么并做好执行的计划;小心避免老年人容易遭遇的灾祸;比以往任何时候都要细心地注意防止身体衰弱和疾病。

夸美纽斯意犹未尽,又增加了一章,简要地论述了死亡,即人类的最后一所学校。它与人类第一所学校相对应,即与出生相对应,与八个方面或世界相联系:(1)可能的;(2)理想的;(3)天使般的;(4)物质的;(5)技术的;(6)道德的;(7)精神的;(8)永生的。

夸美纽斯宣称,他在《泛教论》一书中提出的教育对整个世界都是有益的。其目标在于使全人类"真正地有理性,真正地有道德,真正地虔信上帝",以使他们"能够今生和永生都幸福"①。这一目标可以通过上述的手段容易而愉悦地来实现。所产生的文化果实可以为人类提供快乐的伊甸园。夸美纽斯以祈祷永久的智慧结束了该书。

夸美纽斯提出的原则有不少重复的地方,也有一些互相矛盾的地方,全书从头到尾流露了他对儿童的同情感和一种急迫的泛智教育理想,以及他力图减轻学生的沉重负担、促使学校以人道主义方式对待学生的愿望。人们曾声称,联合国教科文组织的建立标志着始于夸美纽斯的建立一个国际教育机构的运动达到了顶峰。为支持这一论点,特引用夸美纽斯的一段话来予以证明:"确保宇宙的和谐和平静是为了整个人类的福祉,然而,我所指的不仅是统治者与其人民之间的外部的平静,而是由理想制度与情感所导致的内心的平静。"为了确保世界的稳定,必须"奉献普遍的智慧"。对此,坎德尔(I. L. Kandel)②解释说:"'奉献普遍智慧'是'世界所有种族和国家的意志、目的和愿望的指

---

① 《泛教论》,第1章,第1—8节。
② 坎德尔(1881—1965),美国比较教育学家。——译者注

南',必须从每个国家的学校开始。"①乌利希(Ulich)总结道:"对于夸美纽斯来说,教育是领导一个遭受苦难的、四分五裂的世界走出战争和分裂并迈向和平和国际理解的工具。"②

教育思想的地位和影响

夸美纽斯在世时就已获得国际声誉,但只是作为一本教科书的作者。他的《语言入门》与多纳图斯(Aelius Donatus)③和德斯珀特(Despauter)的教科书齐名,是最著名的并被广泛使用的教科书之一。至于其他方面,在人们眼中,他只是一个梦想家,他的想法远离社会现实。1694年,弗兰克(A. H. Francke)④在德国的哈勒尝试过其制度,但未获成功。他的教会在他之后的一个世纪中,也实践了他的一些理念,但没有证据表明还有其他教育家运用过他的理论。

19世纪50年代,当民众教育实验有了肥沃土壤之时,夸美纽斯思想复兴了。他的声望首先在他自己的国家中复苏;1829年,帕拉茨基(Frantisek Palacky)⑤撰文介绍了伟大的夸美纽斯。但是,直到1841年之后,当捷克文版《大教学论》的手稿被发现后,夸美纽斯的国际地位才迅速提升。次年,劳默尔(Karl Otto von Raumer)⑥在其著作《教育学史》(*History of Pedagogy*)中,称夸美纽斯是"教育科学的真正奠基者"。赫尔巴特(Herbart)虽然在1841年就去世了,但他对夸美纽斯著作是有所了解的;福禄培尔(Froebel)当然也了解,他还从《母育学校》

---

① 坎德尔(I. L. Kandel):《世界各国的民族教育》(*National Education in an International World*),《全国教育协会杂志》(*N. E. A. Journal*),1946年春季号,第175页。

② 乌利希(R. Ulich):《作为人文学科的专业教育》(*Professional Education as a Humane Study*),纽约:麦克米伦图书有限公司1956年版,第115页。

③ 多纳图斯(400—?),古罗马语法学家、修辞学教师。——译者注

④ 弗兰克(1663—1727),德国教育家。虔信派教育思想的主要代表人物。——译者注

⑤ 帕拉茨基(1798—1876),捷克历史学家,民族主义者。——译者注

⑥ 劳默尔(1783—1865),德国教育史家。——译者注

(*The School of Infancy*)中吸收了一些思想。从此,他的教育学思想(虽然不是哲学思想)得到广泛的研究和赞扬。人们所熟悉的以他名字命名的社团开始出现——例如,1871 年在莱比锡、1892 年在柏林的社团。劳里是第一个向英国教育家介绍夸美纽斯的。不过,奎克(R. H. Quick)的《教育改革家》(*Educational Reformers*,1868)中的第五章是第一次正式出版的用英文撰写的评论。《大教学论》的最佳英文译本仍然是由基廷(M. Keatinge)翻译并于 1896 出版的译本。

79   20 世纪初,当"儿童中心"概念使旧教育失去平衡时,夸美纽斯的光泽像许多其他伟大教育家一样黯淡了许多。但是,有两个重要因素使他又重新引起公众的注意。他的几份手稿在消失了几个世纪之后被重新发现,其中,著名的是他的最具代表性的哲学著作《人类改进通论》,这本书是奇策维斯基教授 1934 年在德国的哈勒发现的。其次,作为相信人类本性可能因教育而受到影响甚至改变的哲学家,他深受自己祖国新教师的喜爱,1970 年,共产主义国家隆重庆祝了他的 400 周年生日。

可以肯定,他是最早建议突破狭隘小圈子而为更多学生提供教育的教育家之一,尽管这些学生可能要经过筛选。他的制度应当与他人,例如,与洛克的制度进行比较。他的有关个人的理念在当代作家中得到了响应。他的学习阶段论与皮亚杰(Jean Piaget)①的理论相似,1967年英国的《普洛登报告》(Plowden Report)②"设想的完全是夸美纽斯的模式"③。由于他的著作还有许多尚未被发现,作为欧洲教育发展中的重要人物的夸美纽斯,其影响还远未达到应当达到的程度。

---

① 皮亚杰(1896—1980),瑞士心理学家、哲学家。发生认识论的创始人。——译者注
②《普洛登报告》,英国 1967 年提出的一份有关初等教育和向中等教育过渡的报告。——译者注
③ 威廉森:《革新与现实主义》,第 47 页。

第六章　洛　克

我们现在吃过苦头才知道,教育理念与制度反映了社会现实,社会
是在变化的,教育理念和制度也因此在变化。约翰·洛克(John
Locke)①生活在 1632 年至 1704 年之间。其时,文明的欧洲社会正在经
历新的政治理论、宗教理论和智力理论的冲击。在涉及闲暇阶级相对
稳定生活的研究方面,洛克所宣传的思想和教育体系是 18 世纪影响最
大的,无人可以比肩。

生涯与著作

然而,洛克不像卢梭和裴斯泰洛齐那样是一个叛逆者。在其成长的
主流社会中,他个人是成功的且享有盛名。他是萨默塞特(Somerset)一
位律师的儿子,是布里斯托尔(Bristol)一位酿酒业富贾的侄子。他十分
崇敬父亲,并终身受其影响。在其儿时,父亲严格的教养使父子情感有一
定的距离,但随着他成长,父子成了朋友而感情笃深。1647 年,洛克被送
到当时最好的威斯特敏斯特公学就读。尽管他对公学严厉的纪律十分不
满,但他还是高度评价了他的校长巴斯比(Richard Busby)。他所接受的

---

① 参见克兰斯顿(Maurice Cranston):《约翰·洛克传记》(*John Locke: A Biography*),伦敦:朗曼斯·格林图书公司 1957 年版;拉斯莱特(Peter Laslett):《约翰·洛克:政府论》(上下篇)(*John Locke: Two Treatises of Government*),第 2 章,"作为人和作家的洛克"(*Locke the Man and Locke the Writer*);奥康纳(D. J. O'Connor):《约翰·洛克》(*John Locke*),哈蒙茨沃斯:企鹅图书公司 1952 年版;阿克斯特尔(James L. Axtell):《约翰·洛克的教育著作》(*The Educational Writings of John Locke*),剑桥:剑桥大学出版社 1968 年版。

教育是狭隘的古典教育。他参加了牛津大学的拉丁文、希腊文、希伯来文和阿拉伯文的入学考试。1652 年,洛克一进入基督教堂学院便通过读书和实验开始从事持续了一生的医学研究。

6 年后,洛克在牛津大学获得了教职,担任希腊语修辞学和道德哲学教师,但他在科学和医学方面的造诣却不断地提升。1668 年,洛克成为皇家协会研究员。其时皇家协会成立只有 8 年,但拥有一个藏书丰富的科学图书馆。1675 年,他获得了医学学士学位,获得了大学的高级医学研修生资格。在这一时期,他还结识了库珀(Anthony Ashley Cooper),即后来著名的沙夫茨伯里伯爵(Earl of Shaftesbury)。受其影响,洛克担任了贵族和乡绅孩子的家庭教师,并因此获得教育专家的名声。他的《教育漫话》(Some Thoughts Concerning Education)的思考始于 1684 年,其时他给萨默塞特的朋友爱德华·克拉克(Edward Clarke of Chipleigh House)写了一系列信件,讨论如何给克拉克的孩子以最佳的训练,特别是克拉克的长子爱德华(Edward)。9 年后,该书正式出版,洛克将此书献给了爱德华·克拉克。

在他生命的后 40 年里,洛克到处旅行考察各种庇护人的家庭,特别是沙夫茨伯里伯爵家庭。他在沙夫茨伯里伯爵位于埃克塞特的家里住了几年。1675 年,洛克作为班克斯爵士(Sir John Banks)儿子的家庭教师遍游欧洲。1683 年,托利党人上台后,他追随沙夫茨伯里伯爵被流放到荷兰,在那里他写下了其名著《人类理解论》(An Essay Concerning Human Understanding)[①]和《政府论》(上下篇)(Two Treatises of Government)。[②] 在他生命的最后 13 年间,即从 1691 年到 1704 年间,洛克受到弗朗西斯爵士(Sir Francis)和马沙姆夫人(Lady Masham)的庇护,住在他们位于埃克塞特的一个乡村房舍里。在那里,他专心致志研究了哲学和政治学。

---

① 1690 年出版。
②《政府论》(下篇)1679 年第一次出版,1689 年修订增补。

简而言之,洛克不是一个专业的教育家。《教育漫话》①不是严格意义上的一本开创性著作,正如《人类理解论》和《政府论》一样。在洛克的图书馆里,我们看到了一份教育著作的清单。其中有 9 本比他的著作出版得要早。在这 9 本著作中,有 5 本是法文著作,出版于 1660—1687 年间,主要是写给绅士庇护人的建议;其中唯一的一位与众不同的作者是费奈隆(Fénelon)②,他写的是关于女孩的教育。4 本英文著作是伯利(Burghly,1636)、奥斯本(Osborne,1656)、沃克(Walker,1673)和雷利爵士(Sir Walter Ralegh,1636)的著作,这些著作所关心的对象无一例外地都是“年轻的绅士”。说实话,我们继续阅读《教育漫话》,主要因为它是由《人类理解论》和《政府论》的作者撰写的。③ 我们认为,他的许多理念和他的人生经历有关,特别是他关于家庭教育优于学校教育的观点以及他对身体——“肉体住所”教育重要性的高度关注。洛克自己声称缺乏教育学的经验,但事实并非如此。也许他这样谦虚是想让人们首先将他看成哲学家吧。④

社会学和心理学

在《政府论》(下篇)的前面几章中,洛克声称,在自然状态下,所有的人都生而自由且平等。⑤对洛克而言,自然法则同时也是理性法

82

---

① 1693 年。参见奎克(R. H. Quick):《约翰·洛克的教育漫话》(*Some Thoughts Concerning Education by John Locke*),剑桥:剑桥大学出版社 1895 年版;以及阿克斯特尔:《约翰·洛克的教育著作》。

② 费奈隆(1651—1715),17 世纪法国教育家。——译者注

③ 参见拉斯莱特:《约翰·洛克:政府论》(上篇),第 38 页。

④ 梅森(M. G. Mason):《约翰·洛克的教育经验对其教育思想的影响》(John Locke's Experience of Education and Its Bearing on His Educational Thought),《教育行政和历史杂志》(*Journal of Educational Administration and History*),第 3 卷,第 2 期(1971 年 6 月号)。

⑤《政府论》(下篇),第 2 章,第 4 节;拉斯莱特,第 287 页。《政府论》(下篇),第 2 章,第 6 节;拉斯莱特,第 289 页。《政府论》(下篇),第 8 章,第 95 节;拉斯莱特,第 348 页。同时比较《约翰·弥尔顿诗歌作品》(*A Prose Works of John Milton*),伦敦:亨利·G·博恩图书公司 1848—1853 年版,第 2 卷,第 8 页:“当人们不再否定人人都生而自由时,他就不再幻想像上帝那样,高居于其他造物之上,认为自己生来是统治者而非臣民了。”

则,①两者源于同一神圣的源泉。在自然状态下,所有的人都"处于一种绝对的自由状态,他们可以安排自己的行动和处理自己的财产","同时也处于一种平等的状态……没有人比其他人拥有更多……在才能的使用上也应当是平等的……没有主次或尊卑之分"。②尽管所有的人政治平等,但必须承认实际生活中的人们是有差异的:"虽然我在上文中说过,所有的人是生而平等的,但是,我还不能假定我能理解各种平等;年龄和美德可以使人拥有较高声望,才华和功绩可能使人高人一等,这两方面的优势可能使一些人主宰另一些人或与一些人结成联盟,或者为他人谋利,使那些因自然、感激或其他方面的原因得到尊重的人高人一等。难道这所有一切都与人人享有的平等并存?"③在他的《理解的行为》(Conduct of the Understanding)中,洛克也提到了才华或天赋方面的不平等现象:"显然,在人们的理解能力上存在很大的差异性。在一些人之间,自然素质差异很大,而这仅靠技能和勤奋是无能为力的。有些人的这种天赋似乎需要搭建一个平台,其他人才能登上。在受过平等教育的人们之中,也存在许多不平等。"④平等的概念必须考虑儿童差异,"我承认,儿童虽然应当生而平等,但他们出生时并不处于完全平等的状态。他们的家长在他们出生时和出生后的一段时间里会管理和约束他们,但这只是暂时现象。"⑤

---

① 《政府论》(上篇),第4章,第101节;拉斯莱特,第233页。比较弥尔顿《守卫英格兰人民》(诗歌作品)(A Defence of the People of England, Prose Works)第1部分,第108节:"在我看来,上帝的法则与自然的法则完全一致";同时参见同书第4部分,第211—212节。格兰斯顿提到自然法则时说:"这个概念像斯多葛哲学一样古老。在罗马法理的理论方面具有重要地位,但在实践领域的作用并不明显;在中世纪基督教世界,被认为是上帝的法则,教会声称它有责任将其置于世俗法则之上。"(第64—65页)

② 《政府论》(下篇),第2章,第4节;拉斯莱特,第287页。

③ 《政府论》(下篇),第6章,第54节;拉斯莱特,第322页。

④ 富勒(T. Fowler):《洛克的理解的行为》(Locke's Conduct of the Understanding),牛津:克拉伦敦出版社1901年版,第2节,第5页,"党派"(Parts)。同时参见《人类理解论》(Essay)的"致读者的一封信"(The Epistle to the Reader):"我们的理解力与我们的鉴赏力没有什么不同。"

⑤ 《政府论》(下篇),第6章,第55节;拉斯莱特,第322页。

　　在谈到儿童的自由时,洛克也同样承认存在着某种限制。[①] 根据他的观点,只有在法律制度健全的社会里,人们才享有自由。"没有法律之社会,便没有自由。"自由并非意味着人们可以为所欲为做任何事情。自由是指在法律许可的范围内自由行动和自由处理自己的财产,而不臣服他人的专断意志。理解自由所依附的法律需要有理性。在儿童尚未有理性之时对他们放任自流,这并不是赋予他们自由,"而是将他从兽群中救出,却丢弃在一个远不如他的可怜虫的国度里"。这样,"虽然正如我们具有天赋的理性一样,我们生而自由,但这并非意味着,我们实际拥有其中任何一种"。[②] 年龄也同样有利有弊。因此,我们可以发现,自由与顺从家长是怎样交织在一起的,是怎样建立在同一原理之上的。

　　在讨论过平等和自由之后,我们现在可以来考虑家长的责任和权利问题了。在标题为"父母的权力"(Parental Power)[③]的那一章中,洛克在序言里还特别说明了这个标题为什么应当是"父母的权力",因为这个权力是赋予父母双方的,而不仅仅是赋予父亲的。[④] 对于父母的权力(rights),他是这样解释的:"父亲的或父母的权力只不过是他们对子女的监护权,允许他们从子女的利益出发对子女进行管束,直到子女知书达理,能够按照自然法则或国家的市政法规约束自己的行为为止。所谓'能够',我是说,是指懂得这个道理和认识几个生活在法规制度下的自由人。由上帝根植在家长胸怀中的慈爱和温柔表明,家长并不想对儿童进行严格专制的管理,而是要帮助、教育和保护他们的下一代。"[⑤]儿童的权利概括在下面的一句话中:"儿童可以从父亲那里得到的权利是养育、教育和自然所提供的支持日后生活所需要的东西。"[⑥]而

---

　　① 《政府论》(下篇),第 6 章,第 57—58 节;拉斯莱特,第 323—325 页。

　　② 《政府论》(下篇),第 6 章,第 61 节;拉斯莱特,第 326 页。

　　③ 拉斯莱特,第 321—326 页。

　　④ 洛克在《政府论》(上篇)引用了《圣经》许多内容来解释父母亲的特性,其目的是驳斥菲尔默爵士(Sir R. Filmer)提出的绝对君主专制制度和国王的神圣权利理论。

　　⑤ 《政府论》(下篇),第 15 章,第 170 节;拉斯莱特,第 399 页。

　　⑥ 《政府论》(上篇),第 9 章,第 93 节;拉斯莱特,第 228 页。

父母则期待儿童为其争光作为回报。

　　如果从另一个视角来审视洛克的教育立场的话,可以发现,在其名著《人类理解论》中,心理学思想是贯穿始终的。[①] 虽然教育制度不能以心理学的考虑为立足点,但却不能忽略心理学数据;它使建立在哲学或社会基础之上的教育思想更具权威性。正是这一原因,洛克的《人类理解论》对于教育家而言是重要的。[②]

　　洛克打算在《人类理解论》中分析和重建人的智力的能量,或者,用他自己的话说,[③]"以检查我们的能力,看看什么东西是我们的理解力可以理解或者不能理解的。"他的方法是内省法:"我无法看透其他人的理解力,但是,我可以发现我自己的理解力是如何工作的。"[④]在开始其主要工作之前,洛克发现,有必要按照他自己所说的:"清理自己的思路,通过对两个错误概念的分析,即对心灵(mind)中的天赋观念(innate ideas)和心理官能(mental faculties)作一分析,找到自己认为是唯一真实的基础。"[⑤]洛克这里所使用的"观念"(idea)一词含义广泛:"我认为,它是能够表达一个人在思考时理解力对客体的理解,我一直用它来阐明幻觉、想法、形式究竟是什么意思,或者可以用大脑来思维的一切事物。"[⑥]因此,它包括了心智的所有能力,如后来心理学家们认定的感觉、知觉、意象和概念。

----

① "致读者的一封信"——"这篇论文因偶然而开始写作,后因恳求而坚持,论文不是一气呵成的,而是一段一段地写,甚至还中断了一些时间,而后又因心情和需要重新恢复写作,最终在身体允许的状态下完成了它,这就是现在所看到的论文。"1689年发表。

② 拉斯莱特说:"甚至在《人类理解论》和论教育的著作之间,没有匿名的障碍存在,两者本质上是联系紧密的,但没有任何相互参照的地方。用一般哲学观点将其著作看成一个特殊的或一般的整体是毫无意义的,无论是核心内容还是表面框架。"(《约翰·洛克:政府论》(上下篇),第86页)

③ "致读者的一封信"。

④ 《人类理解论》,第1卷,第1章,注释。

⑤ 《人类理解论》,第1卷,第4章,第25节。

⑥ 《人类理解论》,第1卷,第1章,第8节;第1卷,第1章,注释。

天赋观念有两种类型——思辨的,实际的或道德的——洛克争论说,这两种观念都是习得的而非天赋的。他驳斥了天赋观念鼓吹者的论点而坚持认为,没有什么观念是天赋的,它们在心灵中的出现是另有原因。他举例说:"假设造物内心的天赋颜色观念是上帝之光赋予的,显然是不恰当的。"①他用数学假设为例证,挑战了那种认为被普遍或广泛接受的真理一定就是天赋的信念。他强调②,道德原则需要进行推论、对话和一些心智训练,以发现真理的确定性。他还补充说③:"如果存在天赋的原则,那就没有教学的需要了。"然而,他承认"的确存在着一种通过自然之光知晓的法则",这就是"对幸福的渴望和对不幸的规避"。④ 在《政府论》(下篇)中,他引证说⑤:"该隐(Cain)⑥在杀害其弟之后确信,任何人都有权利惩治他这个罪犯,他大声喊道'任何发现我这个罪犯的人都可以杀死我。'人类的内心被描写得如此坦诚。"拉斯莱特(Laslett)对此进行了评论:这最后一句是最引人瞩目的例子,可以表达洛克贯穿于全书中的意愿,即充分利用人们有关天赋观念和天赋实践原则(innate practical principles)的信念。

洛克谈到的"机能"⑦是指心灵机能——感知和选择。他还评论说:"理解与意愿(will)是心理的两个官能。"按普通的说法"是心理在活动时对合适词汇的选择……而不是通过假定心灵中存在某种可以表现为理解力和意志力的真实东西,来造成人们思想的混乱"。他补充说:"因为当我们在做事或当我们说'意愿指挥的'和'意愿是自由的'时,假定官能是一种特殊的可以活动的物质(beings),我们就可以说,存在着说话的官能、行走的官能和舞蹈的官能,通过这些官能产生了行动。其

---

① 《人类理解论》,第1卷,第2章,第1节。比较同书第1卷,第4章,第12节。
② 《人类理解论》,第1卷,第3章,第1节。
③ 《人类理解论》,第1卷,第3章,第14节。比较同书第1卷,第3章,第22节。
④ 《人类理解论》,第1卷,第3章,第13节、第3节。
⑤ 《政府论》(上篇),第2章,第11节;拉斯莱特,第292页。
⑥ 该隐,《圣经》中亚当与夏娃之长子,因妒忌杀害了其弟亚伯(Abel)。——译者注
⑦ 《人类理解论》,第2卷,第14章,第6节。

实,它们只不过是意象(motion)的几种方式罢了。"①他又进一步解释:"但是,错误在于官能被说滥了,到处可见代表官能的独特的代理者(agent)。如果问到,肉是如何在我们的胃里消化的?一定有个满意的答复在等着你,这是胃的官能在起作用……如此等等;对于心灵也是同样,有智力官能,即理解力和理解官能;有选择官能,即意愿的、被迫的或被命令的。简而言之,这些是说具有消化的和被消化的能力,运动的和被运动的能力,理解的和被理解的能力。因为'官能、能力和机能',我想,'只是同一事物的不同名称而已'。"②

在处理了天赋观念和智力官能之后,洛克首先以理解力③和意志力为两个主要标题将心灵的内容作了分类。现代心理学家可能还会增加一类,即"感情"。但是,洛克将感情看成是包括感觉在内的各种经验统合的结果④:"我使用这个术语,在很大程度上是指它的综合性,不仅仅是指观念的心理活动,而且包括从这些观念活动中产生的情感,譬如由某种思想产生的满足感和焦虑感。"⑤然而,情感是一种具有个性特征的经验,一个人的情感与他人的情感存在着绝对的差异性;它甚至会背离原先的情境,被统合到一种所谓的情结之中。

洛克对心理官能的否定,使他能够以某种激进的态度处理使人苦恼的意愿自由问题。人们问道:什么东西在决定着意愿?对于这一问题,洛克的回答是⑥:"真实的和适当的回答是心理",或者,更精确的回答是⑦:"每个人通过自己的思考和价值判断去做自己理智上愿意做的事情,即去做对他而言最有益的事情。"这样,洛克以牺牲了人的意愿为代价保护了人的自由。人的行动受到人对欲望理解的规范。然而,必

① 《人类理解论》,第2卷,第22章,第17节。
② 《人类理解论》,第2卷,第21章,第20节。
③ 注意"理解力"这个词用法,在《人类理解论》中它相当于心灵(mind)。
④ 《人类理解论》,第2卷,第7章,第1节;第2卷,第20章,第1节。
⑤ 《人类理解论》,第2卷,第1章,第4节。
⑥ 《人类理解论》,第2卷,第21章,第29节。
⑦ 《人类理解论》,第2卷,第1章,第48节。

须注意到一个条件,那就是,作为意愿动机的或者引领人行动的观念或欲望必须被认为是可实现的:"任何有关善的不可能性或不可达到性的认识,都会终止或减弱欲望。"①

对洛克而言,理解力包括所有认知过程——感觉、知觉、意象和思维,是所有"简单观念"的基础——即他所称为的"反射观念"(ideas of reflection),这后者仅仅被看做客体和观念的心理过程。洛克经常提及简单观念和反射观念,似乎这两个概念的地位差不多。但是,反射观念出现在儿童发展稍后的时期,因为按照洛克所说,②它们"需要注意";或如我们现在所说,它们包含内省,所有观念的获得在洛克看来只有一个回答——通过经验。③ 他的学说因此被称为"经验主义"(empiricism)。由于洛克对观念的分类不限于可感知的感觉,因此,他也不是严格意义上的经验论者。④ 经验论假定,心灵由独立的印象构成,而这种印象是被动地从外部烙上去的。与它对立的理性主义(rationalism)则假定,知识是根据直觉通过运用某种第一原理演绎而获得的,洛克并没有像康德(Kant)后来那样对这一问题作进一步分析,探究经验是怎么形成的。康德在《纯粹理性批判》(The Critique of Pure Reason)中回答说,是心灵结构(structure of mind)决定了我们所拥有的经验类型;此外,超越我们自己心灵经验的其他心灵经验属于另一个范畴。因此,经验是一种心理状态,它属于唯心论而不属于经验论,这可能是最终的回答。

洛克假定,简单概念或简单知觉(simple sensation)是互不关联的,基本上也互不联系,这就需要一种心灵力量(agency in the mind)处理和联合这些观念。在洛克看来,这些接受印象的心灵仅仅是一张白

---

① 《人类理解论》,第 2 卷,第 6 章,第 4 节。比较同书第 2 卷,第 21 章,第 40 节。

② 《人类理解论》,第 2 卷,第 1 章,第 8 节。

③ 《人类理解论》,第 2 卷,第 20 章,第 1 节。

④ 比较赖尔(Gilbert Ryle):《洛克论人类理解》(Locke on the Human Understanding),《约翰·洛克:300 年纪念日演讲》(John Locke: Tercentenary Addresses),牛津:牛津大学出版社 1933 年版,第 26、34 页。

纸或一片空白———一块白板（*a tabula rasa*），只有通过联想律（law of association）这些观念才有关联。为了使洛克的心理学能够有用，简单观念这一概念需要被舍弃掉，"我们可以将纯粹的感觉看做心理学的一个谜"①。沃德（James Ward）②认为，它是心理学抽象概念的产物，在实际经验中从未遇到过。某种综合活动必须归功于心灵，正如康德后来所声称的那样，假如科学甚至经验本身是可能的话。在形而上学那里，由简单的互不关联的观念构成的心灵导致了休谟（David Hume）③的怀疑论。因为这种假设，正如休谟所说，无法解释科学所需要的且隐含在因果关系中的必要联系。近来，一些欣赏"唯实论者"（realists）的哲学家将他们的体系建立在直观印象感觉资料上，而它们仅仅只是心理学抽象概念的假设的原理，有点类似洛克的简单观念。如果洛克采纳了遗传学观点而不是内省法，他可能会认识到，心灵的最初状态是一个无差别的统一体，从中会逐渐出现单个的客体。按照詹姆斯（William James）④的话说，儿童早期的心理经验处于"迅速增长的杂乱无序的状态"。

绅士教育的目的

洛克没有想到要写一篇系统论述教育的论文。他不断重申："我一直没有把它⑤视为专门的教育论文"；"详细论述它不是这篇简短论文的最初构想"；"我还远远没有想好儿童成长期或儿童特征需要注意的所有细节问题"。⑥ 出版它的理由是："它可能给人一些启示……敢于冒险去探索儿童教育中儿童自身的原因，而不是完全依靠以往习惯的做

---

① 洛克:《心理学原理》（*Psychological Principles*），剑桥:剑桥大学出版社 1918 年版，第 143 页。

② 沃德(1843—1925)，英国心理学家、哲学家。——译者注

③ 休谟(1711—1776)，英国哲学家、历史学家、经济学家。——译者注

④ 詹姆斯(1842—1910)，美国哲学家、心理学家。——译者注

⑤ 这里指《教育漫话》。——译者注

⑥ 洛克:《教育漫话》，第 217 节、第 139 节、第 133 节。

法。"同时,"为自己国家尽可能做些服务也是每个人的职责"。而且,"使儿童受到良好教育,不仅是家长的职责和考虑,而且也是国家福祉和繁荣的基础,我希望每一个人都将其放在心里"①。

洛克说,他在《教育漫话》中提出的观点是有原因的。在1697年写信回答彼得巴勒夫人(Lady Peterborough)询问其儿子教育的问题时,洛克说:"我一直在考虑如何指导年轻绅士正确学习的事情,首先,十分有必要了解他要走什么样的生活道路——或者根据他的品质特性,或者根据财富,或者根据他的父母的选择和决定。"②与强调同一性的古典教育模式不同,洛克坚持主张,应当为学生量体裁衣制定适合其未来生活模式的教育。这一思想在《教育漫话》中表达得十分清晰:"我认为,一位王子、一个高贵的人和一位普通绅士的儿子应该有不同的养育方法。"③在《教育漫话》中,他主要考虑的是"年轻绅士的养育",这些绅士正常情况下会继承家庭遗产。在谈到洛克的《论阅读和学习》(*Some Thoughts Concerning Reading and Study*)和其发表的其他文章时,拉斯莱特说:"它们是构成英格兰绅士文化氛围的组成部分,英国绅士包括海内外的下院议员、行政官员和政治家。此外,还有地主、地方名人。"后来,"这种英国绅士的理想保留了下来,直到今天依然伴随着我们,这是洛克当年的部分目的。"④洛克理想的绅士概念可以从他对装模作样行为的谴责中发现:"他将发现文雅总是能够让人愉悦,而愉悦是在所作所为之后在适当场合中自然心情的流露。我们只有在遇到仁爱、友谊和温和时,心情才会感到愉悦。每个人都希望获得心灵的自由,能够自由地行动,不沮丧且心胸开阔,不傲慢也不无礼,没有大的缺点。"⑤

简而言之,洛克的目的是想培养受过合适教育的英国绅士。这些

① 《教育漫话》,第217节。(The Epistle Dedicatory)
② 克兰斯顿:《约翰·洛克传记》,第427页。
③ 《教育漫话》,第217节。有关洛克的穷人孩子的教养计划,可参见奎克的《约翰·洛克的教育漫话》附录A。
④ 拉斯莱特:《约翰·洛克:政府论》(上下篇),第4,51页。
⑤ 《教育漫话》,第66节。

绅士对科学和农业以及身边日常事务都有浓厚兴趣,他们将在国家管理中发挥重要的作用。用他们自己相对委婉的话说,他们可能是哲学王。但是,洛克著作的评论家们从一开始就认为,他的教育原则有更广泛的适用性。例如,科斯特(Pierre Coste)是洛克生前第一版法文《教育漫话》的出版者,在该书前言中,他评论说:"当然,这本书是专门为绅士教育设计的;但它并不阻止为其他儿童的教育服务,不论儿童属于哪个阶层。"①

　　洛克的职业教育观实际上具有明显的实用主义倾向,即强调结果必须体现实际价值:"如果我们的心灵只能用于对我们有用的事情上,我们就没有理由去抱怨我们心灵的有限性。"②这反映了他对实用学科的强调。他所建议的不是"往脑袋里填塞知识",而是形成健康的学习习惯。纽曼(John H. Newman)③在《大学的理念》(*The Idea of a University*)中指责洛克说:"这位鼎鼎大名的哲学家"抢在爱丁堡评论家之前鼓吹"凡未建立在功利性原则上的教育制度都不会结出佳果"。④

　　与夸美纽斯不同,洛克没有假定人应当通晓万物:"他们也许还远不能了解普遍的完美的世界。然而,最重要的是,确保他们获得充足的启蒙之光,引领他们知晓上帝和看见自己肩负的职责。"⑤在《人类理解论》的导言中,他说:"我们这里的任务不是通晓万物,而是知晓那些与我们行为相关联的事物。"在《教育漫话》⑥中,他说:导师的职责不是"将所有可知晓的事物教给他们"。在《论学习》(*Of Study*)一文中,他详细地说明:"可知晓的事物如浩瀚之海洋……我们即使耗费毕生时间,也无法获取全部。在这里,我也不是说学习那些我们有能力掌握的事物,

---

① 参见阿克斯特尔:《约翰·洛克的教育著作》,第52页。

② 《人类理解论》,导言。

③ 纽曼(1801—1890),英国19世纪神学家和教育家。著《大学的理念》(*The Idea of a University*),主张大学是教授普遍知识的场所。——译者注

④ 纽曼:《论大学教育》(*Discourses on University Education*),第8部分,"与专业相关的大学知识"(Philosophical Knowledge Viewed in Relation to Professtional)。

⑤ 《人类理解论》,第1卷,第1章;比较"脱去普遍知识的伪装"。

⑥ 《教育漫话》,第195节。

而是强调应当学习不仅合适而且有用的事物。"①为了使其观点不自相矛盾，洛克阐述了"使用频率"(frequency of use)的原则，这是现代课程制定者广为应用的一个原则："由于我们不能希望他[学生]有时间和精力去学习所有的事物，因此，应当下决心选择他最需要学习的事物，依据使用频率的原则找出世界上对他来说最为经常使用的知识。"②

年轻的绅士应当在家庭里接受导师的教育还是应当送到公学去读书，这个问题困扰着洛克："我承认，这两者都有不足。"③但是，不知是否因为由于自己的切身经验还是由于他在威斯特敏斯特公学未能师从著名的巴斯比博士(Dr Busby)的缘故，他反对昆体良和夸美纽斯的主张，而决定："我只能倾向于在家庭里养育年轻的绅士，将他置于父亲的眼前，置于好的管理者的监督之下。如果教育能够在家庭里进行并按照适当方式安排的话，这是实现伟大的主要教育目的的最佳的且最安全的措施。"洛克在《教育漫话》中开出的儿童养育处方似乎并不如他所期望的那么有效，因为我们在他的一封信件中发现，他曾建议更换导师。④接着，当他怀疑一时找不到合适的导师时，他甚至建议，⑤男孩的父亲应当将男孩送到"威斯特敏斯特公学，或者其他严格的学校。在你继续为他寻找合适导师的同时，让他在学校里尝尝鞭笞的皮肉之苦。之后，他也许会变得比较顺从，也愿意在家庭里学习了。"

体育、德育和智育

"'健康之精神寓于健康之身'(a sound mind in a sound body)这句话虽然简短，但却是对世间幸福的充分描绘。有了健康的精神和健康的身体，其他什么也就无需去谋求了；如果他只获得其中一种，那是远

---

① 奎克:《约翰·洛克的教育漫话》,附录 B。
②《教育漫话》,第 94 节。
③《教育漫话》,第 70 节。
④ 克兰斯顿:《约翰·洛克传记》,第 25、349—350 页。
⑤ 克兰斯顿:《约翰·洛克传记》,第 355 页。

90

不足道的,毫无幸福可言。"①这是《教育漫话》开篇的几句话。洛克曾经
有过医学抱负,②因此,他首先讲的是健康教育,提倡本来属于穷人孩子
自然命运的艰苦摄生法。艰苦的生活对于洛克的学生来说是十分必要
的,否则,他们可能被溺爱和娇宠坏了。艰苦生活有其可取之处,被称
为是"贫民区的教育"③。例如,洛克建议,④青年的"鞋子应该能够进
水"。他归纳了有关儿童身体养育的若干建议:"呼吸大量的新鲜空气,
适当的锻炼和充足的睡眠,饮食清淡,不饮酒和烈性饮料,少吃或不吃
药,衣着不要太暖也不要太紧,用冷水洗漱和接触水。"⑤在《教育:智育、
德育和体育》(Education:Intellectual, Moral and Physical)中的"论
体育"一章中,斯宾塞(Herbert Spencer)⑥对洛克的严格的摄生法作了
如下评论:"人们有关'锻炼'(hardening)可以使人坚强的理解是个令人
悲伤的误解。不少儿童因'锻炼'而离开了这个世界。那些幸存下来的
儿童,还要长期地在生长过程中或在身体上经受痛苦。……有关'锻
炼'理论的依据的思考是极度肤浅的。富人家长看到农民家庭衣着半
裸的小男孩和小女孩在户外玩耍,便认为劳动者子女是健康的,于是得
出了一个不可靠的结论:健康是身体裸露的结果,由此要求他们自己的
后代少穿衣服。他们忽略了,这些顽童在村庄绿地中嬉戏,从许多方面

---

① 拉斯莱特解释说:"开头是作为治疗措施实施的,后来演变成了一种教育实验。
沙夫茨伯里第三伯爵告诉我们,他和他的5个兄弟姐妹都是洛克根据他自己的原则教
育出来的。"(第28页)

② 参见杜赫斯特(K. Dewhurst):《医生和哲学家约翰·洛克:一份医学自传》
(John Locke, Physician and Philosopher:A Medical Biography),伦敦:韦尔科姆历
史医学图书馆1963年;"牛津医学四重奏"(An Oxford Medical Quartet),《不列颠医学
杂志》(British Medical Journal),1964年4月4日。

③ 比较亚当森(J. Adams):《教育实践的现代发展》(Modern Developments in
Educational Practice),伦敦:伦敦大学出版社1922年版;关于标语"从贫民窟走向大
学"(From the gutter to the university),可参见劳里《教师训练与教学方法》(The
Training of Teachers and Methods of Instruction),剑桥:剑桥大学出版社1902年版,
第194—195页;比较同书第149—150页。

④ 《教育漫话》,第7节。

⑤ 《教育漫话》,第30节。

⑥ 斯宾塞(1820—1903),英国哲学家、社会学家、教育理论家。——译者注

看他们所处的是一个有利健康的环境——他们一直生活在游戏中,他们整天呼吸的是新鲜空气,他们不因过重税赋而烦恼。因此,尽管他们衣着不多,但他们的健康恰恰不是衣着多少的问题。我们认为,这一结论才是真实可靠的。当生长所需要的动物热量散失时,身体不可避免要受到伤害。当体质足以承受它时,裸露确实会使身体变得结实。不过,它是以牺牲生长为代价的。"①

根据洛克的观点,德行、智慧、教养(breeding)和学问等四个方面是形成理想个性必不可少的。② 智慧在儿童期还谈不上,因为它包含良好的自然个性倾向、心智的运用和经验。③ 教养很大程度上是选择正确的小伙伴:"近朱者赤,近墨者黑。"④教养的目的是确保"好马配好鞍",养成符合其身份的礼仪。教养需要遵守的规则是:"不要轻看自己,也不要轻看别人。"⑤

谈到德行时,洛克说:"在教育目的中,困难的和有价值的部分是德行,而且是直接的德行⋯⋯其他的考虑和任务都要为其让位和延后再做。德行是实实在在的善,导师不能只靠上课或谈话来培养德行,而是应当通过努力和教育艺术提供给其心灵,使德行在心灵深处扎下根来,直到年轻人能品尝出个中滋味为止,使他们的心灵充盈着力量、荣誉和快乐。"德行的基础在宗教:"在他的心灵深处,应当印有真实的上帝的意象——一个独立的至高无上的存在、万物的创造者(author)和造物主(maker),从他那里我们收获了我们自己的善。上帝热爱我们并给了我们世间万物。"⑥后来,卢梭在《爱弥儿》(Émile)中用同样的信仰塑造了苏菲(Sophie)⑦。

91

---

① 洛克的《教育漫话》是斯宾塞 1858 年 1 月至 4 月在《不列颠评论季刊》(The British Quarterly Reviews)发表的文章中引作标题的几本书之一。

② 《教育漫话》,第 134 节。

③ 《教育漫话》,第 140 节。

④ 《教育漫话》,第 145 节。

⑤ 《教育漫话》,第 94 节。

⑥ 《教育漫话》,第 70 节。

⑦ 苏菲(Sophie),卢梭的教育小说《爱弥儿》中的女子,爱弥儿的未婚妻。——译者注

　　洛克将学问放在最后,将其看成教育的最不重要的部分。"这从一位书呆子口中说出来似乎显得奇怪;通常,学问是被看做是主要的事情。即使人们不辞辛劳为儿童所做的一切不完全都是为了学问的话,但当人们谈及儿童教育时,这几乎是人们唯一考虑的问题。在这一情境下,我的上述观点简直不可理解。"①在《漫谈绅士的读书与学习》(*Thoughts Concerning Reading and Study for a Gentleman*)中,洛克作了这样的解释:"绅士从事的应当是为国家服务的适当职业,所以,最重要的是道德和政治知识。他应当首先学习的是直接属于他职业范围的知识,这些知识涉及德行和邪恶、公民社会、行政管理艺术,也涉及法律和历史。"②

　　卢梭在《新爱洛伊丝》(*New Héloïse*)中批评洛克说,他谈的更多地是应当要求儿童做到的事,而不是谈如何做到的方法。这一批评是缺乏依据的,因为洛克的确认识到了教育方法的重要性:"据说,次序和恒心是造成人与人差别的原因。我确信,好的方法可以清除学生学习障碍、帮助他掌握学习内容,使之学得容易、学得深入。他的管理者应当使他明了这一点,习惯于遵守次序,教给他应用思想的方法,把方法展示给他看,让他了解方法的优点;使他掌握几种从一般到特殊或从特殊到一般的方法,让他练习使用两种方法,让他知道在什么情况下使用哪种方法比较合适以及哪种方法能更好地为哪种目的服务。"③洛克对他自己方法论的总的原则是这样表述的:"他通晓如何让儿童思想轻松、活跃和自由的方法,同时能够抑制他们做其他事情的欲望,引导他们去做困难的事;他知道如何去调节这些显露的矛盾,按照我的看法,他已经懂得了教育的真谛。"④

---

　　①《教育漫话》,第 147 节。

　　②奎克:《约翰·洛克的教育漫话》,附录 B。

　　③《教育漫话》,第 195 节。比较培根《学问的进展》(*Advancement of Learning*),第 2 册。"对于学究式的知识……有几种方法可以结出硕果。第一,像发明知识时一样,反复提炼而使知识具有适应性。第二,由易到难,深入浅出……第三,根据理智的特性应用学问,因为虽然在智力官能方面没有缺陷,但似乎在一些研究中需要适当的对待。"

　　④《教育漫话》,第 46 节。

教学方法和课程内容

在倡导教育的游戏方法方面,洛克是走在前列的:"儿童不应当有过重的学习负担;否则,他们的身心都无法承受。""如果学习内容的安排有序,他们的学习应当安排得像游戏一样轻松,好像他们在游戏中学习一样。"①要达到这种理想的教育状态,需要从营造心理氛围开始,激励起学生的学习情绪——"应当注意抓住学生的自然性向和倾向的有利时机"②,千万不能让学生精疲力竭或产生厌恶感。"应当注意的是,愉快的学习才是有益的,应当在他们感到疲惫之前就及时变换去做其他有意义的事情。"③在学习过程中,"师傅和教师不应当给学生设置困难,相反,他们应当扫清学生学习上的障碍,在他们遇到困难而止步不前时及时帮助他们"④。由于长时间保持注意力对儿童来说是一件困难的事情,因此,"要求学生专心学习的教师应当努力尽可能地使其建议令儿童愉快和惬意,至少不能让学生产生不愉快或恐惧的心理。""教师的独特技巧在于吸引和保持学生的注意力,他做到了这一点,那他就肯定能促进学生能力迅速地发展。如果做不到这一点,那他呕心沥血的付出将效果甚微,甚至毫无意义。要做到这一点,他应当让学生(尽可能)明白他所教给他们的东西的价值,而且让学生看到掌握了这些知识就能够做以前不能做的事情,从这些知识中汲取了力量之后,远远胜过那些不懂这些知识的人。要做到这一点,教师在教学时应当态度亲切,通过体贴和关怀使儿童感觉到教师的爱,懂得教师所做的一切只是为他好,这是促使儿童心中滋生爱的情感、专心听课并喜爱教师所教的课程的唯一途径。"⑤

93

---

① 《教育漫话》,第 149 节。
② 《教育漫话》,第 74 节。
③ 《教育漫话》,第 108 节。
④ 《教育漫话》,第 167 节。
⑤ 《教育漫话》,第 167 节。

　　应当在学生心目中确立一个目标,即"热爱并倾向你建议他学习的课程,这会激励他们的勤奋和专注"①。洛克补充说,如果处理适当的话,做到这一点并不难,只要把儿童看成有理性的造物便可。② 他还对儿童的理性能力解释说:"我并非意指其他,而是专指儿童的能力和理解力。"③

　　洛克相信教学可以不伴随眼泪,他的关于纪律的观点是超前的。"我非常倾向于认为,教育中采用严厉的惩罚手段不仅效果甚微,而且危害很大。我相信,人们会发现,*alteris paribus*,即那些受过严厉惩罚的孩子鲜有成为优秀人物的。"④他坚决反对使用棍棒。"惩罚是一般教师所知道或能够想到的一种懒惰且拙劣的方法,在他们眼中,棍棒是唯一的管理工具,其实,惩罚和棍棒是最不适宜在教育中使用的。"⑤他补充说,这种矫正方法"会自然导致学生对教师期望的厌恶"⑥。洛克建议,如果学生犯错需要处罚,可以仿照耶稣的做法,聘用一位矫正者,但是,他强调"鞭笞是纠正儿童错误的最差的也是最后的手段,只有在所有温和方式经尝试证明无效之后才采取的手段"⑦。

　　应该被称为"儿童研究运动之父"(father of the child-study movement)的人是洛克,而不是卢梭,这可以通过他下面的倡导来证明:⑧"关心儿童的教师应当认真研究儿童的本性和倾向,通过经常性的试验看看他们到底有什么变化和可能成为什么样的人;观察他们的自然潜力(stock)以及如何改进和适应这些自然潜力;教师应当考虑儿童需要什么,他们是否能够通过勤奋满足这些需要,通过实践来体现它们,同时了解是否值得去努力。因为在许多情况下,我们可以做或者打

---

① 《教育漫话》,第 72 节。

② 《教育漫话》,第 54 节。

③ 《教育漫话》,第 81 节。

④ 《教育漫话》,第 43 节。比较同书第 52 节。

⑤ 《教育漫话》,第 47 节。

⑥ 《教育漫话》,第 49 节。

⑦ 《教育漫话》,第 83—87 节。

⑧ 《教育漫话》,第 66 节。

算去做的所有事情,应当是天赋的自然本性可以得到最佳发挥的事情。我们应当尽量防止那些可能由自然倾向性导致的邪恶和错误,使天性的优点得到最佳的发挥。每个人的自然天性应当得到尽可能发展。但是,如果企图让儿童去做有悖于其自然天性的事情,到最后只能是徒劳一场而已。而且,违背意愿的做法至多可以强迫倔强的儿童满脸委屈地装模作样地坐在那里。"①

但是,如果年轻的绅士不打算"比教区的教士更无知的话",那他必须学习阅读和书写。洛克设计出许多学习字母的方法。在掌握字母之后,儿童应当开始阅读。洛克倡导的一般方法是:"让他不要受到驱使也不受到责骂,如果可以的话,你可以诱导他去阅读,但不要把它作为一项任务","你宁可让他迟一年读书,也不要让他对读书产生厌恶心理"。② 在阅读之后,他便要学习书写。洛克详细阐明了学习书写技巧的原则,如果一个人想把事情做好,他不应当在同一时间做两件可以分开做的事;因此,应当先学握笔的姿势,然后再学写字母。③ 此外,还要学习具象派绘画(representational drawing),这倒不是出于审美的需要,而仅仅是因为其具有实用价值。在稍后的一个阶段,速记被安排为选修科目。④

洛克倡导拼字法改革,虽然在他自己的教育论文中没有提及。下面一段速记出现在他的日记(时间为 1676 年 8 月 15 日)中:"拼字

---

① 这种规劝也被引用来支持其论点,即洛克是最早发表指导观点(the guidance point of view)的学者之一。参见塞洛弗(Margaret Selover)、汤森(Agatha Townsend)、雅各布斯(Robert Jacobs)、特拉克斯勒(Arthur E. Traxler):《测试及其结果的应用导论》(*Introduction to Testing and to the Use of Test Results*),纽约:教育档案局,1950年,第 1 页。比较培根《学问的进展》,第 2 册:"根据理智的特性应用学问"。培根观察到,教师应当指导家长去选择其儿子的生活道路,因为一个人学习的进展快得多是因为他的自然倾向比其他孩子强。

② 《教育漫话》,第 155 节。

③ 《教育漫话》,第 160 节。

④ 《教育漫话》,第 161 节。洛克自己使用了一种速记形式。比较克兰斯顿:《约翰·洛克传记》,第 80 页。关于罗马时代的速记,参见马罗:《古代教育史》,第 312—313 页。

(spelling)……很少有人喜欢,因此,我尝试新的拼法……考虑到字母是唯一能够持久保存声音的标记,我想,如果我们能够尽量利用发音相同的特征,那我们就可以避免造成混乱和许多毫无必要的困难。也许刚开始时一下子作这么大幅度改革,就像这段文字一样,会显得有点奇怪和笨拙;不过,一旦习惯之后,即使有一些不方便,也会令我们喜爱和惊奇。但是,必须承认,只要坚持改革,情况就会越来越好;没有人会否认,改革可以渐进地进行,但万事总得有个开头。文字改革后,不仅会防止大量的错误产生,而且会使我们非常需要且经常使用的语言更适合外国人以及本国的妇女和文盲学习。"①

洛克强调说:"英语是英国人的母语。"在男孩学习法语和拉丁语时,应当注意的是不要忽略了英语的学习②……"因为英语是英国绅士要经常使用的语言,是他受到教化的主要语言……我不是反对学习希腊语和拉丁语,我想,绅士应当学习这些语言,至少每个绅士可以懂得拉丁语。然而,无论年轻的绅士学习哪门外语(学得愈多愈好),但他应当学习并努力达到能够熟练地、清晰地和文雅地用自己的母语来表达自己,为达此目的,他应当每日练习。"③

尽管洛克强调实用性原则,但他也不能回避语言在教育中的地位问题。在英语学习之后,他建议学生学习法语。在他看来,法语学习放在拉丁语之前的原因在于,法语是一门活的语言,而且可以通过直接方法学会。④ 洛克认为,拉丁语也是绅士绝对需要学习的语言,但是,学习拉丁语也应当像学习法语一样通过直接方法学习,而不是通过传统的语法方法学习,后一种方法也是洛克直言不讳表示反对的。洛克承认⑤,他不否认学生应当学习希腊语,但他表示,他思考的不是以语言为专业的学生的教育,而是在思考一位绅士的教育。人人都知道,对绅士

95

---

① 克兰斯顿:《约翰·洛克传记》,第241—242页,注释。
② 《教育漫话》,第163节。
③ 《教育漫话》,第189节。
④ 《教育漫话》,第162节。
⑤ 《教育漫话》,第195节。洛克显然认为,同时训练学生和绅士是不可能的事情。

而言,拉丁语和法语是他必须掌握的语言。然而,将拉丁语看做绅士必须掌握的语言,对于准备从事工艺的学生来说是可笑的,因为要他将时间花在他永远不会使用的语言上,那是毫无必要的。

对于课程,洛克有点不太在意,这也许与他先前关于人类知识内容和学生心灵局限性的看法有关。他列出的课程有:算术、天文、几何、地理、年代学、历史、伦理学、法律、自然哲学。还有一些其他课程,包括舞蹈和音乐、角力和击剑。此外,还有一门在洛克看来会令人惊讶的课程,这就是他建议增设的工艺课。"我情不自禁地要说,我要他学习工艺,一门手工艺,甚至两门或三门,但其中一门是特别的工艺。……我建议学习下面工艺中的一门,最好两门都学,这些科目主要是园艺或一般农艺和木匠活,如细木工或车工。这些内容适合学生和工作的人学习,而且也是健康的消遣活动。"①之后,洛克建议学生学习簿记,在这一问题上他没有遭到反对意见。"虽然簿记不是一门可以帮助绅士获得财产的科学,但是,在守住绅士已有财产的实用性和有效性方面,还没有其他知识可以与之相比。"②

年轻英国绅士的教育以环游欧洲旅行而圆满结束。但是,洛克认为,通常的年龄阶段,即 16 岁至 21 岁阶段,是儿童各年龄阶段中最不适宜学习外语的阶段。在他看来,7 岁到 14 岁是习得外语正确语音的最佳时期,在这一年龄阶段,导师在学生面前就像一位年长的学生一样。③

教育的作用

在洛克对教育的思考中,有两个相互矛盾的问题——自然(nature)

---

①《教育漫话》,第 201 节、第 204 节。

②《教育漫话》,第 210 节。

③ 洛克认为,旅行的好处之一是语言学习,但 16～21 岁不是最佳学习语音的年龄。其中一个因素是学生这一时期变得执拗,不愿服从教师的教导了。而 7～14 岁时期的学生,在他们眼中老师像是一位年长的学生,所以他们愿意服从教师在语言学习中的指导。——译者注

和养育（nurture）两难窘境和形式训练的效率。在着手写《教育漫话》时，为了证明其思考是有道理的，他强调了教育的重要性，甚至认为教育可以实现一切目的。但正如我们所看到的，他在《政府论》（下篇）和《人类理解论》中都用了比较哲学化的语气承认，教育的功效受到了自然的限制。因此，在《教育漫话》开篇中，他说："在我们遇见到的人中，他们或好或坏，或有用或无用，十分之九都是由他们的教育所造成的。""人类之所以千差万别，乃是由于教育之缘故。"①而且，他重申："造成人的礼仪和能力方面的差异正是教育，而非其他。"后来，在《教育漫话》中，他修正了自己的说法，声称："上帝已在人的心灵上烙上了印迹，就像人的长相一样，它可以作一点点矫正，但绝无可能彻底改变，完全变成另外的样子。"②

关于洛克是形式训练支持者的争议

在教育史上一个最有争议的问题开始出现，这就是，洛克是否可以被看做形式训练学说（doctrine of formal training）的支持者。正如我们已经看到的，柏拉图是不能推卸引入教育的训练概念（disciplinary conception）或形式训练的责任的。在弥尔顿（Milton）的论文《论教育》（*Of Education*）中，这一术语是肯定用过的："这些科目是我们的贵族和乡绅们花费时间按训练方式进行学习的。"③因此，我们不能把这一学说的创始人和这一术语的引入者强加给洛克。这样一来，问题就变成他是否支持这一学说的问题了。在年轻绅士的身体养育的问题上，他

---

① 《教育漫话》，第 32 节。

② 《教育漫话》，第 66 节。拉斯莱特，第 82 页，注释："洛克也许是最缺乏一致性的伟大哲学家。他指出，他的任何一本著作中或这本著作与另一本著作之间的确存在着矛盾。"另外，第 89 页："导致洛克不一致性的原因很多，也许太多了。但必须记住的是，所有思想家都存在着不一致性。"

③ 布朗宁（Oscar Browning）：《弥尔顿论教育》（*Milton's Tractate on Education*），剑桥：剑桥大学出版社 1897 年版，第 17 页。

是支持斯巴达的某种做法的;在道德训练中,他也同样赞成斯巴达的做法。① "我十分清楚,所有德行和优点的原理是建立在我们控制欲望的能力基础之上的。"这也似乎向我们证明了应当将教育的训练概念归功于他。但是,在智力方面,也还得有个定论。在《教育漫话》中可以找到将纪律观点归功于洛克的证据。"他[导师]给他制定的科目只是为了训练他的官能并占用他的时间,以免他无所事事和闲荡无聊,同时教他如何安排时间和习惯努力学习,让他明白怎样勤奋才算完美。"②

　　学校科目的形式训练是建立在官能可以通过这些学科的教学得以改善的假设之上的。正如我们所看到的,在《人类理解论》中,洛克的猛烈批评有效地处理了心理官能问题,虽然直至今天,许多教育家还没有接受教训。在《教育漫话》中,洛克用较为时髦的笔调写道:"我听说,有人说,儿童应当用熟记的方法去学习事物,以训练他们和增强他们的记忆力。我倒希望,这种说法所具有的理性的权威性和盲目的自信一样多。这种做法应当以仔细的观察为依据,而不是依据古老的习惯。因为很显然,记忆力取决于良好的身体素质,而不是通过练习形成习惯来改善。不错,心灵专注于什么,担心遗忘了,可以通过经常性的回忆来加深印象,但要想保持它,还得依靠学生自己的自然的记忆能力。但是,熟记一页页拉丁文未必有助于记忆其他任何东西,正如在铅块上刻一句话并不能使它稳定地保留任何其他符号一样。"

　　至于理性思维,洛克也同样拒绝了人们知道的训练迁移(transfer of training)。在《理解的行为》中,他说:"我们经常看到,有的人在讨价还价时伶牙俐齿、反应敏捷,但一谈到宗教时,就表现出完完全全的愚昧无知。"③后来,他又解释说:"这个错误在于,不能因为他做一件事表现出理性,就得出他做所有的事都会有理性的结论;另外,这样想和这

———————

　　①《教育漫话》,第38节。莫利纽克斯(Molyneux)认为,洛克的方法过于严厉。洛克在反驳时暗示,莫利纽克斯所采用的方法更为严厉。
　　②《教育漫话》,第94节。
　　③ 洛克:《理解的行为》,第15页。

样说都是不公正的,也是没有意义的,其结果是无人敢冒险做事了。"①洛克也暗示:"在拉丁语和英语学习的能力方面也不存在迁移";拉丁语的"表达方式与我们的方式有着显著的差异,拉丁语学得再优秀对纯英语的风格和熟练程度也不会有多大帮助"。②

　　洛克对待文法的态度可以视为"重要例证"来回答一个问题,这个问题就是:洛克在《教育漫话》中提出的教育学说究竟属于学科主义(disciplinarian)范畴的还是属于功利主义(utilitarian)范畴的? 因为没有哪门学科愿意证明自己是建立在训练基础(disciplinarian grounds)上的。文法一直以来是被看做辅助语言学习的纯工具学科,其形式训练价值被忽略了。而经常被认为具有心灵训练作用的逻辑学和修辞学在洛克这里也只有一点点作用。衡量的标准还是功利主义的。——"因为年轻人从这些课程中毫无收获。"③这一证据的重要性反驳了对洛克的指责,说明洛克不是形式训练的支持者,也不是教育的学科训练观(disciplinary view of education)的代表。我们在这里所指出的差错很有可能在其他作家的著作中发现,如果他并不是有意回避洛克学说中这种含义的话。

女孩教育

　　虽然《教育漫话》是用来指导如何养育普通绅士的儿子的,但如果需要的话,也可以用以指导男孩姊妹的教育,洛克对此已经作了准备。这一点我们可以从他写给伊丽莎白·克拉克(Elizabeth Clarke)的信中看出来,从这封信的字里行间,可以读出洛克的关心和焦虑。对这位只有一岁多一点的女孩,洛克在信中用开玩笑的口吻称她是"他的小女主人",稍后又称"他的妻子"。在 1684 年送给爱德华·克拉克的包装精

---

① 《理解的行为》,第 20 页。
② 《教育漫话》,第 172 节。
③ 《教育漫话》,第 188 节。

美的《教育漫话》早期手稿的附信中,他显然是考虑过女孩教育问题的。其中,最后一句话是这样的:"因此,您和夫人要仔细检查这些规则,可以对其中任何规则提出疑问。我们在认真审读的基础上增加了你们可能认为需要的内容。我将乐意与夫人认真讨论她女儿的教育问题,如果她仍认为值得耐心听一听的话。"①在《教育漫话》中②,他解释说:"我在这里用'他'来指代男孩是因为我的演讲的主要目的是想强调,年轻绅士的教养应当从幼儿时期开始,其中许多并不完全适合女孩的教育。尽管不同性别应当有不同的教育,但区别它们是一件很难办的事情。"

教育思想的影响

　　洛克对教育的贡献受到了各种各样的评价。其 1690 年出版的《人类理解论》被认为是教育史上新纪元肇始的标志。③ 毫无疑问,它开创了哲学思想的新时代,但它对教育并未产生直接的影响。后来,亚当森(J. W. Adamson)在《洛克教育著作》(*Educational Writings of John Locke*)导言中承认④,洛克的教育著作的影响力不如他的哲学著作。但在另一方面,亚当斯(J. Adams)宣称:"洛克的影响力远远超越了他自己的名声。他的许多追随者并不了解他们的老师。他的观点是如此简明,反映了街头巷尾普通文化人的心声,他在英语国家的影响力绝对远远超过了其他哲学作家。"⑤在欧洲大陆,人们对待教育理论的态度要比英国严肃得多,但他的教育思想在那里也产生了相当大的影响。

---

　　① 大英博物馆,Add. MS. 38777。参见兰德(Rand),第 25 页,注释 1。

　　②《教育漫话》,第 6 节。

　　③ 亚当森(J. W. Adamson):《教育简史》(*A Short History of Education*),剑桥:剑桥大学出版社,第 204 页。

　　④ 亚当森:《洛克教育著作》(*Educational Writings of John Locke*),剑桥:剑桥大学出版社 1922 年版,导言,第 11 页。

　　⑤ 亚当斯(J. Adams):《赫尔巴特心理学在教育上的应用》(*Herbartian Psychology Applied to Education*),伦敦:伊斯比斯特图书公司 1909 年版,第 33 页。

　　然而,正如我们所看到的,《教育漫话》不能与《爱弥儿》和《理想国》相比,它还算不上教育思想史中的最重要的著作。它的影响力主要发生在洛克去世后的一个半世纪中,其时,英国乡绅中倾向自由思想的人士接受了他的观点。在他去世的 1704 年,该书已经出了 5 版,同时,也像他的其他著作一样,被广泛地翻译成外文出版。在之后的一个世纪里,因革命时代带来的社会、政治和知识界的动乱,它也没有获得实际应有的地位。正如阿克斯特尔(Axtell)所说的,①它的影响"主要发生在 19 世纪"。

　　这并不是说洛克的教育思想对我们毫无意义。这些教育思想紧紧附着在实际的共识基础之上,常常拨动着现代读者的心弦。② 他对心理学方法的强调比卢梭和裴斯泰洛齐要早一个世纪,而且继续被视为教育的原理。洛克对这个世界幸福状况的表述——健康之精神寓于健康之身体——通过中庸与平衡的原则实现,一直为心灵自由的人们所欣赏。

---

① 阿克斯特尔(Axtell):《约翰·洛克的教育著作》,第 17 页。

② 用奥布里(John Aubrey)的话说,洛克"是一个强调眼见为实、耳听为虚的人"。

第七章　卢　梭

在超级大国的时代，人们可能有理由断言，西方教育家中有两位是伟大的——只有两位：一位是柏拉图，另一位是卢梭（Jean-Jacques Rousseau）。今天，西方教育依然是两个不同哲学流派博弈的战场，这两个流派的源头便是这两个人物。尽管卢梭在青年时代曾无所事事地闲荡过，但是，他是一位了不起的原创型思想家，《爱弥儿》（*Émile*）是一本有重要影响的著作。

当然，将卢梭早年的活动作为理论依据的做法有点冒险，①因为大部分有关其早年活动的依据出自他自己的《忏悔录》（*Confessions*），而这本书更多地像是一本罗曼蒂克小说而非一本自传。所讲的关于一个冷酷心肠的可怜人将自己刚出生的五个私生子送到育婴堂的故事很有可能是杜撰的，其目的是想掩饰他自己的性无能。② 而且，当把原手稿与正式出版的文稿作一比对时，可以发现，其他人对他的描述有的是存在偏见的，人们对他有关家长教育作用前后论述不一致的批评依据的

---

① 格林（F. C. Green）：《让·雅克·卢梭：其生平与著作的批判性研究》（*Jean-Jacques Rousseau: A Critical Study of his Life and Writings*），剑桥：剑桥大学出版社1955年版。

关于卢梭身心的研究，参见格里姆斯利（R. Grimsley）的《让·雅克·卢梭：自我意识研究》（*Jean-Jacques Rousseau: A Study in Self-awareness*），卡的夫：威尔士大学出版社1970年版。

② 麦克多纳尔德（Frederika Macdonald）：《让·雅克·卢梭：新批判主义》（*Jean-Jacques Rousseau: A New Criticism*），伦敦：查普曼 & 霍尔图书公司1906年版，第1卷，第156页。然而，格里姆斯利接受了传统观点，认为卢梭抛弃了他的孩子。参见其《让·雅克·卢梭》，第77、109、154、282、306—307、325页。同时参见格林《让·雅克·卢梭：其生平与著作的批判性研究》，第37—38页。但是，该书第178页上说，卢森堡夫人（Mme de Luxembourg）的研究未能找到育婴堂医院档案中关于卢梭长子的踪迹。

是埃皮奈夫人(Madame d'Épinay)的回忆,因而缺乏可信度。①

生涯与著作

不过,从有关卢梭这个人的介绍来看,按照他那个时代的标准来分析,他前40年的生活不仅是失败的,而且是连续失败的。1712年,卢梭出生于瑞士的日内瓦,父亲是一位钟表匠,也是一位舞蹈教师。他出生刚一周,母亲便去世了。他的父亲非常严厉,且经常发无名火,因此,他既没有受到正规的教育,也没有享受过安全的家庭生活。1728年,在法律界和雕刻行业经历过两次失败的学徒生活之后,卢梭离开了日内瓦。后面几年,他一直在寻觅安全的住所。最终,他被罗马天主教堂收留。教会想把他训练成教士,但这一次,他又失败了,因为他未能证明他能成为一名合格的传教士。之后,卢梭爱慕上几位比他年长的妇人,其中著名的有瓦朗夫人(Madamede Warens),从1728年到1741年与她保持了时断时续但十分亲密的关系。虽然受过音乐家的训练,但他也未能靠音乐养活自己。1740年,卢梭在里昂担任两个男孩的家庭教师,结果也未成功。1743年,他担任法国驻威尼斯大使的秘书,后因恃才傲物而被解雇。

虽然遭遇一连串失败,但卢梭在自己的教育方面并没有丝毫放松,始终不断地在拓展和深化自己的知识。1749年,他开始了其著述生涯。《论艺术和科学》(*A Discourse on the Arts and Sciences*)的论文为其赢得了第戎科学院颁发的奖项。三年后,他编写的短剧《乡村占卜者》(*Le devin du village*)在枫丹白露(Fontainebleau)为国王路易十四(Louis XIV)演出获得成功。1755年,卢梭出版了《论人类不平等的起源》(*Discourse on the Origin of Inequality*)。1758年,发表《论政治经济学》(*Political Economy*)。1761—1762年是他的著述高产时期,这一时期,他发表了经典的政治哲学论文《社会契约论》(*The Social Contract*),出版了两本小说:《新爱洛伊丝》和《爱弥儿》,后一本对西方教育产生了巨大的影响。在他的后期著作中,最具教育兴趣的著作是

---

① 麦克多纳尔德:《让·雅克·卢梭:新批判主义》,第225—227页。

《关于波兰政府的筹议》(*Considerations on the Government of Poland*)。1782 年,在卢梭去世四年之后,他那非凡的《忏悔录》出版了。

卢梭的著作在法国一出版便受到了迫害,但他没有与那个时代的统治当局妥协,甚至也没有向许多试图帮助他的人妥协。当巴黎大主教以宗教的名义谴责《爱弥儿》时,卢梭逃离了巴黎。这本书在日内瓦也受到了当局的谴责。他与狄德罗(Diderot)①和百科全书派争论过,后来与苏格兰哲学家休谟(Hume)也发生过争吵,后者还曾为其在英国提供过避难住所。他的生活的最后十年是在明显的受迫害妄想症中度过的。

卢梭也许未曾意识到,当他在写作《社会契约论》时,他正在发动一场政治革命;当他写作《爱弥儿》时,②他正在发动一场教育革命。然而,卢梭清楚地知道:"我的想法与其他人的不同。"他先是在《爱弥儿》的前言中,后来又在谈到方法时声称:"颠覆通常的做法之后,你几乎总是正确的。"③尽管卢梭将多数异议归罪于过去,归罪于早期的作家,但他那管理宇宙的激进的原则源于斯多葛派(Stoics)④,因为他也持反社会的观点。卢梭的政治理念是对洛克思想的发展,他早期的教育观念也多源自洛克的思想。⑤ 人们可以在他的著作中发现洛克的许多观点,例如,幼儿心理犹如"白板"、教学中练习要比教导重要、手艺的价值和德行占据中心地位等。这也显然受到其自身经验的影响。这简直是

---

① 狄德罗(1713—1784),法国启蒙思想家,百科全书派领袖。——译者注
② 卢梭:《爱弥儿》中的参考资料都是埃弗里曼图书馆来自福克斯利(B. Foxley)的译本。
③《爱弥儿》,第 58 页。
④ 斯多葛派,公元前 4 世纪晚期创立于古希腊雅典的一种哲学派别。——译者注
⑤ 洛克:《政府论》(上篇),第 4 章,第 58 节;拉斯莱特,第 201 页:"大凡公正观察过世界各国的人都会发现,世界上有这么许多政府、宗教、生活方式(时尚和习俗),但他对这些正在流行的实践却难以苟同,对他人也难以信任;他有理由去思考,在树林和森林中的那些非理性的和未受过教化的居民通过遵循自然而生活得井然有序,他们与城市的那些自诩是文明的和具有理性的人不厌其烦地以权威例子来教导我们的人相比,他们更有资格给我们讲规则。"同时比较《爱弥儿》中洛克参考资料、作者序言,此外《爱弥儿》中第 53 页,以及其他地方。

个奇迹，一个有着劣迹的人竟然能发展一种哲学，将人的过错归罪于社会。

《论艺术和科学》一文表达了卢梭反社会的主张，或者更确切地说，表达了他对当时控制社会的那些人为的社会习俗准则的不满。① 他说，表面现象遮掩了事实。剧场表演的就是这一进程，"黑暗的监狱"本质上已经腐朽透顶。城镇"这个人间地狱"所代表的是矫揉造作的生活方式。② 卢梭的控诉听起来并不时髦，《创世纪》③早已说过：恶魔在吃过知善恶树果实之后，就已经来到人世间。而且，《传道书》④和传道士一直声称：知识越多烦恼也越多。早期的斯多葛学派哲学家接受的学说认为，幸福只有在经历快乐之后才可寻觅得到，因此，他们教导人们在自己灵魂中去寻找满足之根源。人们的自我满足实际上也只是个人对外在生活形态的真实价值的评价而已。这样的观点在古罗马政治家和哲学家塞涅卡（Lucius A. Seneca）的《书信集》（*Ad Lucilium Epistulae Morales*）中也可以找到，特别是他"论哲学在人生中的作用"中的观点。毫无疑问，塞涅卡的观点被卢梭的《论艺术和科学》吸收了。⑤ 在文中，塞涅卡声称："自然可以满足其自身一切需求。奢侈则背弃自然，茅屋为自由人遮风挡雨，大理石和金屋则是奴隶的居所。"卢梭在《论艺术和科学》一文中"赞扬了无知"。他收集了许多证明一些古人随着其知识的增长而堕落和失败的例证。他争辩说，当他们过着贫困、简单和无知生活的时候，他们充满着力量、幸福和纯真。这一点正如黑格尔（Hegel）后来所说的一样，"密涅瓦猫头鹰（the owl of Minerva）⑥——这只智慧之鸟不到夜幕降临不飞翔"。这种争辩是对道德生活至高无上

---

① 卢梭：《论艺术和科学》（*A Discourse on the Arts and Sciences*），见《社会契约论文集》（*The Social Contract and Discourses*），埃弗里曼图书馆，第 125—154 页。

② 参见格里姆斯利：《卢梭的哲学》（*The Philosophy of Rousseau*），牛津：牛津大学出版社 1973 年版，第 20—25 页。

③ 《创世纪》（*Genesis*），基督教《圣经·旧约》第一卷。——译者注

④ 《传道书》（*Ecclesiastes*），基督教《圣经·旧约》的一卷。——译者注

⑤ 参见本书作者的《教育的哲学基础》（*The Philosophical Bases of Education*），第 121—123 页。

⑥ 密涅瓦（Minerva），罗马神话中的智慧女神。——译者注

的一种护卫,为的是造就具有美德的统治者。他可能为此恳请弥尔顿:"热爱美德吧,美德本身就是自由。"

在《论艺术和科学》一文中,卢梭猛烈抨击了奢侈浮华;在《论人类不平等起源》①一文中,他对此作了解释。它们实际上是人的占有意识和渴求私人财富欲望的结果,如果只是出于个人的私心,那么社会生活中只会有少量的不平等现象。为了支持自己的论点,卢梭不得不进一步解释了人的原始本性,《论人类社会不平等的起源》的这一部分也因而具有教育的意义。可以回顾一下,柏拉图曾假定,天赋的不平等是社会最基本形态存在的条件;而卢梭强调了人类的共同特性。② 对于柏拉图和卢梭来说,问题主要在于政治。按照卢梭的观点,政治权力总是为强者利益服务的。在现代社会,对人性的研究有两种不同的形式。一是人类学家在研究"我们这一代人的祖先",从他们的行为方式和习惯来推断人类的本性;二是心理学家则从教育的利益出发,试图对人的天赋能力作一分析和分类。但卢梭则没有考虑这些,他直接攻击了人性的问题。他十分直率地警告我们:他可能不会因循历史法——"让我们开始时先将事实搁置一旁,因为它们对问题没有什么影响。"他所采用的方法是假设法和推测法。那么,卢梭与现代心理学家的方法的区别在哪里呢?现代心理学家的方法一般持生物学立场,而卢梭的方法则可以称为超生物学(meta-biological)。甚至一些现代遗传学家认为,根据动物的行为来解释人类行为是完全不妥当的。例如,詹宁斯(H. S. Jennings)声称:"没有哪个生物像人类一样与其他生物之间有如此大的差异。人们必须明白一个最重要的道理,那就是只有通过研究儿童,而不是通过研究其他生物,才能认识儿童。一般而言,这一道理适用于人类各种事务。"③这也是卢梭的立场。根据卢梭的观点,动物的行为可以根据机制规律(law of mechanism)来解释,但是,人是一个自由的个体,人的行为中有自己的独立意志在起作用。卢梭甚至不遗余力地解释动

---

① 1755 年,《社会契约论文集》,埃弗里曼图书馆,第 155—238 页。

② 比较《爱弥儿》,第 1 卷:"如果人类知识分成两部分,一部分为全体所有,另一部分则专属有学问者,那么,后者必定比前者微不足道。"

③ "与教育相关的儿童生物学",参见《现代科学对教育的建议》(*Suggestions of Modern Science Concerning Education*),纽约:麦克米伦图书有限公司 1925 年版,第 6 页。

物的观念和智力,认为人和动物只是程度上的差别。但是,他补充说,人们对作为自由个体的人和兽之间的特别的差异还缺乏深度的理解。特别是当他意识到这种自由时,在卢梭看来,人的灵魂的精神性得到了展示。在对人的禀赋分析中,卢梭首先高度评价了精神价值,而现代心理学家对精神价值则有忽略的倾向。当他说进步是人类独特的标志而非上帝的或兽类的标志时,这就使他早于布朗宁(Browning)将人类的进步或自我改善与自由联系在一起了。

在《论政治经济学》①这篇谈论政治契约原则的论文中,卢梭详细阐释了公共管理与家庭管理的区别,同时也探讨了公共教育的原则。他的公共教育原则是具有共产主义性质的,这让人回想起柏拉图在《理想国》和《法律篇》中提出的制度。他的设想要早于费希特(Fichte)在《对德意志民族的演讲》(*Addresses to the German Nation*)中提出的共产主义方案。在传统的、物质的和社会的强大力量的面前,改革者们感到希望渺茫,他们再无耐心去等到理想的实现,他们希望通过废除家庭的激进手段来开始新的生活;但是,如果他们扫清了阻挡他们前进的障碍物的话,那他们同时也搬掉了能够反映人类进步的支撑。柏拉图曾希望,在废除家庭的时候能够保留家庭的美德。但是,卢梭却反复指出了柏拉图那种貌似合理观点的谬误,也就是,由于所有家长都把照看国家的孩子视为自己的任务,因此,家长那种天生的对自己孩子的爱以及孩子对其父母的爱都同时得到了强化。亚里士多德在其《政治学》中指出了柏拉图建议中的谬误。但是,康德委婉的表述可能更为清楚。按照康德的说法,这种和谐犹如一首讽刺诗歌里描述的一对注定要离婚夫妇之间的和谐:"啊,多么美妙的和谐,他想做的也正是她所希望的。"或者像弗朗西斯一世(Francis Ⅰ)②对查理五世(Emperor Charles Ⅴ)③许下的诺言:"我的兄弟查理想得到的,也是我想得到的(即米兰)。"但是,卢梭对这种共产主义观点的反驳更具说服力,这一点我们可以从他自己

---

① 1755 年,《社会契约论文集》,埃弗里曼图书馆,第 247—287 页。
② 弗朗西斯一世(1495—1547),法国国王(1515—1547 年在位)。——译者注
③ 查理五世(1500—1558),神圣罗马帝国皇帝。——译者注

的著作中寻找证据而无需另辟他途,因为在《爱弥儿》中,他问道:"习俗的契约如果没有某种基础作为支撑能够牢固吗？远离对我们最亲近人的爱和对国家的忠诚能够独立存在吗？离开家庭——雏形国家的土壤,爱国主义能够繁荣吗？难道好的公民不是由好儿子、好丈夫和好父亲组成的吗？"[①]

如果我们将《论政治经济学》一文的共产主义倾向搁置在一边,我们就会发现,卢梭关于民族教育的观点与古希腊的理论和斯巴达的实践是十分一致的。亚里士多德声称,[②]既然为国家整体服务是唯一的目的,那么,全体人民的教育必须是一样的,对教育的监督必须是公共的而不是私人的事务……所有涉及公共利益的事务都需要进行公共训练。卢梭对此观点十分赞同。他还回应地强调说:"由政府制定规则管理公共教育,由君主设置地方官员监督教育,这是现代合法政府需要发挥的基本作用之一。"[③]

在他的《致马勒泽布先生的信》(*Lettres à M. de Malesherbes*)[④]中,卢梭指出,《论艺术和科学》、《论人类不平等的起源》和论教育的著作(《爱弥儿》)是他的三篇主要论文。他强调,它们是构成了一个整体的三篇论文,不可分割开来。同样,就卢梭的教育观而言,也可以说,在他的著作中,也有三篇论文是相互联系的,即《新爱洛伊丝》、《爱弥儿》和《关于波兰政府的筹议》。

在《关于波兰政府的筹议》中,[⑤]卢梭运用了民族教育原则。尽管在《新爱洛伊丝》和《爱弥儿》之前讨论它是违背历史顺序的,但它符合自然的和逻辑的顺序。将它放在前面讨论,也许有助于抵消一种广为流

---

① 《爱弥儿》,第 5 卷。

② 亚里士多德:《政治学》,第 8 卷,第 3 章。

③ 卢梭:《论人类不平等的起源》,第 269 页。

④ 库德勒(G. Kudler)编:《致马勒泽布先生的信件》(*Letters à M. de Malesherbes*),伦敦:斯科拉蒂思出版社 1928 年版,第 34 页。

⑤ 1772 年。参见博伊德(W. Boyd)编译:《让·雅克·卢梭的零数教育著作》(*The Minor Educational Writings of Jean-Jacques Rousseau*),伦敦:布莱基和桑图书公司 1911 年版,第 137—149 页。

行的认识,即卢梭在教育问题上是一位个人主义者,因为粗略阅读《爱弥儿》就可能得到这一印象。①

教育的三个阶段

在《爱弥儿》中,卢梭将教育分为三个阶段——自然的或消极的阶段、社会的或道德的阶段以及公务的或政治的阶段。只有在涉及爱弥儿到国外旅行的经验时,他在《爱弥儿》中才提到第三阶段。在《关于波兰政府的筹议》中,卢梭将公民部分作为主要目的;在其中,他鼓吹了激进的民族主义。这对于保存波兰那个时代的民族精神以及后来波兰的解放是必要的,不过这种观念现在看起来却过时了。然而,卢梭的教育学目的足以令人尊敬——引导学生关注那些他所感兴趣的事物和知识、关注自己的祖国和自己的人民。不幸的是,这种方法未能阻止沙文主义的蔓延。

在《关于波兰政府的筹议》这篇论文中,卢梭承认并介绍了身体训练的重要性,强调道德价值和从普通游戏中接受社会训练。他赞同并引证伯尔尼(Berne)协议,该协议要求学生参加一种他们日后命中注定要从事的公共事务的训练。该论文没有提到智力训练问题,他的这个计划在于培养一种民族品格。教育实际上是自由的,教学也不是一门专业,而只是履行一种公务职责,为人们提供公务生涯开端时的训练。教育管理由市政委员会负责,这一点正如柏拉图在《法律篇》中所提议的一样,与斯巴达早期的实践相似。正如他在《爱弥儿》中反复提及的一样,贯穿《关于波兰政府的筹议》一文的是卢梭对古代传统的眷恋,当有人要卢梭为他所提的建议提供实际例证时,他在《爱弥儿》中说:"古

---

① 比较沃恩(C. E. Vaughan):《让·雅克·卢梭的政治著作》(*The Political Writings of Jean-Jacques Rousseau*),剑桥:剑桥大学出版社1915年版,第1卷,第1页:"将《论人类不平等起源》与《社会契约论》的前几页作一比较,就会发现,卢梭的个人主义只是一种神话。"同时参见同书第2页:"就支持个人主义理论而言,卢梭是最强有力的攻击者。"

人比我们更接近自然,他们这方面的天赋无与伦比。"

在《爱弥儿》出版后到他逃到英格兰的这段时间里,即 1762 年至 1767 年之间,卢梭已经在准备写作《公立教育和私立教育的比较》(*A Comparision between Public and Private Education*)①的论文。如果这篇论文保存了下来,那就会在这里作适当的讨论,它就会促进在《关于波兰政府的筹议》中提出的民族的或公民的教育概念向《新爱洛伊丝》和《爱弥儿》提到的私人的或家里的教育转变。卢梭自己已经认识到,在一个完整的教育制度中作这种比较是必要的,他已经打算在《爱弥儿》修订版中体现这一点。

在《新爱洛伊丝》②中提到的私人的或家里的教育,就是我们现在称为的家庭教育。如上所述,洛克在他的《教育漫话》中建议,身体养育的原则要按一条简短的规则来处理,也就是说,绅士们应当将其孩子视为忠实的农夫和实质上的自由民。卢梭采纳了这一原理,并且在《新爱洛伊丝》中进行了阐述。他说:"他们应当在吃苦耐劳的生活中成长,像农夫的孩子一样习惯于忍耐炎热和寒冷;同样能够经受酷烈气候的锻炼,过舒适生活时身体更加强健。这是一条能够对抗年龄增长和人类意外事故的途径。"在《新爱洛伊丝》中,卢梭描绘了一幅田园诗般的图画,讲述了他自己的两个男孩和其堂兄弟的女儿早期教育的故事,孩子们的老师是沃尔曼夫人(Madame de Wolmar)。这位老师后来成为裴斯泰洛齐的《林哈德与葛笃德》(*Leonard and Gertrude*)著作中的样板。裴斯泰洛齐这样做是想把美德变成必备的品质,并使卢梭的观念转变成被剥夺了基本权利阶级的词汇。

在《爱弥儿》中,卢梭区分了儿童发展各阶段的特征:(1) 婴儿期的特征是习惯的形成和情感的训练;(2) 儿童期的特征是"需要"和感官的训练;(3) 少年期是了解效用和智力训练;(4) 青年期的特征是道德教育阶段,或德育、美育和社会教育阶段。在《新爱洛伊丝》中,他花了大量篇幅详细地论述了儿童阶段的教育——"在儿童理智成熟时",他会得到一位

107

---

① 参见沃恩:《让·雅克·卢梭的政治著作》,第 1 卷,第 234 页;第 2 卷,第 142 页。
② 1761 年。

导师的指导,正如爱弥儿一样。但在这本书中,儿童理智成熟的年龄是 6 岁,而不是 12 岁,这比《爱弥儿》中的成熟期要早一些。在《新爱洛伊丝》中,卢梭将理智尚未成熟的儿童放在家里由母亲教育,他还安排了一位表姊妹与男孩一起接受男女同校教育,直到男孩到可以接受导师照顾的年龄。到这时,女孩也会有自己的女指导者,受到同等的教育。

卢梭在《新爱洛伊丝》中提出的教育基本原则与其在《爱弥儿》中提出的原则是一致的。因此,《新爱洛伊丝》自然就成为《爱弥儿》的导言。卢梭认为,儿童的原始本性是好的。他假定,在初始阶段儿童是平等的,后期出现的不平等现象是儿童与邪恶社会交往的结果。他强调说,教育是需要的——"最好的秉性必须得到陶冶"——而且,像柏拉图一样,他认为教育不能进行得太早——"教育的第一也是最重要的部分是为儿童接受教育做好准备,而这一点往往为世人忽略。"教育的目的是让儿童获得自由和幸福,但卢梭承认,自由和强迫是和谐共存的。在这一阶段,它们并不试图将自然赋予儿童的"必要的沉重束缚"的影响减少到最低程度。教育是通过事物进行的。无论是 12 岁的儿童还是 15 岁的儿童,他们的年龄无关紧要,但他们都应当完全不了解书本知识。贯穿全书,我们看到了一个很有说服力的观点,即环境的影响力超过了遗传。

教育遵循自然

卢梭在《爱弥儿》中劝告我们生活要遵循自然,[1]教育要遵循自然。[2] 但是,人们通常认为,卢梭提出的教育遵循自然的观点其实并非出自卢梭的著作,而是出自诗人沃兹沃斯(Wordsworth)[3]表达的一种感情主义(sentimentalism)。这一错误主要在于卢梭自己。尽管卢梭的写作风格清晰明了,但他从来没有对究竟什么是"自然"(nature)作过

---

① 《爱弥儿》,第46页。同时参见格里姆斯利:《让·雅克·卢梭》,第264页。比较《爱弥儿》,第39页:"在乡村田园里成长。"

② 《爱弥儿》,第49页。

③ 沃兹沃斯(William Wordsworth,1770—1850),英国诗人。湖畔派的代表。——译者注

明晰的界定。对于卢梭而言，"自然"有几种意思。当他说"我们的教育来自自然，来自周围的人们，或者来自周围的事物"时，①他将"自然"看成"天资"——即个人的遗传素质和能力。在我们的天生倾向被偏见扭曲之前，它们是卢梭所说的"自然"概念。② 这种含义的"自然"是我们控制不了的。亚里士多德也同样使用过这一概念："现在有人认为，我们之所以成为好人乃是自然、习惯和教导的缘故。关于自然，很清楚，它不在我们掌控之中，它是命运之神所赐之物。"③

　　遵循自然的教育常常被解释成儿童天赋自动的发展，也就是现代心理学家所指的"成熟"(maturation)。在遵循自然的教育理念中，自然是一种"天资"，这就导致了教育措施中的不干涉主义，即放手不管。不过在《爱弥儿》中，卢梭没有明确予以说明。卢梭可能将教育看成了一种恶魔，但却是一种必要的恶魔。实际上，他明确警告过我们要反对一种错误概念，即"没有这种教育，事情会更糟。……在现今条件下，在人出生后听任其自行其是只能将人变成怪物。"④后来，他又说："当我要训练自然人时，我并非要把他变成野蛮人，送回丛林中生活，而是让他尝试一种能够足以规避人们情感和偏见支配的社会生活，让他自己用眼睛去看，自己用心去体会，从而获得自己的理性认识。"⑤他重复说："爱弥儿不是应当被流放到荒漠的野蛮人，他是一个应当生活在都市中的野蛮人。"⑥这样，卢梭的理想⑦就不是培养人猿泰山(Tarzan of the Apes)了。⑧

　　在《爱弥儿》中，"自然"的第二种意思具有消极的含义，这是卢梭所持反社会态度的反映。对卢梭而言，社会不是自然的产物，而是人造的

109

---

　　① 《爱弥儿》，第 6 页。

　　② 《爱弥儿》，第 7 页。

　　③ 亚里斯多德：《伦理学》(*Ethics*)，第 10 卷。

　　④ 《爱弥儿》，第 5 页。

　　⑤ 《爱弥儿》，第 217 页。

　　⑥ 《爱弥儿》，第 167 页。

　　⑦ 比较《爱弥儿》，第 298 页："我们关心的不是这种野人。"

　　⑧ 人猿泰山(Tarzan of the Apes)，是美国作家埃德加·赖斯·巴勒斯(Edgar Rice Burroughs，1875—1950)《人猿泰山》长篇系列小说中的主角。泰山父母是英国人，但他出生在非洲的热带丛林里。婴儿时，他的父母遇害，一群猩猩收养了他。后来，泰山找到了父母居住过的小屋，终于查明了自己的身世。——译者注

产品。在他看来,所有出自自然之手的东西都是好的,所有人为的或人造的东西都是邪恶的。于是,自然与社会相互对立。因此,自然对社会而言具有消极意味。自然的教育或消极的教育并不否定教育,简单地说,它是一种非社会的教育。这样,卢梭的自然教育或消极教育就成为我们今天称之为的预防教育(preventive education)。它不是为生活做准备,而是为反对社会环境做准备。卢梭完全清楚,爱弥儿最终是要在社会中发挥作用的。卢梭慢慢地但又沮丧地认识到,爱弥儿是生在这个邪恶世界中的。

> 灵魂很快落满世俗的尘埃,
>
> 习俗压迫着你,
>
> 犹如厚重的霜冻。

卢梭的目的并不是制造一个非社会的生物。他知道,爱弥儿最终还是要进入社会的,因此,他想为爱弥儿注入一种坚定的伦理信念。然而,这种功利性的目的还应该使自然教育和社会教育协调起来:"如果这种教学发生冲突,学生没有受到良好教育,学生的生活便不会风平浪静;如果教学协调一致,他会径直走向其生活目标,他的生活便会少些磨难,他就是一个受到良好教育的人。"①

卢梭的"自然"概念的第三个意思是积极意义的。它是从斯多葛学派继承而来的,渊源则在柏拉图那里。② 自然或天地万物是由上苍所掌控的。"依据自然"生活就是依据天地万物的理性原则生活:"谁服从了理性,谁便遵循了自然。"③上苍让天地万物运动,并赋予自然以生命;神授的智力"不仅可以从旋转的天体、给我们光明的太阳或我们自己身上发现,而且可以从那些吃草的羊群、飞翔的鸟儿、坠落的石块和随风起舞的树叶"那里发现。④

---

① 《爱弥儿》,第 6 页。

② 内特尔希普(Nettleship)在《柏拉图理想国中的教育理论》(*The Theory of Education in Plato's Republic*,剑桥:剑桥大学出版社 1969 年版,第 61 页)中解释道:对于柏拉图来说,"人自身的理性是他最真实的自己,与世界理性秩序相一致的生活就是其最真实的生活"。对洛克而言,自然规律也是理智规律,见《教育漫话》,第 82 页。

③ 《爱弥儿》,第 250 页。

④ 《爱弥儿》,第 236—237 页。

唯心主义者认为，不仅天地万物的原则是精神的，人类的本性也同样是精神的，不能按照机械的或生物学的方式来解释。正如卢梭在《论人类不平等的起源》中所主张的，"因为物理学在某些方面可以解释感觉的机制和观念的形成，但是对于意愿的机能（power），或者更准确地说，对于选择的机能以及对这种机能的感觉，物理学的机械律（law of mechanism）则是无法解释的，它们是属于纯粹精神的行为。"① 在自然状态下，就是说，在道德产生之前或人受社会制约之前，本能控制着人的行为。而在之后，责任感取代了物理的冲动，人在随心所欲之前要进行理性的思考了。② 或者，按照卢梭在《爱弥儿》中所说的："一旦你不再完全依靠本能时，你就不再相信本能。本能只有在本能指导下的时候它是有益的，但是，当本能受到人类制度影响时，本能就不再值得信任了；必须摧毁它，本能应当受到最严格的控制，也许这是一件更为困难的事情。"③

在哲学领域，卢梭几乎一直被认为是自然主义者。这是源于他对"生活遵循自然"所作的特别解释。但是，从上述的解释和从他的一些谈论《萨瓦牧师的信条》（Creed of a Savoyard Priest）的文章来看，他明显是一位理想主义者。他承担了连接斯多葛和康德④的桥梁作用。同样，《爱弥儿》不是一部论述个人教育的著作，也许人们第一眼会产生这种感觉，实际上，它提出了一个普遍的制度问题。在《爱弥儿》的开篇中，卢梭就阐明了自己的观点：人的教育受之于自然，受之于人和受之

110

---

① 《论人类不平等的起源》，埃弗里曼图书馆，第 184 页。

② 《社会契约论》，埃弗里曼图书馆，第 18 页。

③ 《爱弥儿》，第 299 页。比较裴斯泰洛齐的《论早期教育：致格瑞夫斯的信》（*Letters to Greaves on Early Education*），伦敦：舍伍德，吉尔伯特 & 派珀图书有限公司 1827 年版，第 47 页。

④ 康德的道德律（moral law）遵循卢梭的观点："当每个人的特殊意志与大众的意志相一致时，每个人都具有美德。而且，我们将自己所爱的人的意志作为自己的意志。"——《论政治经济学》，《社会契约论文集》，埃弗里曼图书馆，第 262 页。卢梭的"普遍意志"（general will）在《社会契约论》中和这里相当于普遍的道德原则或规律。比较沃恩：《让·雅克·卢梭的政治著作》，第 2 卷，第 19—20 页。

于事物；就是说，教育问题是人与其所处的物质和社会环境的关系问题，它强调了教育中的个人或社会的作用。"相互冲突的教育目的必然衍生出两种相互冲突的教育制度，一种是属于大众的公立的或公共的，另一种是属于私人的或家庭的。"①显然，卢梭仔细研读过《理想国》并从中获益不少。然而，在《爱弥儿》中，他承认，他是倾向于"在家庭里进行教育的"②。但是，他提出的教育计划并非只针对个别人，而是面向全体儿童的，这是一份具有普遍意义的计划，因此，它成了民主教育的源泉。③ 然而，这一事实却被其他许多特征遮掩住了。对个别学生的介绍让人产生了反向的理解，其实，这仅仅是一种表达方式的需要，卢梭通过拟人化的方式使其倡导的原则在爱弥儿身上得以具体化，正如卢梭自己告诫我们的那样："为了防止我的著作过分冗长，我很满意自己表述了这些含有不证自明的真理的原则。但是，对于那些需要证明材料的规则，我已经在爱弥儿和其他人身上应用了，我已经十分详细地阐明了如何将我的理论运用于实际的问题。至少我的计划是如此的。"④他又作了详细的补充说明："最初，我几乎没有提到爱弥儿，因为我早期的教育准则虽然与他人普遍接受的准则有很大的区别，但它们非常清楚，大凡有理智的人很难拒绝它。但是，随着我写作的进展，我的学生……出现在我面前的频率越来越多，到最后他已无时无刻不在我的视线之中了。"卢梭还坚持说："我们必须将学生看成普遍的学生，而非特指的某一个学生，应当将他看成是一个抽象的人。"⑤他继续解释说："我已经摒弃了那种人为的、只属于某个民族和只属于某个阶层而将其他民族和阶层

---

① 《爱弥儿》，第 8 页。
② 《爱弥儿》，第 9 页。
③ 比较凯尔德（E. Caird）：《伊曼努尔·康德的评判哲学》（*The Critical Philosophy of Immanuel Kant*），格拉斯哥：詹姆斯·麦克尔霍斯兄弟图书公司 1889 年版，第 2 卷，第 356 页："卢梭关于人的基本概念从本质上说是个人主义的，也就是斯多葛派的个人主义理念，该理念声称个人是建立在他自己、也就是整个世界这个基础上的。"
④ 《爱弥儿》，第 18 页。
⑤ 《爱弥儿》，第 10 页。

排除在外的观念；我已经认识到，对于人类而言，对不同年龄、不同职位、不同民族的人都应当一视同仁，这样的态度才是合适的。"①他还认为，应当使教育适应学生真实的自我，而不是适应其他。通过对学生的选择，卢梭进一步证实了他所建议的是一种普遍的而非个人的教育制度。他说："如果我能够选择，那我会选择一个智力平常的儿童。……他是一个普普通通需要接受教育的人，他的教育可以作为其同伴教育的样板。"②他重复说："我假定，我的学生既没有过人的天赋，也没有理解力方面的缺陷。我选择这样一个普通智力的学生是为了要表明，教育可以为人的成长做些什么。"卢梭所描述的教育中关于儿童的另一个假定是，这个学生"必须是身体结实、身材匀称和体魄健康的儿童"。卢梭不会去照看一个身体孱弱多病的孩子，因为健康的身体不仅是健康心智的条件，也是道德品质的基础。柏拉图、昆体良和其他人的超人(the superman)理想让位给了卢梭的普通人(the common man)或自然人(the natural man)的理想。卢梭相信，那些伟大的人物是可以自己找到出路的。③

　　卢梭从富人儿童中选择了爱弥儿，而且为爱弥儿介绍了一位导师，这为他自己制造了更多的麻烦。对自己从富人中选择学生的做法，卢梭解释说："我们将培养出另一种人；没有我们的帮助，穷人的孩子也能成人。"而且，爱弥儿来自一个良好家庭是有好处的，否则"他会是传统偏见的另一个牺牲品"。卢梭建议，给富人孩子施以自然教育，可以使他们在未来能够成为自己命运或运气的主宰。更深刻的一个解释是，卢梭所建议的教育对于穷人而言也是可接受的，而且通过论证这种教育对于富人儿童十分合适，卢梭就建立了一种面向全体儿童的教育。由于在一些人眼里，《爱弥儿》是描述个人教育计划的，因此，在这里有必要强调这样一个事实，即卢梭详述的是一种普遍的教育制度。但是，

---

　　①《爱弥儿》，第 217 页。

　　②《爱弥儿》，第 19 页。

　　③《爱弥儿》，第 19 页。比较同书第 356 页："我不是安排天才的教育，这一点我不想再重复讲了。"

怎样去解释裴斯泰洛齐和其他人的民主教育理念起源于《爱弥儿》,这是一个难题。

尽管卢梭提出的导师让人联想到洛克《教育漫话》的教育思想,但卢梭否认其思想与洛克的相似性:"我并不看重年轻绅士的教育。"①卢梭引进导师概念的确不是出于某种文字考虑,实际上它是卢梭教育思想的点睛之笔。如果卢梭教育计划付诸实施的话,那么,在教育儿童时必须只能有一个声音。他认为,当儿童同时要服从两位家长时,儿童的教育便会出问题,难以协调一致。事实上,正如我们现在认识到的,在养育儿童时,家长的意见分歧和隔阂是最严重的障碍之一。因此,卢梭为了消除这一障碍,他让爱弥儿只接受一位导师的教导。他高度评价了导师工作:"啊,导师! 多么崇高的职业!"

卢梭在《论艺术和科学》中表露的反社会倾向在《爱弥儿》中得到了进一步反映,使《爱弥儿》这部著作分成了前后鲜明对照的两个部分——在青春期之前,实施自然的或消极的教育;之后,实施道德的或社会的教育。亚里士多德在《政治学》②中曾声称,人的本质是社会的或政治的动物,国家是自然的造物。在理想的国家里,善良的人也是良好公民。③ 然而,在卢梭看来,自然和社会的冲突是永恒的——"当你被迫要么与自然斗争、要么与社会斗争时,你必须做出自己的选择,是成为自然人还是成为公民,你不可能鱼与熊掌兼得。"④然而,卢梭应当"同时"再补充一句,因为《爱弥儿》尝试的是先训练自然人,然后训练公民。这个男孩必须能够自如地生活在社会中,而不是被社会腐蚀,用康德的话来说,"能够成为道德自治的人"⑤。卢梭解释说:"人们应当对其与环境的关系作适当研究。只要他通过物质自然了解了环境,他就应当研

113

---

① 《爱弥儿》,第 321 页。

② 亚里士多德:《政治学》,第 1253 节。

③ 亚里士多德:《政治学》,第 1333 节。

④ 《爱弥儿》,第 7 页。

⑤ 普拉麦那茨(J. Plamenatz):《卢梭:爱弥儿的教育》(Rousseau: the Education of Émile),见《大不列颠教育哲学协会年报》(*Proceedings of the Philosophy of Education Society of Great Britain*),第 6 期,第 2 页(1972 年 6 月)。

究他与事物的关系；这是儿童时期应当做的事情，当他意识到道德自然时，他应当研究自己与同胞的关系，这是需要用一生的时间去研究的。"①他还说："我们正与自然协同工作，自然在塑造物质的人，我们在塑造道德的人。"②因此，教育目的对于卢梭而言，正如赫尔巴特一样，是美德或德性，自然的或物质的教育只是一个准备阶段。

卢梭坚持官能发展阶段说（doctrine of the serial emergence of the faculties），③其典型的例子是他认为，在自然的或消极的教育阶段与社会的或积极的教育阶段之间，存在着明显的区别，甚至是直接的对立。但这一观点并不彻底，卢梭也被迫承认：④"我认为，生活在社会中的儿童是一定要了解人与人之间关系和人的行为美德的，因此，在他们12岁之前，不进行这方面训练是不可能的。如果能够延迟这些观念的发展就足够了。不能再限制他们只满足眼前需要了，否则，他们会有意地不学任何东西，有意地去伤害其他人。"⑤卢梭意识到，将爱弥儿与道德和社会隔离开来是不可能的，因此，他重新审视了其有关人的发展具有显著阶段性特点的观点，虽然他没有放弃这一观点，但他做了一些修正。

卢梭的修正使人们在教育研究中开始关注渐渐为人们所了解的心理学观点。这是卢梭的教育基本原则之一。卢梭说："我的方法并非依据我

---

① 《爱弥儿》，第175页。

② 《爱弥儿》，第278页。

③ 人们对人的发展呈阶段性理论的批判与人们强调相应智力发展的理论形成了鲜明的对照，有关争论的情况，可以参见咨询委员会报告《初等学校》（*The Primary School*），皇家文书局（H. M. Stationery Office），1931年，伯特（Cyril Burt）撰写的附录三："传统的观点将人从出生到成熟的发展分为界限分明的几个阶段……但是，现代研究的结论清楚地表明，人的智力发展是持续不断的，不存在突然的中断……儿童的智力成长是相当稳定的和斜坡状上升的，不会从一个水平突然跳跃到另一水平，发展前后阶段的界限或多或少是人为造成的。"

④ 《爱弥儿》，第61页。

⑤ 黑格尔（Hegel）在他的《法哲学原理》（*Philosophy of Right*）中批评了卢梭的建议："卢梭在《爱弥儿》中提出的建议，想让人们远离社会，让儿童在乡村中成长，这种纯理论教育的探索是毫无意义的，因为根据世界的法则，没有离群索居的人可以获得成功。尽管年轻人的教育应当单独进行，但我们也不能相信，精神世界的气味不能渗入他们的蛰居之地，或者这个世界的精神力量无法占领遥远的角落。"（第153节，注释）

的例证,而是建立在人的不同发展阶段的能力上和建立在与其能力相适应的职业选择上。"①"我们为每一种方法提供相应的时间,我们应该认识到,每一种方法都有需要规避的危险。"②"每一个阶段或人生的每一站,都有其自身的完美之处。"③"儿童有自己的观察、思维和感觉的方式。"④

卢梭也同样从消极角度表述了这一原则。"我们对儿童一无所知;我们带着错误的观念前行,走得愈远错误越多。最明智的作者只醉心研究一个人应当知道什么,而不会询问儿童能够学习什么。他们总是在寻找儿童期的成人,从不考虑儿童在成人之前是什么。"⑤"不适合儿童年龄阶段的任何东西对儿童而言既无用处也无好处。"⑥"要清楚的是教学的前提是心智的成熟"⑦。"人应当接受的教训多数与早熟有关"⑧。爱弥儿"对于尚不能掌握的观念,应当始终保持一无所知的状态。我这本书通篇争论的就是这一条基本教育原则"⑨。"让男孩模仿成年男子是男孩的灭顶之灾。"它将会培养伪君子。对于卢梭来说(虽然他自己也没有完全逃脱伪君子的嫌疑),这是最可怕的罪孽。卢梭最显著的一个特点是具有敏锐的心理洞察力。⑩

受其心理学观点的影响,卢梭认为,教育是一种"参与"(participation),而不是一种"准备"(preparation)。⑪ 卢梭强调,在各个阶段生活中,儿

---

① 《爱弥儿》,第 155 页。

② 《爱弥儿》,第 293 页。

③ 《爱弥儿》,第 122 页。

④ 《爱弥儿》,第 54 页。

⑤ 《爱弥儿》,作者前言。同时参见普拉麦那茨《卢梭:爱弥儿的教育》,第 185、187 页。

⑥ 《爱弥儿》,第 212 页。

⑦ 《爱弥儿》,第 165 页。

⑧ 《爱弥儿》,第 76 页。

⑨ 《爱弥儿》,第 141 页。

⑩ 克莱顿(Leslie F. Claydon):《卢梭论教育》(*Rousseau on Education*),伦敦:麦克米伦图书有限公司 1969 年版,第 26 页。

⑪ 有三种代表性观点:

"重演论"(Recapitulation)	"参与论"(Participation)	"准备说"(Preparation)
霍尔(Stanley Hall)	杜威(John Dewey)	斯宾塞(Herbert Spencer)
过去经验	当前需要	未来成人的要求

这三种理论可以用一句话表述,那就是:教育是生活的排练。

童应在其可能性得到充分挖掘后才进入下一阶段。这一原则后来被福禄培尔和蒙台梭利所接受，但这一原则通常是与杜威的名字联系在一起的。卢梭说："人们所想到的是一种残忍的教育，它以牺牲儿童的现在去追求并不确定的未来。为了准备将来能过上某种他可能还享受不到的遥远的幸福，儿童在生活之初就身负沉重的束缚前行，可怜兮兮。"①他还说：②"那种认为现在让儿童受苦是为了他们将来的幸福的观点，是一种多么浅薄可笑的想法！"③

卢梭认为，学生如果能胜任其学习任务，其兴趣便会产生。这样，卢梭的兴趣论就比赫尔巴特的兴趣学说④以及当代诸如游戏法和设计教学法的一些理论要早。对此，卢梭在谈到爱弥儿时的一句话可以证明："对爱弥儿而言，学习和玩耍是一回事，游戏就是他的学习，两者没有区别。"⑤

在卢梭看来，教育是一种指导。他引进了"导师"（tutor）这个专门词汇，并对导师的资格提出了细致的要求：⑥"我宁愿将这个知识丰富的人称为导师而非教师，因为他的任务是指导而非教学。"后来，蒙台梭利也因为同样的认识，用了"女指导者"（directress）这一术语。卢梭进一步解释说："教学艺术在于促使学生产生学习的意愿。"⑦他还从消极的一面说："如果厌恶所学的东西，我们就不会学有所得。"⑧他用一句话总结了他的指导爱弥儿学习的计划："让他不生任何疑心地生活在你为其设置的学习情境中。"⑨

115

"在世界万物的秩序中，人类有他的位置；在人生的秩序中，童年有

---

① 《爱弥儿》，第 42 页。

② 《爱弥儿》，第 43 页。

③ 史蒂文森（R. L. Stevenson）在《弗吉尼亚巴斯·普鲁斯克》（*Virginibus Puerisque*）中用了类似术语来捍卫青年。

④ 《爱弥儿》，第 41 页。"眼前的兴趣是一种动力，是唯一能安全将我们带至远方的动力。"

⑤ 《爱弥儿》，第 126 页。

⑥ 《爱弥儿》，第 19 页。

⑦ 《爱弥儿》，第 210 页。

⑧ 《爱弥儿》，第 209 页。

⑨ 《爱弥儿》，第 85 页。

它的位置。必须将成人按成人对待,将儿童按儿童对待,让他们各自获得应有的位置。"①正因为卢梭是给予儿童应有地位的第一人,莫利勋爵(Lord Morley)才将《爱弥儿》看做青年解放宪章。② 麦克多纳尔德(Frederika Macdonald)也才这样写道:"卢梭的声音迅速传遍欧洲,其影响超过了《人权》(*Rights of Man*)③和《儿童的权利》(*Rights of Childhood*)。建立在中世纪人性原罪说上的苛刻制度被否决了。《爱弥儿》的作者在裴斯泰洛齐、福禄培尔之前为新教育理论作了奠基。他教育文明世界应当为施加给儿童毫无必要的痛苦、为长期被压抑的童年欢乐遮蔽了童年的曙光而感到懊悔和羞耻。"④卢梭自己对童年是这样颂扬的:"热爱童年吧,尽情享受童年的运动、童年的快乐和童年令人愉悦的天性吧! 童年时应该有欢笑和宁静的生活,错过了,有谁不曾后悔? 为什么要剥夺这转瞬即逝的天真浪漫的欢乐,为什么要剥夺他们不会滥用的珍贵礼物? 为什么要往飞逝的、一去不复返的童年注入许多痛苦? 父亲们,你能知道死神何时降临你的儿童吗? 不要剥夺自然给予儿童短暂童年的快乐而使自己倍增遗憾吧! 一旦他们觉察到生活的快乐,就让他们去享有它吧。这样,不至于在死神召唤他们时,他们还没有品尝到快乐生活的滋味就已经死去了。"⑤

对于什么是"自由的快乐",卢梭作了这样的解释:"真正的自由人是想做其有能力做的事情的人,想做什么做什么。这是我的基本原理。将其应用到童年,所有的儿童教育规则都应以此为准则。"⑥卢梭的目的

---

① 《爱弥儿》,第 44 页。

② 《卢梭》(*Rousseau*),伦敦:麦克米伦图书有限公司 1886 年版,1888 重印,第 2 卷,第 250 页。

③ 《人权》(*Right of Man*),英裔美国思想家托马斯·潘恩(Thomas Paine,1737—1809)的著作。——译者注

④ 麦克多纳尔德:《让·雅克·卢梭:新的批判主义》,第 1 卷,第 181 页。

⑤ 《爱弥儿》,第 43 页。

⑥ 《爱弥儿》,第 48 页。比较麦克多纳尔德译:《蒙田书信集》(*Letters from the Mountain*):"一个人不能把独立和自由混淆起来;这两个东西完全不同,且相互排斥。当每个人在做令自己愉悦的事时,他常常是自愿地做符合别人意愿的事而不是符合自己意愿的事,其实,也不可能强迫别人做符合我们意愿的事。……没有谁是自由的;统治也是服从……不存在无法无天的自由,没有任何人可以享受凌驾于法律之上的自由。"(第 2 卷,第 141 页)

是建立一种"有限的自由"①,后来蒙台梭利也采纳了这一原理。卢梭十分清楚自由与放纵之间的区别。他在反驳持反对意见的人时说道:"如果这些笨拙的思想家不知道自由与放纵以及快乐的儿童与受宠的小宝贝之间的差异,先让他们学会如何区分这些差异吧。"②他希望"尽可能将自己的学生训练成自立的人",鉴于此,他强调,普通教育者"教他各种知识,但不包括自知和自律——生活和快乐的艺术"。③

　　卢梭的关于儿童天性善的假定,使他的问题简单了不少。他说:"人的天性是善的"④,"神创造的万物都是善的"⑤。那么,"善是什么呢?"⑥"我们的第一次冲动总是善的。"⑦洛克曾否定了人的本性邪恶不可救赎的观念,宣称人的心灵是一块白板。卢梭比洛克更进了一步,他认为:"自然的第一次冲动总是对的;在人的心灵里没有原罪,每一种邪恶产生的方式和原因是可以探明的。"⑧在《爱弥儿》第五卷谈到苏菲的教育时,他重复说:⑨我们所有的自然倾向都是对的。这种儿童天性善的学说被费希尔、黑格尔和福禄培尔继承了下来,⑩令人惊讶地与现代人性心理分析观形成了鲜明对照。根据现代心理分析理论,⑪如果没有教育所产生的改造性影响,人是一个自私的、嫉妒心强的、冲动的、放肆的、龌龊的、粗鲁的、残忍的、自我中心的和自负的动物,不会考虑他人的需要,也不会在意那些能够促进社会文明的复杂的社会和伦理准则。

116

---

①《爱弥儿》,第 56 页。

②《爱弥儿》,第 43 页。"更有效的批评是他太不关心儿童情感和表扬的需要。"参见普拉麦那茨:《爱弥儿的教育》,第 182 页。

③《爱弥儿》,第 16 页。

④《爱弥儿》,第 198 页。

⑤《爱弥儿》,第 5 页。

⑥《爱弥儿》,第 334 页。

⑦《爱弥儿》,第 256 页。

⑧《爱弥儿》,第 56 页。

⑨《爱弥儿》,第 334 页。

⑩ 康德坚持认为,人生来只有善的种子,上帝没有使每个人形成善。

⑪ 琼斯(Ernest Jones):《心理分析论文集》(*Papers on Psycho-Analysis*),伦敦:巴耶尔、廷德尔和考克斯图书有限公司 1913 年版,1950 年再版,第 24 页。

　　然而,如果我们接受了卢梭的立场,假定我们的天性是善的,我们所有的倾向是对的,那么教育的任务就简单多了。我们仅仅只要通过习惯来养成非先天的习性就可以了,正如卢梭所声称的:"如果本能得不到习惯的支持,它便会很快死亡。"①他在谈到苏菲教育时说,②当我们拥有本能之后,习惯便是我们所需的一切。因此,教育就是养成习惯。③ 但是,卢梭用一句悖论警告人们,必须注意养成正确的习惯:"儿童应当养成的唯一习惯是允许儿童没有任何习惯。"④稍后,当他谈到爱弥儿时又说:"毫无疑问,他必须遵守规则;但首要规则应当是——如果需要,他可以打破规则。"⑤

　　评论家们忽略了卢梭的警告⑥——"我必须承认,我所说的话经常是矛盾的。但是,我的理念中却没有任何矛盾。"⑦他们揪住卢梭的前后明显矛盾的话不放,以标榜他们轻而易举获得的胜利。但是,卢梭区分了自然和社会两种习惯,倡导建立自然习惯——"让身体依随自然习惯吧"——他反对将学生塑造成"公共舆论的十足的奴才"。⑧ 当我们认识到这些时,卢梭的自相矛盾也就已经消解了。例如,他解释说:他"一直在区分自然的倾向和习得的倾向"⑨;而且,他还说:"对于儿童而言,唯一有用的习惯是能够毫不费力地遵从需要的习惯;对于成人而言,唯一有用的习惯是能够毫不费力地遵从理性指导的习惯。所有其他习惯都是邪恶的。"⑩

---

　　①《爱弥儿》,第 14 页。

　　②《爱弥儿》,第 333 页。比较培根:《论文集》(*Essays*),《论习惯与教育》(*Of Custom and Education*):"教育是,实际上就是早期习惯的养成。"

　　③《爱弥儿》,第 7 页。比较同书第 271 页:"洗澡的习惯一旦形成,将永远不会中断。"

　　④《爱弥儿》,第 30 页。

　　⑤《爱弥儿》,第 94 页。

　　⑥《爱弥儿》,第 72 页,注释。

　　⑦ 同样,他坚持使用反论,宁可陷入自相矛盾,也不愿落入偏见的泥沼。(《爱弥儿》,第 57 页)他也爽快承认自己的规则有例外。(《爱弥儿》,第 207 页)

　　⑧《爱弥儿》,第 163 页。

　　⑨《爱弥儿》,第 130 页。然而,所有习惯都是社会因素作用的结果。

　　⑩《爱弥儿》,第 125 页,注释。

积极教育和消极教育

要获得自由,教育必须从消极和积极两个方面着手。消极的教育在于限制儿童的欲望;积极的教育则是指,当学生在争取自由——不是为争取权力①的过程中感到力量不足时,为其增强力量。卢梭通过让儿童依附事物的做法实现了前者。"让儿童只依附事物"是他开出的处方。"通过教育,你们将会遵循自然的命令。""有两种依附,一种是依附事物。依附事物是自然的工作,依附人是社会的工作。依附事物,由于与道德无关,它并不损害自由,也不会招致邪恶;依附人,由于离开了秩序,就会产生各种邪恶。"

让儿童依附事物包括知识和道德两个方面。知识方面是裴斯泰洛齐直观(*Anschauung*)学说的基础——观察客体得到的直接意识或体验情境获得的直接经验。从消极方面说,它意味着推迟了解书本知识的时间。"不要用语言给你的学生上课,他们应该通过自己的经验学习。"②"阅读是童年该诅咒的事情……当我去除了他们的功课时,我也去除了他们烦恼的首要起因。"③"我痛恨书本,它们只会教我们去谈论我们毫不了解的事物。"④"我相当确信,爱弥儿将在 10 岁前学会读写,正因为如此,我一点也不关心他在 15 岁前能否阅读和书写。"⑤他认为,语言是教育中的一种无用杂物,应当被排除在外;⑥地理只是了解地图;⑦由于有关历史进程的真实知识并不存在,除了了解历史事件的原因和结果之外,学习历史会一无所获。他还经常说:⑧"我不喜欢口头解

①《爱弥儿》,第 49 页。
②《爱弥儿》,第 56 页。
③《爱弥儿》,第 80 页。
④《爱弥儿》,第 147 页。
⑤《爱弥儿》,第 81 页。
⑥《爱弥儿》,第 73 页。
⑦《爱弥儿》,第 74 页。
⑧《爱弥儿》,第 143 页。

释。年轻人既不会注意它们,也不会记住它们。事物!事物!我重复得够多了。我们过多地强调语言,我们教师喋喋不休地教导,学生则模仿我们的榜样。"①卢梭总结说:"永远不要寻找象征事物的替代品,除非在无法展示事物本身的时候。"②

卢梭消极教育的道德方面不在于美德和真理的教学,而是采取"自然后果的纪律形式"来保护心灵免受邪恶和错误精神的侵袭。"按照这一方法,儿童永远都不应当受到惩罚。"③卢梭评论说:"惩罚只应当是他们错误的自然后果。"④"他从不因服从而行动,而是因需要而行动。"⑤将爱弥儿从父母身边带走,又未授以导师管理儿童的权威,留给卢梭唯一可以实施的管理方法便是自然后果的纪律。对于卢梭来说,自然与理性是对等的。在这一问题上,他与洛克是一样的。但是,卢梭没有像洛克那样认识到,只有当儿童达到理性思维的年龄并能够理解自然的规律和社会的习俗时,才能允许学生自我管理。杜威在这一点上并不赞成卢梭,而是赞成洛克的。杜威主张:"如果一个人不能预见其行为的后果,也不能明白那些有经验者告知他的行为后果,那他便不可能从事有理智的活动。"⑥

不仅不应当有直接的道德课程,而且也不应当有间接的道德课程。这就与柏拉图形成了对照,柏拉图倡导儿童的学习从故事开始,卢梭则反对学习寓言故事。"成人可以受到寓言的教育;儿童则需要直截了当

---

① 比较洛克:《人类理解论》,第3卷,第10章,第14节:"词语的另一种误用是将词语当成事物。"同时比较《理解的行为》,第29节。

②《爱弥儿》,第133页。

③《爱弥儿》,第57页。

④《爱弥儿》,第65页。

⑤《爱弥儿》,第53页。斯宾塞不了解卢梭的这一观点,他在其《教育:智育、德育和体育》的"道德教育"一章中重申了同样的观点。

⑥ 比较杜威:《民主主义与教育》(Democracy and Education),纽约:麦克米伦图书有限公司1916年版,第32—33页。有关自然后果纪律,参见拉斯克(R. R. Rusk):《教育的哲学基础》(The Philosophical Bases of Education),伦敦:伦敦大学出版社1956年版,第55—59页。

的真理。"①他补充说,其理由是因为儿童会受谬误诱惑而错过真理。采取令人愉悦的教学方法会阻碍学生受到故事的教益。然而,卢梭并不建议禁止所有的人学习寓言,他只是将学习寓言的时间推迟到儿童可以理解和应用寓言的年龄,即青年阶段。"犯错误的时候就是讲寓言故事的时间。当我们谴责在故事掩盖下所犯的罪行时,我们教育了他而没有使他受到伤害,这时,他凭借自己获得的经验明白故事并非不真实。"②

消极教育的重要性可以从"人生中最危险的阶段是从出生到12岁"③这一句话中推断出来,也可以从卢梭对这一年龄阶段的关注推断出来。这也是导师的艰巨任务之所在,因为设计环境是一件比"口头教学"困难得多和费时得多的工作——事实是,教师们也在带着困难学习。

童年期的教育

在童年时期,积极的教育包括身体④和感官⑤的训练。体育是以斯巴达为样板的。"体育是斯巴达人的教育;他们受到的教导不是迷恋读书,而是如何偷到食物。还有什么比失去生命更坏的事情吗?他们始终渴望胜利,他们在战争中打败了所有的敌人,喜好空谈的雅典人见到他们闻风丧胆。"⑥但是,由于近代早期人文主义者的重新倡导,希腊的这种实践促使欧洲的身体文化(physical culture)出现了新的发展;而在中世纪,身体文化曾因禁欲的教义而饱受摧残。

卢梭反复强调了身体状况对儿童道德和智力训练的重要作用。与

---

① 《爱弥儿》,第 77 页。
② 《爱弥儿》,第 210 页。
③ 《爱弥儿》,第 57 页。
④ 《爱弥儿》,第 82—97 页。
⑤ 《爱弥儿》,第 97—122 页。
⑥ 《爱弥儿》,第 84 页。

柏拉图一样，他认为"肉体是为灵魂服务的"。对此，他解释说：[①]"身体弱，心智必弱"；"所有邪恶都起因于身体虚弱"；"身体越是虚弱，其需求越专横；身体越健壮，则越顺从"。"你想培育你的学生的智力并增强你的控制力量吗？那就让你的学生经常锻炼身体吧。健康和结实的学生才能成为善良的和聪明的人。让他劳作，让他做事，让他跑步和喊叫，让他始终生气勃勃。把他锻炼成一个充满力量的人，这样，不用多久，他就会变成一个有理性的人。""当他的健康和力量与日俱增时，他的智慧和洞察力也与日俱增。这是一条实现身体力量和心智力量平衡，使学生既具有哲学家智慧又具有运动员体魄的途径。"[②]

　　童年时期积极教育的另一个方面是感官训练。按照卢梭的观点，人的初始理性源于对感官经验的思考。我们的第一批教师是我们的脚、手和眼睛，"而不是书本，因为书本并不教我们如何思维，它教给我们的是他人的思维而不是我们自己的思维；它更多地是灌输信仰，而不是我们自身的体验"[③]。然而，对于卢梭而言，感官的训练并非在于一般的练习；它包括对日常生活中遇到的具体情境的判断，因此，它并不反对心理学所反对的某些感官训练说。他提出了一些感官训练建议，让学生进行判定，例如，梯子的长度是否够得着树上的樱桃、木板是否有足够在小溪上架桥的长度、线是否够长用于钓鱼、多少绳索可以制作一个秋千等。爱弥儿得估算出它们的长度，以便选择最短的。

　　早期教育家所关心的主要是让学生掌握规定的学科课程内容。《爱弥儿》最鲜明的特点是完全摒弃了事先决定的课程。爱弥儿完全是通过活动和第一手经验来接受教育的。康德声称，[④]他提出过一个假定：不是知识应当与客观一致，而是客观应当与我们的认知方法一致，这一假定导致了形而上学领域的一场哥白尼式的革命。而卢梭试图将

---

　　① 《爱弥儿》，第 21、33、21、82、84 页。

　　② 比较柏拉图：《蒂迈欧篇》，第 86 节："没有人自愿变坏，坏人之所以变坏是由于肉体的变态倾向所导致的，也是坏的教育所导致的。"

　　③ 《爱弥儿》，第 90 页。

　　④ 康德：《纯粹理性批判》，第 2 版前言，1787 年。

课程的引力中心转向儿童，这是教育领域中的类似的革命。这一崭新的观点被后来的作家们所采纳，著名的有裴斯泰洛齐和沛西·能（Percy Nunn）。"学校不应当再被看做是学习某些知识的主要场所，而应当被看做是训练学生从事某些活动的场所，这些活动都是在更广阔的世界中具有重要的、最持久意义的活动。"① 咨询委员会（The Consultative Commiittee）的题为《初等学校》（The Primary School）② 的报告重申："课程应当被看成活动与经验，而不是获取知识与储存事实。"

《爱弥儿》的另一个令人惊讶的特征是将童年期延长到 12 岁。这样长的预备阶段，让人回想起希腊教育。12 岁是一个较为复杂的年龄阶段，因此，其观点也难以被证明是正确的。卢梭一再宣称，他不是在教育爱弥儿，而是仅仅在为爱弥儿的教育做准备。③ 这一阶段教学的艺术"在于浪费时间和节约时间"④。他建议："给自然以时间让它产生效果，在你承担教学之前，千万别干涉自然。如果你宣称时间太宝贵了，那怎么能浪费？那你就不可能体会到，错误的使用时间比什么也不做更加浪费时间。从儿童的美德教学来说，错误的教学比什么也不学对儿童的危害更大。……所以，不要担心儿童虚度光阴。你会如何看待一个人为了不浪费其生命时光而拒绝睡觉的事情呢？你肯定会说：'他疯了；他不是在享受生命，他在剥夺自己的生命；不睡觉，那他是在加速走向死亡。'记住，这两个例子是相似的，童年是理智睡眠期。"⑤ 由此，卢梭得出的结论是："他获得的观念不多，但都是精准的；他死记硬背的知识不多，但却有许多实践经验。如果他阅读我们所写的书籍不如其他孩子，那么，他阅读大自然这本书要比其他孩子强得多；他的思想不是

121

---

① 沛西·能（Percy Nunn）：《教育原理》（*Education: Its Data and First Principles*），修订版，伦敦：爱德华·阿诺德图书公司 1930 年版，第 242 页。

② 咨询委员会（The Consultative Commiittee）：《初等学校》，教育署，皇家文书局，1931，第 93 页。

③《爱弥儿》，第 297 页。

④《爱弥儿》，第 106 页。

⑤《爱弥儿》，第 71 页。

表现在舌尖上,而是在他的头脑里。他的记忆力不如他的判断力;他只能说一种语言,但他懂得自己说的是什么;如果他的演讲不如其他孩子好,但他的行动能力却要比其他孩子强。""他的童年是完美的;他度过了他的童年生活,他的进步没有以牺牲幸福为代价;他在进步的同时获得了幸福。"①

少年期的教育

在童年期向青年期过渡时,即在 12 岁至 15 岁的少年阶段,儿童的理性能力迅速发展,到了必须收回失地的时候了,教育因而要加速了。"在童年初期,时间是富裕的;我们只是消磨时光以免错误地利用它;现在则不同了,我们拥有的做事时间不再富裕了。"②因此,卢梭被迫去限制爱弥儿接受做有用事情的训练。"做有用的事是什么意思?这是一个神圣的准则。"③"这是学习的时间了,即教学和探究的时间了。请注意,这不是我的武断的选择,这是自然本身所做的选择。"同样,儿童要学习的经验应当事先有所选择,而不能随意。"要注意,所有的经验应当相互联系并形成一个逻辑思维链,以便儿童大脑的思维有序可循。"④

前一阶段被拒绝的课程(occupation)现在应当根据功利的原则重新审视了。应当向爱弥儿介绍那些经得起检验的课程情况。这些课程包括实践科学、地理、手工劳作。因此,卢梭不断地向爱弥儿提出具体的问题,指导他面对一些挑战。这样做符合计划的要求——解决自然环境下的实际问题。其目的不是"把各种学科知识教给他,而是让他有所体验,然后再适时教他们掌握学习的方法"⑤。卢梭批判了纯理论科学的形式主义:"科学的氛围摧残科学。"⑥"在许多通往科学的捷径中,

---

① 《爱弥儿》,第 124—125、126 页。
② 《爱弥儿》,第 134 页。
③ 《爱弥儿》,第 142 页。
④ 《爱弥儿》,第 140 页。
⑤ 《爱弥儿》,第 135 页。
⑥ 《爱弥儿》,第 139 页。

我们迫切需要有人教我们解决困难的学习方法。"爱弥儿在调查中使用的设备是他自己发明的:"我们应当自己制作设备……即便我们自己制作的设备是笨拙的和不完善的也不要紧,因为我们有关设备制作的想法是清楚的,我们达到了我们所要的结果。"

卢梭推荐的方法通常被称作启发式方法。然而,卢梭的启发式教学法不是严格意义上的启发式教学法,它是一种发现法,但它又要求必须遵循最初发现者的规则。它更像是杜威的实验步骤(experimental procedure)。它是这样阐述的:"让他知道的不是你所告诉他的知识,而是他为自己学到的知识。""你不必告诉他真理,而要示范他如何自己去发现真理。"①

地理学应当通过观察自然现象来学习。②"他应当从他生活的城镇、他父亲的乡村住所以及这两地之间的地形开始学习地理,例如,附近的河流、日照以及如何借助太阳的帮助找到回家的路。让他自己制作自己的地图,开始时只包括两个地方;当他能够估算距离和位置时,地图的内容便可逐渐增加。你看,通过让他自己的眼睛作指南针,我们给了他多么好的一个开端。"

像洛克一样,卢梭也建议他的学生学习一门手艺,但他的目的明显不同于洛克。洛克建议的是一般性的园艺、耕作以及在森林中作木工、细木工和车工,这些手艺劳动是对事务所人员(man of study)或商人来说是合适的健康的消遣。③ 而卢梭要求爱弥儿学习手艺的目的,则在于让他经济上能够独立以改变命运,在于让爱弥儿承认劳动尊严的社会价值,在于帮助爱弥儿克服他可能获得的偏见,同时有助于其心智的训练。④ 卢梭强调说:"在社会中,人或靠别人养活或用自己一生的劳动养活别人,这是一个规律,没有例外。……社会中的人都要工作,无论他是富人还是穷人、是弱者还是强者,游手好闲者都是贼。"⑤卢梭建议:

———————

① 《爱弥儿》,第 131、168 页。

② 《爱弥儿》,第 131—134 页。

③ 洛克:《教育漫话》,第 204 节。

④ 关于这一论述的详情,可参见克莱顿:《卢梭论教育》,第 94—107 页。

⑤ 《爱弥儿》,第 158 页。

"记住,需要的不是天赋,只是一门手艺,一门真正的手艺,一门纯粹的手工艺术,它需要的是双手的劳动而不是脑力劳动。这门手艺不会使你发财,但却能使你独立。"①这门最符合卢梭需要的手艺是木匠手艺:"它干净而且有用;还可以在家里进行;它需要技能和勤奋;要制作一件日常所用的时尚物品,还需要高雅的品鉴能力。"②卢梭还认为,技能训练具有迁移价值:"如果让他在作坊里用双手劳动而不是让他埋头读书,他的心智亦可得到发展。当他醉心于成为劳动者时,他正在变成一位哲学家。""如果他不打算像野人一样无所事事的话,他必须像农夫一样劳动,像哲学家一样思考。教育最伟大的秘密在于:锻炼心智时使身体得到放松,锻炼身体时使心智得到放松。"③

在童年期向青年期过渡的阶段,爱弥儿教育的总原则是从做中学(learning by doing)的原则。"尽可能通过做事来教学,只有在无法做事时,才能求助语言教学。""让所有年轻人的课程都以做事的形式进行,而不是以谈话的方式进行;能从经验中学到的东西,就不要从书本中学。"④书本是人的工具,因此也是人为的权威,应当禁止爱弥儿阅读。但是,有一本书例外——一本有意义的书——一本在卢梭看来"为其提供了一篇最佳的教育遵循自然的论文"。这就是《鲁滨逊漂流记》(Robinson Crusoe)⑤。"这是爱弥儿要读的第一本书;在相当长时间里,它是爱弥儿图书馆里的唯一藏书,它也将永远处于尊贵的地位。它就是我们学习的课本,所有关于自然科学的谈话都不过是对它的注释。"⑥

爱弥儿的知识依然被限制在自然和事物方面:"他对历史这个特殊概念以及形而上学和道德一无所知。他对人与事物的基本关系略知一

---

① 《爱弥儿》,第 159 页。

② 《爱弥儿》,第 163 页。

③ 《爱弥儿》,第 140、165 页。

④ 《爱弥儿》,第 144、214 页。

⑤ 《鲁滨逊漂流记》,17 世纪英国小说家笛福(Daniel Defoe,约 1660—1731)的长篇小说。——译者注

⑥ 《爱弥儿》,第 147 页。

二,但对人与人之间的道德关系一窍不通。"①因此,他 15 岁前的训练经历是这样的:"在了解了自己之后,我们的孩子已经准备好离开童年期了。他充分意识到自己需要独立了。在锻炼过他的身体和感官之后,我们锻炼了他的心智和判断力。最后,我们使他的肢体和感官得到了综合性锻炼。我们把他塑造成了劳动者和思想家;我们使他成了一个具有博爱之心的善良的人,一个通过感觉而获得完美理性的人。"

　　青年期是"教育的皇冠和盖顶之石时期"。毫无疑问,卢梭是第一位特别关注这一时期教育的教育家。他抱怨说:"教育的工作为语言教学所充斥,还毫无必要地描述了虚构的儿童职责。但是,却没有一句话谈到儿童教育中最重要和最困难的问题是什么,谈到构建儿童与成人之间桥梁的危机的问题。"②通常,这一时期是人们结束教育的时期,但卢梭强调,这一时期恰恰是教育的开端时期,这是我们第二次出生,因为"可以这样说,我们总共出生两次,一次是生为存在,一次是生而为人"③。

青年期的教育

　　青年期的教育是为爱弥儿将来发挥道德和社会作用而设计的。这一时期,他不再研究自己与事物的关系,取而代之的是研究他与自己同胞之间的关系。④"正如有的年龄阶段适合学习科学一样,有的年龄阶段适合学习人世生活。"⑤"我们终于到达道德这一层面了,我们正迈出人世第二步。"⑥"那么,怎样才能完全理解人呢?要有迫切了解人的愿望,要有公正的评价态度,要心灵敏感而善解人意,沉稳而不受情感驱使。在我们一生中如果要问哪种学习值得欣赏的话,那就是我们为爱

---

　　①《爱弥儿》,第 170 页。
　　②《爱弥儿》,第 278 页。
　　③《爱弥儿》,第 172 页。
　　④《爱弥儿》,第 175 页。
　　⑤《爱弥儿》,第 292 页。
　　⑥《爱弥儿》,第 196 页。

弥儿选择的这种学习。在这一阶段之前，成人对爱弥儿来说是陌生的；之后，他可能就成为他们中的一员了。"①

爱弥儿早期与社会的接触主要是与村庄中男孩的偶然接触；有时他也会与其他青年合作，但是他没有机会与他那个阶层的男孩交往。爱弥儿参观过医院，这使他对人类产生了厌恶感。早期教育主要是为预防未来生活出现的危险做准备的，这就要求远离社会。爱弥儿生活在社会秩序之中，但他又不适应社会秩序。卢梭不赞成柏拉图的共产主义方案，他声称家庭是管理国家的最佳训练场所。他已经认识到，与其他同年龄男孩的交往是爱弥儿成年后与他人交往的最佳准备。在青年时代之前，正如杜威所说的，爱弥儿接受的社会训练就像是在陆地上学游泳，结果是相同的。②

甚至，卢梭介绍给青年期爱弥儿的社会训练也是第二手训练，即通过其他人的经验来训练的。这与早期教育的第一手训练形成了对照。参与社会生活会产生很大的危险。人们不能通过破坏法律来学习法律。在道德方面，也许不存在第二次机会；一个错误会导致另一个错误，错误也不会自行消除。因此，社会训练必须赶在错误产生之前，比如在性的问题上。就此而言，教学应当先于经验进行。③"我们应当采取与以往做法相反的方法，更确切地说，是通过别人的经验来教学，而不是通过我们自己的经验来学习。"④卢梭希望爱弥儿持有这样的态度："我会让你为他选择将与之共同生活的同伴，我会让你教他去认识世俗生活使其了解社会的弊端。让他知道人的本质是好的，让他感觉到这一点，让他自己去评判他的左邻右舍；但是，也要让他明白人是如何被社会腐蚀而堕落的；让他根据自己的理解去发现邪恶的本源；让他习惯于尊重个体而蔑视群体；让他明白几乎所有的人都戴着一样的假面具，

---

① 《爱弥儿》，第 206 页。

② 问他下水后在做什么，他简洁地答道："往下沉。"

③ 比较怀特海（A. N. Whitehead）《理念的冒险》（*Adventures of Ideas*），伦敦：鹈鹕图书公司 1948 年版："青春的深刻含义是生活尚未遭遇挫折，青春最重要的收获是在自己涉世不深时汲取他人的经验。"

④ 《爱弥儿》，第 198 页。

同时也让他知道假面具下的有些面孔是公正的。"①

道德训练并不总是通过第二手训练来进行的，但它是间接的，例如，通过历史和寓言等来进行。在此之前被认为是过早的、不适当的学习，现在得到了恢复。人文学科取代了过渡阶段的实用学科。实际上，这是早期教育的一个根本性的转向，正如柏拉图的高等教育使灵魂完成了从感性世界向理性世界转变一样。

因此，现在是让学生学习历史的时候了。"借助历史的标准，他可以了解人的心理而无需学习哲学；借助历史的帮助，他可以从一个旁观者角度公平地不带偏见地审视各种人等；他将以法官身份而不以同谋或指控者身份来评判他们。"②

卢梭十分清楚，从历史中汲取有利于道德训练的做法存在着困难。首先，历史记录的是邪恶而非善良："革命与灾难的出现才使历史变得有趣。对于和平时代民族的发展和繁荣，历史往往一言不发……只有当他们走下坡路时，历史才让他们出名。……我们耳闻的都是坏的东西，很少听到好的事情。只有邪恶者才能出名，善良的人往往被人遗忘了，或者遭人嘲笑和轻蔑；历史像哲学一样是用来诽谤人类的。"③史蒂文森（R. L. Stevenson）④在《乖戾的时代与青年》（*Crabbed Age and Youth*）中表达了自己相同的感受，呼应了卢梭的呐喊。

卢梭认识到，还有一个困难是"历史向我们展示的多为社会的活动而不是人，因为它只选择了一些特定时期里身着盛装的人，它只介绍了那些准备好青史留名的政治家，但它并不尾随他去其家庭和书斋，研究他的亲属和朋友，它只是展示其正式的身份，而这只是历史人物的外衣而非其本人。"⑤

126

---

① 《爱弥儿》，第 193 页。
② 《爱弥儿》，第 199 页。
③ 《爱弥儿》，第 199—200 页。
④ 史蒂文森（Robert Louis Stevenson，1850—1894），苏格兰的著名小说家。——译者注
⑤ 《爱弥儿》，第 202 页。比较萨克里（Thackeray）的《亨利·埃斯蒙德》（*Henry Esmond*）的导言。

　　另外,对于选用历史人物作为青年道德榜样的问题,莫利勋爵用下面一段话表达了自己反对的观点:"历史学科要表达的不是人的内心世界,而是社会的运动。此外,所有历史上的哲人从未告诉人们如何探寻日常行为的原理,也没有教我们在日常生活中如何与带着各种动机、目的、幻想、自制力和自我牺牲的人打交道。"这种反对意见卢梭也预先看到了:"总的看来,历史是有缺憾的,因为它只注意那些显著的且标识清晰的由姓名、地点和日期构成的事实;但是,这些事实的缓慢演进过程则无法用这种方法来表述,它们依然鲜为人知。我们经常从那些失败的或者胜利的战争中发现,在战争爆发之前总有某种导致革命的明显原因。战争只是使这些早已由道德原因所决定的事件公开化,而这一点很少有历史学家能够察觉到。"[1]

　　试图利用历史作为道德教育手段还面临了一个两难境地:越是科学地对待历史,历史越容易被看成是伟大运动和总的趋势的历史,往往原则多于个性;相反,越是科学成分少的历史,往往越能提供道德的榜样。鉴于此,甚至当我们假定历史人物值得作为道德榜样时,为了确保个人生平材料可以作为道德教材,我们被迫去扭曲历史。历史或道德教育,这是两种互不兼容的选择。

　　这些困难限制了选择的余地,卢梭只得介绍古代的历史传记作家,特别是普鲁塔克(Plutarch),因为现代的传记太因循守旧了。[2] 在这些传记中,历史所描述的多半是对学生的告诫,有时以"宣泄"的形式通过他人之口来表达自己的感受。这样,"每一个人的情感游戏以牺牲前人为代价,为那些期望通过研究历史以使自己变得聪明和善良的人提供了教训"[3]。因此,不能将历史的例子看做效仿的榜样,"因为那些开始将自己视为陌生人的人很快就完全忘记自己是谁了"[4]。

　　尽管在训练学生的时候采取了小心翼翼的措施,学生肯定还会犯错误。卢梭强调,纠正他们的错误一定不要直接进行,不要体罚,因为

---

① 《爱弥儿》,第 201 页。
② 《爱弥儿》,第 202 页。
③ 《爱弥儿》,第 205 页。
④ 《爱弥儿》,第 205 页。

体罚的效果会随着痛感的消失而消失,最好通过剥夺其特殊待遇来纠正他们的错误。"犯错误的时候就是讲寓言故事的时间"[①];"因为我们谴责故事中的罪行时,没有使他受到伤害",寓言中的道德因此不应当详细地阐释,"大多数寓言结尾都有关于道德的阐述,没有什么比这更愚蠢、更笨拙的了。好像不解释清楚,读者自己就感觉不到了"。但是,最佳的纠错者就是他的父亲,他是儿子老师的密切合作伙伴。

直到现在,爱弥儿还没有听到过神的名字。[②]"到 15 岁时,他甚至不知道自己有灵魂,到 18 岁时,他甚至还没有准备了解它。"[③]卢梭认识到,相关的教学是不可避免的,他在《萨瓦牧师的信条》中对这一问题作了阐释。卢梭没有解释为什么需要一个信条。也许像按照现代作家解释的那样:"教义的释义和声明(也许有人还会加上信条)在任何社会都有作用,它可抑制普通知识分子利用其个人意见危害公共利益。"[④]

《萨瓦牧师的信条》不想找借口成为启示宗教[⑤]信条的理论基础,只是题目与其本意不符。当卢梭发现自己很难接受任何神学原理时,他转回头来求助自然圣经(the book of nature)。卢梭的目的是想驳斥他那个年代的唯物主义哲学,[⑥]重建有关神、自由和不朽等概念的有效性,重申正确行为的原则。唯物主义者认为物质是无活力、无生命的,他们提出了运动的假定而又不说明其起因。卢梭拒绝运动是自动的或者自我永存的观念,他认为,自愿的行动是我们能够获取直接经验的唯一的

128

---

①《爱弥儿》,第 210 页。

②《爱弥儿》,第 216 页。

③《爱弥儿》,第 220 页。

④ 奎勒—库奇(A. T. Quiller-Couch):《论书写艺术》(*On the Art of Writing*),剑桥:剑桥大学出版社 1916 年版,第 15 页。

⑤ 启示宗教(revealed religion),以上帝启示为宗教基础,与自然宗教(natural religion)相对。——译者注

⑥ 卢梭认为,唯物主义者"宁可说石头有情感,也不承认人有灵魂"(《爱弥儿》,第242 页)。同样,当自然主义者提出,在感性基础上产生的明智行为与人所独具的抽象思维能力是没有什么区别时,卢梭也拒绝了:"我不能相信,被动的、无生命的物质能够带来生命,感觉到存在;纯粹的偶然性会生出有理解力的生物,本身不会思考却能生出会思考的生命。"关于卢梭神学思想与基督教的关系,参见格里姆斯利《让·雅克·卢梭》,第 324—330 页。

运动,因此,他的第一个信条是"意愿(will)使宇宙处于运动之中,并赋予自然以生命"①。由于宇宙是一个有序的系统,这就引出了卢梭的第二个信条——证明神的存在——从著名的意匠论(argument from design)出发:"如果运动中的物质使我产生意愿,运动中的物质因此也能使我获得理解力。"②他又补充说:"我所讲的神,是那种能够有着意愿并使之付诸行动的存在,是那种引起宇宙以及世间万物运动的存在。"③

人的意愿是由其判断决定的,而判断则由智力决定,行动的决定性因素在他自己,因此他是自由的。对卢梭而言,自由是自定的。他的第三条信条是:人是可以自由行动的,因此,他的活力源自非物质的东西。④

正义和善良是不可分的。卢梭声称,⑤当我们热爱能够生成秩序的秩序时,我们是善良的;当我们热爱能够保护秩序的秩序时,我们是正义的。"良心"是灵魂的表达,是自爱(*amour de soi*)的最重要的表述。纠正人世间正义与善良之间的差异,需要有无穷的时间,因此,卢梭声称灵魂具有永恒性。"如果我不能证明灵魂的自然性,我就可能认可这个世道的邪恶以及对正义的压制。"⑥

洛克是反对天赋观念论的,他曾以人的行为的多样性来支持自己的观点。卢梭谴责这种做法,并抨击了一些作家,认为他们试图否定人们普遍认同的且清晰的意见,将人类普遍意见一致的判断搁置一旁,寻求只有他们自己理解的模糊的例外。⑦ 他对蒙田(Montaigne)的观点提

① 《爱弥儿》,第236页。
② 《爱弥儿》,第237页。
③ 《爱弥儿》,第239页。
④ 《爱弥儿》,第243页。卢梭补充说:不是"自由"(freedom)这个词没有意义,而是"必要性"(necessity)这个词没有意义。康德认为,必要性属于现象的或科学的范畴,自由属于道德范畴。黑格尔将自由解释成"必要性的真理"(truth of necessity)。
康德的《纯粹理性批判》可能被认为与卢梭的《萨瓦牧师的信条》中的形而上学原理相差不多。
⑤ 《爱弥儿》,第245页。卢梭并不是从高等哲学(higher philosophy)那里吸收这些原则的,他是从内心深处发现它们的。
⑥ 康德在《纯粹理性批判》中同样认为,快乐等同于美德。
⑦ 《爱弥儿》,第252页。

出了质疑,如果在地球上哪个国家,诚信、同情、助人和慷慨成为犯罪的话,那么在这个国家里,善良的人便会遭到蔑视,而叛徒便会戴上荣誉的光环。与其相反,卢梭则强调善良行为原则的普适性,并提出了人性善的假定:"难道你认为世界上真有人堕落到从未产生过做善事的念头吗?"①

　　道德律的基本约束力②可以在宗教里发现,但卢梭明确表示,他很难接受其他任何释义明确的宗教。他再次转向自然圣经:"在这本真正伟大的著作中,我在学习为伟大的作家服务并崇拜他。我们没有任何借口不去读这本书,因为它所使用的是所有人都能够懂的语言。"③这就是爱弥儿学习宗教的方法。"只要我们不屈从人的权威,也不屈从我们所生活国家的偏见,自然状态下的理性之光就能引导我们超越自然宗教而走得更远,这就是我应当伴随爱弥儿同行的原因。如果他已经选择了其他宗教,我就没有权利做他的向导了;他必须为自己做出选择。"④

　　人们通常认为,《萨瓦牧师的信条》对《爱弥儿》作了不必要的修改。但是,对卢梭在这篇文章中表达的宗教观作一回顾是有必要的,这有助于理解或证明宗教教学为什么要推迟到青年阶段。如果爱弥儿有必要对神的存在的证据、对自由和对永恒做理性的评价,那么,人们也就不会奇怪15岁的爱弥儿还没有听说过神的故事,甚至不知道自己有灵魂。卢梭显然忽略了一个事实,即他在给那些深信其信条的普通人立规矩,这些人通常是不会费神去依据理性去证明它的。

　　除了伦理学和宗教教学之外,卢梭还建议青年学习美学,即一门涉及鉴赏力的哲学。卢梭所描述的鉴赏力有点含糊不清。它必须以自然为样板,但是,又只能在城镇中培养,因为在城镇中才能发现艺术作品。卢梭十分迷恋他所谴责的剧院,他甚至还写过文章欢呼剧院演出的成功。⑤ 如果我们还记得他写文章那个时代美学发展情况的话,对此,我

<hr>

① 《爱弥儿》,第254页。
② 《爱弥儿》,第278页,注释。
③ 《爱弥儿》,第270页。
④ 《爱弥儿》,第278页。
⑤ 参见格里姆斯利:《卢梭的哲学》,第126页。

们就不会感到惊讶了。按照卢梭的意见,那种可以沁人心脾的鉴赏力只有在古典著作中才能发现,①因此,卢梭在美学教学中引进了古典著作的学习,正如他先前在道德教学中所做的一样。

在关键的青年期,爱弥儿的体育训练是不能忽略的。他被要求从事一种职业,让他忙碌起来,勤奋努力地工作。这种职业是他钟爱的,他将全身心地投入其中。出于这种目的,卢梭建议他从事狩猎,②虽然他并不想证明残忍掠杀情感的正当性,但只要它推迟了一种更加危险情感的产生就够了。

因为热爱别人不是人的本能,而是性欲,因此,卢梭认为,尽管他不得不放弃用实例来教育人的做法,但还是有必要直接给爱弥儿提出涉及贞洁的道德规劝。下面一段文字是他拟出的性教学的总方案:③"如果我们不在儿童的耳边絮絮不休地灌输一些空洞的道德箴言,因为在这些箴言未得到证实之前,我们只会受到嘲笑;如果我们不这样做而是坐等良机,如果我们设计好了倾听的途径,如果我们用事实向他们展示自然的规律,如果我们向他们展示忽略身体和道德的恶魔会导致的自然规律的惩戒;如果我们跟他谈到伟大的生殖的神秘性,把自然所赋予这种行为的快乐理念与围绕它的忠诚和节制的理念结合起来,就会使生殖行为的魅力加倍;如果我们告诉他婚姻不仅是社会最甜蜜的活动,也是神圣的和不可亵渎的契约;如果我们坦率地将所有的他应当尊重契约的原因告诉他,让他痛恨和诅咒那些胆大妄为的亵渎者;如果我们给他描绘了一幅真实的由道德败坏、愚蠢的淫荡以及第一次不良行为导致的不断走向邪恶而最终致使罪人毁灭的可怕图画;如果我说,我们能够向他证明,健康、力量、勇气、美德以及爱情本身取决于贞洁的欲望,而且所有这些对于男子来说都是真正有益的——我认为,贞洁在他眼中就会变得十分可贵和必不可少,他的心灵便做好了接受我们教导的准备,因为我们自己是贞洁的并尊重贞洁。只有当我们失去这一美

---

① 《爱弥儿》,第 309 页。
② 《爱弥儿》,第 285 页。
③ 《爱弥儿》,第 289 页。

德时，我们才会蔑视它。"①

根据后来弗洛伊德(Freud)提出的理论，性本能必须通过指导才能升华为社会可接受的活动，从而为其他人服务。② 它应当净化为真正的成年女子的情感，成为卢梭为爱弥儿生动地充满情感地描绘的理想。他将这种理想作了拟人化处理，给她起了个名字，叫苏菲(Sophie)。然而，在介绍爱弥儿见到苏菲之前，卢梭觉得有必要描述一下爱弥儿的妻子应当接受的教育。

131

爱弥儿的教育也还没有结束。在他与苏菲订婚后到他结婚之前，爱弥儿被安排去旅行，目的是他应当了解整个人类。③

女子教育

多数的早期教育家对待女子教育是按照洛克的方式处理的。④ 然而，卢梭至少对女子表示了敬意，认识到女子教育需要单独处理，因此，许多内容需要调整。

与大多数男人相比，卢梭天生就不适合去研究女子，因为他的观点常常是矛盾的。在他的早期著作中，他相信，是摇摇篮的手在主宰世界，例如，在《论艺术与科学》中，他主张，男人总是女人按照自己选择塑造的；在《论不平等的起源》中，他向"可亲可爱的日内瓦女儿"重复地说："一直是女人在统治我们……因此，继续统治吧，还是一如继往，继续担任我们道德的忠贞卫士和我们宁静生活的温柔守卫者吧。"然而，在经历过不幸的性经验之后，卢梭失望了，开始修正自己的观点。例如，在《新爱洛伊丝》和《爱弥儿》中，他开始强调心灵的训练而不再是头

① 卢梭关于爱情及其在生活中的作用的思想，也许可以在《朱莉》(*Julie*)或《新爱洛伊丝》中发现，就简洁性而言，没有一本其他小说超过这两本书。参见普拉麦那茨：《爱弥儿的教育》，第4节。

② 梅布尔(Mabel)、沙哈基恩(William Sahakian)：《作为教育家的卢梭》(*Rousseau as Educator*)，第39—40页。

③ 《爱弥儿》，第415页。

④ 参见《爱弥儿》，第98页。

脑的训练。在这些著作中,女子生活的目的可以按照流行的箴言总结如下:做一个善良的、温柔的和聪明的女人。至于女子在万物中的地位,卢梭引用了弥尔顿的一句话,大意是,神是为婚姻创造了女子,而女子的婚姻是为了男子。[①] 例如,在《新爱洛伊丝》中,[②]他解释说:"丈夫与妻子是要在一起生活的,但却不是以同样的方式生活。他们的行动应当和谐一致,但不是做同样的事情。能使一方高兴的生活,可能令另一方却无法容忍;自然赋予他们以不同的倾向,正如自然给他们安排的工作有差异一样。一句话,双方以不同的方式构建一种共同的善,让他们牵挂不同的事情以及给他们安排不同的工作是维系家庭这个联盟的最强有力的纽带。"在《爱弥儿》中,他重复说:"男子应当强壮,积极主动;女子应当柔弱,消极被动。"[③]"男子寻觅服务,女子寻觅快乐;一个需要知识,另一个需要情趣";"人们所想到的"是男子美德的坟墓和女子美德的王位;他甚至极端地认为,女子是为取悦男子而生的。[④] 但是,卢梭又一次动摇不定,承认男性是脆弱的:女子最需要的是温柔,顺从像男子这样不完美的造物,从小就学习如何忍受不公正及其丈夫施予她的恶行而毫无怨言;她必须是为了自己而学会温柔,而不是为了他丈夫。[⑤]

男子和女子的职业不同,他们的教育也必须有区别:"一旦证明男子与女子的体质和气质是或应当是有差异的,就可以得出结论:他们的教育应当有所区别。"[⑥]女子的教育应当设计得与男子教育有联系,并从

---

① 卢梭采纳了亚里士多德的观点,而非柏拉图的观点。比较亚里士多德:《政治学》,第1卷,第13章,第9节:"男人的勇气表现在指挥上,而女人的勇气表现在服从上。其他美德皆因此而生。"黑格尔在《法哲学原理》第166节重申了卢梭后来的观点。费奈隆(M. Fénelon)在其《女儿教育的指南》(*Instructions for the Education of Daughters*,1687)中建议:"早期就开始锻炼她承受失望的能力,使其欲望和情感得到节制,且能够从容面对拒绝。"

② 《书信集》(*Letters*),XLVI,CXXIX。

③ 《爱弥儿》,第339页。

④ 《爱弥儿》,第332页。

⑤ 《爱弥儿》,第333页。

⑥ 《爱弥儿》,第326页。

属于男子的教育。其目的是："让男子感到赏心悦目,赢得男子的尊重和爱,学会训练儿童期的男孩,学会照料成年期的男子,劝告和安慰他,使他生活愉悦和幸福,这些是女子始终不渝的职责,也是她从年轻时就应当接受的教育。"①女子教育也受到一个事实局限,即女子从未有过理性的年龄;女子是发展受到阻碍的案例!"如果女子能够发现基本原理,如果男子谙熟所有细节问题,他们彼此会相互独立。"②研究抽象的纯理论的真理,研究科学的原则和原理,研究需要高度归纳能力的东西,是女子不能胜任的工作;她们学习的应当完全是实用的东西,应用男子发现的原则是她们的工作。她们的作用在于评论并引导男子去发现这些原则:"一般说来,如果有谁试图将男子的研究限制在'有用的'东西上的话,那一定是女子。女子的生活虽然不如男子辛苦,但应当勤奋地和协调一致地履行多种职责,目的使其天资得到充分发展,但不能只鼓励一种天资而牺牲其他天资。"③

苏菲的身体训练不同于爱弥儿,这是可以理解的。一个以优雅为目的,另一个以力量为目的。④ 但不能因此推断,既然小男孩不应当读书,女孩就更应该少读;而且,强调这一理由的人也不够骑士风度——他们中的多数人利用重要的知识干了坏事。由于没有任何东西像计算那样具有明显的用途,也没有任何东西像计算那样需要这么多的练习和需要犯错误的机会,因此,计算的学习应当先于阅读学习。⑤ 女孩子教育应当遵循这样的总原则:"让她了解你给小女孩安排的任务,使她忙碌着,有事可做。"

就宗教而言,爱弥儿与苏菲的训练之间存在着鲜明对照。由于认为爱弥儿在进入青年期之前不会形成真正的宗教观念,爱弥儿的宗教教学才推迟到稍后阶段进行。出于同样的道理,卢梭断言,女孩的宗教教学也不能过早进行,但也不能太迟。"如果我们等到她们准备好认真

133

---

① 《爱弥儿》,第 328 页。

② 《爱弥儿》,第 340 页。

③ 《爱弥儿》,第 349 页。

④ 《爱弥儿》,第 329 页。

⑤ 《爱弥儿》,第 332 页。

探讨这些深奥话题时,我们就会处在永远不要谈及宗教的危险之中。"①
他又补充说:"当你给小女孩进行宗教教学时,绝不要把它讲得枯燥乏
味、令人厌倦,也不要把它变成任务或职责。因此,绝不要让她死记硬
背,甚至连祷告也不要死记硬背……女孩子是否应当在小时候学习宗
教并不重要,重要的是她应当学懂它,更重要的是她应当学会热
爱它。"②

苏菲的宗教是合理的,也是简单的,她要了解的教义和需要遵守的
教规不多。③ 卢梭为她制定的信仰声明很简单,比《萨瓦牧师的信条》中
为爱弥儿制定的要适当一些。"人类命运有一个主宰,我们都是他的孩
子,他嘱咐我们所有的人坚持正义,他嘱咐我们相互热爱,他嘱咐我们
要心地善良富有同情心,他嘱咐我们对所有的人都要遵守诺言,甚至包
括我们的敌人和他的敌人;我们必须明白,在这个世界上,貌似的快乐
毫无价值;在未来的另一种生活里,至高无上的力量将对正义予以回
报,对非正义予以裁决。"

卢梭为爱弥儿和苏菲提供了差别明显的且相互矛盾的两个教育计
划。但是,有着相同天赋的个人,尽管他们的社会作用不同,但都必须
互相容忍对方,而且需要适当的妥协。爱弥儿的理性训练制度需要与
苏菲带有传统特点的训练制度中和一下,如果他们曾经快乐地生活在
一起的话。但是,应当说,卢梭的女子教育计划现在看来是过时的:在
现代人看来,他规定的和他禁止做的事情,都是令人奇怪的。

教育思想的地位和影响

虽然由于卢梭的著作使罗曼蒂克式的兴趣观得到了复苏,在法国
和德国引起了人们如饥似渴的阅读兴趣,但他的教育理念在实践领域
的进展却相对缓慢。对于他精心为波兰设计的教育方案未能被采纳,

---

① 《爱弥儿》,第 340 页。
② 《爱弥儿》,第 341 页。
③ 《爱弥儿》,第 359 页。

卢梭十分失望。第一位依据他的理论进行教学的人是德国的巴泽多（Johann Basedow，1724—1790）①，他是卢梭热情的信徒，曾将自己的女儿取名埃米莉（Émilie）。他的著作刚一发表，就引起一片喧哗，反对的声音盖过了支持的声音，他受到当权者的恶毒攻击而被迫逃离法国。

　　然而，卢梭的建议渐渐地被一些人采纳并付诸实践，这些人后来都获得了广泛的影响。康德曾评价过卢梭对他那个时代的影响："从本质上说，我是一个探索者。我感觉到了对知识的渴求、急切前行的愿望和发现的喜悦。有时候，我相信这才是人生的真正尊严，我鄙视那些无知者。是卢梭纠正了我，想象中的优越感消失了。我开始学习尊重人。如果我不相信自己的哲学将把人类共同权利归还所有的人的话，我应当看到，自己的用处要比那些普通劳动者少得多。"②《爱弥儿》的出版在知识界产生的不可抵御的影响，这可以从发生在康德身上的一件小事推断出来。拿到《爱弥儿》的那天，康德唯一的一次漏掉了例行的散步。这本书深深吸引了他，使他爱不释手，一口气地读完了它。③ 但是，当时的舆论界对它的态度正好相反——巴黎大主教在这本书出版时便对它进行了抨击，并命令公共执法者在巴黎将这本书公开撕毁和焚烧掉。这样迥异的境遇一直伴随着卢梭的著作和生活。

---

　　① 巴泽多（1724—1790），德国教育家。泛爱主义教育的代表人物。——译者注

　　② "*Fragmente aus dem Nachlasse*"，史密斯（N. Kemp Smith）摘录于《评康德〈纯粹理性批判〉》（*A Comentary to Kant's Critique of Pure Reason*），伦敦：麦克米伦图书有限公司 1918 版，第 57 页。

　　③ 卡西尔（E. Cassirer）：《卢梭、康德和歌德》（*Rousseau，Kant，Goth*），普林斯顿大学出版社 1945 年版；海因（H. Heine）：《宗教和哲学在德国：片言只语》（*Religion and philosophy in Germany：a Fragment*）；斯诺德格拉斯（J. Snodgrass）（伦敦：英格兰和外国哲学图书馆，第 18 卷，1882 年）第 108 页对康德的日常生活作了如下描述："伊曼纽尔·康德的生活经历难以描述，因为他既没有生活也没有生活经历。他住在柯尼斯堡的一条幽静的小街道上，过着机械的、有规律的、几乎是形式的单身生活。我相信，市民伊曼纽尔·康德过的生活比天主教堂大钟的每日定时敲响的钟声还要单调和有条不紊。清晨起床，喝咖啡，写作，阅读，吃中餐，散步。按时间做每件事，当邻居看到康德身着灰色紧身外套，手提西班牙手杖步出屋外散步时，知道已经是下午 3 点半了，一分钟也不差。他散步的小菩提树街，后来被称为'哲学家林荫小道'（Philosopher's Walk），一直到今天。"

卢梭相信,自由实际上是一个"秩序井然"的自由,但是能够记住和重复的是他所推崇的一句话,一句至理名言:"放弃自由,就是放弃做人,就是放弃人类的权利甚至其职责。"①人的本质是善的,这种声明和信仰与基督教原罪说的教义相冲突,但它奠定了法国大革命的基础,进而促进了欧洲文明的转型。

但是,至少在教育方面,卢梭的影响不是即刻产生的。在整个 19 世纪,权威主义依然盛行,像莱恩(Homer Lane)②和杜威这样的教育先驱者仍需要做工作,以将人们的注意力转向儿童,用卢梭的观点来分析教育问题。现在,进步教育已经在许多国家的教育制度方面取得胜利,有趣的是,进步教育最值得珍惜的特征——儿童中心、自发活动、分阶段教育、实践活动(the needs for practice)、案例的效用、追求全面均衡发展以及间或反对主知主义的决心——等等,除了培育"社会美德"和解放女子之外,都可以直接追溯到让-雅克·卢梭的创新理念那里。③卢梭站在现代教育面前,犹如柏拉图站在古代教育面前一样。《明日之学校》(*The Schools of Tomorrow*)④几乎每一章都引用了卢梭的一句话作为标题。

---

① 卢梭:《社会契约论》,第 4 章。

② 莱恩(1875—1925),美国教育家。——译者注

③ 在《作为教育家的卢梭》的第 7 章和第 8 章中,梅布尔和沙哈基恩对卢梭的影响作了简短的和有参考价值的讨论。

④ 由约翰·杜威(John Dewey)和伊夫琳·杜威(Evelyn Dewey)著,伦敦:J·M·登特图书公司 1915 年版。

第八章　裴斯泰洛齐

1746 年，约翰·赫因里希·裴斯泰洛齐(Johann Heinrich Pestalozzi)① 出生于瑞士苏黎世一个虽有社会地位但并不富裕的家庭。他的父亲是一位外科医生，在他 5 岁时就去世了。裴斯泰洛齐是在他的母亲和一位忠诚的保姆芭芭拉·施密德(Barbara Schmid)②的照顾下长大的，因此，他的所有著作都强调母亲的粘合力和人的自然善行的重要性。裴斯泰洛齐矢志不渝的目的是改善人类社会状况，这更多地归于他的祖父对他的影响。他的祖父安德烈亚斯·裴斯泰洛齐(Andreas Pestalozzi)是翁格的一位牧师，毕生献身于社会服务事业。

当《爱弥儿》(*Émile*)和《社会契约论》(*The Social Contract*)出版时，裴斯泰洛齐只有 16 岁。在他成长的时期，他受到了卢梭思想的强烈影响，特别是卢梭的"自然教育"(natural education)思想的影响。所以，他喜爱实践而不是书本学习，而且关注心理的发展。裴斯泰洛齐把日内瓦看做是"新旧教育世界的转折点"③。

他一生的活动显然是失败的，然而却都有着非凡的影响。裴斯泰洛齐始终极其自信地面对着逆境和人世生活，直到他生命的结束。他对自己的评价更多的是依据自己的价值观，而不是他的一些实验所获

---

① 凯特·西尔伯(Kate Silber)：《裴斯泰洛齐：其人其事》(*Pestalozzi*：*The Man and His Work*，伦敦：劳特里奇＆基根·保罗图书有限公司 1973 年版)一书是有关这位伟大教育家的权威性著作。

② 为了实现裴斯泰洛齐父亲的临终嘱咐，保姆芭芭拉·施密德始终与裴斯泰洛齐的母亲一起生活了 40 年，直到她去世。

③ 希福德(M. R. Heafford)：《裴斯泰洛齐》(*Pestalozzi*)，伦敦：梅休因图书公司 1967 年版，第 43 页。

得的评价:"在裴斯泰洛齐的一生中,有很多传奇,就像20世纪上半期的阿尔贝特·施韦泽(Albert Schweitzer)①一样。"②毫无疑问,裴斯泰洛齐天才地认识到了现代教育的特征,远远地走在了他的时代的前面。他在遭遇挫折时表现出的不屈不挠精神也令人崇敬。而且,他具有一种异常迷人的品质。这一品质不仅吸引了比他大8岁的具有献身精神的安娜(Anna)成为他的妻子,还吸引了一批具有相当能力的信徒作为继承者,他们对他的方法获得成功所作的贡献是不应该被低估的。

教育生涯的五个时期

裴斯泰洛齐的教育生涯可以从以下五个时期看到:

(1) 涅伊果夫(新庄)时期(1774—1780)。裴斯泰洛齐最初打算当牧师,后来又想当律师,最终他否定了自己担任公共职务的想法。1767年,他建立了一个农庄,从事起当时社会地位江河日下的农业。在通过实验方法开办农庄失败后,他和妻子于1774年初招收了大约20个贫困家庭孩子,按照他的理论对他们进行简单教育。在他们的教导下,一些儿童茁壮成长,而其他的儿童只是消耗了他的钱财。实验后来因财政原因失败了。

(2) 著述时期(1780—1798)。当时裴斯泰洛齐几乎贫困潦倒,与有病的妻子和心智较弱的儿子在一起生活。实际上,裴斯泰洛齐差不多20年没有进行实验,他并不情愿地奉献他的全部时间于著述。在这一时期,他最有影响的教育著作是《隐士的黄昏》(*The Evening Hours of a Hermit*,1780)和《林哈德与葛笃德》(*Leonard and Gertrude*,1781)。虽然后一本书是成功的,③但他把这个时期看做是他的生涯中最悲哀的时期。差不多有10年时间,他自己忙于写有关经济、社会和政治方面

---

① 阿尔贝特·施韦泽(1875—1965),德国神学家、哲学家、风琴家。——译者注
② 希福德:《裴斯泰洛齐》,第vii页。
③ 他所获得的声望远远多于他的钱财。

的论著。

（3）斯坦茨时期(1798—1799)。拿破仑入侵瑞士之后,下瓦尔登州留下了很多荒芜的土地,斯坦茨的女修道院建了一个儿童之家,由裴斯泰洛齐负责管理。尽管作为不受欢迎的中央行政当局的代表和作为罗马天主教社区一个新教徒,他的工作有许多困难,但他感到自己的工作是成功的——"它是成功的,每一天都是成功的"①。1799年8月当法国人再次回来时,女修道院已经被瑞士行政当局接收改为医院,这个实验已成为妨碍行政当局的东西而被放弃了。

（4）布格多夫时期(1800—1804)。1799年9月之后的几个月时间,裴斯泰洛齐在伯尔尼北面的布格多夫的一所小学里教书,教得很成功。那里,由瑞士行政当局驻守的一个城堡成了教育机构和教学中心,由一位名为费希尔(J. R. Fischer)的年轻官员负责。在这个教育机构和教学中心开办之前,费希尔去世了。于是,裴斯泰洛齐被任命为负责人,并由他早期的有能力的助手赫尔曼·克劳泽(Hermann Krüsi)担任助理。实际上,他的助手承担了几乎全部的课堂教学工作。1802年,一个两人委员会视察了学校,学校给他们留下了深刻的印象。但是,裴斯泰洛齐是一个能力不强的管理者。曾有计划将他的学校与附近霍夫威尔镇的另一所由丹尼尔·冯·费林别尔格(Daniel von Fellenberg)管理的学校合并,但这一计划很快就失败了。1804年秋天,由于来自一些国家的邀请的减少,裴斯泰洛齐搬到了伊弗东。

138

（5）伊弗东时期(1804—1825)。在伊弗东,裴斯泰洛齐成了世界著名人物,这很大程度上是由于他的理论的力量和他个人的声望,但也由于一些人对他的实际帮助,例如,约翰尼斯·尼德雷特(Johannes Niederer)和约瑟夫·施密德(Joseph Schmid)。包括赫尔巴特(Herbart)在内的许多访问者来观看他的工作。但是,裴斯泰洛齐发现,他的一些助手很难管理,他所允许的自由吸引了冒险的人但又使他无法控制。施密德因为暴怒而离开了,而且猛烈地攻击他的学校,但尼

———————

① 希福德:《裴斯泰洛齐》,第21页。

德雷特对此进行了回击。一些年后,他们又和好了,施密德也回来了,但当他进行实际管理时,纪律问题变得尖锐起来,其他教师离开了。1825年,施密德被解雇,裴斯泰洛齐也与他一起走了。两年以后,82岁的裴斯泰洛齐在涅伊果夫去世。

在伟大教育家中的地位

在伟大的教育家中,裴斯泰洛齐留给人们一种惋惜的印象。他是一个因新思想而苦恼的人,因为他发现自己不能系统阐述这些新思想或有效地把这些新思想付诸实施。他早就承认这一点。在《天鹅之歌》(*Swansong*,1826)中,裴斯泰洛齐承认:"我的崇高理想完全是一种善意心灵的杰出产物,但我缺乏足够的智力和实际的能力,否则,我的愿望在这些能力的帮助下已经相当程度地达成了。我的想法是一种具有绝对活力的想象力的产物,但是处于我的日常生活的压力下,它未能结出任何重要的果实。"[①]裴斯泰洛齐是一个单纯和敏感的人,他的大部分原理是通过直观获得的。很难想象,还有谁比他对自己学说的阐述更为糟糕的了。在一本著作中,他采用了浪漫的形式论述他的教育理想;但在另一本著作中,正如赫尔巴特所说的,[②]他自己蜕变成了一个学究式的算术训练指导者,并为自己将乘法运算表嵌入厚厚的著作中而感到满意。然而,幸运的是,裴斯泰洛齐的声望吸引了像费希特(Fichte)[③]和赫尔巴特这样的哲学家,他们不仅批判性地考察他的教育体系,而且也发表了有关他的教育体系的看法。实际上,没有一位欧洲教育家能有如此多的杰出的访问者对他的学校进行访问,从他们的报

---

① 格林(J. A. Green)编:《裴斯泰洛齐教育著作选》(*Pestalozzi's Educational Writings*),伦敦:爱德华·阿诺德图书公司1912年版,第228页。

② 赫尔巴特(J. F. Herbart):《感觉概念ABC和零散教育著作》(*ABC of Sense Perception and Minor Pedagogical Works*),埃科夫(W. J. Eckoff)译,纽约:D·阿普莱顿图书公司1930年版,第52页。后面称之为赫尔巴特的《零散教育著作》。

③ 费希特(1762—1814),德国哲学家、教育家。——译者注

告中我们可以重新勾勒裴斯泰洛齐这个人和他的工作的图景。①

教育的最高目的

　　裴斯泰洛齐一生的目的在于改变穷人的命运。正如赫尔巴特所评论的:"人民的幸福是裴斯泰洛齐的目的。……他并不希望在你们的大厦中,而是希望在他们的茅舍小屋里得到功绩的花环。"②裴斯泰洛齐的人道主义是他在年轻的时候通过阅读卢梭的著作而得到强化的。这个目的约束了他的视野,迫使他集中关注教育的基本原则,正如赫尔巴特所指出的:"最紧迫的需要是教育的普及。"③因此,裴斯泰洛齐竭尽全力去形成一个适合于所有人的实际的教育计划,他自己也没有想到,这个计划却奠定了我们的初等学校制度的基础。直到他生涯的最后,他才模糊地意识到这一点,因为他在《致格瑞夫斯的信》(*Letters to Greaves*)中曾这样写道:"它(结果作为所有人努力的最高目标而被提出)必须包括所有人,必须被应用于所有人,不论他们可能出生在哪个地区或哪个国家。人的权利必须在这个词的全部含义上得到理解。……它们包含所有阶级都拥有这样的权利,即获得普遍的有用的知识、智力得到精心的培育、所有的官能得到审慎的关照——身体的、智力的和道德的。"④

―――――――――

　　① 费希特 1793 年对苏黎士湖旁里奇特斯威尔的访问;赫尔巴特 1797—1799 年对布格多夫的两次访问;福禄培尔 1805 年和 1808 年对伊弗东的访问。来自英国的访问者包括:梅奥 • 格莱夫斯(Mayo Greaves)、汉密尔顿(Hamilton)、埃奇沃思(Edgeworth)、辛格(Synge)、普伦(Pullen)、欧文(Owen)、安德鲁 • 贝尔(Andrew Bell)、布鲁厄姆爵士(Lord Brougham)。可参见凯特 • 西尔伯:《裴斯泰洛齐:其人其事》,附录 I,第 278—315 页,"裴斯泰洛齐主义在英国和美国"(*Pestalozzianism in Britain and the United States*)。

　　② 赫尔巴特:《零散教育著作》,第 36—37 页。

　　③ 赫尔巴特:《零散教育著作》,第 36 页。

　　④ 裴斯泰洛齐:《关于早期教育的通信》(*Letters on Early Education*)(这是裴斯泰洛齐致格瑞夫斯的信),伦敦:舍伍德、吉尔伯 & 派珀图书有限公司 1872 年版,第 88 页。参见《隐士的黄昏》:"所有的人类基本上是相同的,为了适应他们的需要,有着一种相同的方法。"

仿效卢梭的名言:"生活就是我将要教他的职业"①,裴斯泰洛齐坚持强调,教育的最高目的并不是学校成就的完美无缺,而是适合于生活。② 在《葛笃德如何教育她的孩子》(*How Gertrude Teaches Her Children*)一书中,他阐述说:"我们有拼写学校、写字学校、教义问答学校,但我们需要的是——培养人的学校。"③

裴斯泰洛齐为了实现自己目的的努力不断地遭到失败。他在《见解与经验》(*Ansichten und Erfahrungen*)④中解释说:1774年在涅伊果夫时,他不仅尝试去为贫困家庭儿童找工作,而且也希望温暖他们的心灵和发展他们的心智,并通过自我教育来提升他们感受到的内在尊严和天赋的价值;他也意识到自己的失败,承认他承担的工作是他自己不能胜任的、应该留给别人去做工作。他也因这样做使自己筋疲力尽,并陷入因家庭生活混乱而带来的难以名状的痛苦之中。

直观学说

根据裴斯泰洛齐自己的说法,1780年的《隐士的黄昏》最初是作为他应该在日后完成的文稿的前言来考虑的,这是他"对人的命运第一次但又是基本的考察"。其中,他采用卢梭的方式,告诫父母不要强迫孩子去做他们不感兴趣的事,不要期望他们循规蹈矩地发展。在儿童实际遭遇事物之前,危险已经存在于他们的涉及字词的课程之中。在这里,裴斯泰洛齐表达了对字词的抵制,就像卢梭所宣称的一样;也阐述了他的"直观"(*Anschauung*)学说,相当于卢梭所说的依靠实物。裴斯

---

① 卢梭:《爱弥儿》(*Émile*),第9页。

② 裴斯泰洛齐:《致格瑞夫斯的信》(*Letters to Greaves*),第85页。

③ 裴斯泰洛齐:《葛笃德如何教育她的孩子》(*How Gertrude Teaches Her Children*),霍兰(Lucy E. Holland)和特纳(Francis C. Turner)译,伦敦:斯旺·索南沙因图书公司1907年版,第178页。也可参见格林编:《裴斯泰洛齐教育著作选》,第85—153页。

④ 裴斯泰洛齐:《见解与经验》(*Ansichten und Erfahrungen*),出版于1807年,论述了他关于初等教育思想的观点和经验。

泰洛齐的助手之一克劳泽在《我的教育回忆》(My Educational Recollections)①中写道：在布格多夫会见裴斯泰洛齐之前，他坚持对这种教育体系的很高评价；这种教育体系由一些聪明的问题组成，能够引发儿童的回答。他继续写道："阅读一些教育著作时，发现苏格拉底在很大程度上已拥有这种方法，'苏格拉底方法'一词对我来说几乎显示出一种迷人的魅力。当我把自己关于这个问题的观点与裴斯泰洛齐交流时，他总是带着一种熟悉的微笑。然后，他很快就认真地说：'在适当的时间和地点应用这种方法时，它具有自己的价值；但是，对公共学校里的教师和儿童来说，它是完全没有价值的。苏格拉底由一群年轻人围着，这些年轻人已有了这些字词和事物的知识背景。如果你花费气力先使你的儿童了解了知识背景，自然会建议你提出在他们的观察范围内的必要问题。没有这种知识背景，想通过十分艺术的方法提出一个能够引发儿童回答的问题的想法，只不过是没有意义的鞭打，会导致出现令人痛苦的欺骗或者使人丧失勇气，甚至有可能使你自己失去信念。'"②

《林哈德和葛笃德》(Leohard and Gertrude)主要讲述的是一个小型社区新生一代，通过教育的途径，受到一位虔诚的妇女、一个生活在卑微环境中的乡村泥瓦工妻子的高尚行为影响的故事。在坡那村，林哈德(Leonard)的家庭成为了模范的教育机构，孩子的母亲葛笃德(Gertrude)是理想的教师。这种家庭教育代表了葛笃德的理想。③ 它仅仅是裴斯泰洛齐力图将班级教学的方法应用于实际的一个环境。他

---

① 厄尔·巴恩斯(Earl Barnes)编：《教育研究》(Studies in Education)，两卷本，费城：1903年版，第1卷，第273页。参见裴斯泰洛齐：《致格瑞夫斯的信》，第二封信；或格林编：《裴斯泰洛齐教育著作选》，第94页。

② 参见《康德论教育》(Kant on Education)，丘顿(Annette Churton)译，伦敦：基根·保罗图书公司1899年版，第81页。"在理性文化中，我们必须根据苏格拉底方法去行动。……因此，苏格拉底方法应该形成问答教学法的原则。然而，这种方法在管理上多少有点困难，即在与一个儿童讨论问题时，还要保证另一个儿童也能学习一些东西。

③ 参见裴斯泰洛齐：《林哈德和葛笃德》(Leonard and Gertrude)："学校应该真正地处于与家庭生活的紧密联系之中。"裴斯泰洛齐《隐士的黄昏》："家庭应该是任何的自然教育计划的基础。家庭是品格和公民的伟大学校。"

将这些方法视作必要的权宜之计,直至更多的母亲受到适当的教育后能够监督她们自己孩子的教育为止。

尽管到那时为止还没有对"直观"进行正式的分析,但是,裴斯泰洛齐在他的《隐士的黄昏》中以葛笃德的教学过程为例对其倡导的"与现实的联系"作了说明。"她从来不对儿童采用教育者的语调;她不对他们说:'孩子,这是你们的头,你们的鼻子,你们的手,你们的手指';或者'你们的眼睛在哪里? 你们的耳朵在哪里?'她会说:'到这里来,孩子,我将把你们的小手洗一洗','我将把你们的头发梳一梳',或者'我将把你们的手指甲剪一剪'。"她的教育似乎没有言语,而是实际的活动,这些活动也总有其源泉。她的教育体系的目标是,每一个儿童完全具有他那个年龄阶段和发展所允许的技能、智力和活力。

"她在计算的基础上给予孩子们的教育,是与他们的实际生活紧密联系在一起的。她教他们计算从房间的这一头到另一头有几步,以及在一个窗户上每 5 个方格玻璃分成 2 排,这给她一个机会去阐释数字的十进位关系。她也使他们在纺纱时计算他们的线,在他们把纱线绕在一卷时计算旋绕的次数。最重要的是,在每一个生活职业上,她教他们对普通事物和自然力量进行精确的与有理性的观察。"必须看到,在所有事物中,秩序(order)处于支配地位。

斯坦茨实验(1798 年 12 月—1799 年 6 月)的例子说明了他的观点是一个真理,即教育应当以慈爱为基础。"甚至在春天的太阳融化我们山上的雪之前,我的孩子们已经不再是过去的面目了。"在裴斯泰洛齐身上流露出的人类对儿童的伟大的同情流行已久,但仅有情感是不够的,即便人们互有情感。孩子必须被训练成独立的人。正如赫尔巴特所强调的:对于一门学科而言,某种东西比慈爱更重要,即要求青年具有一种平衡的、多方面的兴趣。[1]

随后是布格多夫时期,[2]产生了《葛笃德如何教育她的孩子》,即《致

---

① 赫尔巴特:《零散教育著作》,第 74—76 页。

② 关于裴斯泰洛齐在这一时期的个人印象,是由他的助手之一赫尔曼·克劳泽(HermannKrüsi)在《我的教育回忆》(*My Educational Recollections*)中提供的。

盖斯纳的信》(1801)——这是裴斯泰洛齐关于教育方法的最重要的论文。在对他的工作进行评论时,赫尔巴特这样写道:"裴斯泰洛齐打算把书写教学放在完全无知的教师和父母的手中,因为要他们做的仅仅是引导孩子们去识记,而无需增加自己的任何东西。他相信,这样的话,他所期望的结果可以直接得以实现;他必须使他的教学手段有足够的力量,即便在笨拙的手中也不至于夭折。裴斯泰洛齐采用给朋友写信的方式写了一本书,该书描述了他的计划的轮廓。该书是写给那些可能对最低水平的学校组织和最低层社会阶层父母产生影响的人的。这些人可能会传布他将要出版的实际使用的学校书本。因此,整本书的缺陷也许就是把它直接带到妇女(即母亲)手中的那个标题。"①

142

正如裴斯泰洛齐自己所设想的,②他的意图是去发现教学本身的性质,去建立基于心理学原理的民众教育,提出一种依据心理学规律的普通的教学方法论。但是,他的方法并没有建立在心理学的一般原则上。他从来没有忘记儿童的现实需要:"因为方法是确定的,这种方法本身是直接基于受到关注的每一个儿童的;其实,在教育和教学中没有什么东西是绝对的,除个体儿童和他所具有的个体能力之外。"③

尽管裴斯泰洛齐主要著作的名称和形式是令人遗憾的,然而,它是对心理学、社会学和教育哲学贡献的主要源泉。关于裴斯泰洛齐的方法,赫尔巴特这样指出:"这种方法的特有价值在于:在完成构建儿童心理的任务方面,它比以往任何方法都要大胆和热情。这种方法关注的是根据清晰的感觉来形成一种确定的经验,而不是关注儿童早已获得的经验中的一个。……所以,裴斯泰洛齐的方法不会排挤其他任何方

---

① 赫尔巴特:《零散教育著作》,第37—38页。参见同书第183页。也可参见裴斯泰洛齐:《葛笃德如何教育她的孩子》(第41页):"我相信,要促使普通民众的教学前进一步是不可能的,因为长期以来教学的程式并没有被发现,这使得教师至少在知识的初级阶段仅仅还是把它作为一种机械方法的工具,这样的结果是由教学程式的本质决定的,而不是由人所使用它的技能决定的。"

② 《葛笃德如何教育她的孩子》,第139、19、25页。

③ 格林编:《裴斯泰洛齐教育著作》(1805—1826),第174页。

法,而是为它们铺路。它关注的是儿童能够接受教育的最早的年龄阶段。"①这里,赫尔巴特说道,裴斯泰洛齐的"直观"一词在英语中没有精确的对应词,关于该词的早期翻译严重地影响了裴斯泰洛齐学说在英国的传播。② 因此,"直观"被理解为仅仅意识到物体或环境。有些英美学者使用了一些词来表达同样的思想,如:简单理解(simple apprehension)、直接认识(direct acquaintance)、自发鉴别(spontaneous appreciation)、具体经验(concrete experience)、亲身接触(personal contact)、直接印象(first-hand impressions)、面对面交往(face-to-face encounter)、对事物和人的直接影响(direct impact of things and persons)。

"直观"是所有知识和经验的基础。康德(Kant)③评论说:"所有思想……必须直接或间接地回到直观",而且,"无论知识可能通过什么程序或通过什么手段指向相应的物体,当一个知识直接指向它们时,就形成了所有思想的基本材料,即直观"。④ 然而,直观并不是仅仅限于对物体的意识,它也包括自发地对道德行为的评价和对环境的直接认识。它强调经验的直接性,但并不是指过程的简单化;它消极地排除了在物体和经验之间的来自任何物体或过程的干涉。对裴斯泰洛齐来说,其方法的基本目的是促进人与世界的对话。⑤

对康德来说,直观的形式是空间和时间。在《致格瑞夫斯的信》中,裴斯泰洛齐接受了康德的分类。"数目和形状的关系与比例,构成了心理从外部世界获得的所有那些印象的自然范围。它们是物质世界的计量单位(measures),解释了物质世界的性质;形式是空间的计量单位,数目是时间的计量单位。"⑥一般地讲,在更早的时候,裴斯泰洛齐区分

---

① 赫尔巴特:《零散教育著作》,第61页

② 参见1815年在都柏林出版的小册子的标题:《关于裴斯泰洛齐的直观体系的概略》(*A Sketch of Pestalozzi's Intuitive System*)。也可参见凯特·西尔伯对"直观"的分析。

③ 康德(I. Kant,1724—1804),德国哲学家、教育家。——译者注

④ 康德:《纯粹理性批判》(*Critique of Pure Reason*),"先验论的基础"(*The Elements of Transcendentalism*)。

⑤ 赫尔巴特:《零散教育著作》,第46页。

⑥ 赫尔巴特:《零散教育著作》,第134页。

了直观的三个方面,也就是数目、形状和名称。他的下面一段话记录了他是如何达到这一区分的:①"有关教学要素的生动而又模糊的思想,很长时间以来一直在我的心里萦回。……最后,像机器之神(a Deus ex machina)一样获得了一个想法——使通过感觉印象(sense-impression)获得的所有知识变得清晰的方法来自数目、形状和语言。突然,这个想法似乎像一束光线一样照亮了我正在尝试去做的事情。"

"现在,在我长期奋斗之后,或者更确切地说,在我曲折的沉思之后,我的目的完全地和单纯地在于发现:当一个有教养的人希望区分呈现在他眼前的任何模糊不清和混乱的物体并逐步使他自己获得清晰的概念时,他是如何做的以及他必须做的事情。"

"在这种情况下,他将观察三件事情:

(1) 在他面前的那些物体有多少、是什么物体;

(2) 它们的外观、形状或轮廓;

(3) 它们的名称,如何能用一个音或词来表示它们中的每一个。"

"这种观察活动的结果是,一个人在活动中显然获得下面准备形成的能力:

(1) 根据外观轮廓而认识不同物体的能力以及自己讲出其中所包含的内容的能力。

(2) 说明这些物体的数目以及对他自己说出它们多少的能力。

(3) 通过语言来说出这些物体的数目和形状,并有使它们不被忘记的能力。"

"我还认为,数目、形状和语言一起构成教学的基本手段,因为任何物体的整个外部特征都是包含在它的轮廓和数目上的,并通过语言进入我的意识之中。但是,遵循这三重原理进行工作必须是教学艺术的一条永恒不变的法则。

(1) 教儿童把他们面前的每一个物体看做是一个整体,也就是说,看做是从那些互相联系的物体中分离开来的一个整体。

(2) 教儿童认识每一个物体的形状,也就是说,认识它的大小和比例。

———————————

① 《葛笃德如何教育她的孩子》,第86—88页。也可参见同书第33、51—52页。

(3)尽可能快地使儿童熟悉他们所知道的描述那些物体的词和名称。”

“当儿童的教学从这三个基本观点出发时,那么清楚的是,教学方法首先应该努力引向计算、测量和说话的基本能力,并建立在所有关于感觉物体的正确知识的基础之上。我们应该用最严格的心理学的教学方法来培养他们,尽力去加强他们并使他们更加强有力,以及将其作为发展和教养的一种手段,使他们达到最简明、最一致和最和谐的程度。”①

人们对裴斯泰洛齐直观分析的评论已有许多。② 赫尔巴特最早的教育论文之一就是探讨裴斯泰洛奇的——《裴斯泰洛齐的直观教学ABC》(*Pestalozzis Idee eines ABC der Anschauung*,1802)③;费希特在他的《对德意志民族的演讲》(*Addresses to the German Nation*)中的第九次演讲“为新的国民教育的真正存在的起点”(*The Starting Point that Actually Exists for the New National Education*,1807—1808)④也在一定程度上论述了这个问题。赫尔巴特主要评论了裴斯泰洛齐对形状的论述,更喜欢把三角形到四边形作为基本的几何图形;费希特评论了裴斯泰洛齐对语言的论述,两者都在某种程度上论述了裴斯泰洛齐方法的应用。与此相对的是,颜色是直观的一个基本要素,应该与形状一样受到重视。赫尔巴特回答说,没有受过训练的视觉的主要缺点就在于它对颜色的坚持。“更明确地说,在于它沉浸于鲜艳的颜色之

---

① 裴斯泰洛齐的语言、数目和形状预示着现代的语词的、计数的和空间的能力,这是智力测验尝试去测量的。参见希福德:《裴斯泰洛齐》,第54页。

② 论述洛克的“本体”(substance)概念,奥康纳(D. J. O'Connor):《约翰·洛克》(*John Locke*),哈蒙茨沃斯:彭吉恩图书公司1952年版,第84—85页。列举了下面决定这个词应用的条件:“特性应该是(i)表现在相同的空间——时间的相邻关系上;(ii)在一定的最小时间内与这一方法的联系;(iii)当它们这样做的时候应该联合地和协作地变化;(iv)有形的物体必须是可感知的和中性的;(v)应该包括视觉和触觉两方面的现象。”

③ 参见赫尔巴特:《零散教育著作》,第28—49、57—61页。

④ 费希特:《对德意志民族的演讲》(*Reden an die Deutsche Nation*),琼斯(R. F. Jones)和特恩布尔(G. H. Turnbull)译,芝加哥和伦敦的奥彭·科特出版公司1922年版。

中,而无法以微弱的颜色替代更强烈的颜色。与这一缺点相对的直观的正确性就在于把与物体形状有关的每一个事物综合地联结起来。因此,应该注意我们的视力需要接受专门训练的形状。"①

裴斯泰洛齐所发展的对形状的理解,主要是通过绘画而得到的。其理由是儿童在较早的年龄阶段就已获得有关比例的知识,他们使用石笔的能力超过了使用笔的能力,可以书写极小的字母。②

事实上,裴斯泰洛齐将所有的做事的能力,甚至是清晰地表现所有真实的物体的能力,建立在早期画直线、角、长方形和曲线的能力发展的基础上。③ 例如,他说:"通过直线、角和曲线方面的练习,在儿童中做好了一种在获得所有物体的感觉印象上的准备,同时进行了手的技能的练习;说到手的技能,它的影响是使儿童观察到的每一件事物逐步清晰和明了。"④与那种意在混淆目的的手段不同,绘画本身就是一个目的。裴斯泰洛齐指出:"大自然没有给予儿童轮廓(lines),仅仅给予他物体;只有为了使他可以正确地观察到物体,才必须给他轮廓。为了使他看见轮廓,物体绝不能从儿童那里随便拿走。"⑤考虑到存在着为了轮廓而抵制大自然的危险,他在另一种场合愤怒地呼喊:"即便为了这些轮廓和教学方法的缘故,上帝也禁止我压抑人类的心智并使其僵化到反对自然感觉印象,就像那些盲目崇拜的教士一样,用迷信的说教来压抑人类的心智,并用它来反对大自然的感觉印象。"⑥

在绘画基础上学习书写,形状的获得不受书写工具的控制,通过书写中所获得的技能表达一些重要的思想,⑦在许多观点上,裴斯泰洛齐

---

① 赫尔巴特:《零散教育著作》,第135页。

②《葛笃德如何教育她的孩子》,第35页。也可参见同书第84页:"我发现,在致力于书写教学时,书写的需要从属于绘画的需要;在致力于绘画教学时,绘画的需要应该联系并从属于测量的需要。"

③《葛笃德如何教育她的孩子》,第60页。

④《葛笃德如何教育她的孩子》,第51页。

⑤《葛笃德如何教育她的孩子》,第69页。

⑥《葛笃德如何教育她的孩子》,第69页。

⑦ 参见《葛笃德如何教育她的孩子》(第129页):"正如被认为是形式的书写出现在测量和绘画的联系之中一样,所以,它又作为一种专门的说话学习而出现。"

走在了蒙台梭利书写教学方法的前面。正如语言教学一样,他的书写教学方法的缺点是,他使自己的分析达到了极限,而对儿童来说,心理学上最简单的东西不一定是不能再作进一步分析的。在书写中,单位是词或字母,而不是所谓的字母要素。

在算术中,容易发现裴斯泰洛齐的具体原理的应用机会。算术是在伊弗东得到最充分发展的科目,多亏裴斯泰洛齐的助手约瑟夫·施密德具有一种专门的能力。[①] 在评论克劳泽作为一位教师的发展时,裴斯泰洛齐这样写道:"例如,当他在算术中提'63是7的多少倍?'的问题时,如果儿童缺乏问答问题的真实的知识背景,就必须很费劲地将其从记忆中挖掘出来。现在,按照计划,9次将7个物体放在他眼前,让他把7和9放在一起计算,他就不必考虑任何与这个问题有关的更多东西;尽管他第一次被问到这个问题,但他从自己已经学习的内容知道:7的9倍就是63。所以,它是学习知识的另一种方法。"[②]裴斯泰洛齐就用这些术语形成了应用于算术的一般的直观原理:"通过儿童开始使用实物的计算练习,或者至少用一些圆点来表示实物,这样我们就打下了全部算术科学的基础,保证他们将来的进步而不会出现错误和混乱。"[③]

不过,实验已表明,通过改变裴斯泰洛齐提出的组合安排,就能容易地达到对数目—形状的理解。以它们包含了计算为理由,有人对基于裴斯泰洛齐的数目形式的各种方法提出了反对意见;但是,经验依然证实了一般原理,即数目的具体表示是算术教学开始时所必不可少的。[④]

裴斯泰洛齐特别地考虑了直观的语言方面,尽管他并没有充分将

① 希福德:《裴斯泰洛齐》,第57页。
②《葛笃德如何教育她的孩子》,第54页
③《葛笃德如何教育她的孩子》,第51页。一条直线常常被裴斯泰洛齐用来表示基数。
④ 凯瑟琳·斯特恩(Catherine Stern):《儿童发现算术》(*Children Discover Arithmetic*),纽约:哈珀兄弟图书公司1949年版,第19页。

其视作与形状和数目并列的同等事物。① 费希特抱怨说，②对字词符号的了解并不会对有关一个物体的知识增加任何东西，而只不过是把它带入了能够与其他物体交往的范围。然而，赫尔巴特再一次参与了捍卫裴斯泰洛齐的争论，③认为对年幼儿童来说，一个字词、一个名称并不是仅仅作为一个物体的符号。字词本身就是一个物体。它们在声音上联结起来，直到后者成为儿童习以为常的东西时，儿童才在注意物体本身时学习忘记它。裴斯泰洛齐认为，在教阅读之前儿童必须学习说话；④承认儿童需要一套完整的和容易的词汇。因此，裴斯泰洛齐断言："对于儿童来说，流畅地和尽早地掌握名称的优点是无法估价的。对名称的深刻印象一旦变成他们的知识就不会被他们忘记；用一种基于现实（reality）和实际（truth）的顺序把一些名称排列起来，就能使他们发展和保存一种有关物体之间真实关系的认识。无疑，当一个儿童掌握了大部分正确的名称时，他至少会获得一个好处，即可以每天在家里认识许多事物，熟悉从摇篮时代以来碰到的难以计数的名称。"⑤裴斯泰洛齐建议，儿童不应该仅仅为了掌握名称而去掌握一系列名称，而是应当将其作为掌握事物的手段，这也是名称从最初阶段起就具有的功能。他抱怨说，一个多世纪以来，在一些低年级学校里，所教的一些空洞的字词压迫了人的心智，不仅妨碍人对大自然印象的注意，而且破坏人对这些印象的内在感受。⑥ 他解释说，他自己的方法就"像未开化的人生活在原始状态一样，我总是将图片放在眼前，然后为它想出一个单词"⑦。

_147_

---

① 参见《葛笃德如何教育她的孩子》，第 150 页。

② 费希特：《对德意志民族的演讲》，第 166 页。

③ 赫尔巴特：《零散教育著作》，第 38 页。福禄培尔在《人的教育》(The Education of Man)中反复指出：对儿童来说，字词和实物是一件同样的事情。

④《葛笃德如何教育她的孩子》："在适当的阅读教学之前，儿童必须学习说话。"（第 36 页）"因此，我发现，在阅读教学中，它必须从属于说话的能力。"（第 84 页）

⑤《葛笃德如何教育她的孩子》，第 33 页。参见同书第 51 页："通过一本精心编排的词语表，给儿童留下持久的印象，就能够为各种知识打下一般的基础；在此基础上，儿童和教师可以一起、也可以分别地稳步获得一切知识领域的清晰概念。"

⑥《葛笃德如何教育她的孩子》，第 113 页。

⑦《葛笃德如何教育她的孩子》，第 55 页。

　　裴斯泰洛齐坚持将语言训练作为适当的教育的一种必要开端的主张,促使赫尔巴特提出这样的问题:"是什么能够如此长久和如此普遍地像缺少语言一样地阻碍人类的教育方式呢?与那些既不知道如何选择适当的表达方式、也不知道欣赏设计良好的表达魅力的人相比,还有谁能够更加确定没有从人类对话的教学中受益呢?难道那些受过教育的男子都从未实现语言学习的目的,也就是,从未掌握所有社会中的用于交流的工具吗?"①

　　裴斯泰洛齐把语言归结为字词或名称,后来又归结为声音。对于每一阶段来说,他构建了正规的练习,从音节这个最小的因素开始。最初的练习采取这种形式,例如,a—ab—bab,等等,很多方法被当代语音教学法所仿效。在自然、历史、地理、人类的职业和关系等所有的领域方面,儿童必须记住最重要的物体名称的名单,最后应该通过各种方法来构成句子。裴斯泰洛齐的分析因趋于极端而引起了指责;然而,他的方法的改善特征是把阅读建立在语音而不是拼写的基础上,因而为现代的教学方法准备了通道。但其内容是费希特②和赫尔巴特③都进行指责的理由,因为裴斯泰洛齐在《母亲之书》(The Mother's Book)④中被引入歧途,认为教育应从儿童身体开始,声称知识的第一个客观对象是儿童自己。

　　尽管这种对直观作为教学基础的价值的反对意见依然没有削弱,但是,直观教学(Anschauungsunterricht)在德国学校课程中已成为一个确定的因素;在19世纪英国教育中,它作为实物教学课(object lesson)而以一种微弱的形式起作用。

　　直接经验一般是混乱的,它必须得到明确,同样它也必须得到概括。这一要求是康德在经常被引用的那段论述中提出的:"没有内容的思想是空乏的,没有概念的直观是盲目的。"(Thoughts without content are empty, Anschauungen without concepts are blind)⑤康德还补充

　　① 赫尔巴特:《零散教育著作》,第43—44页。
　　② 费希特:《对德意志民族的演讲》,第164页。
　　③ 赫尔巴特:《零散教育著作》,第54、60页。
　　④ 参见《葛笃德如何教育她的孩子》,第231—233页。
　　⑤ 康德:《纯粹理性批判》,"先验的逻辑"(The Transcendental Logic),序言。

说:"所以,同样必要的是,使我们的概念可以感觉到[也就是说,把直接经验的物体加给它们],正如使我们的直接经验概念化[sich verständlich]一样,即把它们带到概念之下。"①裴斯泰洛齐在他的《致格瑞夫斯的信》中解释说:"但是,如果一位母亲是通过物体来教的,她也必须将注意力集中在观念的形成上,而不只是将物体带给感官。它的特性必须得到说明;它的来源必须得到解释;它的各个组成部分必须得到描述;它们与整体的关系必须得到确定;它的用途、作用或结果必须得到陈述。所有这一切必须去做,至少在一定程度上是十分清晰的和可以理解的,以便使儿童能够把这个物体与其他物体区分开来,并对所形成的差异进行解释。"更加专门的阐述是:直观必须通过对形状、数目和名称的分析而形成特点,因此,它们必须是清晰的。在裴斯泰洛齐看来,在它们能够被描述的时候,它们就是清晰的。最后的阶段是使它们明确,也就是说,是能够被确定的,正如裴斯泰洛齐所解释的,描述的能力往往先于将物体正式归类的确定的能力。

在这种渐进的发展中,一步也不能少。教学必须连续进行而不能中断。这是裴斯泰洛齐连续的知识组织的原理,在重要性上仅次于他的直观学说。这是他的教学特征,不仅对赫尔巴特是有吸引力的,而且也是得到赫尔巴特支持的:"我长期坚持这一看法,即一种清晰的理解是唯一的和真正的教学。对我而言,在所有方面保持完美的和适当的连续性(sequence)是一个最高理想,这是确保所有教学获得良好效果的最为完善的手段。正如我所理解的,这确实与裴斯泰洛齐的主要意图是相同的;也就是,需要同时或连续性地教学生去发现所有物体的这种连续性、安排和组合。假定他已经找到这种次序,或者至少他已走在通往那里的正确道路上,那么,每一种不必要的增加、每一种外来的帮助都将是一种伤害。它将会受到指责,因为这样做会在主要的观点上分散他的注意力。如果他还没有找到这种连续性,那么,还应该去找,或者至少需要改进并继续找。但是,甚至在他的方法是正确的情况下,至少在一定程度上排斥了那些有害的增加物。简明正是它的基本优点。

① 康德:《纯粹理性批判》,第123页。

在他的学校里，所听到的没有一句是无用的话；统觉（apperception）进程从来没有被打断。教师不断地教儿童发音。每一个不正确的字母会马上从石板上擦掉。儿童从来不会停留在它的错误上，从来没有离开过正确的思路，因而他每时每刻都取得了进步。"①

和谐发展的教育

尽管《葛笃德如何教育她的孩子》主要论述了知识的性质和发展，但裴斯泰洛齐并没有考虑这就是教育的目的，因为他说："获得知识而没有实际能力，获得见识而没有获得在日常生活中应用它的能力，这是一个恶魔般的幽灵带给我们的更可怕的灾难。"②费希特也补充说："教育的这一部分几乎是一种方法和一种初步练习，但它的第二个部分主要是公民教育和宗教教育。"③在评论《葛笃德如何教育她的孩子》时，赫尔巴特观察指出："毫无疑问，最必要的教学必须是教人知道他最需要知道的东西。现在，对我们来说，最需要做的事情应该既包括我们的身体方面，也包括我们的道德方面。我们需要它，既作为能够使我们去生活的感官方面的开始，又作为公民的社会关系、家庭生活等现实方面的开始，旨在使我们可以认识和尽到自己的责任。农业、手工业、商业以及所有其他有关生计的工艺和科学属于第一类；宗教、伦理、公民权利和义务的概念属于第二类。"④据说，赫尔巴特的分类可能就是裴斯泰洛齐早期努力中的教育的主要方面。对裴斯泰洛齐来说，理想的教育包含了对各种手工艺形式和简单的社会关系的一般介绍。在他的后期著作中，裴斯泰洛齐仍然倾向于把教育的要求看做三个方面——手的训练、头脑的训练和心灵的训练。

150

---

① 赫尔巴特：《零散教育著作》，第34—35页。文法学习是建立在这一原理之上的。

② 《葛笃德如何教育她的孩子》，第173页。

③ 费希特：《对德意志民族的演讲》，第169页。

④ 赫尔巴特：《零散教育著作》，第36页。

　　教育过程的三方面——身体、智力以及道德-宗教中的第一个方面
并不仅仅包括体育，而且也包括艺术技能和技艺灵巧，因为它们都与身
体器官有关。它的目的基本上是道德的——去发展坚韧力、无畏力和
自制力。费希特①对裴斯泰洛齐关于儿童身体力量发展的结论表示赞
成，并从《葛笃德如何教育她的孩子》中引用了一段话；②但是，他也抱怨
裴斯泰洛齐没有能够制定一个身体练习的分级计划，这是裴斯泰洛齐
自己造成的一个疏忽。③ 当心灵的发展一般存在于从外界得来的感觉
印象的内部组织时，艺术反过来使得这个过程通过内在冲动力和意向
修正了外部世界。对于所有艺术的基础来说，部分是内在的，部分是外
在的；部分是心理的，部分是身体的。艺术能力包括努力体现人的心理
的产物，表达人的心灵的冲动，训练在家庭和社会生活中所要求的灵
巧。这就是裴斯泰洛齐在《天鹅之歌》(*Swansong*)中所阐述的关于艺
术的观点。④ 技艺能力的发展遵循着如同知识的发展一样的法则。⑤

　　尽管裴斯泰洛齐跟随卢梭，相信儿童天生就是好的，⑥但我们仍然
必须把他的教育与盲目的本性区分开来，⑦因为他进入的世界由于追求
单纯的感觉享受和内在本性的情感而受到破坏。⑧ 在儿童幼年时，道德

---

　　① 费希特：《对德意志民族的演讲》，第 167 页。

　　②《葛笃德如何教育她的孩子》，第 177—178 页。参见裴斯泰洛齐：《致格瑞夫斯
的信》，第 89—98 页。

　　③ 这个理由也许能在伊弗东没有体育专家这一事实中找到，例如，就像在算术上
一样。见希福德：《裴斯泰洛齐》，第 68 页。

　　④ 特奥多尔·维格尔(Theodor Wiget)：《裴斯泰洛齐教育原理的基本方针》
(*Grundlinien der Erziehungslehre Pestalozzis*)，莱比锡：K·F·科勒图书公司 1914 年
版，第 94—95 页。

　　⑤《葛笃德如何教育她的孩子》，第 173 页。

　　⑥《葛笃德如何教育她的孩子》，第 75 页。

　　⑦《葛笃德如何教育她的孩子》，第 160 页。"人只能通过他的内在的和精神的本
性而成为人。通过它，人变得独立、自由和知足。仅仅是身体本性，并不能引导人达到
这种境界。人对他自己的本性是非常不了解的；他的道路是黑暗和死亡之路。所以，
我们人类的教育和训练必须远离盲目感觉的本性和她的黑暗和死亡的影响，把它们放
在我们的道德和精神的人类手中，并拥有它的神性的、永恒的光明和真理。"

　　⑧《葛笃德如何教育她的孩子》，第 187 页。

能力就表现出来了。"上帝给予儿童一种精神的本性,也就是说,上帝给他种植了道德心的愿望;而且,上帝做得更多,还给予他专注于这一愿望的能力。"①道德的善行起源于在儿童与他的母亲之间存在的关系之中;事实上,直到一个儿童进入学校的时候,他的道德教育中最有效的部分就已结束了。在家庭关系中,还存在着人类所特有的心理状态,即人类依赖于造物主的自然本性胚芽的全部本质。② 直观的初级阶段(An ABC of Anschauung),即一种特殊的直观——一种类似的或内心的直观——是需要的,它也是一种发展心理和感觉方法的一个完美阶段。"其基本目的应该是利用教学和它的机制的优点,来维护道德的完善,并通过使心灵能够纯洁和远离谬误与片面,来防止理性的自私。最重要的是,使我的感觉印象服从于我的信念,使我的欲望服从于我的仁慈以及使我的仁慈服从于我的正义的意志。"③

裴斯泰洛齐因忽略正式的宗教教学而受到批评。事实上,在伊弗东是有宗教教育计划的,但是,裴斯泰洛齐的兴趣在于这个世界人类社会的改善,这必然使他把道德教育放在最重要的地位。④

观察到裴斯泰洛齐在纪律问题上部分地与卢梭是一致的,这是有价值的。裴斯泰洛齐准备去改善环境,因而相信艰苦工作的实际价值。而且,当体罚不能被避免的时候,在一种条件下——学生必须理解这一惩罚的理由的条件下,体罚是允许的。因此,他并不怨恨体罚:"在有些情况下,体罚无疑是最好的事情;但是,它必须是在父母确信有必要时进行。赞成这种观点的教师,如果他能以父亲或母亲的情感对待学生,在需要采取这一措施的重要场合,也应该拥有这样的权利。"⑤

在裴斯泰洛齐更早的一些著作中,他强调教育的三个主要方面同等重要:身体、智力和道德-宗教,而不是强调它们的相互关系;或者,讲得详细些,是指个人的身体、技能、艺术、智力、道德和宗教等方面。在

①《致格瑞夫斯的信》,第19页。
②《葛笃德如何教育她的孩子》,第184页。
③《葛笃德如何教育她的孩子》,第189页。
④ 希福德:《裴斯泰洛齐》,第64页。
⑤ 希福德:《裴斯泰洛齐》,第71页。

裴斯泰洛齐后期的一些著作中,他坚持这三个方面应该通过一种心灵的原理而协调起来。因此,在《天鹅之歌》中,他把它们之间关系的特点确定为一个和谐的整体。"我们本性所有三个方面的教育采用同样的方法沿着共同的路线前进,这样做是必要的,如果我们本性和我们能力的均衡是从外部被认识的话。"①在《致格瑞夫斯的信》中,他这样写道:"人的能力必须是这样培养的,即不能牺牲一种能力而使另一种能力居于支配地位,人的每一种能力都能被激起达到真正的活动标准,这个标准就是人的心灵本性。"②

更早一些时候,裴斯泰洛齐在《葛笃德如何教育她的孩子》中提到了和谐发展的思想:"一切教学的目的应该是也只能是人的本性的发展,通过和谐培养它的力量和能力以及提升生活的果断力。"③在裴斯泰洛齐这里,强调和谐发展或均衡训练,并否认存在着教育压抑学生个性的事实,强调教育应当尊重个性。在《天鹅之歌》中,裴斯泰洛齐所论述的观点是与卢梭的观点相反的。卢梭认为伟大的心灵能够发现它们所走的道路,但裴斯泰洛齐提出:"应该对独特的能力提供每一个可能的机会,最重要的是它应该得到正确的引导。"由于他的学生是贫困的,这就使裴斯泰洛齐从《葛笃德如何教育她的孩子》一段话中隐含的又一个危险中解放了出来,这个危险是,为了支持单纯的心理能力训练,可以不考虑这种训练的社会价值和学生后来将遭遇的社会处境的做法是可以解释的。

教育思想和实践的影响

伊弗东的这个教育机构大约在 1809 年达到了其影响的顶端。④ 但

---

① 格林编:《裴斯泰洛齐教育著作选》,第 281 页。
②《致格瑞夫斯的信》,第 18 页。[著者原稿错误—译者注]
③《致格瑞夫斯的信》,第 156—157 页。也可参见裴斯泰洛齐:《见解与经验》(*Views and Experiences*):"教育的主要目的是培养能力和组成个性的意向。"
④ 西尔伯:《裴斯泰洛齐:其人其事》,第 219 页。

是,裴斯泰洛齐获得令人惊奇声望的日子,也就是他的心里最苦恼的日子。在他的教师中存在着争论与不和,但由于他的管理能力不强而不能得到解决。这就是福禄培尔对裴斯泰洛齐工作的评价与赫尔巴特的评价是如此不同的原因所在。赫尔巴特认为,它是裴斯泰洛齐在布格多夫的不利环境中所作的早期的努力,[①]在那里任何的成功方法都是值得称赞的;后来福禄培尔在伊弗东看到的是更有雄心的事业计划,结果却感到了失望。[②] 福禄培尔在描述对伊弗东最早的访问[③]时这样写道:"当时我所看到的,对我来说是振奋的和沮丧的,也是唤醒的和迷惑的。……对于教学计划正在受到挫折的方面,我直觉地进行反抗,尽管那时我自己在这个问题上的态度还是如此模糊的和悲观的,依我的观点来看,在于它的不完善和片面。在人的全面和谐发展中,教学和教育的一些问题是十分重要的,但在我看来,它们太强调背景知识了,如果用继母式方法,那是肤浅的。"但是,这个信念是福禄培尔第二次访问伊弗东得出的。[④] 福禄培尔写道:"当裴斯泰洛齐讲话的时候,他给人们强有力的、模糊不清的、激动人心的和振奋的外观印象,倾注全力地去追求更高的和更好的生活,尽管他没有使之清晰或保证趋于它的正确道路,也没有指出达到它的方法。这样就决定了他的教育探索的能力和多方面性缺乏统一和综合;慈爱、温暖、整体活动、人的仁慈和善行取代了清晰、深刻、精确、广度、坚韧和坚定果断。……总的来说,我在伊弗东度过了一段令人高兴的时光,我的思想得到了提升,这对我后来的生涯起到了决定性作用。然而,在这一时期结束的时候,我比以往更加清晰地感到,那里的教学缺乏内在的统一和互相依赖,以及缺乏外在的综合性和彻底性。"

裴斯泰洛齐在教育上的探索是试验性的,尽管缺少今天所要求的

---

① 赫尔巴特对布格多夫的访问是 1797—1799 年。

② 福禄培尔在他的《自传》(*Autobiography*)中承认:"那里没有要解决的教育问题,我并不坚定地希望在那里发现它们。"

③ 福禄培尔第一次访问伊弗东持续了两周,1805 年 10 月中旬离开伊弗东。

④ 福禄培尔第二次访问伊弗东是 1808—1810 年。

科学精确性,但它们在广泛的意义上来说是实验性的。① 他得到的结果
与单纯的重要教育计划中得到的结果并不是一致的,它们也没有获得
与哲学理论的结论有关的尊重。② 因为是通过辛苦经验而得来的结论,
它们从来不具有一种真实性,这是其他许多更矫饰的体系所不具有的。
谈及裴斯泰洛齐,也许确实听说需要是"创造之母"(necessity was the
mother of invention),当他祈求的时候,他自己也承认这一点:"上帝,
因为我的需要,我感谢你。"③这种需要强迫他使"直观"成为所有教学的
共同起点,坚持教学应该有规则地遵循一种有秩序的连续性,形成一种
基于心理学原理的普通方法,强调专业教学的重要和技能,承认个性的
实际和情感方面以及加强教育的民主传统。

　　根据裴斯泰洛齐的助手赫尔曼·克劳泽的看法,裴斯泰洛齐是一
个激励的源泉,能够教导和激发,但并不是组织。他从来没有建立一个
教育体系;④得以持续的是他的实践思想,这是给予他持续快乐的一个
事实。裴斯泰洛齐并没有提出独创性的主张:他汲取了先驱者卢梭的
思想,显示了儿童如何能在实际中得到发展。由于他的努力,"教育在
更加人道的同时也更加科学"⑤。裴斯泰洛齐的思想是自由的,常常明
显地走在他们时代的前面,比如,他的伤感情绪。他并不赞成流行的补
偿天资(compensatory talents)理论,而是像现代研究所做的一样,常常
对那些天资聪慧的人提出建议,才华横溢的学生同时也应是具有多方
面才能的人。他坚持认为,需要把注意力集中在儿童上仍然是正确的,
尽管他被人们认可得非常缓慢,经历了自他的时代开始的世界的所有
变化,这就是,例如,在研究者(writers)心目中,对他的评价是多种多样
的,就如同对福禄培尔和杜威的评价一样。他的重要性是一种心理学

154

　　① 裴斯泰洛齐经常把他自己的方法看做是实验的。参见《葛笃德如何教育她的
孩子》,第154、166、172页。
　　② 参见《葛笃德如何教育她的孩子》,第83页:"自我20岁以来,我对哲学思想这
个词的真正意义一直没有理解。"
　　③ 《葛笃德如何教育她的孩子》,第18页。
　　④ 西尔伯:《裴斯泰洛齐:其人其事》,第xi页。
　　⑤ 希福德:《裴斯泰洛齐》,第49页。

方法，像弗洛伊德一样，裴斯泰洛齐同样强调母亲和儿童之间关系的重要性，他的"成熟"（readiness）概念在教育上早已成为一种流行词。他的儿童发展的"阶段"（stages）又重新出现在赫尔巴特的著作中以及更近的是出现在他的瑞士同伴皮亚杰（Jean Piaget）的著作中。他的直观学说又重新出现在"实物教学课"中。裴斯泰洛齐提出的不太多的教育主张，与他对社会民主的始终关心一起，奠定了我们初等学校制度的基础。

第九章　赫尔巴特

当约翰·弗雷德里克·赫尔巴特（Johann Friedrich Herbart）[①]　*155*
1776 年出生的时候，卢梭还活着。他死于 1841 年，在杜威诞生之前仅
18 年。正如那么多的"伟大教育家"一样，有关赫尔巴特的许多观点可
以在详细介绍他的成长过程中发现。

生涯与著作

赫尔巴特的父亲是奥尔登堡的汉诺维莱安小镇的一个法官和地
方议员，他是一个勤奋的人，更是一个冷谈的人，并没有给予家庭什
么温暖。相反，赫尔巴特的母亲是一个地方医生的女儿，精力旺盛但
缺少魅力，"天生就有控制欲"，长期以来在她儿子的事情上起着很大
的积极作用，有时甚至有点反常：1794，当 18 岁的赫尔巴特去耶拿大
学读书时，她坚持要陪伴他！一直到 12 岁，赫尔巴特的教育还是在家
里由她和家庭教师赫尔曼·于尔曾（Hermann Uelzen）来承担的，他们
对哲学的爱好激起了赫尔巴特对伦理学、形而上学和心理学的早期
兴趣；但是，赫尔巴特也显示出非凡的记忆力以及在逻辑思维和音乐
演奏两方面的才能。在之后的六年里，赫尔巴特进入了奥尔登堡拉
丁文法学校，比他班上大多数同学要年轻几岁，他在学习上被证明是
勤奋的和成功的。

---

① 关于赫尔巴特的最近的著作是哈罗德·B·邓克尔（Harold B. Dunkel）的《赫
尔巴特与赫尔巴特主义：一个教育灵魂的故事》（*Herbart and Herbartianism：An
Educational Ghost Story*），芝加哥：芝加哥大学出版社 1970 年版。

　　尽管他父亲可能希望他学习法律,但赫尔巴特在耶拿大学时的爱好以及当时流行的学识风气,使他转向了哲学。康德对他的影响是很大的,赫尔巴特发现,他更赞成康德的体系而超过自己的教授费希特。从他生涯的早期阶段起,他就把自己基本上看做一位哲学家,他的主要角色是一个哲学教师,在这些工作上他取得了相当多的成功。从1802年到1809年,赫尔巴特在哥廷根大学任教;从1809年到1833年,他在哥尼斯堡大学任教;从1833年到1841年,他又在哥廷根大学任教。他的讲课虽然不容易懂,但却是非常受欢迎的,常常挤满了访问者,同时也挤满了他自己的学生。在赫尔巴特去世时,他的学生举着火炬与送葬队伍一起行进至墓地。另一方面,赫尔巴特在作为一个反抗者的专业生涯中反对当时在德国流行的唯心主义(idealism),他的工作未能超过像歌德(Goethe)①和普鲁士教育大臣洪堡(Humboldt)②那样的有影响的人物;他的相反的观点使他失去了他所向往的职位,即当时由黑格尔(Hegel)③在柏林大学拥有的职位。

　　1797年,赫尔巴特21岁时,他在瑞士得到了一个职位,担任因特拉肯的地方长官斯泰格尔(Karl Friedrich von Steiger)三个儿子的家庭教师。在担任近三年家庭教师期间,赫尔巴特会见过裴斯泰洛齐,并访问过他在布格多夫的学校。裴斯泰洛齐的经验对赫尔巴特产生了巨大的影响,使他在自己的生涯中长期对教育产生兴趣,并极大地吸引他趋于心理学研究。当赫尔巴特得到哥尼斯堡大学的职位时,教育学应该是包括在他的责任之内的。在整整24年里,他主持了一个在教育学方面的研讨班,包括一个实践教学的时期。然而,这似乎是“他的事业中最不成功的”④,也许是因为他自己的经验仅仅限于作为一个与几个学生在一起的家庭教师,例如,他还是不满意自己引用很多关于训练的思想。赫尔巴特撰写了大量著作,不过却不为人了解,其中最著名的是被

---

① 歌德(1749—1832),德国戏剧家。——译者注
② 洪堡(1767—1835),德国教育家。——译者注
③ 黑格尔(1770—1831),德国哲学家。——译者注
④ 邓克尔:《赫尔巴特与赫尔巴特主义》,第50页。

翻译成书名为《心理学教科书》(*Texbook of Psychology*)①和《教育科学》(*The Science of Education*)的两本著作。② 在赫尔巴特心里,教育学在行动上也没有超过他的哲学;他把任何区分这两个方面的企图看做是过分简单化的和不可避免的错误。

伦理学和心理学

赫尔巴特说:"教育学作为一门科学,是以伦理学③和心理学为基础的。前者的观点是说明教育的目的,后者的观点是指明教育的途径、方法和障碍。"④同样,他在《心理学在教育科学中的应用》(*The Application of Psychology to the Science of Education*)中也指出:"通过教育者所考虑的各种目的的概念,教育与伦理学联系了起来。考虑到手段和障碍,教育学又被迫回来依靠心理学。"⑤在《关于一篇教育论文的意见》(*Observations of a Pedagogical Essay*)中,他进一步作了说明:"20年来,我运用形而上学、数学以及与它们并列的自我观察、经验和实验,只是为了发现真正的心理学思想的基础。还有,为了实现这个目的进行调查研究完全是不容易的,因此,我的基本信念是:在我们得

157

---

① 玛格丽特·K·史密斯(Margaret K. Smith):《心理学教科书》(*Textbook of Psychology*,1891),译自赫尔巴特的《心理学教科书》(*Lehrbuch zur Psychologie*,1816)。

② 赫尔巴特:《教育科学》(*The Science of Education*),H·M·费尔金(H. M. Felkin)、E·费尔金(E. Felkin)译,伦敦和波士顿:1892年版,译自赫尔巴特的《普通教育学》(*Allgemeine Pädagogik aus dem Zweck der Erziehung abgeleitet*,1835)。

③ 在赫尔巴特的教育学中,"伦理学"也可称为"实践哲学"。——译者注

④ 赫尔巴特:《教育学讲授纲要》(*Outlines of Educational Doctrine*),兰格(A. F. Lange)译,纽约:麦克米伦图书有限公司1904年版,第2节。

⑤ 赫尔巴特:《简明教育心理学应用》(*Briefe über die Anwendung der Psychologie auf die Pädagogik*),马林杰(B. C. Mullinger)译,伦敦:斯旺·索南沙因图书公司1898年版,第一封信(*Letter I*)——后面称之为《心理学应用》(*Application of Psychology*)。

来的教育学知识中,由于缺少心理学而存在着大量的重大分歧。"①

因为在教育界,关于赫尔巴特心理学的否定或批判方面比积极的或建设的方面更为人们所知,我们将首先对他的心理学进行论述。

正如我们在前面的章节里所论述过的,洛克不仅驳斥天赋观念的学说,而且还怀疑心理官能的存在。赫尔巴特赞成抛弃心理官能,并完全明确地抵制形式训练。斯托特(G. F. Stout)②把赫尔巴特坚定地反对天赋才能、活动和预先的倾向看做是他的心理学最引人注目的消极特征。③赫尔巴特说:"心灵既没有天赋的倾向,也没有天赋的能力。"④他又说:"实际上,把人的心灵看成各种能力的一个聚合是错误的。"⑤在评论这种对官能的抵制时,斯托特指出:"人类的心理总是容易错误地对现实心不在焉,甚至在相应的具体物体清楚地和十分详细地表现出来时。这一倾向在一种情况下总是成为不可阻挡的,那就是具体的细节是模糊的和含糊不清的。因此,我们发现,官能心理学家在说明特殊的现象时不能对他们的概念进行合理的利用,仿佛它们是产生这些现象的真正力量。于是,在他们那里,心理学变成了一种仍然是有害的神话,因为几乎没有任何人公开地和明确地宣称自己相信它。"

---

① 赫尔巴特:《教育学论文评论集》(*Bemerkungen über einen pädagogischen Aufsatz*,1814),赫尔巴特的《早期哲学文集》(*Kleinere Philosophischen Schriften*),莱比锡:G·哈滕斯坦因图书公司1842年版,第1卷,第15—28页。包括在《感觉概念入门和零散教育著作》(*ABC of Sense Perception and Minor Pedagogical Works*)中——后面称之为《零散教育著作》,埃克夫(W. J. Eckoff)译,纽约:D·阿普莱顿图书公司1930年版,第72页。

② 斯托特(G. F. Stout, 1860—1944),英国心理学家、哲学家。——译者注

③ 斯托特:《心理》(*Mind*),第13卷(1888),第321—328,473—498页:"赫尔巴特心理学"(*The Herbartian Psychology*);第14卷(1889),第1—26页:"赫尔巴特与英国心理学家和巴内克的比较"(*Herbart compared with the English Psychologists and with Beneke*),第353—368页:"有关赫尔巴特训练的心理学著作"(*The Psychological Work of Herbart's Disciples*)。

④ 赫尔巴特:《心理学教科书》(1816年第1版),《赫尔巴特文集》(*Herbart's Collected Works*)第4卷,德国,朗根萨拉:1891年版,第205—436页。

⑤《教育学讲授纲要》,第20节。

　　关于官能的训练，赫尔巴特在他的《简明实践哲学百科全书》（*Brief Encyclopaedia of Practical Philosophy*）中评论说："然而，那些没有适当见解的人很少掌握任何关于教育法则的内容。他们坚持旧的思想，即心灵中存在的某种力量或能力应该进行练习，至于它们进行什么样的练习倒不重要。这些练习可能属于作为与体育练习同样类型的很好的练习，因为人的肌肉通过体育会变得更加强壮和柔韧。事实上，每一个知觉系统都是由想象、记忆、推理等要素构成的，尽管它们在本质上并不处于平等的地位。在一个人身上，感觉系统通常会很容易地成为他的智力要素的重要部分；而另一个人则想象力丰富；在第三个人那里则记忆力起着重要作用。一个人的知觉系统可能以情感炽烈为特点，而另一个人则以无感觉为特征。因此，教育者对形式训练的要求完全是一种幻想，因为它预先假定的力量练习仅仅在那些拥有这样的心理学观点的人的想象中存在。"①在《心理学教科书》中，他又说："记忆和想象在这一点上是一致的，即每个人身上的特殊力量强度是限于某类物体的。对希望具有几何图形的想象的人来说，在所谓的诗歌艺术中的练习是完全没有用处的；对在科学的技术词语上没有任何麻烦的人来说，对乡村闲聊的记忆常常是很糟糕的。"②

　　赫尔巴特经常受到指责，不仅是因为他倾向心理官能说（mental faculties），而且是因为他把"一种没有心灵的心理学"给予我们。赫尔巴特能够承担这个责任，但他会在辩解时找个借口说，这仅仅是一种方法上的权宜之计。心灵是一种形而上学的需要，但是，只有当它准备考虑呈现时，③它才成了心理学有必要论述的心理。"我们可以把心理看做是心灵被赋予了呈现的力量。"④他还说，"就它能够呈现或表达而论，心灵（soul）被称为心理（mind）；就它能够感觉或渴望而论，心灵被称为

---

　　①《简明哲学百科全书》（*Kurze Encyclopädie der Philosophie*），第 107 条。

　　②《心理学教科书》，第 93 节。也可参见同书第 122 节。

　　③ 赫尔巴特的"表象"（Vorstellung）一词完全是通过"呈现"（presentation）来表示的，实际上相当于洛克的"观念"（idea）一词，它既包括知觉也包括概念。"正如生理学形成了结构之外的机体一样，心理学形成了一系列表象之外的心理。"

　　④《心理学教科书》，第 62 节。

情感(heart)。"①在《心理学教科书》一书的开头,②赫尔巴特曾这样论述:"应当允许心理学的研究先于形而上学的研究,通过这样的方式可以在一开始就避免形而上学概念对心灵(心理的主体)的影响。这样,初学者可以轻松地对待他的任务,一方面是因为他能更长时间地停留在经验领域里;另一方面是因为心理学与道德学、教育学、政治学、历史哲学和艺术哲学的多方面关系有助于提高他的学习兴趣。"但是,斯托特注意到了心灵作为一个简单的整体的存在和心理作为一个具体的复合体的不相容性,而赫尔巴特并没有注意到。"在赫尔巴特的步骤中,有一个步骤——只有一个步骤——基本上是不连贯的。他的形而上学思辨引导他趋于这种学说,即心灵完全是一个简单的存在;对心理学目的而言,他用系统的整体替代了简单的概念。在这样做的时候,他是不一致的,但这个不一致是必要的和值得称赞的。没有这个不一致,对他来说就可能没有心理学。"③

对赫尔巴特的进一步指责是他的心理学上的主智主义(intellectualism)、观念以及它们与另一个存在的相互关系,也就说是,与感觉和意志等所有其他心理活动的唯一来源的相互关系。④ 不过,在他的《心理学教科书》中,赫尔巴特写了"感觉的能力"一节。⑤ 其中,他提到,如果我们限制对心理趋于呈现和它们的来源的叙述,我们就无法简要说明在我们的心灵里所发生的所有事情;我们也必须考虑感觉和欲望。他告诉我们:"感觉并不是心灵的一个分离的和独立的官能,而只是观念相互作用的一个结果。"⑥在心理生活中,当一个表象在其本身呈现的过程中,受到另一个表象的阻止,就会引起一种令人不愉快的感

---

① 《心理学教科书》,第33节。[著者原稿错误——译者注]

② 见《心理学教科书》,第1节(前言)。——译者注

③ 斯托特:《心理》,第14卷,第363页。

④ 乌利奇(R. Ulich):《教育思想史》(*History of Educational Thought*),纽约:美国图书公司1945年版,第275页。

⑤ 《心理学教科书》,第95—106节。

⑥ 赫尔巴特:《心理学应用》,第16封信(*Letter XVI*)。也可参见《心理学教科书》,第32、36、37节。

觉。赫尔巴特把感觉与情感区别开来,指出后者具有生理成分,正如他所补充的,是用异常的和经常是危险的力量作用于身体;因此,勇气和胆怯取决于健康和生病。

赫尔巴特关于感觉、情感与观念结合的观点,在教育上至关重要。从本质上而言,教育是没有感情的教育。① 因此,赫尔巴特不会赞成为了道德训练而依靠卢梭的感情主义和裴斯泰洛齐的感伤主义。他要求一种真正的基础,正如我们将看到的,发现它处在"思维环"(the circle of thought)里;正如他自己所表述的:"内心倾向在心理中具有它的根源。"②

赫尔巴特心理学的主智主义是由于"感受"(Empfindung)一词的意义不明确而得到加强的,这个词表明知觉和感觉两个方面。例如,他在《教育科学》一书的"序言"中说,感觉(Empfindungen)由观念而产生,从这些感觉再产生原理和行动方式。著名的德国赫尔巴特主义者、耶拿大学的莱因(Rein)教授(1847—1929)阐述了这样的观点:③"使人感到遗憾的是,我们德国人不幸在两种意义上使用了'感受'这个词。一方面,我们通过'感受'来理解感觉——我们说到一个人具有很好的感受性,也就是说一个人具有很好的感觉;另一方面,我们通过'感受'来理解对一个外部刺激的心理感应,而英国人是通过知觉(sensation)来理解的。这里,赫尔巴特通过感受来思考感觉,它能够如此本质地和如此充满活力地与表象(Vorstellungen)联系在一起,从它们中产生了有意志的行动。由于它们的综合和价值的原因,这些行动被作为原则或道德观念来排列。根据赫尔巴特的观点,思维环不仅仅是智力的结构,而是始终与感觉和有意志的冲动紧密结合在一起的。教育性教学

160

---

① 参见克拉克爵士(Sir Le Gros Clark) 1961 年的"柏林协会的主席就职演说"(Presidential Address to the British Association):"过去在心理学中所流行的概念,即心理经验能够划分为形成相当明显对照的种类,即称之为'认知的'和'情感的',早就被认为是错误的,因为在任何一种形式的行为中,认知的和情感的因素都紧密地交织在一起,无法分开,即便采用武断的办法。"(第 85 页)

② 《心理学教科书》,第 33 节。

③ 在对著者的回答中阐述了这样的观点。

(educative instruction)的任务,就是在年轻人的心灵中把这个思维环固定下来。"

赫尔巴特对心理学的积极贡献,是强调主观因素在心理以及在活动的认知方面的作用,而不是强调主观因素自己有意识地形成心理的完整的功能部分。[①] 赫尔巴特关于心理和方法的观点与他的英国联想主义者前辈的观点是不同的。他们把心理看成是一种相互独立的和连续的心理状态,他们的方法是内省的。但是赫尔巴特坚持认为,每一种心理状态具有其内在特性,用多种方式相互作用和反作用并构成一个单一的、具体的体系。

英国联想主义者也试图用一些简单的法则——相似、对比、接近——系统阐述在某些回想或回忆的经验下的心理状态;但是,赫尔巴特试图说明来自意识的表象的消失,以替代它们在意识中的恢复。他用这些词语提出问题:"我们的表象从意识中退出和返回意识之中。难道我们要寻求对它们的解释——退出和返回?讨论这个问题必须首先要讨论前者,尽管在过去经常是只讨论后者。"[②]赫尔巴特就是这样说明来自意识的表象的消失。[③] 为了维护他把心灵作为一个完整的形而上学概念,赫尔巴特得出结论:同样的感觉形式是相互冲突和相互抑制的,例如,红色和蓝色、酸的和甜的。被抑制的表象[④]并不是消失,也不是他后来回忆的。所发生的情况是:它变成为一种力量,[⑤]正在成为一种处在下意识中的倾向,它的突出特征是它不断努力地再宣称其本身

---

① 参见斯托特:《心理》,第 13 卷。

②《心理学教科书》,第 1 版,第 89 节;第 2 版,第 47 节。

③《心理学教科书》,第 2 版,第 124、125 节。

④ "压抑"(repression)这一词在心理分析中扮演了一个重要的角色。欧内斯特·琼斯(Ernest Jones):《西格蒙德·弗洛伊德:生平与著作》(*Sigmund Freud: Life and Work*),伦敦:霍格思出版公司 1953 年版,第 309、408 页:"压抑"一词以前被赫尔巴特所使用。注意,"压抑"一词与赫尔巴特在一起和"压抑"一词与弗洛伊德在一起,其结果是引起冲突的。它也许在赫尔巴特的《心理学教科书》中得到了补充,其有一部分是对梦的论述。(第 2 版,第 216 条)

⑤《心理学教科书》第二部分的标题是"表象的力量"(*Von den Vorstellungen als Kräften*)。

作为一个表象处在意识之中。这是观念再现的一个条件。还应该补充说，一个表象一旦产生就不会完全消失。①

只有对立的表象才会遭到遮蔽，并分解成一些下意识的心理活动。相应抑制的出现并没有带有不同感觉形式的表象，例如，带有一个音调和一个颜色；或带有不同特征的表象，而是相互一致的，例如，带有共同构成一个物体的一些特征。对于这样的一个整体，赫尔巴特采用"复合"（complex）一词，这是后来由荣格（G. G. Jung）②重新介绍的一个词语，表明在下意识中观念聚集的特征。因此，赫尔巴特对心理学最有意义的贡献，除心理中的表象之外，就是认识到在下意识中起作用的力量体系。斯托特指出，这就是"表象活动"（presentative activities）和"表象内容"（presented content）两个领域。③

赫尔巴特发现，有必要介绍的另一个概念是意识阈（threshold of consciousness）。一个表象处在意识中，就是在意识阈之上。如果抑制的力量正好是足够的，但并没有比保证遮蔽更多，那就是说表象在意识阈之上；如果抑制的力量足以保证整个的遮蔽，那就是说表象在意识阈之下。赫尔巴特进一步区分了静态的阈限（static threshold）和动态的阈限（dynamical threshold）。④ 就前者来说，规定了表象平衡的条件，在静态的阈限之下的表象没有影响意识过程；就后者来说，没有规定表象平衡的条件，在动态的阈限之下的表象在决定意识的活动过程时就成为了重要的因素。欧内斯特·琼斯（Ernest Jones）⑤主张，这两种阈限与弗洛伊德（Freud）⑥的两种潜意识压抑力的状况基本上是一致的。在前者中，一个受到抑制的观念就是丧失了它的活动，只有在抑制解除时才能进入意识中，所以，它并不像在潜意识中的一个受到抑制的

---

① 《心理学教科书》，第 1 版，第 127 节；第 2 版，第 87 节。
② 荣格（1875—1961），瑞士心理学家，分析心理学创始人。——译者注
③ 斯托特：《心理》，第 14 卷，第 3 页。
④ 《心理学教科书》，第 1 版，第 127 节。
⑤ 欧内斯特·琼斯（1997—1968），英国精神分析学家。——译者注
⑥ 西格蒙德·弗洛伊德（1856—1939），奥地利心理学家、精神分析学派创始人。——译者注

观念；[①]在后者的阈限类型中，整个受到抑制的观念仍然处在一种反抗活动的情况中，而且在呈现中是成功的，例如，压制的感觉。

与过去相关的表象结合在一起，形成了赫尔巴特所说的"统觉团"(an apperception mass)。这样的一个有组织的表象体系起着一种选择的作用，在对排除不一致的观念作反应时，促使着一致的观念的同化(assimilation)。正如斯托特所指出的："注意和统觉是相互决定的。通过统觉，表象获得了意义和兴趣，使它能够引起注意；另一方面，增加的强度自然就使它作为一个被注意的对象，能够使它用所增加的活力对它属于的心理系统产生作用。"[②]现代心理学家[③]补充说，儿童智力发展的环境的一部分是受儿童心理内在组织制约的。因此，我们所注意到的事情并不过多地依靠外在刺激的强度或对物体的感受性，正如心理系统在同一情境下并不依赖对事物的敏感性一样。[④] 它解释了这个事实，即对于不同的人或不同时代的相同的人来说，在同样的外在条件下人们的感觉是不同的。正如赫尔巴特在谈到"直观"[⑤]时所指出的，甚至

---

① 欧内斯特·琼斯：《西格蒙德·弗洛伊德》(*Sigmund Freud*)，第442页："弗洛伊德从来不关心'潜意识'(unterbewusst)一词的使用，而把潜意识看做是带错路；它仅仅建议一些事情，它稍微缺少意识。"

② 斯托特：《心理》，第16卷，第23页。

③ 亨特(J. McV. Hunt)：《智力与经验》(*Intelligence and Experience*)，纽约：罗纳德出版公司1961年版，第357页。

④ "统觉团"(apperception mass)的一个替代词是"心理背景"(mental background)。参见J·亚当斯(J. Adams)：《讲述与例证》(*Exposition and Illustration*)，伦敦：麦克米伦图书有限公司1909年版，第4章(整个一章论述"心理背景")。在《人性指引他们的道路》(*The Humanities Chart Their Course*，加利福尼亚：斯坦福大学出版社1945年版)中，马克斯·雷丁(Max Radin)在"对主要假定的研究"(*The Search for the Major Premise*)中写道："我宁愿选择文化的'发源地'(matrix)这一比喻的说法，而不是更加经常使用的'背景'(background)的说法，因为我们用文字来描写在前面的生动的现实，确实是很难分开的。"(第19页)"'关联结构'的概念已被替代，在作用上被称为相关的因素，过去的和现在的，在决定感觉、判断和感情的时候起作用。"《个性杂志》(*The Journal of Personality*)，第18期(1949年6月)，第370页，引自谢里夫(M. Sherif)和坎特里尔(H. Cantril)：《自我参与的心理学》(*The Psychology of Ego Involvement*)，纽约：约翰·威利兄弟图书有限公司。

⑤ 《心理学教科书》，第213节。

在相同的环境中,每一个人都有他自己的世界。在文献中,可以发现原理有各种表达形式。托马斯·卡莱尔(Thomas Carlyle)[1]说,眼睛看东西,因为它具有看东西的能力;罗伯特·布朗宁(Robert Browning)[2]说,教学得以进行,那是因为教学可以获益。

因此,统觉强调旧的知识在新的知识获得中起着重要的作用,新的知识应该总是旧的知识的一个发展。斯托特把心理学看成提供给教育理论的主要原理,作为它的起点;[3]另一方面,詹姆斯(William James)[4]在他的《与教师的谈话》(*Talks to Teachers*)[5]中对当时美国教育界夸大这个原理的重要性持怀疑态度,认为它只不过是将一件事情放入心里而已,但儿童是如何将一件事情放入心里的恰恰是教师需要知道的。事实上,尽管赫尔巴特的名声达到最高点,因为统觉学说而受到最广泛的赞扬,但他在可能指出的时候并没有那么多的依赖于它。[6]

教学的基本原理

跟随赫尔巴特自己所确立的先例,[7]在考虑他的伦理学或"实践哲学"之前,我们会从他的心理学观点出发来论述他的教育学说。这两者都依赖于他的心理学。这也与《普通教育学》出版的时间顺序一致,因为它很少因缺乏心理学而饱受诟病。

---

① 托马斯·卡莱尔(T. Carlyle,1795—1881),英国作家、历史学家、哲学家。——译者注

② 罗伯特·布朗宁(R. Browning,1812—1889),英国诗人,英国伟大的诗人之一。——译者注

③ 斯托特:《分析心理学》(*Analytic Psychology*),伦敦:索南沙因图书有限公司1896年版,第2卷,第137—138页。

④ 威廉·詹姆斯(W. James,1842—1910),美国哲学家、心理学家。——译者注

⑤ 威廉·詹姆斯:《与教师关于心理学的谈话:与学生谈一些生活理想》(*Talks to Teachers on Psychology: and to Students on Some of Life's Ideals*),伦敦:朗曼斯·格林图书公司1903年版,第157页。

⑥ 参见邓克尔:《赫尔巴特与赫尔巴特主义》,第148页。

⑦ 赫尔巴特:《零散教育著作》,第285—286页。

　　尽管心理学提供了教育的方法,但哲学指明了教育的目的。赫尔巴特承认教育还必须继续努力,直到哲学问题被全部解决为止。[①] 在《普通教育学》这本著作中,他指出:"要充分地教如何生活,这是由它的思辨(Speculation)和体验(Taste)两条规则所决定的,我们必须寻求一个哲学体系,即教学的基本原理。"[②]他还提出,使教育真正完善的是哲学。[③]

　　在《论世界之美的表现是教育的主要工作》(*Abhandlung über die ästhetische Darstellung der Welt als das Hauptgeschäft der Erziehung*)一书的开头,赫尔巴特说:"教育的唯一工作和全部工作可以概括在'道德'这一概念之中。"[④]但是,他继续解释说,当道德被确定是人类的最高目的时,道德也是教育的最高目的;为了把道德确定为人类和教育的全部目的,要求扩大对道德这一概念的阐述,因为这也是对它的必要的先决条件和它的实际可能的条件的证明。在《普通教育学》中,他又重申:"所以,我认为,把道德放在首位的思考方式是最重要的,但是,它并不是教育的唯一的和全部的观点。"[⑤]世界的美学内聚力也可以看做是教育的理想。[⑥]

---

　　① 《教育科学》,第 108 页。

　　② 《教育科学》,第 195 页。

　　③ 赫尔巴特:《零散教育著作》,第 151 页。

　　④ 赫尔巴特:《零散教育著作》,第 92—120 页,标题"宇宙的美学表现"(The Aesthetic Presentation of the Universe, the Chief Office of Education);《教育科学》,第 57—77 页,标题"论世界之美的表现是教育的主要工作"(On the Aesthetic Revelation of the World as the Chief Work of Education)。

　　⑤ 《教育科学》,第 108 页。

　　⑥ 赫尔巴特:《零散教育著作》,第 16 页。在早期的希腊思想中,在伦理学和美学之间是没有分离的。詹姆斯·沃德(James Ward)在《不列颠百科全书》(*Encyclopaedia Britannica*)他的关于"赫尔巴特"的条目(1911 年第 11 版,第 337 页;1929 年第 14 版,第 447 页)中解释了美学和伦理学之间的关系:"美学详尽地阐述包括在审美表现中的'观念',是通过物体的那些关系而唤起的,它们获得美的特征或相反的特征。美完全是无意识地依据所有人得到正确的观点而作出论断的。美学的主要分支伦理学论述了在意志中的这样的关系,因而是无条件的满意或不满意。"

　　伯特(C. Burt)在《年轻的违法者》(*The Young Delinquent*)中注意到这种关系:"所谓的道德感,部分是一种美感,部分是一种在社会行为方面过分挑剔和讲究的感受。"

然而，无论是伦理学还是美学，都不能充分地决定教育的目的。这是赫尔巴特的主张，尽管他的主张常常既被他的批评者忽视，也被他的赞扬者忽视。教育必须包括真实和正义的理想，同样包括仁慈和美好的理想。智力探究和宗教虔诚对人来说是自然的，对他充分认识他自己的个性、伦理行为和美的享受也是必要的。教育的目的作为生活的目的，本身不能被系统地阐述，用任何更加简明的话语而不是倭铿(R. C. Eucken)[①]的话语来说，也就是提升个性。

赫尔巴特有时被指责忽视学生的个性。然而，在《教育学讲授纲要》(Umriss)中，他断言，经验使我们不需要进一步去发现在智力才能上存在很大的差异。[②] 在这本著作的序言中，他宣称，没有限制的可塑性的假设是不能接受的，儿童的可教育性是受到他个性的限制的。在《零散教育著作》中，他这样写道：充分灵活地适应不同的能力是对一种好的教育计划的主要要求。[③] 不过，赫尔巴特试图避免的事情是个性发展为怪僻。这表明存在着这样的情况，一种社会状况导致"每一个人都自夸他自己的个性，而没有一个人理解他的同伴"[④]。也应该注意到，正如沛西·能(Percy Nunn)[⑤]后来所说的，赫尔巴特没有把个性的发展作为教育的目的。[⑥] 个性是教育的依据之一，而不是目的。它应该被培养成品格，这是通过各种兴趣的发展以及它们的结合而达到的。

对赫尔巴特来说，人的活动具有两个主要方面：多方面兴趣(many-sided interest)和道德品格(moral character)。多方面兴趣是通过均衡——相似的多方面(Gleichschwebende Vielseitigkeit)进一步得到限定。[⑦] 这与流行的说法是相同的——即个人的所有能力的和谐发展。

164

---

① 倭铿(1846—1926)，德国哲学家。——译者注

②《教育学讲授纲要》，第 60 节。

③ 赫尔巴特：《零散教育著作》，第 181 页。

④《教育科学》，第 142 页。

⑤ 沛西·能(P. Nunn，1870—1944)，英国教育学家。——译者注

⑥ 沛西·能：《教育原理》(Education: Its Data and First Principles)，伦敦：爱德华·阿诺德图书公司 1930 年版。

⑦《教育科学》，第 111 页。

多方面不仅是相对于单方面的,而且也是相对于分散的。① 赫尔巴特在《普通教育学》中说,必须将它与夸大(exaggeration)区别开来——把许多事情作为兴趣爱好去尝试。②

相应地,兴趣具有两个方面:主观的或心理的兴趣;客观的兴趣。客观的兴趣包括各种活动,个人的参与或者对他起作用的环境的各个方面,身体的和社会的。它由两个主要方面组成:(1) 知识;(2) 社交。③

赫尔巴特把知识分类成:(1) 实际现象;(2) 科学法则;(3) 美的(或经验的、思辨的、美学的)关系,表现对我们的自然环境的态度或经验的不同方面。他把社交分类成:(1) 个人的;(2) 公民的;(3) 宗教的,表现人际关系中的不同态度或我们的精神环境的不同方面。这些就构成一种多方面兴趣的六面,在充分利用它的时候提供一种自由教育或一种全面教育。

存在着的心理内容有两个主要的来源——经验和社会参与。④ 通过经验,我们获得知识;通过交往,我们发展社会感受性。当我们不能排除经验和交往时,我们必须认识到,环境所提供的机会如此有限,而必须通过教学来加以补充。正如赫尔巴特所说的,其实经验似乎期望教学去注意分析已积累的材料,去收集和整理散乱的、没有定形的碎片。⑤ 所以,他概括说:"兴趣是由有趣的物体和机会而产生的。多方面兴趣源于这些物体和机会的丰富。产生和发展这种兴趣是教学的任务,教学将继续进行并完成由交往和经验开始的准备。"⑥他还补充说,

165

———————

① 《教育学讲授纲要》,第 65 节。

② 《教育科学》,第 111 页;也可参见同书 119 页。

③ 《教育科学》,第 133 页。也可参见赫尔巴特:《零散教育著作》,第 39 页。"对我们来说,需要做的事情应该既包括我们的身体方面,也包括我们的道德方面。我们需要它,既作为能够使我们生活的感官方面的开始,也作为公民的社会关系、家庭生活等现实方面的开始,旨在使我们可以认识和尽到自己的责任。"

④ 《教育学讲授纲要》,第 36 节。

⑤ 《教育科学》,第 138 页。

⑥ 《教育科学》,第 120 页。

教学能独自声称，它可以培养均衡的、包括一切的多方面性。① 因为这个理由，赫尔巴特不断地反复讲，他没有"无教学的教育"（education without instruction）这一概念；反过来，他也不承认有任何"无教育的教学"（instruction which does not educate）。②

因此，教学在赫尔巴特的教育理论中获得了最重要的地位。他强调说："积极的教育的主要方法，在于教学是在它的最广泛的意义上进行的。"③在《葛笃德如何教育她的孩子》中，裴斯泰洛齐痛惜地指出，人们没有应用他们的技能去发现依据一些原则的教育以及把教学和教育带向和谐。如果说后来有什么人实现了的话，那就是赫尔巴特。对洛克来说，教学是教育的最不重要的部分；而对赫尔巴特来说，教学是教育的最重要的部分。

然而，并不是所有的教学都是有教育作用的。在赫尔巴特看来，没有教育作用的教学类型是那些仅仅因暂时刺激而提供的教学或很少有愉悦的教学，这样的学习仍然是孤立的和无效的。④

教学可以采取两种主要形式——综合教学和分析教学。⑤ 通过教师对事情或活动的讲述，儿童的经验可以得到扩大。根据赫尔巴特的观点，⑥这是讲述的教学；但是，有一个法则——用这样的一种方式来讲述，使儿童相信他看到的就是所讲述的。或者，教师可以利用儿童的经验，引出他为了自己的讲述而要求的事实。这些事实应该可以得到补充，但是，不管通过教师还是儿童的补充，它们都被要求根据教师所考虑的目的而组织起来。这两种讲解形式——讲述和推断——被赫尔巴特分类为综合教学。儿童的经验不仅可能是不充足的，而且可能是错误的，在这

---

① 《教育科学》，第 141 页。

② 《教育科学》，第 84 页。

③ 赫尔巴特：《格言》（Aphorismen），XXI。

④ 《教育学讲授纲要》，第 126 节。

⑤ 在《心理学教科书》中，赫尔巴特阐明了分析教学和综合教学之间的关系："前者是通过为了一个目的的重复讲述而产生的；后者试图产生一种与一个目的相一致的新概念的结合。"

⑥ 《教育科学》，第 155 页。

种情况下教师必须仔细分析它,在一个全新的体系中利用这些基本要素。这就是赫尔巴特所说的分析教学。他补充说:"儿童应该适当地提供用于分析教学的材料,尤其是在后面的一些年里。"①各种形式的陈述或讲解不是相互排斥的,但有时候可以要求在同一节课上结合起来。②

多方面兴趣学说

在《普通教育学》③中,赫尔巴特阐明了教学的分析类型和综合类型如何能应用在早已列举的兴趣的各个方面——经验的兴趣、科学的兴趣、美学的兴趣、人类的兴趣、公民的兴趣和宗教的兴趣。但是,他认识到,他的论述对提供一种课程来说是太一般了,这种课程必须安排那些根据学生的需要和教师个人的能力提供的机会。更早的时候,赫尔巴特曾建议,把重演(recapitulation)的原理作为组织教学材料的一个指导。对于从柏拉图到蒙台梭利和杜威的许多教育家来说,这个原理是普通的,但它在赫尔巴特的著作中被作为了一个重要的部分:"如果学生要继续他们前辈的工作,那么,就必须行进在同样的道路上;最重要的是,从他们自己的早期起,他们就必须学会清楚地认识到把这些前辈作为自己的榜样。"④

赫尔巴特提醒我们,构成教育的主要方面的兴趣是一个人的兴趣。⑤ 他告诫我们说:"不要忘记兴趣是在有趣的事情之中。"在这个意

① 《教育科学》,第 187 页。

② 莱因(W. Rein)在他的《教育学概要》(*Outlines of Pedagogics*),C·C·利(C. C. Liew)、艾达·利(I. Liew)译,伦敦:斯旺·索南沙因图书有限公司 1899 年版,第 153 页中区分了记述的讲述(narrativepresentation)和逐步展开的讲述(developing presentation),这包括了赫尔巴特的综合教学和分析教学两种形式。J·亚当斯的《讲述与例证》(第 57—63 页)更是紧随着赫尔巴特的观点。

③ 《教育科学》,第 170—186 页。

④ 《教育科学》,第 165 页。关于"重演说"(recapitulation),参见著者的《教育的哲学基础》(*Philosophical Bases of Education*),第 49—53 页。

⑤ 《教育科学》,第 132 页。

义上来谈兴趣学说,尽管它在他的著作中仅仅占据一个较小的位置,还不如说赫尔巴特的名字在英国和美国是与他的教学学说相联系的。这主要是通过约翰·亚当斯(John Adams)《应用于教育的赫尔巴特心理学》(*Herbartian Psychology Applied to Education*)和杜威的早期论文《与意志训练有关的兴趣》(*Interest in relation to Traning of the Will*)来论述的。甚至连克伯屈(W. H. Kilpatrick)①也承认,设计教学法(project method)的目的是重申旧的兴趣学说。②

更早的时候,在柏拉图的《理想国》(*Republic*)③中被引用的一段话中就包含有兴趣学说。卢梭在《爱弥儿》(*Émile*)中曾宣称:"兴趣也就是动力,只有动力才使我们走得更远和更安全。"在《致格瑞夫斯的信》(*Letters to Greaves*)中,裴斯泰洛齐这样写道:"这种兴趣在学习中是首要的事情,教师……应该努力坚持使它受到关注。在任何很少有应用要求的环境中,儿童不会引起一种兴趣的要求;也许,在这种没有应用要求的情况下,儿童也不会产生教师所应用的讲述方法。我甚至主张把它作为一个法则,每当儿童不能集中注意力和明显没有兴趣上课的时候,教师就应该头脑清醒地首先在他自己身上找原因。"④赫尔巴特概括了裴斯泰洛齐的抱怨,使用"厌倦是教学的主要弊病"(weariness is the cardinal sin of instruction)这句格言,⑤并阐释说:"一般说来,'兴趣'一词所表示的那种心理活动,应该是由教学引起的事情。对此,仅有单纯的知识是不够的。对于这一点,我们认为,在补充或储备一些知识时,无论一个人有知识还是缺少知识,他仍然是同一个人。然而,当他拥有知识并努力得到更多的知识时,他就会对知识感到兴趣。"⑥

167

---

①　克伯屈(W. H. Kilpatrick ,1871—1965),美国教育家,设计教学法的创立者。——译者注

②　克伯屈:《改造课程》(*Remaking the Curriculum*),纽约、芝加哥:纽森图书有限公司 1936 年版,第 48 页。

③　克伯屈:《改造课程》,第 20 页。

④　裴斯泰洛齐:《致格瑞夫斯的信》,第 30 封信。

⑤　《教育科学》,第 138 页。

⑥　《教育学讲授纲要》,第 62 节。

因此,兴趣是心理活动的一种伴随物。尽管兴趣是心理活动,但赫尔巴特并不提倡"为活动而活动"(activity for activity's sake),也不提倡"导向进一步活动的活动"(activity leading to further activity)。他说:"兴趣意味着自我活动,但并不是指所有的自我活动,而只有正确的适度的自我活动才是合乎需要的。此外,具有活力的儿童可以很好地提升自己,并不需要教育他们或管理他们。教学的目的就是给予他们的思想和冲动以正确的方向,使这些思想和冲动在道德上趋于健全和正确。"①赫尔巴特把兴趣和冷漠对立起来。它对某些对象,即在心理中引起的类似于表象和无意识地抑制其他的对象,表现出一种甚于纯粹感觉的偏爱。由于兴趣是受对象制约而且主要意指现在(present),因此,它不同于某些其他的心理过程。②

正如通常所假设的,由于要求兴趣应该是教学的一个结果,我们并没有使教育失去活力。赫尔巴特一直告诫我们,不要把兴趣与乐趣(amusement)混淆起来,它们的区别也得到了广泛的认同。他说:"教师不应该错误地把教学变为游戏,也不应该故意地把教学变为工作;他应该把自己面对的事情看成是一个重要的事业,有耐心并坚定地尝试使它前进。"③他还重复说:"教学必须避免太简单。"④他又说:"教学必须是能理解的,宁愿是困难的而不是容易的,否则,它会引起厌倦。"⑤或者,正如他的英国阐述者所说的:"我们发现,兴趣的原理绝不是使学生精神怠倦,而是使他振作精神去忍受各种各样单调乏味和艰难的工作……兴趣的理论并不打算消除单调乏味,而仅仅是通过给它一种意义以使单调乏味可以忍受。"⑥

---

① 《教育学讲授纲要》,第 71 节。

② 《教育科学》,第 128—129 页。

③ 《教育科学》,第 192 页。

④ 《教育学讲授纲要》,第 77 节,脚注。

⑤ 《教育科学》,第 238 页。

⑥ J·亚当斯:《应用于教育的赫尔巴特心理学》(*The Herbartian Psychology Applied to Education*),伦敦:伊斯比斯特图书公司 1909 年版,第 262—263 页。

"兴趣一方面依赖于学校所不能创造的天赋能力,另一方面也依赖于教学的内容。"①然而,它不仅依靠适当的选择,而且依靠教学内容的整理。我们必须知道我们正在教什么和如何教两个方面。

当表象在学生心里自发地出现时,可以说学生是集中注意力的,教学对他们来说是有兴趣的。② 当注意力应该得到加强时,值得怀疑的是一种对科目的兴趣是否能不断地被激起。或者,正如怀特海(A. N. Whitehead)③在《教育的目的》(*The Aims of Education*)一书中所指出的:"在训练一个儿童进行思维活动时,最重要的事情是,我们必须当心我将称之为的'无活力概念'(inert ideas)——也就是说,思想仅仅是被接受和记忆下来,但没有被利用、被检验或进入新的结合状态。"④"有生命的"和被称为"无生命的"知识之间的区分不是绝对的,如果教师将一些无生命的知识与一些对学生而言具有真正意义的论题联系起来,这些无生命的知识就可能变成有生命的了。正如赫尔巴特所论述的:"表象必须通过努力被提升为意识,因为意识并不是自发地出现的,但可以通过逐步加强而自发产生。但是,我们不能期待这种发展,除非教学一步一步地前进并使它实现。"⑤

教学阶段

同样,如果知识仍然与一般的观念体系相分离或游离在外,那知识可能是无生命的。在《教育学讲授纲要》中,赫尔巴特告诫我们:"如果那些知识的事实被允许分开的话……那教学就会使整个教育受到危

---

① 《教育学讲授纲要》,第 125 节。

② 《教育学讲授纲要》,第 72 节,

③ 怀特海(Alfred N. Whitehead)(1861—1947),英国哲学家、数学家、教育理论家。——译者注

④ 怀特海:《教育的目的》(*The Aims of Education*),伦敦:欧内斯特·贝恩图书公司 1962 年版,第 1 页。

⑤ 《教育学讲授纲要》,第 71 节。

害。"①怀特海也阐释说:"教很多科目但每门科目又教一小部分,其结果就是消极地接受一些没有联系的、没有思想火花的和没有活力的概念。在儿童教育中,所教的主要概念应该少而重要,并使它们进入每一种可能的结合之中。"②因为被分离的剩余内容只具有很小的重要性,所以,赫尔巴特强调学习的相互关联。③

无论选择什么教学内容或者无论采用什么教学方法——分析的或综合的方法,教学必须遵循同样的次序,这样兴趣便会随之产生。赫尔巴特坚决主张,应该使教学过程适应于在学习过程中看得见的阶段。他首先区分了两个阶段——专心的阶段和审思的阶段。"专心"(*Vertiefung*)——专心致志于或全神贯注于一门科目;"审思"(*Besinnung*)——对专心的结果的综合和组织。④ 在他的一条格言⑤中,他指出:专心——专心致志——发生在一个思想在心理中占据支配的地位时,它抑制意识的一般内容;审思——组织——发生在意识的一般内容坚持它们自己的权利并与新的内容结合时;它们的相互关联是基本的,不仅对组织专心的结果来说,而且对阻止一种片面发展来说。

因为这两个概念对实际的目的来说太一般化了,赫尔巴特发现,把"专心"细分为"明了"(clearness)和"联想"(association)是必要的;把"审思"细分为"系统"(system)和"方法"(method)也是必要的。因此,"明了"、"联想"、"系统"、"方法"成为赫尔巴特的教学中的正式阶段;⑥在一种名称或另一种名称之下,赫尔巴特的名称并不总是一致的。

赫尔巴特坚决主张:"为了始终保持心理的粘合,在它专心和审思的对象的每一个可能性最小的组合中,教学必须遵循给予平等分量的法则。也就是说,它必须平等地和有次序地关注对每一个细节的明了、关注多方面的联想、关注所联想的内容的组织以及关注通过这一安排

---

① 《教育学讲授纲要》,第 268 节。
② 怀特海:《教育的目的》,第 2 页。
③ 《教育学讲授纲要》,第 58 节脚注。
④ 《教育科学》,第 123—128 页。也可参见《心理学教科书》,第 210 节。
⑤ 赫尔巴特:《格言》,I。
⑥ 《教育科学》,第 126 页;《教育学讲授纲要》,第 68—69 节。

而扩展的特定实践。这是所有教学活动中起支配作用的独特性赖以存在的基础。依据这种独特性,在所有的教学过程中必须是有规则的。"①

　　在"明了"之下,赫尔巴特包括了特定的分析和综合。它相当于所谓赫尔巴特学派的"呈现"(presentation)步骤。通过联想,使给儿童讲述的新知识与旧知识结合起来,因此,联想意指统觉过程,是与赫尔巴特学派的五个正式步骤中的"准备"(preparation)阶段相似的。它的目的是保证所教的科目一个适当的方向。赫尔巴特告诉我们:"对联想来说,最好的方式是自由交谈,因为它给予学生一个机会,检验和改变他的思想的偶然联合,增加各个环节的联系,以及同化他已按照他自己的方式学习的东西。而且,它使他至少能够做其中一部分事情,使用任何发生的最容易的和最合适的方式。"②联想为系统做好准备,是"一种丰富的协调的完美秩序"。他还补充说:"通过呈现和强调那些主要原理,系统使有条理的知识的价值在学生的心理上留下了极深的印象。"在赫尔巴特学派的传统中,系统被赋予"概括"(generalisation)的名称。还有,对于一个系统来说,不仅是学习它,而且常常是应用它,还要经常通过在适当的地方进行增加补充来完善它。③赫尔巴特把这种应用称为"方法",而他的后继者使用无需解释的"应用"(application)一词,被用来表示系统阐述的原理的扩展。

　　赫尔巴特认为,这些不同的步骤是必不可少的,又是一步一步的,对所教科目的每一个不同部分依次进行。④当不同的教育家试图使这一主张具体化时,⑤这个程序可以说是有效的,但仅仅是对赫尔巴特主要考虑的教学形式来说的。因为它的目的是知识的获得。但当课程的目的是技能的发展时,将发现不同的程序无疑是更加适合的。

　　赫尔巴特的正式步骤应用于整个教学方法、教学单元或兴趣中心,

170

---

　　①《教育科学》,第144—145页。

　　②《教育学讲授纲要》,第69节。

　　③《教育学讲授纲要》,第68节。

　　④ 参见《教育学讲授纲要》,第70节。

　　⑤ 例如,芬德利(J. J. Findlay):《班级教学原理》(*Principles of Class Teaching*),伦敦:麦克米伦图书有限公司1907年版。

而不是个别的课程,就是说,它们是具有整体性和完整性论题的讲述中的各个阶段。正是这些正式步骤在各门课程中的机械应用使得赫尔巴特学派的方法受到了怀疑,但是,在赫尔巴特的著作中是找不到这种形式主义(formalism)的。

品格培养

在介绍兴趣的多方面概念时,赫尔巴特提出,人类活动的一个方面是被忽视的,那就是直接推动期望的行动。[①] 因此,人类活动的两个领域是兴趣和期望以及认识和意识。然而,它们并不是分离的,而是通过教学联系在一起的。[②] 因为教学产生了多方面兴趣,所以,从品格训练的观点出发,它也负有发展赫尔巴特称之为"思维环"的任务。论述思维环对品格影响的部分[③]是《普通教育学》的主要观点,用赫尔巴特的话来说[④],就是占优势地位的观点,从这个观点出发整体应该得到考察。

赫尔巴特的坚定信念是:品格培养的主要活动中心在于思维环,教育的主要职责就在于思维环的形成。[⑤] 他指出,品格训练只有与教学结合起来才能完成它的工作。[⑥]"在提出的整个德行任务完成时再回头对其进行考察,人们将看到,主要的事情是通过教学来完成的。"[⑦]在《普通教育学》的"序言"中,赫尔巴特强调指出:"只有那些运用整个教育力量的人,才知道如何在年轻的心灵中培养广阔的思维环,并与它的所有部

---

① 《教育科学》,第129页。斯托特:《心理》,第13卷,第490页:"根据赫尔巴特的看法,期望一方面是意识的一个混合的方式,属于感觉的范围;另一方面是被呈现的内容。它并不具有独特的特征,通过这个特征它能够与两者区分开来。"

② 参见笛卡儿(Rene Descartes):《沉思录》(Meditations),第4卷:"因此,它是对自然见解的一种支配,理解的知识应该总是先于意志的决定。"

③ 《教育科学》,第209—210页。

④ 赫尔巴特:《对雅赫曼的〈普通教育学〉书评的回答》(Replik gegen Jackmanns Recension der Allgemeinen Pädagogik.)。

⑤ 《教育科学》,第220、214页。

⑥ 《教育学讲授纲要》,第150节。

⑦ 赫尔巴特:《对雅赫曼的〈普通教育学〉书评的回答》。

分紧密地联系起来;这种思维环拥有克服环境中不适宜方面的能力,以及具有完全弄清和专注于环境中有利方面的能力。"①在回答雅赫曼(Jackmann)的评论时,他重复说:"最重要的是,教学将形成思维环和品格教育。没有思维环,也就没有品格教育——在这里包含了我的教育学的全部要点。"在他的《简明心理学百科全书》②中,赫尔巴特因对"教育性教学"一词的介绍而受到了称赞。因此,通过教学的手段决定品格的内在方面这一原理,是赫尔巴特对教育思想的主要贡献,并证明从他的观点出发去反对品格教育或教学的品格训练是多么的无用。他总结道:"从整体来看,道德教育与教育是不可分离的。"③

管 理

因此,当教学是赫尔巴特教育学说的主题时,他从来就不希望我们忘记:人的价值并不在于他的知识,而在于他的意志。④ 然而,在协调学生的伦理能力和道德理想的任务之前,赫尔巴特把一个概念作为教育的一个先决条件,这个概念就是"管理"(Regierung)。管理就是遵守纪律或教师对学生行为的控制,尽管他从来没有把它看做是教育的一个部分。这是赫尔巴特的三个主要概念之一。他的三个主要概念是管理、教学(Unterricht)、训育或自律(Zucht),赫尔巴特的整个学说就是依据这个次序来论述的。⑤ 他阐释说:"在维持秩序的意义上,对纪律的论述是属于教育学的,还是应该更适当地附属于实践哲学(一般是权威的论述)的那些部分,也许是值得怀疑的。"⑥在《教育学讲授纲要》⑦中,他还补充说,道德的改善并不是通过权威的强迫而达成的,教育只有在

---

① 《教育科学》,第 92 页。
② 也可参见赫尔巴特:《心理学应用》,第 2 封信(Letter II)。
③ 《教育科学》,第 108 页。
④ 《教育学讲授纲要》,第 58 节。
⑤ 赫尔巴特:《对雅赫曼〈普通教育学〉书评的回答》。
⑥ 《教育科学》,第 94 页。
⑦ 《教育学讲授纲要》,第 189 节。

秩序被恢复之后才能开始。① 后来,在《普通教育学》中,他仍然承认,遵守纪律对品格既可以有一种间接的关系,也可以有一种直接的关系;它部分地帮助教学成为可能,这将影响后来的品格形成。② 正如赫尔巴特所观察到的,对这些概念的区分有助于增加教育者的影响;教育者应该知道,他们打算做的事情在实践上造成他们之间一种明显的区别。③

在管理和训育之间的区别会表现在一系列对立上。前者主要服务于教师的需要,后者服务于学生的需要。"在课堂上要维持安静和秩序,对教师来说消除每一个无礼行为就是管理的事情;为了品格训练而对年轻人性格的直接行动就是训育。"④管理仅仅保证外在的遵守,而训育的工作并不保证一定的外在行为方式,但宁可在学生的心理中发展洞察力和适当的意志力。⑤ 管理注意行动的结果,而训育必须注意未被实行的意图。⑥ 管理是断断续续的,而训育是坚持不懈的、持久的、潜移默化的和只能是逐步提升的。⑦ 管理的目的在于现在,而训育在于考虑未来的成人。⑧

纪律不必是约束的,赫尔巴特论述了各种维持秩序的方法——监督(supervision)、处罚的威胁(the threat of punishment)、强迫(compulsion)——并得出结论:当环境安排得使儿童的活动能够自发地发现有用的和需要花其本身精力的道路时,纪律就几乎成功了。⑨ 在《教育学讲授纲要》中,他总结道:管理的基础在于保持儿童有事做。⑩

正如赫尔巴特从他自己作为一个教育者的经验中被迫认识到的,⑪

---

① 《教育科学》,第 99 页。
② 《教育科学》,第 230—231 页。
③ 《教育学讲授纲要》,第 43 节。
④ 《教育科学》,第 238—239 页。
⑤ 《教育科学》,第 111 页。
⑥ 《教育科学》,第 233 页。
⑦ 《教育科学》,第 234 页。
⑧ 《教育学讲授纲要》,第 42 节。参见同书第 126 节。
⑨ 《教育科学》,第 101 页。
⑩ 《教育学讲授纲要》,第 46 节。
⑪ 赫尔巴特:《给赫伦·冯·施泰格先生的报告》(*Berichte an Herrn von Steiger*),III。

管理——控制或约束——是一种必要的恶行,它无疑比混乱好,但它的缺点是当教育试图加强时它却变得软弱。管理是消极的和抑制的,而教育应该是积极的和有目的的。尽管赫尔巴特对英美国家学校纪律历史的主要贡献,已通过他的兴趣学说、管理和训育之间的区别以及通过管理的规定而保证好的行为和通过自愿的自我约束而训练的有礼貌的行为之间的区别而在教育上具有重要的意义,但"纪律"一词在英语中一般被用来表示他所描述的有特点的"管理"。一所"纪律良好的"学校对品格发展来说也许是最差的教育机构,因为它没有机会去实践由于学生自己的动机而开始的行动,也没有提供机会去练习自我发现和自愿遵守纪律。它并不训练学生在未来享受快乐时如何正确利用这样的自由。它通过瓦解学生的首创能力,以保证一种直接顺从的表现;它同样引起了一种强烈的反应,破坏学生可能会发展的任何一种品格。在赫尔巴特的"训育"意义上,而不是在他的"管理"意义上,纪律应该是每一位期望在品格形成中起作用的教师的目的。①

在论述品格训练之前,赫尔巴特应该澄清先验论自由的混乱。赫尔巴特和康德都承认,道德是人类的最高目的,因而也是教育的最高目的。然而,自由是道德的必要的先决条件。对康德来说,只有那些能够决定意志又不侵犯其自由的原理,才是对法则的真正尊重。任何外在的影响、进入动机的倾向或欲望,都会剥夺道德法则的尊严。所以,如果对法则的真正尊重是道德的唯一正确的动机,那么,教师去影响学生品格的努力就是没有价值的,因为他们输进学生头脑中的那些经验因素(empirical elements)是康德尽力要排除在外的。

这就是赫尔巴特所面临的困境。通过区分与保持形而上学的自由观点和遗传学的自由观点,他摆脱了这种困境。赫尔巴特支持康德有关自由的形而上学理由:康德的原理永远是正确的——没有哪条实践的(道德的)原理一定要求任何一个客体具有现实性。他说,康德严格

① 邓克尔在《赫尔巴特与赫尔巴特主义》中(第156—159页)指出:赫尔巴特自己认为,在纪律方面,他所说的没有很大的新颖性。他更多的是对教学感兴趣,对于"管理"来说仅仅是清理了道路。

地使经验论的理由和非经验论的理由对立起来是正确的。① 在《普通教育学》中,赫尔巴特补充说:"伦理学开始于这一绝对的规则,那肯定是一个错误。在这里实证无疑必须处于优先地位,许多事情在它们的关系和结果中是逐渐表现的,这是康德所没有考虑的。但是,他们仍然犯了一个严重的错误,忘记他们自己期望使人类从绝对的规则中解放出来。"②教育家必须采用不同于批判哲学家的观点——道德对教师来说是一种现象③——正如康德在他的讲演《教育论》(On Education)中所认识到的那样。

赫尔巴特抵制先验论的自由,它意指没有动机的行动的可能性——"没有价值的意志将是一种自相矛盾"④——因为这会使得学生的选择是随意的,完全不关心教育或环境可能产生的影响,使得整个道德训练是无用的;"用最微小的声音说先验论的自由,不可能使它通过任何的裂缝而吹进品格领域。"⑤但是,赫尔巴特这样做并没有否定意志的真正自由,因为他阐释说:⑥"对于品格形成来说,自由是具有最大可能的直接影响,假如它是经过慎重考虑的并在行动上获得过成功的话。"⑦他也指出,如果教育没有导向自由,那教育就会是专制的。他得出结论说:"我必须请求一些读者不要把内在的自由等同于先验论的自由。"⑧

对赫尔巴特来说,也正如对所有的教育者来说,重要的反论决定着儿童对善行的自由选择,以及使得自由和纪律和谐共处。正如赫尔巴特所承认的,在这个意义上,教育者不可避免地是一个决定论者。⑨ 康德在他的讲演《教育论》中认识到这一困难:"重要的教育问题之一,是

---

① 《教育科学》,第 63—64 页。

② 《教育科学》,第 206 页。

③ 《教育科学》,第 54 页。

④ 赫尔巴特:《零散教育著作》,第 99 页。

⑤ 赫尔巴特:《零散教育著作》,第 96 页。

⑥ 《教育学讲授纲要》,第 152 节。

⑦ 赫尔巴特:《给赫伦·冯·施泰格先生的报告》,I。

⑧ 《教育科学》,第 263 页脚注,

⑨ 赫尔巴特:《格言》,XIX。

如何把必要的约束与儿童运用他的自由意志的能力结合起来——因为约束是必要的。"赫尔巴特承认："他从来没有被那些人理解，对那些人来说，决定论和道德的共存仍然是一个谜。"①一位现代法国哲学家也系统地阐述了这个问题："教育者的任务是一个不可思议的任务：用这样的一种方式对心理和意识产生影响，那就是使得他们有能力思考和判断、决定主动性、激起自发性以及使人类趋于自由。"②

五种道德观念

对赫尔巴特来说，正是因为存在着多方面兴趣的主观方面和客观方面，所以，也就存在道德品格的主观方面和客观方面——前者可以确定，后者靠前者的确定才能得以确定。正如赫尔巴特提醒我们的，由什么决定和什么是可决定的这两方面在思维环中具有它们的起源。③

决定品格的主观方面包括"实践"或道德观念。存在着五种道德观念，代替六种类型的兴趣。这些道德观念是：（1）内心自由（*Innere Freiheit*）；（2）完善或熟练（*Vollkommenheit*）；（3）仁慈（*Wohlwollen*）；（4）正义（*Recht*）；（5）公平或因果报应（*Billigkeit*）。前两种道德观念仅仅是与道德行动的形式在一起，而不是与道德行动的内容在一起；后三种道德观念是建立在社会秩序的基础之上的。为了在内心自由和先验论的自由之间进行区分，赫尔巴特在《教育科学》中进行了阐释，每当我们强迫自己尽我们的义务去反对我们的倾向爱好时，我们就会意识到内心自由。④ 他认为，完善的观念意指对身体和心理两者以及他们的系统培养的一种高度重视；然而，完善并不意味着道德理想的完满实现，而仅仅是熟练的顺从意志。⑤ 仁慈的观念意指对他人的考虑，或对他

---

① 《教育科学》，第 77 页

② 布特鲁（F. Boutroux）：《教育与伦理学》（*Education and Ethics*），罗思韦尔（F. Rothwell）译，伦敦：威廉斯＆诺盖特图书公司 1913 年版，第 X 页。

③ 《教育科学》，第 209 页。

④ 《教育科学》，第 263 页脚注。

⑤ 《教育学讲授纲要》，第 10 节。

人的感受;正义的观念要求学生避免争斗;公平的观念尤其涉及一些学生应该受到惩罚的情况,作为对有意造成的痛苦的报应。赫尔巴特认为,公平是最后一种道德观念,但又是一种最容易被忽略的道德观念,因为它所关心的一些事情比正义更多。① "正义"的座右铭是:"对每个人而言,他拥有自己的权利"(To every man his own);而"公平"的座右铭是:"对每个人而言,他得到自己该得的东西"(To every man what he deserves)。② 在这五个道德观念中,首先被儿童所了解的是"完善",接着是"正义"和"公平",儿童在它们的相互关系中理解它们。"仁慈"和"内心自由"的观念的形成反而是缓慢的,在一些儿童身上完全不能表现出来。③

德行是意志与道德观念的完美一致。其被赋予的责任是克服在德行获得中的一些障碍。对赫尔巴特来说,正如对柏拉图来说一样,道德理想并不是一种单一的德行,而是一个德行体系。

与知识教学中四个正式阶段相对应的,是在共同生活中的四个训练阶段:发觉(*Merken*)、期待(*Erwarten*)、欲望(*Fordern*)、行动(*Handeln*)。④ 尽管赫尔巴特断言品格是意志的体现,但他并不认为,在品格训练的主观方面中意志具有区分功能。⑤ 他一直坚持这一逻辑,

---

① 邓克尔:《赫尔巴特与赫尔巴特主义》,第93—94页。

② 《教育科学》,第260页。拉斯金(J. Ruskin)在《直到这最后》(*Unto This Last*)中通过正义来解释公平,把公平从平等中区分出来:在严格意义上,"正义"一词涉及到法则的公平;或正确地说,与"平等"的区分涉及到均等的公平。更广泛地说,正义是国王的公平以及平等的上帝的正义:国王支配或统治一切;上帝在对立物之间分开或分清(所以,这个意义双关的问题是:"人啊,谁使你成为一个在你之上的统治者或一个分割者")。肯特:乔治·艾伦图书公司1877年版,第72页脚注。

③ 邓克尔:《赫尔巴特与赫尔巴特主义》,第99页。

④ 赫尔巴特给这些动词提供一系列附加语作为一种替代物,正像在谈到这些表明四个正式阶段的名词时,他提供一系列动词作为一种替代物那样。带有这些词语转化的术语如下:

明了(clearness)——认知(cognise)	发觉(register)——显示(appearing)
联想(association)——同化(assimilate)	期待(expect)——传递(mediating)
系统(system)——思考(reflect)	欲望(desire)——提高(enhancing)
方法(method)——概括(generalise)	行动(act)——表现(objectifying)

⑤ 《教育科学》,第200页。

即他在心理上否定独立官能的练习,也拒绝"先验论的"意志自由。"不存在作为一种意志的独立的官能。"①对赫尔巴特来说,意志不是一些与欲望分离的东西;"从欲望中产生的行动就是意志。"②因此,教师的任务就是帮助学生去获得正确的欲望,因为当机会本身呈现出来和学生认识到他能达到他自己的目的时,行动就随之而来了:"意志是欲望与达到所期望事情的信念的结合。"③这一定义几乎正确地符合由像斯托特这样的心理学家所给予的定义,他们否定意志作为"一种通过判断而证明和表明的欲望,在我们所处的范围内,我们将达到所期望的目的,因为我们期望它"④。欲望是能够实现的,这种信念是基于在相似的环境中成功进行的先前努力之上的,因为"意志的自信源于成功,从而使欲望成熟为决定"⑤。

从根本上说,意志在思维环中具有它的根基,实际上人们对它知道得并不详细,但它肯定是在所获得的表象的结合和联合之中。⑥ 赫尔巴特进一步阐释思维环所包括的那些内容,通过一些阶段能够从兴趣上升到欲望,而欲望通过它的实现行动构成了意志。实际上,整个内心活动在思维环中拥有它的位置。⑦ 当教学形成思维环时,它在智力训练和道德训练两方面起作用:"在提出的整个德行任务完成时再回头对其进行考察,人们将看到,主要的事情是通过教学来完成的。"⑧赫尔巴特得出结论:⑨"确切地说,一种完美教学精确地说应当是这样的——储存了通过明了、联想、系统和方法而达到最高的思想灵活性的知识和概念,这些知识和概念借助其所有部分的完满的互相渗透,能够成为一种强

---

① 《教育学讲授纲要》,第 58 节。

② 《教育科学》,第 212 页。

③ 《心理学教科书》,第 223 节。参见同书第 107 节。

④ 《心理学手册》(*Manual of Psychology*),伦敦:大学函授学院指导教师丛书,1899 年版,第 711 页。

⑤ 《教育学讲授纲要》,第 152 节。

⑥ 《教育学讲授纲要》,第 58 节。

⑦ 《教育科学》,第 213 页。

⑧ 赫尔巴特:《对雅赫曼的〈普通教育学〉书评的回答》。

⑨ 《教育科学》,第 226 页脚注。

迫意志的带有最大活力的兴趣组织。因为有欠缺的文化常常是品格的坟墓。"①

教育思想的地位和影响

当其他人认识到教学的重要性时,赫尔巴特时代以前的教育家已经使品格训练成为教育的目的了,但是,留给赫尔巴特的是通过兴趣把教学与品格训练结合起来,通过提供基于心理学思想的方法以获得这两方面的发展。赫尔巴特对教学内容作了适当的选择,提出了讲述所选内容的正确方法,并将讲述这些内容视作教师的道德责任,他还设想了实现其教育目的的一些相关因素。

当一个作者去世了,其著作会立刻从人们的视野中消失。但是,这些著作如果确实有继续存在的价值的话,它们会在若干年后重新复活。这是文献评价的惯例。赫尔巴特的命运似乎延续了教育领域的这个古典格言。在他 1841 年去世后的 25 年里,赫尔巴特的教育学思想滑到被人们忘却的状况,但从 19 世纪 60 年代尤其是 80 年代起,直到 20 世纪第一个十年(甚至后来),它们在西欧和美国产生了主要的影响。

正如邓克尔所指出的,部分原因无疑是归功于赫尔巴特的追随者、莱比锡大学的齐勒尔(Tuiskon Ziller)②教授和耶拿实验学校校长莱因(Wilhelm Rein)③。齐勒尔 1865 年出版的《教育性教学学说的基础》(*Foundation of the Doctrine of Educational Instruction*)④一般被认为是发起了赫尔巴特运动(Herbartian movement),但是,赫尔巴特的体

---

① 尽管它否认他的一般主张,即"知识是一件事情,德行是另一件事情"。见《关于大学教育的演讲》(*Discourses on University Education*),都柏林,1852 年版,演讲六。纽曼(Newman)表达了赫尔巴特的观点,提及"道德说服力伴随着可靠的和持久的信念"。(演讲一)

② 齐勒尔(1817—1882),德国教育家。——译者注

③ 莱因(1847—1929),德国教育家。——译者注

④ 齐勒尔:《奠定教育课程原理的基础》(*Grundlegung zur Lehre von erziehenden Unterricht*),莱比锡:L·普伦蒂茨图书公司 1865 年版。

系通过齐勒尔的见解和莱因的修正得到了进一步的传播。对于当时"先进的"教育思想来说,系统地阐述赫尔巴特学说的努力受到了欢迎,简而言之,"使赫尔巴特得以延续到现在"。

　　在赫尔巴特在世的时候和他去世后的一段时间里,他的影响是有限的。他的哲学学说与同时代流行的观点是冲突的,他的著作始终受到了相反的评论。对普鲁士的独裁主义来说,他的教育学思想以及提倡的个人主义方法是不受欢迎的;而且,在纯粹的实际层面上,他的研讨也不能被证实有助于培养有效的教师。与裴斯泰洛齐不同的是,赫尔巴特的甚至有点冷漠的个性并没有吸引更多的忠实的追随者。他的教育思想,特别是"教学步骤"、"统觉团"和"意识阈",引起了19世纪后期教育家们的注意,他们中的许多人用赫尔巴特曾经否定的一些方式进行了解读和理解。教学步骤是这一过程的例子:它是莱因的预备、提示、联合、概括和应用的五重体系,而不是赫尔巴特的严格的四重组织;它们得到了普遍的赞同,然后作为一个用于课程计划的实际范式,而不是作为一种对学习过程中的阶段的心理学陈述。

　　当赫尔巴特教育学说的修正形式赫尔巴特主义(Herbartianism)在19世纪后期传到美国后,美国成立了"全国赫尔巴特学会"(National Herbart Society for the Scientific Study of Teaching);①赫尔巴特学派的德加谟(Charles DeGarmo)②、麦克默里兄弟(Charles and Frank McMurry)③所写的著作成为了最畅销的教育书籍。似乎可能的是,在一个迅猛的发展时期,邓克尔建议美国人采用了赫尔巴特理论,因为它在学术上是不错的和在实践上是简明的。然而,在20世纪第一个十年中,当诸如"儿童中心"(child-centring)和"预习"(learning before teaching)的新的教育学学说开始占统治地位的时候,赫尔巴特理论很快就衰弱下去了。1902年,他的名字从全国赫尔巴特学会的名称上被

①　约翰·杜威是全国赫尔巴特学会执行理事会的成员之一。
②　德加谟(1849—1934),美国教育家。——译者注
③　麦克默里兄弟,即查尔斯·麦克默里(1858—1929)和弗兰克·麦克默里(1862—1936),美国教育家。——译者注

去掉，他的学说在一二年之内就名存实亡了。

　　在英国，赫尔巴特运动的影响持续了更长一段时间。最有影响的著作是一位受尊敬和具有重要影响的作者约翰·亚当斯（后来的亚当斯爵士）所写的《应用于教育的赫尔巴特心理学》一书。① 由于莱因的赫尔巴特主义观点给一些新教师提供的实际帮助，因而在那些教师培训学院受到了极大的关注；②在第二次世界大战爆发时，"赫尔巴特"在英国学院的教育系中仍然是一个重要的名字，这在一定程度上要感谢像约翰·亚当斯的著作和这本书的早期版本所产生的影响。

---

　　① 约翰·亚当斯（John Adams）的著作在美国出版商的书目上仅次于德加谟（DeGarmo）的著作。

　　② 有趣的是，约翰·亚当斯和另一位赫尔巴特学派作者威廉姆斯（A. M. Williams）都曾在阿伯丁的教会教师培训学院工作。

第十章　福禄培尔

在 18 世纪下半期和 19 世纪第一个 25 年变革了西方教育的瑞士和德国教育家群体中,弗雷德里克·福禄培尔(Friedrich Froebel)①是最后的一位。

生涯与著作

1782 年福禄培尔出生于图林根,就像夸美纽斯一样,在年幼的时候就失去了父母。他在舅舅的照顾下长大,其在施塔特—伊尔姆的乡村学校中的生活没有什么值得注意的。实际上,那是一段梦幻般的和缺乏兴趣的生活。在一般人眼中,他相当迟钝。从 1797 年到 1799 年,福禄培尔跟随一位森林管理员当学徒,他发现静寂的图林根林区是一个理想的环境,很适合于他爱好思索的性格。他认为,正是在这一时期,就像两个多世纪前罗耀拉那样,他用自己的方式获得一种神秘的和有力量的经验之后,形成了整个自然是一个统一体的哲学。如同罗耀拉一样,他明显地感到,对他一生的工作来说他自己先前接受的教育是不

---

① 关于福禄培尔的生平,可以参见迈克斯尔(E. Michaelis)和穆尔(H. K. Moore)翻译的《弗雷德里克·福禄培尔自传》(*Autobiography of Friedrich Froebel*,London:Swan Sonnenschein),伦敦:斯旺·索南沙因图书公司 1886 年版;比洛(Baroness B. von Marenholz-Bülow)的《回忆弗雷德里克·福禄培尔》(*Reminiscences of Friedrich Froebel*,Boston:Lee & Shepherd, 1895),贺拉斯·曼夫人(Mrs. Horace Mann)译,波士顿:李 & 谢波德图书公司 1895 年版;以及利利(Irene M. Lilley)的《弗雷德里克·福禄培尔著作选》(*Friedrich Froebel:A Selection from his Writing*),剑桥:剑桥大学出版社 1967 年版。

够的,于是他进入耶拿大学去学习自然科学。不幸的是,由于缺少资金,他因为一小笔债务而被关押,不得不离开大学。在家乡图林根,他又先后找到了一些工作——测量员、会计、私人秘书——同一时期,他还在自学。

在他 20 多岁时,福禄培尔再一次试图接受正式教育,在美因河畔的法兰克福学习建筑。在那里,他遇到了一位按照裴斯泰洛齐原则来管理学校的模范学校校长,①并在这所学校里接受了一个教学职位。从 1807 年到 1809 年,福禄培尔继续在伊弗东工作,吸收了许多瑞士教育先驱者的思想,但也发现在他们所提倡的自然科学方面存在不足。由于自由战争(the War of Liberation)②的缘故,福禄培尔的教育生涯在 1813 年中断了,在这场战争中他作为一个战士参加了志愿步兵团(Lützow's corps)。这是一次有益的经历,因为福禄培尔遇见了朗格塔尔(Langethal)和米登多夫(Middendorf)这两个年轻人,他们后来成为他的忠诚伙伴。

在担任柏林矿物学博物馆保管员的一个短暂时期后,福禄培尔 1816 年在施塔伊尔姆的格里斯海姆开办了第一所学校。在这之后不久,他又搬到了他的故乡图林根的凯尔豪,在那里他与他的追随者一起组成了一个新的教育社区。尽管艰难时期比较长,福禄培尔的实验还是得到了人们的认可:瑞士政府指派年轻的教师来学习他的方法。在裴斯泰洛齐于布格多夫建立他的学校后的 30 年,他也搬到了那里。

福禄培尔的工作越来越让他自己坚信,许多学生在认识他之前就因为教育目的的原因已经被扭曲,甚至被毁掉了。因此,他开始关注人生最初七年的生活。他的著名著作《人的教育》(The Education of Man)就表明了这一点。他的最后的重要教育成就是 1837 年在勃兰根堡创办了第一个"儿童的花园"——"幼儿园"(Kindergarten)。福禄培尔的晚年是不幸的。1848 年,当福禄培尔希望他的自由意志思想得到支持时,由于他的侄子卡尔(Karl)出版了一本支持社会主义的著作,他

---

① 即法兰克福模范学校校长安东·格吕纳(Anton Gruner)。——译者注
② 即德国抗击拿破仑侵略军的战争。——译者注

也因此受到牵连,他的实验思想被反动当局拒绝了。1852 年,福禄培尔去世。

教育哲学

正如为赫尔巴特所作的很多辩护一样,福禄培尔也声称他的教育原理只是哲学而非其他。① 实际上,劳默尔(Karl von Raumer)②1851年发布政令,禁止在普鲁士建立幼儿园,因为在他看来,幼儿园对社会是危险的事物——还有它们的"3 岁的煽动者",正如当时一篇滑稽的文章所评论的——福禄培尔正是以哲学原理奠定了高度复杂的儿童教育理论基础。③

福禄培尔在耶拿大学④所继承的哲学,显然受到了由康德创立以及由费希特、谢林(Schelling)⑤和黑格尔发展的唯心主义(idealism)的影响。为了对他的哲学有充分的了解,需要对其哲学作简短的说明。因为他主张非正式训练,所以福禄培尔从未持有也从未发展一种始终一致的哲学观。他不间断地继续学习,正如他给克劳泽(Krause)⑥的信中所说明的:"是为了在所有的事实和现象中以及在所有的问题的表达

---

① 1839 年 1 月 20 日在德累斯顿写的一封信中,福禄培尔写道:"我亲爱的夫人,您能告诉这个人,正如他所说的,这种教育制度对最年幼的儿童来说是清楚的和明白的,其本身也包含了所有的哲学。"福禄培尔:《关于幼儿园的书信》(*Letters on the Kindergarten*),迈克斯尔(E. Michaelis)和穆尔(H. K. Moore)译,伦敦:斯旺·索南沙因图书公司 1891 年版。

② 劳默尔(Karl von Raumer, 1783—1865),德国教育史学家、矿物学家,普鲁士教育大臣。——译者注

③ 比洛:《回忆弗雷德里克·福禄培尔》,第 199—200 页。

④ 参见《弗雷德里克·福禄培尔自传》,第 29 页:"除数学之外,我完全没有学习什么理论的课程;说到哲学教学和思想,我仅仅学习如此多的与大学生活有关的内容,促使我在人际交往方面的提高;但是,恰恰是通过这种交往,我用各种方式接受了一种多方面的智力刺激。"

⑤ 谢林(Schelling,1775—1854),德国哲学家。——译者注

⑥ 克劳泽(Krause,1781—1832),德国哲学家,耶拿大学教授。——译者注

和表白中,能使一致性和相似性体系化、符号化、观念化,成为实在的和可认识的。这样,伴有各种各样现象和活动的生活的矛盾会越来越少,生活会更加和谐、简单和清晰以及更容易被看做是生活宇宙的一部分。"①

　　康德给他自己的任务是决定可能产生知识和经验的条件。洛克曾假定,经验只不过是用一种没有关联的印象的形式来反映自然;但休谟表示,按照逻辑的发展,这一立场的结果应当是怀疑主义。另一种选择是,自然必须符合我们认识它的方法。人们发现,科学的世界是按空间和时间安排的,其现象之间有因果联系。康德坚持主张,这种安排和决定源于这样一个事实,即心灵的构成只是为了使经验可能进入它。这个世界是通过空间和时间的形式而得到理解的以及根据物质、原因等范畴而进行想象的,因此,康德使用的术语是"现象世界"(phenomenal world)。他通过假定本体世界(noumenal world)的存在,而使另一种经验形式成为可能。在他看来,本体世界是一个无法通过感觉和理解来认识的世界,但却可能通过一种直觉的智力来体验。

　　当我们试图超越现象世界的范围,即超越科学范围去应用感觉的形式和理解的范畴时,我们发现,这样的应用引起了依据逻辑推演的自相矛盾的或冲突的结论。例如,我们能够证明世界有一个起点和没有一个起点;世界有第一推动力(First Cause)和世界没有第一推动力;心灵是一个简单的本体(substance)和心灵不是一个简单的本体。康德从那些自相矛盾的话中得出的结论是,第一推动力和本体等概念只是在现象世界中才是有效的;超越这个世界应用它们便会产生自相矛盾的现象。例如,因果关系限于科学世界;又例如,用另一种经验形式或在另一种世界,道德和自由也许是可能的。

　　因此,在《纯粹理性批判》(*Critique of Pure Reason*)中,康德把范围、时间、本体、原因等概念的应用限于科学的王国;但仍保留了另一个王国存在的可能性,在那里,自由可能存在,灵魂不朽和上帝的存在不再是自相矛盾的概念。他提出了一个与现象世界相反的本体世界概

―――――――――

① 《弗雷德里克·福禄培尔自传》,第107页。

念,本体是一个含义局限的概念,它仅仅隐含一种经验形式可能性而不包括物质的和科学的形式。

在《实践理性批判》(*Critique of Practical Reason*)中,康德主张,在《纯粹理性批判》中提到的在非科学世界中仅仅作为一些可能的客体的本体也许具有明确的意义和内容。我们在伦理学范围发现责任的概念,一个本质上含有自由的明确概念。因此,对于康德来说,存在人类生活的两个领域,即现象世界或由因果概念(conception of cause)控制的科学世界以及以自由为特点的本体世界或伦理世界。康德未能使这两个领域相互联系起来,但应当归功于他的是,他论证了任何一个单独的世界都是不完整的。不过,他把唯物主义和自然主义作为适当的哲学解释以及通过确立伦理生活的优先权和精神领域的现实性来奠定近代唯心主义基础,是站不住脚的。康德学说[1]的教育推论是:外在现象的机械的连接处于自由的、内在的综合性或创造性心理活动的对立面,而不是与它不相容。[2]

对康德的后继者来说,他们的任务是消除康德体系中的固有的二元论。一方面,康德依赖《纯粹理性批判》中的自然主义和现实主义的解释来强调现象世界的关联和完整以及将本体世界或概念世界(intelligible world)的现实性——上帝、自由和不朽——分解成有用的幻想;另一方面,费希特依赖于实际(道德的)理性的最高权力,极为强调概念世界的本体特征,以致把现象世界仅仅降为一种表面现象或错觉。在费希特看来,自由的理性活动或自我意识活动不可能受任何异己事物的制约。他因此假定,意识所需要的作为其存在必要条件的客体以及其渐进的实现并不是一种外在"给予"的单纯的感觉因素,而是

---

[1] 谈及康德,甚至超过谈及洛克,可以说,他的哲学比他的教育学有更大的影响。费希特认为,康德并没有对裴斯泰洛齐的发展产生影响。也许是如此,在他们观点上的任何相似之处都可以通过这个事实来解释,即他们都是卢梭的追随者。见特恩布尔(G. H. Turnbull):《费希特的教育理论》(*The Educational Theory of J. G. Fichte*),利物浦:利物浦大学出版社1926年版,第8—9、16页。

[2] 福禄培尔在他的《弗雷德里克·福禄培尔自传》(第93页)中写道:甚至在军事训练中,"我能够看到,自由的必要性还没有被很好地认识!"

意识本身的自我隔离过程的一种结果。

谢林的观点在开始时实际上是与费希特的观点一致的,但在他后来的著作中却坚持认为,绝对(the Absolute)表明其自身在自然和在精神两方面都是平等的,智力能够发现自然中的本质,也同样能够发现它自身,并以此观点来纠正费希特的把自然降为一种不存在的夸大倾向。福禄培尔受到谢林的影响是确定无疑的,因为在他的《自传》(*Autobiography*)①中,他承认自己熟悉谢林的著作《论世界的心灵》(*On the World Soul*)。他说:"那本著作中的内容深深地打动了我,我想我是理解它的。"有的学者指出,在这本著作中,"谢林主要探究一种原理,将整个自然简化为统一体。这个原理在任何先验的和超自然的领域肯定没有被探索,无论这个领域是被称为上帝还是被称为命运女神,但是,在自然本身却有过探索。谢林似乎要在一个物质概念中发现一个作为对立力量统一体的原理,因此,他很自然地就试图把各种自然现象简化为一种总是在相反方向表现它自身力量的单一原理。因此,自然必须不再划分为一群群分隔的现象,每一群现象都带有一种特殊的力量——机械的、化学的、电动的、生命的,而必须被全部看做是同一力量的不同形式,是具有两重性的相同的统一体。……在使力量的理念成为自然的至上原理时,谢林显然删除了它的纯粹的机械的含义,因此,它实际上变得与自然的原理相一致,作为自我活动的一个永恒的进程或显现。"②谢林采取了自然的美学观点,根据这一观点,现实被看做是生命统一体,完全是精神的、深邃思想的和最终探索态度的表达。同样,福禄培尔应用美学的隐喻去解释世界与上帝的关系。例如,他指出:"通过研究和阐释一件人类艺术作品与艺术家的最深层的精神关系,人类可以真正地、清晰地领悟和认识自然与上帝的关系。"③

---

① 《弗雷德里克·福禄培尔自传》,第 40 页。

② 沃森(J. Watson):《谢林的先验唯心主义》(*Schelling's Transcendental Idealism*),芝加哥:S·C·格里格斯图书有限公司 1882 年版,第 95—96 页。

③ 福禄培尔:《人的教育》(*The Education of Man*),海尔曼(W. N. Hailman)译,纽约:D·阿普尔顿图书公司 1909 年版,第 153 页。

在黑格尔①看来,康德的唯心主义达到了极致,表述完美。但对黑格尔来说,并不存在两个领域——自然的和精神的——如康德主张的,而只有一种存在形式,即精神的形式,它包括了自然的形式。所有存在的和所有认识的根本力量就是上帝(Mind)或绝对。它是与柏拉图的"善的理念"(Idea of the Good)相似的,黑格尔引用了柏拉图的一句名言——"真实是理性的,理性是真实的。"②他解释说:③"绝对是上帝(精神)——这是对绝对定义的最重要的界定。我们可以说,发现这一定义和掌握它的含义,也是所有教育和所有哲学的最高目的。"④

福禄培尔的《人的教育》⑤一书的献辞——"他"(Ihm)——可能指的是黑格尔的绝对,他在开篇一段话中以含糊的术语表达了黑格尔主义者的观点:"整个世界——天地万物、宇宙——是一个单一的有机体,有机体自身具有永恒的一致性。这个一致性原理在外部自然界对自身的表达与在精神界对自身的表达是一样的。生命是物质与精神的联合。没有心灵或精神,物质就是无生命的;它没有形状,只是无序的混沌。只有通过精神的入口进入物质,宇宙才得以产生。精神有其自身的秩序。每一个生物、每一个物体都是通过精神而形成的物质。……上帝是先决条件,是它们存在的先决条件。没有上帝,它们就不会存在。上帝是所有事物的一个基础。上帝是万能的和永恒的。上帝是自然的本质、世界的含义。"

因为对黑格尔来说真理是一个整体,所以上帝或绝对是不可能被包含在任何不完全的存在形式之中的,认识它需要遵循一种明确的范

①　黑格尔,1770—1831。芬德利(J. N. Findlay):《对黑格尔的再考察》(*Hegel:A Re-examination*),伦敦:乔治·艾伦和昂温图书有限公司1958年版。

②　《黑格尔的权利哲学》(*Hegel's Philosophy of Right*),戴德(S. W. Dyde)译,伦敦:乔治·贝尔兄弟图书公司1896年版,著者前言,第xxvii页。

③　华莱士(W. Wallace):《黑格尔的精神哲学》(*Hegel's Philosophy of Mind*),牛津大学出版社1894年版,第7页。

④　华莱士:《黑格尔的精神哲学》,第11页:"教育的领域只是个人的领域;它的目的是使普遍精神在他们之中存在。"关于黑格尔的教育观点,参见(F. L. Luqueer):《作为教育家的黑格尔》(*Hegel as Educator*),伦敦:麦克米伦图书有限公司1896年版。

⑤　《人的教育》。

式,即辩证的运动,连续地适当地进行。正如我们已经看到的,对于柏拉图来说,辩证法是对真理和现实的一种探求;中世纪文化研究者不注意柏拉图的告诫,即辩证法对年轻人来说并不是一种适合的学习,把它包括在"三艺"即较早时期的学术训练之中,其结果正如柏拉图所预言的,它退化为一种解决智力疑难的练习,它成为一种辩论的方法以替代一种发现的方法。[①] 黑格尔主义者的辩证法是一个关于独特类型的思想的运动。[②] 康德的自相矛盾的话表明,在一个领域适用的范畴如果不加区别地被应用于另一个领域时会遭遇绝境。在黑格尔看来,这不仅是康德的理性观念的特征,甚至是所有思想观念的特征。"事实上,冲突属于思想的本质、意识的本质及其辩证法。"[③]将一个概念拓展到它的合理的领域之外的结果就是使这个概念走向了它的对立面。福禄培尔对这个"对立的法则"运用自如。"每一个事物、每一个生物只有与其对立的种类联系起来才能被认识,而且,作为一个统一体,只有与其对立物一致,才能被发现。"[④]然而,对立物只有在一个比较包容的统一体中才有意义。一间房屋里的物件和下个星期要发生的事情之间不可能

---

① 伯特兰·罗素(Bertrand Russell)在《西方哲学史》(*History of Western Philosophy*)(伦敦:乔治·艾伦和昂温图书有限公司 1946 年版)第 456 页上,列举了学术的辩证法的不足:对事实和科学不感兴趣,对问题推理的信念只是观察和决定,以及过分强调言语的特性和精妙。

② 参见芬德利:《对黑格尔的再考察》,第 68—71 页。

③ 《黑格尔的权利哲学》,第 211 条附录。

卡尔·马克思(Karl Marx)采用了黑格尔的辩证法,但把它应用在经济领域,因而有了现代共产主义的辩证唯物主义。辩证法支持了一种人类进步的革命观点。它被后来的唯心主义者所放弃,而赞成在达尔文(Darwin)的《物种的起源》(*The Origin of Species*,1859)的影响下的进化发展。

辩证法对一些现代教育学者显然有吸引力,他们并不关心与黑格尔或与卡尔·马克思在一起。参见利文斯通(Sir Richard Livingstone):《为了一个漂泊世界的教育》(*Education for a World Adrift*),剑桥:剑桥大学出版社 1943 年版,第 118 页;弗莱彻(Basil A. Fletcher):《教育与危机》(*Education and Crisis*),伦敦:伦敦大学出版社 1946 年版。

其他有关教育本身对发展有作用的概念是"周期"(cyclical)和"重演"(recapitulation)。

④ 《人的教育》,第 42 页。

有对立关系。因此,黑格尔主义者辩证法的三合一结构是:"命题"、"对照"(即由命题必然引起的对立物)以及"综合"(即用一个更具包容力的概念来使命题和对照得以调解)。福禄培尔在他的各种著作中举例说明了这个辩证法运动:儿童是一个自然的儿童、一个人类的儿童和一个上帝的儿童。① 道德在宗教和实际的效能之间起调解作用。② 组成第二种"恩物"的物体的选择是由同样的三合一顺序决定的。"球和立方体是完全对立的。它们相互处于统一和多样的关系之中,但尤其处于运动和静止以及圆和直线(straight)的关系之中。游戏的这两个物体的关联法则要求有一个连接物,这就是圆柱体。它既有完全建立在其自身圆面上的统一性,又有建立在两条直线上的多样性。"③

　　福禄培尔的对立物在一个更高的统一体中得到调解的对立法则与黑格尔哲学的辩证思想运动之间的紧密相似性,是 1851 年一位访问者对福禄培尔在利伯斯坦因建立的幼儿园访问时指出的。福禄培尔并不承认了解黑格尔的原理,据报道,④他曾回应说他并不知道黑格尔是如何形成和应用这一法则的,因为他没有时间去研究黑格尔的体系。也许事实确实如此。因为对立和对立物在高一层次的综合中可以得到调解的思想并不是黑格尔特有的,而是费希特和谢林所共有的。

　　克劳泽是一位英国学哲学的学生几乎不知道的哲学家,福禄培尔认识他,并与他一直保持通信联系。在福禄培尔给克劳泽的一封信⑤中,我们获得了许多关于福禄培尔生涯的自传性细节。克劳泽的著作以及他与福禄培尔的相识对后者产生了影响,这可以从比洛(Baroness B. von Marenholz-Bülow)的《回忆弗雷德里克·福禄培尔》(*Reminiscences*

---

　　① 福禄培尔:《幼儿园教育学》,约瑟芬·贾维斯(Josephine Jar vis)译,伦敦:爱德华·阿诺德图书公司 1900 年版,第 11 页。

　　②《人的教育》,第 1 章。

　　③ 福禄培尔:《发展中的教育》(*Education by Development*),约瑟芬·贾维斯(Josephine Jar vis)译,纽约:D·阿普莱顿图书公司 1905 年版,第 204 页。参见同书第 286 页。

　　④ 比洛:《回忆弗雷德里克·福禄培尔》,第 225 页。

　　⑤ 1828 年 3 月 24 日。参见福禄培尔:《弗雷德里克·福禄培尔自传》,第 104—126 页。

of Friedrich Froebel）中了解到。比洛这样写道："福禄培尔和克劳泽都同意的理论，是在自然界的有机体的发展和精神世界的有组织的发展之间存在着相似性的思想。根据这种思想，遵循自然及其有机体的同样的法则，人类的历史发展得以前行。一个全面渗透神性法则（Divine Reason）的相同逻辑支配着两者：一是潜意识（自然），另一是自身有意识（精神）。所以，对立的法则支配着所有的地方，但不是绝对的，而是相对的，我们总能发现生命进程中的联系或解释（solution）。"①

发展原理

洛克和赫尔巴特提出，心理是由于表象而形成的，与他们形成鲜明对照的是，福禄培尔坚持主张，心理是根据一种预定的范式从内部展开的。"有迹象表明，尽管很微弱，儿童究竟是什么样的人和将会成为什么样的人取决于儿童自身，儿童所获得的一切都是通过内部向外发展而获得的。"② 所遵循的这种范式就是人们知道的预成论（preformation）。根据预成论的观点，幼芽完全包含着已充分发展的植物或动物的雏形。因此，在《幼儿园教育学》中，福禄培尔指出："树的幼芽在它自身内部包含着整棵树的本质"；"每一个生物的整个未来生命的发展和形成，都包含在它最初的存在之中"。③ 人的发展过程也是与树的发展过程相似的。"在个人内部生活的发展中，人类心灵发展的历史被重演。"它也是一个连续的过程。福禄培尔断言："非常重要的是，人的发展应该是从一个点出发而不断前进的，这种不断前进的发展应当被人们所认识并始终得到保护。在人的年龄连续性发展阶段中，随

---

① 比洛：《回忆弗雷德里克·福禄培尔》，第 248 页。

②《人的教育》，第 68 页。

③《幼儿园教育学》，第 5、6 页。［著者原稿错误——译者注］这是一个对预定发展的生物学阐述，与它对应的心理学阐述是成熟。关于对预定发展的批评，参见亨特（J. McV Hunt）：《智力与经验》（*Intelligence and Experience*），纽约：罗纳德出版公司1961 年版。

然的限制和截然的分流(subdivision),忽视人的发展的永恒的连续性、生命的连贯性以及内在的生命本质,都是十分有害的,甚至会对它们产生破坏性的影响。"①

　　所有的生物只有一种机能——去表达它们的处于沉睡状态的精神,即神性。因此,教育的唯一目的是使人意识到他身上的精神本性。福禄培尔宣称:"确实,人的本性在本质上是善的。"②毫无疑问,儿童天生是善的观点以及消极教育是早期发展阶段的必然措施的观点,他是从卢梭那里获得的。假如人的内在的神性的本性不是由外在不适当的影响损坏的,理想的教育将是被动的,即不干涉。"实际上,就这一本质而言,教育应该具有这些特点;因为未受干涉的神性统一体的作用必然是善的——没有其他任何东西可以超越善。"③

　　这是做事情的理想条件,但很少能得到。福禄培尔承认说:"自然给我们极好地显示那种未受损害的原始状态,尤其是人的原始状态。但是,正因为这一理由,就特别有必要假定在相反情况清楚地显现之前每一个人身上一直存在着这种原始状况;否则,可能与我们期望相反的那种未受到损害的原始状态也许会容易受到损害。"④然而,当个人的原始本性明显受到损害时,⑤福禄培尔便毫不犹豫地建议实施十分严格的、明确的和强制性的教育。

　　因为康德的规则是明确的,他的道德法则只有对那些自愿担当的自由人才是有效的,所以,对福禄培尔来说,"有活力的思想、永恒的精神理想,就其内在本质来说,在它自己的表现形式上应该是而且确实是清晰的和强制性的。……只有当它假设所说到的那个人带着单纯的和诚实的信念,或者带着清晰的和果断的见识理解了对他的要求,理想才能具有强制性。确实,在字词或实例中,理想在所有这些情况下都是强制性的,但是,这种强制性始终只是关系到精神的和内在的生活,而从

①《人的教育》,第 27 页。
②《人的教育》,第 120 页。
③《人的教育》,第 7—8 页。
④《人的教育》,第 9 页。
⑤《人的教育》,第 10 页。

来就不关系到外在的形式。"①

当自由服从于一个法则而这个法则又是符合我们最高的本性的，因而是自我强加的，或者，正如康德所表达的"自由是必要性的真理"。所以，对于福禄培尔来说，"在良好的教育中、在真正的教学中、在正确的训练中，必要性应该唤起自由，法则应该唤起自我决定，外界的强制应该唤起内在的自由意志，外在的憎恨应该唤起内心的爱。在憎恨产生憎恨、法则产生欺骗和罪恶、强制产生奴性、必要性产生盲从的地方，在压制破坏和贬低一切的地方，在严厉和苛刻引起顽固执拗和虚假的地方——所有的教育都是失败的。为了避免后者和实现前者，所有的规定都应该适应于儿童的本性和需要，以谋求他的合作。尽管教学和训练中的教育有必要保持其鲜明的特征，但它在所有细枝末节方面产生的无可争辩的和不可抗拒的影响能够使提出教育需求的人自身严格地和必然地臣服于永恒的统治法则，臣服于一种不可避免的和永恒的需要，因此也能清除所有的专制主义。"②

福禄培尔对发展中的连续性原理的强调，并不妨碍他认识发展中的明确的阶段，也不妨碍他赞成卢梭的观点，即儿童在每一个阶段都应该得到充分的开发才能进入下一阶段，否则，所产生的困难在后来将是不可能解决的。福禄培尔所认识到的阶段，也就是幼儿期、儿童期和少年期，是与卢梭在《爱弥儿》中的分期相符的。对于卢梭来说，幼儿期的活动特点是习惯；而对于福禄培尔来说，它是感觉发展。福禄培尔关于感觉发展的论述是很不自然的，其结果是试图把辩证的形式强加于它。在第二个阶段儿童期，由于语言的出现而与幼儿期区分开来。因此，儿童开始由内向外的表达。这时，实际的教育开始了，对身体的关注和观察开始少于对心灵的关注和观察。③ 说话训练这时也开始了。每一个物体应该给予它适当的名称，每一个字词都应该清晰和明确地表达出来。裴斯泰洛齐曾受到费希特的批评，那是因为他把名称看做是"直

---

① 《人的教育》，第 13 页。
② 《人的教育》，第 13 页。
③ 《人的教育》，第 50 页。

觉"的一个特征,而不是以教育学为根据的。但福禄培尔支持裴斯泰洛齐,他坚持认为,对儿童来说,一个名称仍然是与一个物体联系的;①在儿童看来名称产生了物体。② 在《幼儿园教育学》中,他补充说,名称是通过与一些熟悉物体的联系来界定的。③ 然而,儿童期这一发展阶段的主要活动是游戏。在《人的教育》对儿童期的论述中,福禄培尔强调了游戏在教育中的地位。

游戏、工作和教学

游戏是儿童期的有特点的活动。福禄培尔指出:"在这一时期,游戏是儿童发展——人的发展的最高阶段。因为它是内在本质的自发表现——内在本质出自其内在必要性和冲动的表现。游戏是人在这一阶段最纯洁的精神活动,同时是人的整个生活——人和一切事物的内部隐藏着的自然生活的象征。所以,游戏给予人以欢乐、自由、满足、内在和外在的宁静以及与周围世界的和平相处。它拥有一切善的来源。"④

---

① 《人的教育》,第 54 页。

② 《人的教育》,第 91 页。

③ 《人的教育》,第 176 页。

④ 《人的教育》,第 55 页。参见蒙田(Montaigne):《论文集》(*Essays*),第 1 集,第 22 章:"我们必须注意,儿童的游戏在他们的眼中并不是游戏;我们必须把这些游戏看做是他们最重要的活动。"

也可参见洛克(Locke):《教育漫话》(*Some Thoughts Concerning Education*),第 130 条:"儿童时期的所有游戏和娱乐都应该趋向于良好的和有用的习惯,否则它们就会趋向于不良的习惯。"

此外,儿童尤其是幼儿甚至发现,游戏的处境并不是他们所想要的。1969 年,卡的夫大学的两位研究者调查运用于幼儿的长度的教学计划,发现"他们倾向于坚持把这个环境作为一种没有组织的游戏、一种对他们的自由的创造力和情感的识别力的训练辩解。"见阿普特(M. J. Apter)和布勒(D. Boorer):"斯金纳、皮亚杰和福禄培尔:幼儿程序教学的研究"(Skinner, Piaget and Froebel: a Study of Programmed Instruction with Young Children),《程序学习与教育技术学》(*Programmed Learning and Educational Technology*),1969 年 7 月。

　　就儿童游戏的教育价值而言,儿童游戏绝不是一种没有目的的活动。儿童的游戏冲动必须是有指导的和有控制的,在所引起的感觉上和所练习的活动中,按照一种必需的有序的顺序,运用一定的材料。据说,福禄培尔曾这样说:[①]"没有理性的和有意识的指导,单纯的活动会蜕变为无目的的游戏,不再是其旨在为生活任务做准备的活动了。……在幼儿园里,儿童受到指导去进行他们的游戏,用这样的方式真正地达到本性所要求的目的,也就是去服务于他们的发展。……我认为,人的教育需要一种指导,我在一个普遍的发展规律中发现了自然界和知识界两者的法则。没有遵守法则的指导,也就没有自由的发展。"[②]

　　卢梭是在儿童向青春期过渡的时候转换了他的方法,强调儿童此后获得的经验属于间接经验而不是直接经验了。但福禄培尔提出的相似的转换阶段比卢梭提出的更早一个阶段,也就是在从儿童期到少年期的过渡时期转换方法。儿童期的特点主要是,为了生命而生活占支配地位,这是一个使内部的东西成为外部的东西的时期;而少年期是学习占支配地位的时期,这是一个使外部的东西成为内部的东西的时期。[③] 这里,我们有一个福禄培尔对立法则的例证,这就是,教育不再是由天赋决定的,而是由环境决定的。它不再是儿童中心的,而是课程中心的。实际上,人的发展从一开始就是由天赋和环境两者决定的,在《幼儿园教育学》中,福禄培尔实际上通过他对第三个阶段或综合的阶段的认识而承认了这一点。"另一个基本思想是,对生命的一切认识和理解都是与使内在外部化和外在内部化相联系的,也是与察觉两者的和谐和一致相联系的。"[④]

　　当游戏是儿童期的一种有特点的活动时,工作则是少年期的一种

---

① 比洛:《回忆弗雷德里克·福禄培尔》,第67—68页。

② 关于在教学中游戏和通过游戏来教学之间的区分,参见里德(Herbert Read):《通过艺术的教育》(*Education through Art*),伦敦:费伯兄弟图书公司1943年版,第219页;也可参见杜威(John Dewey):《民主主义与教育》(*Democracy and Education*),纽约:麦克米伦图书有限公司1916年版,第230页。

③《人的教育》,第94页。

④《人的教育》,第174页。

有特点的活动。在过程中的兴趣让位给在结果中的兴趣。"以前儿童所做的事情只是为了活动,而现在所做的事情就是为了他的活动的结果或成果。"①"如果说活动曾把欢乐带给了儿童,那么,现在的工作把乐趣带给了少年。"②因此,儿童期游戏的目的仅仅是在于活动而已,而少年期工作的目的是在于一个明确的和有意识的目标。③ 这种对照是勉强的。工作被福禄培尔看做是有指导的和有目的的,而不顾他以前的关于游戏的陈述,即游戏仅仅是一种"活动而已"。这种区别同样是站不住脚的。儿童的更大范围的环境给他提供了新的活动模式作为模仿的职业工作;对于少年来说,这些工作是另一种游戏形式,并不是在他父母工作意义上的工作。在少年期,儿童的活动是自我选择的,其结果是没有经济意义的,其特征是有游戏的特点。儿童在儿童期模仿家庭的活动,在少年期模仿邻里的工作。这支持了他的发展是被决定的结论,正如上面所论述的,是由于环境的广阔范围所决定的,而不是由从内在经验到外在经验的一种突然转变所决定的。然而,对福禄培尔来说,存在着一个统一体,超出游戏和工作之间的对立,他把这两者看做是个人能力充分发挥的方法。他指出:④"人的工作只是使他的精神本性和神性可以采取外在的形式表现出来,这样他就能够认识他自己的精神本性、神性和上帝的灵魂深处。"⑤

　　少年期儿童参与的所有活动都具有设计——实际问题的特点,包括合作努力以及提供智力和道德训练。"如果在以前(儿童期)的活动中,他模仿家庭生活的各个方面,那么,在现在(少年期)的活动中,他分担了家庭的工作——抬东西、推车、提水、掘地、劈柴等。"⑥甚至建造一

----

　　①《人的教育》,第 99 页。

　　②《人的教育》,第 102 页。

　　③《人的教育》,第 112 页。参见亨特:《智力与经验》(第 176 页):"当儿童能做一些有目的的活动时,比如把木头挖空做成一条船并装上风帆,以替代用一块木片当船玩耍,则表明他正在从通过游戏而吸收的范围走向模仿和工作的范围。"

　　④《人的教育》,第 32 页。

　　⑤ 关于游戏和工作之间明显对立的谬误,参见杜威:《我们如何思维》(*How We Think*),伦敦:D·C·希思图书有限公司 1909 年版,第 213—214 页。

　　⑥《人的教育》,第 101、106、113 页。

个小屋也是一个例证。这证明了一位美国作者的评判是正确的：特别是在福禄培尔的《人的教育》中,他预先向世界展示了杜威的学校。①

少年期教育的另一个主要特征是教学。它也是用来为标志由内向外到由外向内的转变服务的。"教学的进行并不需要那么多地遵循人的本性,而要遵循事物本质中一定的、不变的和明确的法则,特别是人和事物同样要遵循的法则。它是根据人类外部所存在的一定的和明确的条件而进行的。"②

在规划爱弥儿的发展时,卢梭并没有论述一种预定的课程,他只是附带地表明了他对各种科目教学的看法。福禄培尔在论述学生的生活和教育时,从发展的观点出发,同样提出了各种有教育意义的工作和表现了他对这些工作的看法。此外,他不同于卢梭,而是提出一个更加独立和系统的关于课程科目的论述。可以肯定的是,这些课程科目自身并没有被看做是目的,它们仅仅是儿童个性得以充分实现的工具。

福禄培尔是学校课程应包括手工教学观点的一个早期提倡者。手工劳动是儿童个性实现的一个必要条件。通过手工劳动,儿童逐渐成为了他自己。"每一个儿童、少年和青年,不管他生活中的条件或处境如何,都应该每天至少有一到两小时用于一些真正的活动,即生产一定的外部产品。……儿童——实际上是人类——现在过分和过多地参与无目标的和无目的的活动,而从事实际工作过少。儿童和父母把实际工作的活动过多地看做是他们的损失,认为这种活动对他们未来的生活状况并不重要,因此,教育机构应该进行最持久的努力,去消除这种错觉。我们时代的家庭教育和学校教育把儿童引向懒惰和迟钝,所以,人的大量的才能未得到发展,甚至丧失掉了。"③

除手工教学外,福禄培尔还建议诸如绘画、自然研究和学校园艺等科目的教学。像赫尔巴特一样,他强调把全面发展作为教育的目的,因

---

① 保罗·希利普(Paul Schlipp)编：《约翰·杜威哲学》(*The Philosophy of John Dewey*),埃文斯顿：西北大学出版社 1939 年版,第 453 页。

②《人的教育》,第 94—95 页。

③《人的教育》,第 34—35 页。参见同书第 236—237 页。

此,他设计的教育课程的主要部分是:(1) 宗教和宗教教学;(2) 自然科学和数学;(3) 语言;(4) 艺术和工艺。他声称,人的教育需要宗教、自然和语言方面的知识和鉴赏力。[①] 对于艺术教学的目的,他作了这样的论述:"艺术的教学将不是使一个学生在艺术的一些方面或所有方面成为一位艺术家,而是保证使每一个人都能得到充分的和全面的发展。"[②]

福禄培尔并没有通过对少年期的论述而完成《人的教育》一书,而把他的后期生涯献给了幼儿园的建设,[③]他也因幼儿园声名鹊起。福禄培尔考虑到"儿童期是人和人性的整个发展历程中最重要的阶段"[④],在《回忆弗雷德里克·福禄培尔》中,他提出了自己的理由:"对于教育来说,最早的阶段是最重要的一个阶段,因为开端决定着发展的方式和结果。如果国家秩序的益处是在后来的岁月中才会被认识到的话,那么,儿童期就必须首先习惯于法律和秩序,并在其中发现自由的方法。"[⑤]对儿童期这一阶段来说,福禄培尔设计了他的恩物(gifts),第一种恩物是柔软的球,第二种恩物是球体、立方体和圆柱体。

在福禄培尔的恩物中,他不仅把玩具拟人化和假设儿童将能够意识到其所包含的象征主义,[⑥]而且他也相信带有半哲学性质(quasi-philosophic)的概念,强调游戏将在儿童心里留下它们自己的印象,并决定他对生活的态度。福禄培尔深深痴迷于他自己的哲学原理,以致

191

---

① 《人的教育》,第 210 页。

② 《人的教育》,第 228 页。

③ 福禄培尔提出"幼儿园"的名称是在 1840 年春天的一天。当时,福禄培尔与一些朋友正在从凯尔霍到勃兰根堡的路上。从一个山坡上,福禄培尔看到了萨勒河的支流莱因河旁的村庄,在他面前所展现的就像一个大花园,于是他大声惊叫起来:"我找到了它。它的名称就是'幼儿园'。"见普鲁弗(J. Prüfer)《弗雷德里克·福禄培尔:生平与著作》(*Friedrich Frobel: sein Leben und Schaffen*),莱比锡:1927 年版,第 92 页。普鲁弗也论证说,幼儿园机构在 1843 年前就已建立,正如我们现在所知道的,时间通常是 1840 年,那是"完全正确的"。(第 89 页)

④ 《幼儿园教育学》,第 95 页。

⑤ 比洛:《回忆弗雷德里克·福禄培尔》,第 143 页。[著者原稿错误——译者注]

⑥ 关于对福禄培尔运用象征主义的批评,参见克伯屈(W. H. Kilpatrick):《福禄培尔幼儿园原理的批判性考察》(*Froebel's Kindergarten Principles Critically Examined*),纽约:麦克米伦图书有限公司 1916 年版。

他的心理学观念也未能挽救他远离荒谬的事情,如假设儿童在接触第二种恩物时,也就是在生命的半岁到一岁时期,儿童就对人的本性和命运有一些模糊的感知。① 在他的关于同样恩物的论述中,他断言:人自己"即使是儿童,在游戏中并通过游戏,在内部和外部观察到多样性、多元性和整体性是如何从统一性中演化而来的以及发现多元性和多样性最后如何再次被融入到统一性之中的。儿童必须在他自己的生活中发现这一切。"②在评价第一种恩物时,福禄培尔观察到:"在他的意识的第一个阶段,在球的方法中和通过球的方法(球在本质上作为一个物体,是容易移动的,尤其是有弹性的、颜色鲜艳的和吸引人的),儿童发觉他的生活、他的力量、他的活动以及他的感觉的统一性,因而练习它们。……所以,对于儿童来说,球是一个代表或一个工具,用来感觉一种简单的力量引起的一种简单的结果。对于儿童来说,球体是每一个分离的、单一的统一体;儿童在多种多样的球体中获得一个暗示,即多样性依然服从统一性。对于儿童来说,立方体是每一个继续显现着的多面体。儿童在统一体上面认识到,统一体处于所有多样性(all manifoldness)的基础之上,也因为有了它,多样性才得以展开。用相互比较的方法,清晰地向儿童展示,在球体和立方体中,相对立的物体之间存在着相似性,这对他整个未来的生活是非常重要的,他会发现,这种相似性不仅在他周围以及他自身到处都有,而且形式五花八门。"③

教育思想的影响

通过对恩物和作业④的方法的安排,福禄培尔还建立了一种新的教

---

① 《幼儿园教育学》,第92页。
② 《幼儿园教育学》,第98页。
③ 《幼儿园教育学》,第105页。
④ 参见《幼儿园教育学》,第233—234页:"据我现在所知,分类的缺乏是对儿童进行的所有组合游戏的损害。我们迄今为止所知道的那些游戏以及当前所进行的这些游戏,会因此而失去它们对儿童精神和思想形成的影响,同样也会失去它们对生命的适应性。"

育机构,尽管他的体系本身容易使后来没有教师精神的一代教师趋于形式主义,但它改变了无数儿童的命运。由于他的过分的象征主义,他的理论受到了公开的批评。正如杜威所说的,尽管福禄培尔对抽象的象征主义的爱好常常超过了他的同情意识,但是,"他认识到儿童天赋能力的重要意义,他对儿童的充满爱的关怀以及他在引导其他人去研究儿童方面所起的作用,也许是近代教育理论中使生长的概念得到广泛传布的一种最有效的力量。"①

192

　　尽管福禄培尔建立的机构像裴斯泰洛齐建立的机构那样,受到来自不同国家的访问者的参观,但他的思想并没有很快得到广泛的传播。当他去世的时候,开办的幼儿园不足 20 个。但是,像裴斯泰洛齐一样,福禄培尔也幸运地有一批信徒。在他去世后,他的妻子成了在德国汉堡根据他的原理来训练教师的一个教育机构的领导人。他的"最杰出的学生"比洛在整个欧洲作讲演,并在柏林建立了一个相似的教育机构。他的侄孙女亨利埃塔·布雷曼(Henrietta Breyman),即后来的弗劳·施罗德(Frau Schröder),在比利时和瑞士非常活跃,并在柏林建立了"裴斯泰洛齐—福禄培尔之家"(Pestalozzi-Froebel-Haus)。到 1877 年时,在福禄培尔去世 25 年之后,采用他的制度的一些教育机构在西欧和中欧的大多数国家里出现,同样也在加拿大、日本和美国出现。

　　在美国,像其他许多先驱者的理论一样,福禄培尔理论的大部分是被热情地接受的。幼儿园在 1876 年费城博览会上的展示使它受到了许多有兴趣的调查者的关注,他们着手进行幼儿园实验,首先是在私人学校,然后是在公共学校里。这种影响改革了幼儿教育,它一直持续到20 世纪初期更加结构化的蒙台梭利制度的出现。这两个制度在第一次世界大战前 20 年繁荣发展起来的社会福利的改革中很好地起到它们应有的作用。例如,两者都对幼儿学校运动做出了极大的贡献,这个运动是由像里奇尔·麦克米兰(Rachel MacMillan)②和玛格丽特·麦克

---

① 杜威:《民主主义与教育》,第 67—68 页。
② 里奇尔·麦克米伦(1859—1917),英国保育学校运动的开创者。——译者注

米兰(Margaret MacMillan)①姐妹这样的先驱者推动的。一些年来,虽然蒙台梭利的制度得到了流行,但是,以强调自由游戏和儿童自由为特征的福禄培尔主义不仅在 20 世纪初期占据统治地位,而且在今天依然如此。

①　玛格丽特·麦克米伦(1860—1931),英国保育学校运动的开创者。——译者注

第十一章　蒙台梭利

福禄培尔去世于 1852 年,蒙台梭利①去世于 1952 年。在这一个世纪中,教育的社会背景已发生了根本变化。福禄培尔在勃兰根堡的幼儿园建在迷人的施瓦察塔尔的入口、图林根地区风景最优美和最漂亮的树林茂密的一个村庄之中;而蒙台梭利的"儿童之家"(House of Childhood)则建立在一个欧洲国家首都的贫民窟里。这种差异决定着他们各自的观点。在一个理想的农村环境里,福禄培尔主要把注意力集中在儿童的天赋和发展上;而蒙台梭利则把她的制度重要性的中心放在环境上。因此,在《童年的秘密》(Secret of Childhood)一书中,她强调说:"我们自己的教育方法的最重要特征是对环境问题的强调;……众所周知,我们的教育学考虑到环境是如此重要,以至于把它作为整个制度的中心点。"②

教育生涯

玛丽娅·蒙台梭利(Maria Montessori)天生是一个先驱者。她的父亲希望她成为一位教师,但是,她有自己的主见。为了得到一个工程师的职业,她进入了男孩的技术中学,但在 1896 年 26 岁时,她成了罗马大学实际上也是意大利的第一位女医学博士。在大学的精神病诊所

---

① 斯坦丁(E. M. Standing):《玛丽娅·蒙台梭利:她的生平与著作》(*Maria Montessori：Her Life and Work*),伦敦:霍利斯和卡特图书公司 1957 年版。

② 蒙台梭利(M. Montessori):《童年的秘密》(*The Secret of Childhood*),芭芭拉·B·卡特编译,伦敦:朗曼斯和格林图书有限公司 1936 年版,第 69、137 页。

中,蒙台梭利专门从事治疗有缺陷儿童的工作,为此她曾到伦敦和巴黎去学习伊塔(Jean Itard)①和塞甘(Edouard Séguin)②的方法。与智力迟钝儿童在一起的两年时间里,激发了她对普通教育的兴趣,于是她回到罗马大学成为一个学习哲学、心理学和人类学的学生,同时在城市女子师范学院担任助理工作。1904 年,蒙台梭利成了人类学教授。

此后不到三年时间,蒙台梭利一生的最主要工作开始了。为了消除罗马最贫困地区的社会罪恶,罗马优良建筑协会(Roman Association of Good Building)建立了。它的计划是购买和改造公寓,使它们符合好的生活条件,并根据公寓所有者的利益来进行管理。③ 重新改造过的公寓的管理交给了租户居住者,他们也很爱护它。然而,在学龄前儿童中出现了一些问题。白天被留在家中的他们体会不到家长爱惜房舍的想法,干了一些破坏建筑的事情。为了消除这种坏现象,罗马良好建筑协会总会长④"想把住在该公寓中的这些家庭的 3—7 岁幼儿集中在一个大房间里,让一位住在本公寓的教师指导他们游戏和工作。"⑤因此,建立了"儿童之家"——公寓里的学校(the school within the tenement)。根据重建计划的总的自立原则,新教育机构的费用由罗马良好建筑协会来承担,是该协会原本应花在重新装饰和维修上的费用。

将近 1906 年底,⑥罗马优良建筑协会总会长委托蒙台梭利在罗马的一个示范公寓里建立一所幼儿学校。她所采用的方法是由她所受过的训练和她以前的经验所决定的。医学院毕业的蒙台梭利有一段时间负责训练心智有缺陷的儿童,并在这方面取得了卓越的成就。她教这些儿童怎样有效地阅读和书写,使他们能够与同年龄儿童一样参加考

---

① 伊塔(Jean Itard, 1775—1838),法国医学家,被称为"现代特殊教育之父"。——译者注

② 塞甘(Edouard Séguin,1812—1880),美国精神病医生、心理学家。——译者注

③ 蒙台梭利:《蒙台梭利方法》(*The Montessori Method*),安妮·E·乔治(Anne E. George)译,伦敦:威廉·海涅曼图书公司 1912 年版,第 56 页。

④ 爱德华多·达勒姆(Edouardo Talamo)担任罗马优良建筑协会的总会长。——译者注

⑤《蒙台梭利方法》,第 43 页。

⑥ 第一所"儿童之家"开办于 1907 年 1 月 6 日。

试。这个现象的结果被归因于这个事实,即她的学生能够通过一种经过改进的方法来接受教育。因此,蒙台梭利假设,如果应用于这些心智有缺陷儿童的方法能够用于正常儿童的训练,它们甚至将产生更加令人惊讶的结果。①

显然,要获得成功的话,这些方法就应该应用于在心智水平上与有缺陷儿童的发展阶段多少有点一致的儿童身上,也就是说,它们应该应用于幼儿的训练上。这一时期的儿童还没有能力协调肌肉运动,以熟练地进行必要的日常生活活动;他的感觉器官还没有得到充分的发展;他的感情生活仍然是容易变化的,他的意志力还不够坚强。对于"儿童之家"这样的教育机构来说,教育实验的意义是为它们提供了设备。蒙台梭利指出:"它表现了在幼儿教育中进行的一系列试验的结果,它们采用了早已在心智有缺陷儿童身上使用过的一些方法。"②

如此成功地应用于心智有缺陷儿童的这些方法被发现可以应用于正常儿童,这是最早从事低能儿童教育的学者们所期待的。例如,在1854年美国第一所心智有缺陷儿童学校奠基的时候,塞缪尔·J·梅(Samuel J. May)牧师依据他的神学或形而上学理论,即邪恶本身不是目的,但却是获得较高的善的手段,带着一种潜在怀疑的心态,以强调重要性的口气大胆地宣称:总有一天了解白痴头脑的通道将被发现,智慧之光将得以进入其暗室,到那时,整个人类将因心理本性上的一些新的发现而得益。③ 这种希望是塞甘在1846年发表的有关白痴儿童的论文中所期望的:④"如果尽力去解决愚笨的白痴儿童教育问题是可能的,那么,我们已经发现了一些十分精确的术语,现在需要的是归纳它们以

---

① 参见蒙台梭利:《高级蒙台梭利方法》(*The Advanced Montessori Method*),弗洛伦斯·西蒙兹(Florence Simmonds)和莉莉·哈奇森(Lily Hutchinson)译,伦敦:威廉·海涅曼图书公司1917年版,第1卷,第3章。

②《蒙台梭利方法》,第45页。

③ 塞甘(E. Séguin):《白痴:通过生理方法的治疗》(*Idiocy: and its Treatment by the Physiological Method*),哥伦比亚大学师范学院重印,第10—11页。

④ 塞甘:《白痴:通过生理方法的治疗》,第24页。参见霍尔曼(H. Holman):《塞甘与他的生理方法》(*Séguin and his Physiological Method*),伦敦:艾萨克皮特曼图书公司1914年版。

得到一个能应用于普通教育的公式。这样，我们不仅将在我们这个不出名的领域解释了某种微小的服务，而且我们还将为人类的一种生理学教育方法准备一些要素。所有这些需要记录下来，否则什么也不会保留。"①

生理学方法与心理学方法

在着手详尽阐述这些以蒙台梭利方法为基础的原理之前，我们也许应该回忆这个事实，即学龄前儿童通常是独立地获得一种教育的，即使它在特点上多少是有点不系统，但总的来说它是值得重视的。在对这样的早期教育进行有意识的管理和系统的引导时，其结果将可能是非凡的。

196

通过发现心智有缺陷儿童训练的主要特点，我们将获得蒙台梭利方法的关键所在。其首要原理是训练这种儿童在日常生活中能够独立生活而不依靠他人。对于那些心智低于正常水平的儿童来说，它看来也是必要的训练方法，这种方法诉求的是感觉而不是智力的发展。与生理上有缺陷的儿童在一起，意指训练一种感觉去替代另一种感觉的功能。例如，在教聋哑儿童识字的时候，其途径并不是通过听声音，而是通过感觉说话者喉咙的振动。首要的依据就是接触的感觉，它被认为是重要的和基本的。因此，蒙台梭利体系成为了一种"通过接触的教育"（education by touch）。她强调说，触觉是十分重要的，它在儿童的早期生活中经历了很大的发展；而且，如果忽视了这一时期，它就会失去对未来训练的敏感性。

蒙台梭利自称是塞甘的一个追随者。塞甘指出，他在对待低能儿童时采用了生理学方法。认识到蒙台梭利所取得的进展以及她为儿童尤其是为训练心智有缺陷儿童所设计、所采用的一种方法，我们可以认为，她的方法具有心理学方法的特点。裴斯泰洛齐考虑到教育心理学

---

① 参见《高级蒙台梭利方法》，第 1 卷，第 81 页。"事实上，长期探寻儿童秘密的实验——伊塔和塞甘对我的建议——是我对教育的最初贡献。"

化,但是,在他的时代并不存在有关学校儿童的心理学,他是通过机械的教学来完成任务的,因此,他的成功的方法并没有对后代教师产生多大的影响。

　　教育中的心理学方法暗指教育过程是适合于儿童心理发展阶段的,儿童的兴趣并不完全从属于课程或教师工作计划的需要。蒙台梭利说:"必须把整个教育理解为对儿童生命的正常展开给予的积极帮助。"[1]在教育过程中,当需要的意识在儿童的经验中出现时,"心理要素"(psychological moment)也就出现了。根据蒙台梭利的术语,儿童在"敏感期"(sensitive periods)始终表现出"一种对重复活动的强烈兴趣,并没有清楚的理由,一直到——因为这一重复——由于一种爆炸性力量而突然出现一种新的功能。"[2]一些蒙台梭利学校识别了一些用于感觉学习、语言、运动和秩序意识的敏感期。[3]　因此,在蒙台梭利的方法中,"必要的是,提供那些符合一个有机体所感受到的发展需要的练习。如果儿童的年龄度过了某种需要阶段,那么,在他的成长过程中,他再也不可能获得应当在最佳时机获得的完满发展。"[4]而且,如果儿童未能完成一个任务或意识到一种原理的真理,教师决不能通过重复上课来让儿童意识到自己的错误,教师必须假定(认识到),对儿童提出这项任务有点为时过早了,如果想再给予这种刺激,那必须等到确实发现这种需要存在的时候。这一过程时间的长短并不由权威制定的时间表的紧迫度决定,而是由儿童在其兴趣消失殆尽之后所发现的必要的时间间隔来决定。所以,在一所蒙台梭利学校中,我们可以发现,一个儿童正在不停地工作,好几天连续不停地进行一个他自愿做的工作。蒙台梭利认为,儿童发展按阶段进行,每个阶段3年,但最后阶段除外,即从12

197

---

　　[1]《蒙台梭利方法》,第104页。

　　[2] 蒙台梭利:《有吸收力的心理》(*The Absorbent Mind*),伊利诺斯州,惠顿:西奥索菲克洱出版公司1964年版,第97页。

　　[3] 参见奥兰姆(R. C. Orem):《当今的蒙台梭利》(*Montessori Today*),纽约:帕特曼图书公司1971年版,第32—34页。

　　[4]《蒙台梭利方法》,第358页。

岁到 18 岁阶段。①

　　心理学观点应用的一个进一步结论是,在蒙台梭利体系中没有奖励:"上帝不允许诗人撰写诗歌是为了满足其攫取金钱的欲望。"②掌握感觉是对儿童的最高奖励:"儿童的自我发展是他的真正的和几乎唯一的快乐。"③儿童的工作是为了工作的快乐,而不像成人的工作是为了工作的结果。蒙台梭利体系认可的矫正来自于材料,而不是来自于教师。"从一些'儿童之家'中可以看到,传统的教师自己不再极力维持不变的纪律以及把精力花费在大声的和不断的说教之中。取而代之的是本身包括对错误控制的教学材料,以使每一个儿童都有可能得以实现自我教育。"④这是卢梭和斯宾塞的原理,然而,正如他们将原理限制在惩罚道德上的不适当行为一样,而不是说,除了身体障碍之外,儿童不应当遭遇其他任何障碍。它是一种智力上的"通过后果惩罚"(discipline by consequences)。

　　心理学方法含有儿童的完全自由意思,一种绝对遵循他自己本性发展规律的自由。"观察的方法(也就是心理学方法)是建立在一个重要的基础之上的——儿童在他们的本能表现上的自由。"⑤这种自由使得行动的独立对儿童来说是必要的:"任何人访问一所管理很好的学校都会对儿童的纪律留下深刻的印象。那里有 40 个从 3 岁到 7 岁的孩子,每一个孩子都在专注于他自己的工作。一个孩子正在进行感觉练习;一个孩子正在进行计数练习;一个孩子正在摆弄字母;一个孩子正在绘画;一个孩子正在一个木框绑着的布块上练习扣纽扣和解纽扣;另一些孩子仍然在打扫。一些孩子坐在桌子旁;一些孩子坐在地板的毯子上。"⑥在许多人看来,这种场景是放纵而不是自由。但

198

------

　　① 葆拉·P·利拉德(Paula P. Lillard):《蒙台梭利:一种现代方法》(*Montessori: A Modern Approach*),纽约:肖肯图书有限公司 1972 年版。
　　② 引自奥兰姆:《当今的蒙台梭利》,第 36 页。
　　③ 《蒙台梭利方法》,第 356 页。
　　④ 《蒙台梭利方法》,第 371 页。
　　⑤ 《蒙台梭利方法》,第 80 页。
　　⑥ 《蒙台梭利方法》,第 346 页。

是，正如赫尔巴特所指出的："当环境如此计划的时候，儿童的活动是沿着有用的路线进行的，并因此耗尽其自身精力，其结果是最有效的纪律形式。"①

因为教学应该适应儿童的发展阶段，蒙台梭利提倡环境同样应该进行如此的调整："给儿童提供一个环境，在这个环境中每一个东西都是按照适合他的比例组成的，并让他生活在其中。因此，在儿童中应发展'积极的生活'，从而产生许多令人惊讶的事情，因为他们在其中所看到的不仅是进行一种带着快乐的简单练习，而且也是一种精神生活的显示。"②这种环境不仅使儿童的自由成为可能，而且也是必要的，即"环境应该包括自我教育的方法"③。"在学校里谈论自由的人应该同时表明自己的目标——就像展示一个近似的科学仪器那样，这将使这样的自由成为可能。"④

蒙台梭利承认人类的心理力量和生理力量之间的相互关系："心理发展必须与活动联系起来并依赖于活动。十分重要的是，教育理论和教育实际应该通过这一思想而变得富于活力。"⑤所以，蒙台梭利把最大的重点放在她的方法实践上。她的方法分成三类：(1) 实际生活练习；(2) 感觉训练练习；(3) 教学练习。尽管蒙台梭利详细地描述了这些练习并提供了专门的材料，但她并没有制定使用它们的精确方法，因为她担心这会约束儿童的学习。它们的作用是解放儿童，当儿童有所准备的时候，通过给予他必要的工具而使他进行自我学习。⑥

在低能儿童的训练中，其主要任务是教会他们能够照料自己。同样，这是在儿童之家中提供的训练中的第一阶段。它是一种自由的训练。就自由而言，根据蒙台梭利的看法，自由并不在于要求其他人听从某人的吩咐去进行正常的练习，而是在于能够为了自己去进行这些练

---

① 赫尔巴特：《普通教育学》(*Allgemeine Pädagogik*)，第 1 编，第 1 章，第 2 节。

② 《高级蒙台梭利方法》，第 1 卷，第 19—20 页。

③ 《高级蒙台梭利方法》，第 1 卷，第 72 页。

④ 《高级蒙台梭利方法》，第 1 卷，第 72 页。

⑤ 《有吸收力的心理》，第 140 页。

⑥ 葆拉·P·利拉德：《蒙台梭利：一种现代方法》第 120 页。

习,在于独立于其他人。因此,在儿童之家里,儿童学习如何洗手、如何使用带有小水壶和水盆的小脸盆架、如何清洁指甲以及如何刷牙,等等。在穿衣和脱衣的必要活动中,也安排一些训练儿童的练习。进行这些练习的器具是由木质框架构成的,木质框架上绷了两块布质或皮质材料,并由纽扣和纽孔、纽钩和纽环、眼孔和束带或自动纽来固定。在用各种纽扣来固定和松开布块的练习之后,儿童发现他获得了灵巧性,这使他能够自己穿衣和脱衣;而且,他并不满足于仅从事这样的独立活动,他的具有一种新的力量的意识激发他产生帮助整个家庭布置的欲望。① 在儿童之家中,所有的家具(如桌子、椅子等)——因为这里没有固定的书桌——都是按儿童能够容易地用手搬运来设计尺寸和结构的,他们学习熟练地和没有声音地去移动它们,这实际上提供了一种在运动肌肉调节上的训练。

蒙台梭利也设计了一些正式的体育练习,以发展儿童的运动协调性。她不同意儿童进行为成人而安排的通常体育练习。她说:"如果我们从把儿童作为小大人的生理观点来考虑,那我们就是错误的。相反,对于他们的年龄来说,他们的身体具有专门的特点和比例。"② 因此,必须设计一套新的练习。根据蒙台梭利的一般原理,这套练习是通过观察儿童的自发本能活动而完成的。小圆梯这一件器具可能就是例证。③ 将一个木制的螺旋式楼梯一边用栏杆封住,儿童能够把他们的手放在扶栏上边,另一边是开放的,让儿童自己习惯于不扶着扶栏上下,从而教会他们通过平衡和自我控制的运动上下楼梯。台阶不高,正好适合儿童通过爬家里普通楼梯学习不到的运动,因为家里楼梯的台阶是适合于成人的。新的练习的一般结果是,它给予了儿童之家的儿童一种优雅的步态,使他们不同于其他儿童。

---

① 约瑟芬·托泽(Josephine Tozier):《一位令人惊讶的教育工作者:玛丽娅·蒙台梭利的方法》(*An Educational Wonder-Worker: The Methods of Maria Montessori*),纽约:儿童之家图书公司1912年版。

②《蒙台梭利方法》,第139—140页。

③《蒙台梭利方法》,第143页。

感觉训练

在训练计划的方法和器具方面,蒙台梭利在很大程度上感激实验心理学家所应用的器具和测验。[①] 然而,实验心理学的观点与感觉训练的观点是不同的。实验心理学测量感觉能力,它并不试图改善这些感觉能力;但是,蒙台梭利并不对测量感觉能力感兴趣,而感兴趣于促进它们的发展。在心理学家应用的测验中,特别是当调查延续了较长时间后,实际结果经常显现出它们自己。对心理学家来说,这些实际结果是扰乱的因素,他必须判断和消除,但这些实际结果恰恰是感觉教育努力去获得的。[②]

那些为了决定感觉敏锐和感觉辨别的心理学方法,被蒙台梭利在训练低能儿童中所应用。当把它们应用于正常儿童时,她发现,需要对它们进行修正。用于心智有缺陷儿童的这些练习应该限于被强烈对照的刺激;然而,正常儿童能向等级严密的系列性刺激前进。正常儿童在成功地完成的重复练习中得到了很大的欢乐;心智有缺陷儿童在他们获得成功时是满足的,但却没有想重复工作的倾向。心智有缺陷儿童犯错误的时候必须加以纠正;而正常儿童喜欢改正自己的错误。这些不同点是蒙台梭利在陈述应用于心智有缺陷儿童的教学材料时所概括的,它使教学材料应用于正常儿童的教育成为可能,并引发了自动教育(auto-education)。[③]

要使这个过程成为一种自我教育(self-education),蒙台梭利在《高级蒙台梭利方法》(*The Advanced Montessori Method*)中解释说:"刺激应该要求活动,它也必须引导活动,但这还是不够的。儿童应该不是仅

---

① 参见《高级蒙台梭利方法》,第 1 卷,第 44 页。"我们上课的方法是受实验心理学所指导的。"

②《高级蒙台梭利方法》,第 1 卷,第 73 页。"这并不是要扩散到教育学的古老范围,不是作为一门测量个性的科学、作为被介绍进学校的和迄今已被采用的实验心理学,而是作为一门改变个性的科学。"

③《蒙台梭利方法》,第 169 页。

仅长时间地坚持一种练习;他还必须坚持不发生错误。物体的所有物理的或内在本质应该不仅是由它们激起的儿童注意的直接反应所决定的,而且也是由它们所具有的控制错误的基本特征所决定的,也就是说,即由引起那些最高级的活动(比较、判断)的有效合作的能力所决定的。"①

在感觉训练中,蒙台梭利像卢梭一样,相信无论什么时候感觉的分离都是可能的。很容易推论,这一方法是通过生理上有缺陷儿童的教育而提出的。有一种假定很流行,即盲人在触觉范围获得了一种非常好的辨别能力。因此,我们并不感到惊讶地发现,蒙台梭利学校儿童在他们的触觉训练中是蒙住眼睛的,这种训练的一个特点似乎是使他们的努力增加了兴趣。在一个环境中所提供的听觉练习不仅是安静的练习,而且甚至是黑暗的练习。

在感觉训练中所使用的材料使人们想起心理实验室的仪器。为了感觉尺寸的大小,采用的木制圆柱体系列中有的只是高度上的不同,有的只是直径上的不同,也有的在高度和直径两方面都不同。同样,木块尺寸的大小、杆子的长短也有规律性的差异。为了感觉形状,将几何图形嵌入金属和木头中,或将嵌入物形状画在纸上;为了区别重量,制作一些尺寸上相似但重量不同的木板;为了获得触觉,提供一个非常光滑的平面和一个粗糙的表面;为了感觉温度,提供一些有盖的小的金属碗;为了听觉的敏锐,放着不同材料的长圆形共鸣盒;为了获得色觉,提供分级的各种颜色羊毛线。

所采用的方法可以从下面的颜色辨别训练中得到说明。蒙台梭利接受了塞甘的观点,即把训练分成三个阶段或步骤:(1)感觉印象与名称的联系。例如,儿童显示出红色和蓝色两种颜色。当红色的被显示出来时,教师仅仅说:"这是红色的";当蓝色的被表现出来时,教师就说:"这是蓝色的"。(2)第二个阶段或步骤包括对给予名称的物体的认识。例如,教师对儿童说:"给我红色的"、"给我蓝色的"。(3)第三步骤包括回忆与物体相符的名称。例如,教师会问儿童被显示的物体:"这

---

① 《高级蒙台梭利方法》,第 1 卷,第 75 页。

是什么颜色的?"他回答:"红色的"或"蓝色的"。正如很多日常经验所举例证明的那样,回忆起比认识更加困难。

这一过程采用了检查儿童色觉的方法。但是,正如上面所指出的,蒙台梭利把它们应用于儿童的感觉活动训练上,而不是将这些方法用于检查。

相似的方法也被应用在儿童触觉敏锐度的发展上以及训练儿童识别不同温度和重量。在这些练习中,儿童在检查时被蒙住眼睛或被命令把自己的眼睛闭住;他会受到鼓励,如果告诉他这样做能够更好地感觉到区别。

对由塞甘所介绍的训练的三个阶段或步骤,蒙台梭利在某些感觉方式上增加了一系列准备性练习,这些练习体现了真正的感觉教育或自我教育,通过这些练习儿童获得了一种非凡的能力去很好地区别分级的刺激。对于色觉来说,这些练习要求区分出 64 种不同颜色的羊毛线的类别和级别以及准备给感觉训练中的步骤或阶段取名。

在蒙台梭利的体系中,这些倾向于形式发展的练习是十分重要的部分,值得分别介绍。第一种练习,像福禄培尔所做的那样,将积木和立方体分类。幼儿仅仅通过抓住这些物体认识它们的形状,他们并没有被要求去探索轮廓外形。这种练习可以通过不同材料的使用而得到变化,例如,通过使用硬币,当儿童十分熟练时,他们就能够区分一些形状虽不同但差别又不大的小颗粒东西(form),例如,玉米粒、小麦粒和稻粒。[①]

当儿童能够练习把木头块放入可以接纳它们的空间里,或者把这些木头块放在相似形状的轮廓上时,在形状感觉方面的真正训练就开始了。

在不同设计的几何图形嵌入物中,最初设计的一些几何图形个个反差很大,形成了强烈的对照,后来的一些几何图形仅仅是相同形状的不同形式,例如,三角形被搞乱时,需要儿童进行整理分类,使其符合接纳它们的构架。这些构架提供了对检查工作的精确性来说所必要的控

---

① 《蒙台梭利方法》,第 190 页。

制。普通的固体,例如,立方体、球体、棱柱体并没有在通常的形状教学中得到应用,替代它们的是能够代表固体的嵌入物,其中一个是尺寸大大缩小的,另外两个能够明显标明平面表面形式的尺寸。它们在这一方面不同于福禄培尔的恩物,其原因是在蒙台梭利方法中材料的选择完全是由教育学观点来决定的,所用各种形状的材料十分普通,在实际生活中随处可见,如桌面、门和窗子的构架等。

在学习把几何图形放入它们的嵌入空间时,儿童不仅应用了视觉,而且也应用了触觉和肌觉。教儿童用右手食指在构架的外围转动它,直到重复把几何图形嵌入适合嵌入物插入的构架为止。因此,经常观察到的情况是:儿童不能通过观看来认识一个形状,就通过接触来认识。蒙台梭利指出,肌觉、触觉与视觉的结合,"用一种最惊人的方式帮助获得形状的知觉,并使它们固定在记忆之中"。

在插入固体嵌入物的练习中,控制是绝对的,从这一练习出发,儿童开始进行单纯的形状视觉的练习。木制嵌入物应该附在用蓝颜色纸剪出的形状上并固定在卡片上。在更进一步的一系列练习中,形状是通过蓝颜色的纸的轮廓表现出来的,对于儿童来说,这代表着他的手指将要经常前行的路径。最后,他被要求把木片加在形状上,形状的轮廓仅仅是通过一根线来表现的。因此,儿童从具体的东西转到了相对抽象的东西,从固定的物体转到了平面的轮廓,这些轮廓是通过线来表现的且只能通过视觉来发现。

通过这样的练习,各种图形的形状,例如,圆形、椭圆形、三角形、长方形等逐渐被认识;当对它们的需要变得迫切的时候,便赋予图形以名称。因为不对这些形状进行分析,就无法提及边和角,所以,可以有充分的理由提出,在这一阶段几何图形的教学并不是所期望的。①

由于在形状知觉的训练中包含大量的运用触觉和运动性意象,所采用的方法就为书写教学和其他教学进程铺平了道路。在考虑教学练习之前,评价感觉训练在儿童教育中的价值也许是适当的。像亚里士

---

① 《蒙台梭利方法》,第236页。关于几何图形的训练,参见《蒙台梭利方法》,第243页;也可参见《高级蒙台梭利方法》,第2卷,第4部分。

多德一样,蒙台梭利提出:"智力中的第一要素除了感觉之外别无他物。"如果我们增加了感觉和发展了精确判断不同刺激的能力,那么,我们就提高了感受性和增加了人的欢乐。① 要使这样的主张具体化是困难的。对于蒙台梭利体系中的实际练习,不能提出反对的理由,因为它们具有直接的价值,除了提供感觉训练外,还能够使儿童适应在日常生活中出现的社会处境。也没有理由反对感觉训练中的这样的练习,例如,促进书写的教学过程等。但是,人们可以提出这样的问题,即感觉能力因为它们自己的缘故而进行专门训练的价值问题。在缺少某种形式的感觉训练可能会损害或影响个人在专门的职业和专业上的进步时,也许很高的智力成就与严重的感觉缺陷并不是矛盾的,例如,海伦·凯勒(Helen Keller)②就是一个著名的实例。人们也会有疑问的是,专门的感觉训练的结果是否能够转移到另一种感觉方面;它们转移的假设是否包括正式训练或训练转移的原理。同样,它还应该补充,某些感觉的发展可能并不具有社会的利益;在这一联系中,我们唯一需要的是嗅觉的实例,这并不是蒙台梭利偶然忽视的。她所设计的感觉训练(sensory training)应该称为感知训练(perceptual training),因为它包括判断和比较。这将避免一些针对这个体系早期看法的一些批评。③

书写、阅读和计算

由于在书写、阅读和计算的教学过程方面的成功,蒙台梭利方法引

---

① 《蒙台梭利方法》,第 221 页。参见丹尼斯(P. A. Dennis):《幼儿园的 *Lévi-Strauss*:作为改革者的学前教育家蒙台梭利》(*Lévi-Strauss in the Kindergarten*: *Montessori Pre-Schooler as Bricoleur*),《国际教育评论》(*International Review of Education*),1974 年第 21 期。

② 海伦·凯勒,美国聋盲女作家、教育家。由于重病,她出生 19 个月就失去视力和听力,不久又变哑。但是,她在聋哑学校和口语学校学习之后,最后毕业于马萨诸塞州拉德克利夫学院。凯勒终生致力于聋盲人的公共服务事业,曾周游世界并写了很多著作。——译者注

③ 关于对蒙台梭利体系批评的评价,参见著者的《幼儿教育史》(*History of Infant Education*),伦敦:伦敦大学出版社 1941 年版。

起了人们的兴趣。但是,这个体系在开始时并没有打算包括这样的练习,其结果是偶然的。

在蒙台梭利的体系中,书写的教学先于阅读的教学。蒙台梭利提出,在正常儿童中,肌觉在幼儿期是最容易得到发展的,这使得书写的习得对儿童来说是非常容易的。它并不与阅读联系在一起,阅读要求很长的教学过程和更高的智力发展水平,因为它涉及符号的解释以及在音节重读中的声音调节,以便使单词能够被理解。阅读主要是一种智力的工作,而在听写中儿童把声音翻译成具体符号和从事某种运动,后者的过程是容易的,通常给儿童提供快乐。①

与她的前辈相比,蒙台梭利很少考虑书写的教学,除非通过训诫的方式。人们发现,塞甘用于心智有缺陷儿童的那些器具是不方便的。谈及他的方法,蒙台梭利评论说:"我们看到,塞甘是为了教儿童去书写而教几何图形的。"②

与她的一般原理相一致,在书写教学问题上,蒙台梭利采用了我们称之为心理学的观点。蒙台梭利提出:"让我们观察一个正在书写的人,让我们去分析他表现的行动";她又提出:"不消说,我们应该检查的是书写的个人,而不是书写;是主体,而不是客体。"

在书写教学中所遵照的这个程序,从教一个低能女童缝纫的经验中显现出来。蒙台梭利发现,编织幼儿园的垫子能够使儿童获得对手的运动的控制,以使她能够进行以前不能做的缝纫工作。蒙台梭利从这个事例中推断的一般原理是:"通过反复练习的方法,一些准备性运动能够继续下去并使之成为一种机能,不仅在工作本身之中,而且在为它的准备之中。因此,儿童能够进行实际的工作,去做他们以前曾经不能直接用他们的手去进行的工作。"③

根据蒙台梭利的观点,书写并不仅仅是标题的复制,而是有意义的书写,即表达思想的单词的书写。在书写中,包括两种不同形式的运

---

① 《蒙台梭利方法》,第 226—227 页。
② 《蒙台梭利方法》,第 256 页。
③ 《蒙台梭利方法》,第 261 页。

动,即再现字母形式的运动以及操作书写工具的运动。除了这些运动外,也有必要听写单词,对口语单词的基本音素做语音分析。根据上面所阐述的一般原理,为每一种因素所做的准备练习,必须在书写确实开始之前得到独立的设计和实践。

因为儿童们早已通过用手指围绕着轮廓移动而认识了几何图形嵌入物的形状,因此,在教他们字母的形状时,蒙台梭利想到让儿童用手指去摸从砂纸上割下来的粘在卡片上的字母轮廓,砂纸的粗糙提供了对动作精确度的一种控制。实际上,儿童一旦能够熟练地摸出字母形状,他们就会在闭着眼睛重复这一活动中得到很大的快乐。因此,字母的形状并不是通过视觉分析而在儿童心里留下印象的,也不是通过视觉意象而记住的,而是通过触觉和动作经验以及书写动作意象来认识的。

在学习形状的同时教字母的语音,上课的步骤跟随着早已论述的三个阶段的程序。听觉运动意象有助于书写动作,并促进字母形状的记忆。儿童也在从口语字词到它的音素的分析中以及用砂纸字母对字词的重构中得到了锻炼。所以,这个方式就为阅读做了准备。

对笔的控制也间接地受到了批评。这种训练还得求助于前面已经论述过的几何图形嵌入物。取一个金属框架,其中嵌有适当的嵌入物,儿童用一支颜色笔在一张纸上围着空框架画出它的轮廓。在这个图形内有他放入的金属嵌入物,他再用一支不同颜色的笔画出它的轮廓。因此,纸上就呈现出用不同的颜色画的两种图形。就像用笔来书写一样,儿童用他自己挑选的另一支颜色笔涂满了他已画出轮廓的图形。在上下涂的时候,教儿童不要涂到轮廓的外面。选择不同颜色的笔和使用不同的嵌入物为儿童提供了工作的多样性,后者的应用也训练了儿童进行各种长度笔画上下涂抹的能力。渐渐地,线条涂到外面的情况越来越少,一直到最后它们完全在界限之内,中心和框架两者都是用差不多相等的和齐一的笔画涂满的。现在,儿童成为了书写工具的主人,获得了熟练操作所必需的肌肉性机能。

当一部分过程完成时,当书写的三个必要条件已听从儿童自己支配时,也就是说,当儿童能够控制书写工具时,当他能够熟练地用手指在空中再现字母的形状时以及可以根据大脑对单个字母的语音的记忆组成单词时,学习书写的时机也就到来了。这时,儿童爱模仿的倾向在他身上产生了书写的冲动,以前在能力方面没有表现出发展迹象的儿童也开始了书写。这种自发出现的书写活动被女指导者完全仿照植物学家记录第一次雪莲花或报春花绽放的方式一样记录了下来。儿童并不了解准备和多方面协同与取得成就之间的联系,他们误以为,现在他们逐渐长大了,知道该如何去书写了。①

在她最初的尝试中,蒙台梭利带领几个学生同时完成了准备性训练;于是,这可能被称为学校里所拥有的教育学圣灵降临节(Pentecost)。② 蒙台梭利是这样描述这个场景的:"在 12 月的美丽的一天,阳光明媚,空气像春天一样清新,我与儿童们一起走到房顶上。他们自由地四处玩耍,有一些儿童汇集在我周围。我坐在一个烟囱旁边,对一个坐在我旁边的 5 岁小男孩说:'给我画一幅这个烟囱的画',边说边递给他一支粉笔。他顺从地坐下来,并在构成屋顶露台地面的瓦片上画了烟囱的简略素描。我习惯和幼儿在一起,我鼓励他并赞美他的工作。这个儿童看着我,笑了起来。隔了一会儿,他好像要突然爆发似的,高兴地大喊起来:'我会写了! 我会写了!'他再一次跪下来,在地面上写了'手'这个字。接着,他还充满热情地写了'烟囱'、'屋顶',一边写一边继续大喊:'我会写了! 我知道如何写了!'他激动的喊叫声惊动了其他儿童,他们在他旁边围成一圈,茫然而惊讶地看着他的工作。有两三个儿童带着兴奋的心情颤抖地对我说:'给我粉笔,我也会写!'确实,他们开始书写不同的字,例如,'妈妈'、'手'、'约翰'、'烟囱'、'艾达'……"③

"在写了第一个字以后,儿童们就带着一种狂喜的心情继续到处书写。……在起初的这些日子里,我们简直就是行走在一块有书面符号

----

① 《蒙台梭利方法》,第 288 页。
② 圣灵降临节,基督教重要节日,即耶稣复活节 50 天以后的星期日。——译者注
③ 《蒙台梭利方法》,第 287—288、289 页。

的地毯上。日常的情况向我们表明,同样的事情也正在家里发生。母亲们为了保护家里的地面以及避免面包的外皮被写上字,于是给她们的孩子买了纸和铅笔作为礼物。有一天,一个儿童给我拿来了一本小笔记本,里面写满了字。他母亲告诉我,他的孩子整个白天和晚上都在书写,一直到他上床睡觉,手上还拿着纸和铅笔。"

蒙台梭利报告说,[1]在第一次试验的准备性练习和第一次写字之间的平均时间,4 岁儿童是 1 个月到 1 个半月;对于 5 岁儿童来说,这个时间会更短一点,大约 1 个月左右。一般地,儿童的书写在 3 个月之后就变得熟练起来。

在蒙台梭利体系中,阅读的教学是按照书写采取的教学步骤准备的。在书写练习中,步骤包括用代表口语字词声音的砂纸字母构词。阅读则要求相反的过程,就是说,先将符号再现为声音,然后再将声音融合进字词。有必要的是,字词发音应当清晰正确,音节重音适当,但这只有在认识词义时才能达到。因此,蒙台梭利拒绝给任何未达到这一程度的事情以"阅读"的名称。在她的体系中,书写不仅仅是复制潦草难看的字和大字标题,阅读也并不仅仅是"对着印刷字体喊叫"(barking at print),而是通过视觉的特征理解其表达的意思。蒙台梭利说:"我通过阅读所理解的东西是对来自书面符号的思想的解释。"她又说:"在儿童读懂来自书面文字的思想传达之前,他并没有阅读。"[2]

对于阅读课来说,教学材料是由纸片或卡片组成的,在纸片或卡片上面用大而清晰的笔迹写着字词和短语。

这些课从阅读那些已经知道的或呈现的事物的名称开始。对那些容易的字词来说,不存在限制字词选择的问题,因为儿童早已知道如何读构成任何字词的音节。具体步骤如下:给儿童一张卡片,上面手写了一个名称。他慢慢地把写的字词转化成音节,如果这个转化是正确的,那么女指导者就会说:"快一点。"儿童快速地进行第二次阅读,但常常仍然没有理解。教师重复说:"更快一点,更快一点。"儿童每次"更快一

---

① 《蒙台梭利方法》,第 294 页。
② 《蒙台梭利方法》,第 296 页。参见《高级蒙台梭利方法》,第 2 卷,第 15 章。

点"阅读,重复读同样的联结的音节;最后,有意识的字词出现了。当儿童读字词的时候,他就把卡片放在带有这个名称的物体下面,这个练习也就完成了。这是一次进展非常迅速的课,因为它仅仅呈现给一个早就通过书写而做好准备的儿童。①

描述行动或表达要求的一些句子同样写在卡片上,儿童选择这些卡片并实现卡片上所包含的要求。应该注意到,儿童并没有大声阅读这些句子。② 阅读的目的是教儿童去发现符号所表示的思想,因此,阅读应该是不出声的和没有声音的。根据蒙台梭利的分析,"大声地阅读意指语言的两种机制的练习——发音的和书写的——它是一个综合的任务。所以,开始通过理解思想而阅读的儿童应该默读"。蒙台梭利指出:"确实,我们已经埋葬了冗长乏味又愚蠢的识字入门书及其相配套的无用的习字帖。"③

这个阅读教学方法的成功,可以从下面由蒙台梭利所讲述的故事来判断,故事表明这个体系在意大利的应用并不限于贫困家庭的儿童。"一个在私人家里受到教育的 4 岁男孩的表现使我们感到惊讶。这个儿童的父亲是一位议员,收到了很多信件。他知道,他的儿子已有两个月时间通过练习的方法来促进阅读和书写的学习,但他很少注意这一点,实际上是对这个方法没有多大信心。有一天,当他坐着看书时,这个男孩正在旁边玩耍,一个仆人走进来,把一大堆刚刚收到的信件放在桌子上。这时,小男孩把他的注意力转向了这些信件,拿起每一封信大声地读着信上写的地址。对于他的父亲来说,这似乎是一种真正的奇迹。"④

说到学习阅读所要求的平均时间,看来它介于书写过程的开始和阅读能力的出现之间,大约两个星期。然而,阅读的熟练要比书写的熟练慢得多。根据蒙台梭利训练方法,正常儿童在 4 岁时开始书写,到 5

---

① 在没有指导的情况下,儿童从手写体的阅读过渡到印刷体的阅读(《蒙台梭利方法》,第 301 页)。这是一个受到其他阅读教学实验所关注的观点。

②《蒙台梭利方法》,第 301 页。

③《蒙台梭利方法》,第 298 页。

④《蒙台梭利方法》,第 301—302 页。

岁时才知道如何去阅读。

意大利人带着一种毋庸置疑的优势开始这些进程,因为他们的语言实际上是音形一致的。英语语言表达的不规则体系不利于教师们试图在英语口语国家中应用这个方法。然而,"已经受到蒙台梭利体系教育的个别的英国儿童学习阅读和书写,就像蒙台梭利学校里的意大利儿童那样的迅速"①。约瑟芬·托泽(Josephine Tozier)说到一个小男孩。这个男孩年龄只有 3 岁半,在他能够用英语和意大利语阅读与书写时,②他并没有意识到自己所做的事情已超过了玩耍。

蒙台梭利关于计算教学的论述并没有像书写和阅读的教学一样,受到普遍的认可。这并不令人感到惊讶,因为教师们一般都假设数目的概念是在儿童的心里计算时产生的,而蒙台梭利的方法是基于长度的比较,所以,在由凯瑟琳·斯特恩(Catherine Stern)提出的结构算术(structural arithmetic)的道路上还有很长的路要走。③

在蒙台梭利的体系中,在计算教学中最经常使用的器具是"长度的阶梯"(long stair),一套 10 根木棒,第一根木棒长度 1 米,最后一根木棒 10 厘米。在这些木棒中,每根木棒之间相差 10 厘米,木棒上每 10 厘米间隔地漆成红色和蓝色。当它们按序排列的时候,其形式就被称为"长度的阶梯"。对于儿童的训练来说,它们被用于区别长度的感觉练习中。在这些练习中,那些木棒是混乱的,教师按长度的顺序把它们分成梯级,并要儿童注意到这个事实,即架构的阶梯的一端颜色是一致的;然后,允许儿童自己去排列它。

在儿童根据长度的顺序练习排列这些木棒之后,他被要求计算红

210

---

① E·霍姆斯(E. Holmes):《蒙台梭利教育体系》(*The Montessori System of Education*),第 16 页。

② 约瑟芬·托泽:《一位令人惊讶的教育工作者:玛丽娅·蒙台梭利的方法》,第 13 页。

③ 凯瑟琳·斯特恩(Catherine Stern):《儿童发现算术:结构算术入门》(*Children Discover Arithmetic : An Introduction to Structural Arithmetic*),纽约:哈珀兄弟图书公司 1949 年版。

蒙台梭利的练习是与格式塔心理学(Gestalt psycology)一致的,这种心理学在著者的《幼儿教育史》(第 78—80 页)中有所论述。

色的和蓝色的部分,每一部分都从最短的木棒开始。例如,"一;一,二;一,二,三",每一次计数总是回到一,并从相同目标开始。接着,他被要求根据每一部分所包括的木棒数量说出从最短的木棒到最长的木棒的不同名称,同时触摸这些木棒呈现上升的"楼梯"的那一端。这些木棒可以称为"一号棒"、"二号棒",等等,最后,在上课时,它们可以被简化说成"一,二,三"。

对于数目来说,书面符号(graphic signs)是在砂纸上刻出来的。以前安排的 3 岁时期的课说明,儿童是通过教学把数目的名称与它们的书面符号联系起来的。因此,书面符号是与所描述的数目有关系的。

于是,可以着手进行加法学习。教学时,建议儿童将较短的木棒按构成 10 的方式放在一起,例如,1 加 9 或 2 加 8,等等。减法、乘法和除法也总是能够用同样的教学材料来引导,之后,儿童被允许用书面的方式表达他对木棒的操作。

更大的数目名称和更复杂的计算过程的方式和方法,是在《高级蒙台梭利方法》(*The Advanced Montessori Method*)中论述的。① 在这本书中,还论述了关于绘画、音乐、文法和韵律的教学。

蒙台梭利的这个体系最初受到了批评,著名的是克伯屈(William Kilpatrick)的批评,②因为它忽视了文学训练和想象的训练。不幸的是,那些批评验证了这两个属于归因的缺点。在为蒙台梭利的辩护或解释中,也许可以说她接受了教育的重演原理:"儿童的发展遵循人类发展的自然原则。概括地说,这样的教育使得个人的发展与人类的发展是相一致的。"③对接受这一学说的人来说,它公开主张,正像在人类的早期发展中,实践活动解决的问题一定比文学解决得多,儿童的早期教育应当多一点现实主义,少一点人文主义。然而,在《高级蒙台梭利方法》中,蒙台梭利拒绝了这种重演原理,否认它是"现在受到怀疑的一

① 《高级蒙台梭利方法》,第 3 部分。
② 克伯屈:《蒙台梭利体系的考察》(*The Montessori System Examined*),波士顿:霍顿・米夫林图书公司 1914 年版,第 28—29 页。
③ 《蒙台梭利方法》,第 160 页。

种实利主义思想"。

　　蒙台梭利也许是有缺点的:她把想象看做是现实的一种替代,而不是像游戏一样产生效果的与现实有关的一种独立的活动方法。而那些用虚幻故事去训练想象的人犯了更大的错误,因为不仅他们的主张意指官能心理学和形式训练学说,而且他们所需求的训练也是自由的或无约束的想象,而有价值的想象则是有约束的和建设性的——有创造性的科学想象①和基于真理的艺术想象。② 为虚幻故事的适当辩护是,它们构成了人们的文学遗产的一部分,这一点是应该知道的。③

教　师

　　蒙台梭利方法对那些受过儿童心理学及其应用训练的教师来说是必要的。关于这一点,蒙台梭利曾反复强调说:"教师在科学文化上的拓展和在实验心理学上的实践,很快就将为她带来正在展开的生命的奇迹,并激发她在这方面的兴趣。"④"更全面地说,教师熟悉了实验心理学的方法,将能够更好地理解如何教课。"⑤教师的训练应该能够使她知道什么时候干预儿童的活动、什么干预是更加重要的以及什么时候停止干预。"在进行这种干预时,需要依靠的是教育者的个人艺术。"⑥

　　蒙台梭利体系中的教师作用不同于一般学校制度中的教师作用,它主要限于观察儿童心理的发展和引导儿童的心理活动。蒙台梭利用

212

---

　　① 参见赫尔巴特:《心理学教科书》,第73页:"说到诗歌的创作,如此多的想象完全属于有独创性的科学思考,但牛顿(Newton)和莎士比亚(Shakespeare)是否具有更多的想象,那是非常值得怀疑的。"

　　②《高级蒙台梭利方法》,第1卷,第241—255页。也可参见同书整个第9章。

　　③《高级蒙台梭利方法》,第2卷,第191页。据说,被应用的那些阅读数量很多而且形式多样,包括"童话、小故事、轶事、小说、历史事件"。然而,对儿童的选择机会来说,事实胜于虚构。参见《高级蒙台梭利方法》,第3卷,第195页。

　　④《蒙台梭利方法》,第89页。

　　⑤《蒙台梭利方法》,第107页。

　　⑥《蒙台梭利方法》,第176页。参见同书第224页。

"指导者"（directress）来替代"教师"的名称。"她应该获得安静的能力，而不是言辞的老练；她应该去观察，而不是接受教学；她应该表现出的是谦卑，而不是自称无过失的傲慢高贵。"①

教育思想的地位和影响

蒙台梭利之所以受到批评，是因为在儿童发展上过分强调认识方面而忽视社会方面。② 她的后来的辩解者十分重视通过她的方法而提供的社会机会，但是，他们有关儿童将最终获得机会的阐述则难以令人信服。蒙台梭利已经因把专门的感觉训练方法引入早期教育中而获得了名声，然而在这些方面的意义，她也许估计得过高。蒙台梭利方法的那些永恒要素更可能就是附属于教学过程的实际活动和练习。蒙台梭利体系最有意义的特点是教育的个性化。尽管这是当今教育实践中进步的特点，但约翰·亚当斯爵士（Sir John Adams）③对把敲响班级教学的丧钟归因于蒙台梭利的声誉进行了辩护。

在相当短的时间里，玛丽娅·蒙台梭利就得到了国际上的认可。1909年，即在"儿童之家"开办两年后出版的《蒙台梭利方法》（*The Montessori Method*）一出版就获得了成功，被翻译成许多种语言。1912年蒙台梭利访问美国时，受到了美国总统的接见。美国蒙台梭利协会（American Montessori Association）也随后成立了。1922年，她被任命为意大利学校督学，但一直没有得到法西斯政权的支持，她认为，这个政权只是试图利用她的国际声誉。1934年，蒙台梭利离开了意大利，在西班牙居住；后来，她又搬到了荷兰，长期在那里隐居。在第二次世界大战爆发时，蒙台梭利曾访问了印度，她在那里一直停留到战争结束。

---

① 《高级蒙台梭利方法》，第1卷，第128页。参见同书第1卷："教师的准备"（*The Preparation of the Teacher*）。

② 丹尼斯：《幼儿园的 *Lévi-Strauss*：作为改革者的学前教育家蒙台梭利》，《国际教育评论》，1974年，第21期，第13页。

③ 约翰·亚当斯（John Adams）：《教育实践的现代发展》（*Modern Developments in Educational Practice*），伦敦：伦敦大学出版社1922年版，第6章。

1952 年,蒙台梭利在荷兰去世。

　　首先,因为蒙台梭利的体系像卢梭、裴斯泰洛齐和福禄培尔的体系一样,是建立在相信每一个儿童具有天赋潜能这一信念基础上的,所以,她被公认为是进步教育的一个先驱者。在两次世界大战之间的时期,蒙台梭利的方法在欧洲得到了广泛的流行,她自己不知疲倦地到那些国家访问和讲演。"蒙台梭利学校"在许多国家里出现,尤其是在罗马天主教会的赞助之下。但是,蒙台梭利本人坚持"合适"材料的专门使用——"有限的自由"(liberty within limits)——在自由教育思想家中受到了怀疑,他们担心它会造成依赖和服从上的盲从习惯。在美国,蒙台梭利的影响早就衰退很多,这主要是由于克伯屈的反对。他在1914 年发表的《蒙台梭利体系的考察》(The Montessori System Examined)中对蒙台梭利体系提出了批评。在克伯屈看来,蒙台梭利方法是过时的,基本上是属于 19 世纪中期的。他攻击蒙台梭利忽视社会训练,因为她所提供的固定材料缺少多样性、没有激励想象的发展以及过多依赖于已过时的训练迁移学说。蒙台梭利在许多非常年幼儿童身上成功的经验其实是一种团队(party)的计谋,因为后来在 6 岁儿童身上不要花很大力气也能获得同样的效果。"尽管蒙台梭利正在起着激发的作用,但如果从总体来说,她并不是一个有助于我们的教育理论的贡献者。"[1]

　　到 1918 年时,蒙台梭利在美国已经没有什么影响了。但在欧洲,蒙台梭利的影响并没有衰退,直到希特勒战争之后。在 20 世纪 50 年代后期,由于可以用来反击"自由方法"和对缺乏定量研究的结果的不满,蒙台梭利的体系开始在美国复兴。她本人被认为是自由兴趣训练的代表,皮亚杰的一些心理学发现支持了她的思想——感觉运动的训练在认知发展中的作用、儿童从具体到抽象的自然倾向以及"阶段"和"敏感期"现象。1958 年,一所新的蒙台梭利学校在美国康涅狄格州格林威治出现,是由兰巴赫(Nancy Rambusch)建立的。到 20 世纪 70 年

----

① 克伯屈:《蒙台梭利体系的考察》,第 65—66 页。

代初期,那里有几百所新的蒙台梭利学校。通过像兰巴赫①、利拉德(Lillard)②和奥兰姆(Orem)③这样的追随者,蒙台梭利的工作(作为"玩")价值的哲学替代了没有控制的和没有系统的游戏以及重视一个污染时代中的环境等观念被人们所接受。

然而,在欧洲,蒙台梭利的影响并没有在与福禄培尔主义者更为自由的思想的长期斗争中赢得胜利,它受到来自那些福禄培尔主义者尤其是苏珊·艾萨克斯(Susan Isaacs)④和内森·艾萨克斯(Nathan Isaacs)⑤对她的思想的最持久的批评。正如内森·艾萨克斯在蒙台梭利去世前所指出的:"她的计划在方法上明显不同于传统教育,然而它完全接受后者的设想和目的。"⑥每一种材料都有它的专门用法。儿童将不被允许用它们工作,直到他做好了准备,做好准备意味着他认识到了它们的用处而不是其他。蒙台梭利女士这样写道:"当然,应该理解的是,我们并不论及没有用处的或有危险的活动,因为这些活动必须是禁止的和消除的。"⑦

这样一个计划的最主要吸引力是速度和效率,通过它甚至明显迟钝的儿童也能够学习物质世界要他们学习的东西。其缺点是缺少创造性的工作:坚定的福禄培尔主义者认为,它"实际上并不存在",许多儿童将他们的所有时间都用于"跟着教师到处闲荡"。苏珊·艾萨克斯这样写道:"不幸的是,蒙台梭利用她的才华设计的方法目的的狭窄,只适用于学校科目。"⑧像蒙台梭利一样,一位教师能够通过她的个人魅力去防

①　南希·兰巴赫(Nancy Rambusch):《学习如何学:美国人走进蒙台梭利的方法》(*Learning How to Learn : An American Approach to Montessori*),纽约:塔普林格出版公司 1962 年版。

②　葆拉·P·利拉德:《蒙台梭利:一种现代方法》。

③　奥兰姆:《当今的蒙台梭利》。

④　苏珊·艾萨克斯(1885—1945),英国心理学家、幼儿教育家。——译者注

⑤　内森·艾萨克斯,英国幼儿教育家。——译者注

⑥　内森·艾萨克斯,《福禄培尔杂志》(*Froebel Journal*),1968 年第 12 期,第 22—27 页。

⑦　《蒙台梭利方法》,第 167 页。

⑧　苏珊·艾萨克斯:《幼儿的智力发展》(*Intellectual Growth in Young Children*),1930 年版,第 21 页。

止枯燥乏味，但是，她的许多能力较弱的追随者就不可能避免一种机械单调的做法。个人指导方法就它们本身而言并不是进步的，用内森·伊萨克斯的话来说，其结果可能"恰恰是另一种过时的旧主张自称发现了关于儿童教育生活的真正的灵丹妙药，即一种真正的教育学"①。

　　不用多说，蒙台梭利的信徒们反驳了所有这些批评。他们声称，这种方法为创造性的活动提供了广泛的准备，并且对社会刺激给予了充分的支持。在奥兰姆看来，"蒙台梭利学校正在为有能力的、自信的、尊重他们自己和其他人的学习者做准备。……这样的儿童也许体现着20世纪70年代我们自己最大的希望。"②自由和信任儿童或纪律和信任教师这两者之间存在着冲突——这也是当今教育领域持续最久的争论之一。

---

　　① 内森·艾萨克斯，《福禄培尔杂志》，1968 年第 12 期，第 27 页。
　　② 奥兰姆：《当今的蒙台梭利》，第 16 页。

第十二章　杜威

215　　　　至少在物质环境中,世界在过去的一百年里已发生了比以往有记录的全部历史更多的变化,指明这一点已经成为老生常谈了。那些尝试去教育年轻一代的人已发现,他们的任务因为这些变化而变得非常复杂,因此他们迫切需要得到指导。在过去的一百年里,提供指导最多的人就是约翰·杜威(John Dewey)。①

生涯和教育活动

　　杜威出生于 1859 年,这是值得纪念的一年。那一年,达尔文(Charles R. Darwin)②出版了他的《物种起源》(*The Origin of Species*);于是,杜威的哲学体系的主要目的之一是去接受进化论学说的含义。杜威的父亲是佛蒙特州柏林顿小镇的零售店店主。柏林顿这个社区的生活就像新英格兰地区的其他社区一样,似乎与杰斐逊民主的原理紧密联系在一起,甚至到了定期召开镇会议的程度。杜威在这个环境里成长,他把阶级区别看做是人为的。他的宗教观念是公理会教派,他看到了——或者相信他看到了——理性和宽容的讨论的实际效用的证据。

　　杜威所受到的教育是传统的。在从柏林顿镇中学毕业之后,16 岁

---

　　①《约翰·杜威传》(*Biography of John Dewey*)是由他的女儿(Jean Dewey)撰著的,载施利普(Paul Arthur Schlipp)编的《约翰·杜威的哲学》(*The Philosophy of John Dewey*)一书,系"有影响力的哲学家丛书"(The Library of Living Philosopher)第 1 卷。也可参见由布里克曼(W. W. Brickman)和莱勒(S. Lehrer)编辑的《约翰·杜威:杰出的教育家》(*John Dewey: Master Educator*),纽约:教育进步学会 1959 年版。
　　② 达尔文(1809—1882),英国生物学家,进化论的奠基人。——译者注

的他进入了佛蒙特大学,并于 1879 年毕业,但没有获得什么杰出的荣誉。然而,他特别表现出对哲学的一种爱好,并在大学高年级时达到了顶点。在宾夕法尼亚州和佛蒙特州的中学里教了两年多的书之后,杜威又回过头来学习哲学,但这次是在约翰斯·霍普金斯在巴尔的摩建立的新大学里学习哲学。1884 年,他担任密执安大学的哲学教师,在那里他受到了威廉·詹姆斯(William James)①的强烈影响,还发展了对教育学的一种深深的和持续的兴趣。10 年后,杜威作为哲学的领军人物进入那所新的和具有更高学术水平的芝加哥大学,进入了他的生涯中学术成果最多的时期,这一时期在芝加哥和纽约几乎延续了半个世纪。在芝加哥——这个在他那个时代迅速发展起来的大都会,目睹由于迅速变化而引起的严重的社会和工业问题,杜威的心情十分郁闷。杜威所发展的哲学体系是企图去设计一个旨在解决问题的行动计划,他的教育学体系是他的哲学的刀锋。他是芝加哥大学"实验学校"的创立者和管理者,1896 年开办并招收小学生,到 1903 年时又招收中学生。这所学校的课程和方法试图在实践上表达杜威的实验学说,一般人都认同它们的成功,尤其是在初等教育阶段。

　　在这所实验学校的早期,学校计划很多归功于赫尔巴特思想;②在来访的讲演者中,包括了德加谟(Charles deGarmo)和麦克默里兄弟(McMurry brothers)。③ 此外,这所实验学校也能看到卢梭、裴斯泰洛齐和福禄培尔的儿童中心和兴趣学说的影响以及夸美纽斯强调儿童相互学习的影响。这是不令人奇怪的,正如马尔科姆·斯基尔贝克(Malcolm Skilbeck)所指出的:"谈到所有伟大的教育理论家,杜威是至今在教育思想史上被最多的人阅读的教育家。"④尽管他大量地汲取了前辈的思想,但也尖锐地批评他们,因此,他所形成的教育体系基本上

----

　　① 詹姆斯(1842—1910),美国哲学家、心理学家。——译者注

　　② 关于杜威的实验学校的综合研究,可参见沃思(Arthur G. Wirth):《作为教育家的约翰·杜威》(*John Dewey as Educator*),纽约:威利图书公司 1966 年版。

　　③ 德加谟和麦克默里兄弟是美国赫尔巴特学派的代表人物。——译者注

　　④ 马尔科姆·斯基尔贝克(Malcolm Skilbeck):《杜威》(*Dewey*),伦敦:麦克米伦图书有限公司 1970 年版,第 33 页。

是他自己的。

　　1904 年,杜威担任哥伦比亚大学的哲学教授,进入了美国和国际教育思想的一个中心。自裴斯泰洛齐以来,还没有发现一位教育家如约翰·杜威在 20 世纪整个前半期的影响一样在教育舞台上占据着支配地位。杜威之所以有如此影响,其原因在于一个事实,即在他身上特别集中地体现了他那个时代国家的进步主义趋向。在有关民主的生活方式和智力在其中的重要意义方面,杜威解释说他并没有发明这一真理,而是从他自己的环境中获得了它。同样这也许可以解释他的哲学和教育观点的其他特征。在他 1930 年退休之前和此后的一些年中,他广泛地从事著述和翻译工作。他的思想在许多国家引起了人们的关注。值得注意的是,年轻的苏联在 20 世纪 20 年代面临的是建设一个新的国家和一个新的世界的任务,要在教育家中寻找适当的设计师。杜威提出的强有力的自由意志论者的原理——例如,他在自由的萨柯—万泽蒂(Sacco and Vanzetti)①运动中是活跃的——他对资本主义的残忍特征的抨击使他成为了一个合适的候选人。在英国,他的理论在 20 世纪最初几年通过曼彻斯特大学的芬德利(J. J. Findlay)教授得到了介绍,但没有很快产生影响。在美国国内,他的影响通过像胡克(Sidney Hook)②、米德(G. H. Mead)③和克伯屈那样有才华的和有口才的追随者得到了广泛传播。杜威的思想受到了热情的人们的注意,但常常是不可避免地被误解了。杜威于 1952 年去世,正好在对他的一次恶毒抨击开始之前。

哲学观点

　　杜威是一位伟大的教育家,也是一位伟大的哲学家。自智者派

---

　　① 萨柯—万泽蒂案是美国 20 世纪 20 年代一个引起极大争论的案件。意大利移民工人尼克拉·萨柯和巴托洛缪·万泽蒂被指控在马萨诸塞州南布伦特里的一次枪案中杀死工厂出纳员和保镖,并被判处死刑。世界各地都举行抗议示威。—译者注
　　② 胡克(1902—),美国哲学家、教育家。——译者注
　　③ 米德(1863—1931),美国哲学家、社会学家、社会心理学家。——译者注

(sophists)①以来,没有一个人能像杜威所做的那样,如此清晰地阐明了哲学和教育的亲密关系。事实上,他自己断言,能够给予哲学的最深刻的定义就是:哲学是最一般方面的教育理论。② 用另一种方式来表达就是:"教育是使哲学的特性具体化并受到检验的实验室。"他的哲学,是一种直率地拒绝任何静态的情境和谴责任何静态的机构的哲学,不断经历着修正。杜威自己完全意识到这一特性,并承认:"我似乎是不稳定的和经常变化的,并相继屈服于许多各种各样的甚至是不一致的影响。我为吸收来自每一种影响的思想而斗争,但也努力采用一种方式促使它向前发展。从逻辑上来说,这种方式是与从它的前辈那里得来的思想相一致的。"③

在他的生涯开始时,杜威在他的哲学老师(后来的密执安大学同事)莫里斯(George S. Morris)的影响下,接受了黑格尔学派的哲学观点。④ 然而,在杜威刚刚出生的时候,随着达尔文进化论观念的介绍,唯心主义者们面临着以发展的进化论观念代替黑格尔学派辩证法或者完全抛弃唯心主义的抉择。英国黑格尔主义者采取前面的选择,坚持强调精神的最高权力,并作为唯心主义的基本特征。杜威承认,他在很多方面要感激他们。另一方面,杜威逐步抛弃了唯心主义,而赞成达尔文主义者的自然主义,它主张适应的和为生存而斗争的观念;这似乎是小人物开始掌权了。在这一时期,杜威倾向于把他的哲学见解看成是"实验的唯心主义"(experimental idealism)。他逐渐地相信,通过智力的进

218

---

① 智者派,公元前 5 世纪至公元前 4 世纪活跃在古希腊各城邦的一批职业教师、演说家。——译者注

② 杜威:《民主主义与教育》(*Democracy and Education*),纽约:麦克米伦图书有限公司 1916 年版,第 386 页。

③ 杜威:《从绝对主义到实验主义》(*From Absolutism to Experimentalism*),载亚当斯(C. P. Adams)和蒙塔古(W. P. Montague)编:《现代美国哲学》(*Contemporary American Philosophy*),第 2 卷,伦敦:乔治·艾伦 & 昂温图书有限公司;纽约:麦克米伦图书有限公司 1930 年版,第 22 页。

④ 参见莫顿·G·怀特(Morton G. White):《杜威工具主义的起源》(*The Origin of Dewey's Instrumentalism*),纽约:哥伦比亚大学出版社 1943 年版。

化,人获得了一种支配和形成他的社会环境的能力。①

　　然而,在杜威的思想中,黑格尔主义留下了"一笔永久的存款"。黑格尔提出的对立综合——主体和客体、精神和物质、神性和人性——对杜威具有一种特殊的吸引力,我们发现,在他的整个后期著作中他坚定地为所有的二元论争辩。

　　接着,杜威受到了威廉·詹姆斯和实用主义(pragmatism)的影响。② 当实用主义在英国始终是普通民众的流行哲学时,它在美国的哲学学派中成为一种被认可的学说。皮尔斯(C. S. Peirce,1839—1914)③将其作为一种逻辑学方法使用,而通过它的实际结果的影响,我们能弄清一个理论概念的含义;但是,使其得以概括和通俗化的是威廉·詹姆斯,他将其概括为,思想的真理应当通过由思想引导的行动的结果来检验。④ 詹姆斯哲学中实用主义特性并没有能够吸引杜威回到他在詹姆斯的心理学中察觉到的心灵(psyche)的生物学概念上来。杜威发现,最有激励作用的是——"在他[詹姆斯]的一般哲学观点中,最有特色的因素是诸如多元论、创新、自由、个性等,然而这一切都是与他对生活环境特性的看法联系在一起的。关于有机体的思想,许多哲学家发表了很多观点,但是,他们只是从结构上来谈论这个问题的,因而是静止地来谈论这个问题的。这个问题留给了詹姆斯来解决,他依据'活动'思考生活。"⑤

　　对于进化过程中的任何活动,我们只能依据方法(means)来限定目

---

　　① 杜威:《伦理学研究提纲》(*The Study of Ethics:A Syllabus*,1894);莫顿·G·怀特:《杜威工具主义的起源》,第83、111页;沃思:《作为教育家的约翰·杜威》,第22页;斯基尔贝克:《杜威》,第2页。
　　② 参见亚当斯、蒙塔古编:《现代美国哲学》,第2卷,第22页:"总的来说,影响我思想的一些力量,来自于人和环境超过来自于书本。"
　　③ 皮尔斯(1839—1914),美国哲学家。——译者注
　　④ 参见加利(W. B. Gallie):《皮尔斯与实用主义》(*Peirce and Pragmatism*),纽约:彭吉恩图书公司1952年版。费布尔曼(James K. Feibleman):《皮尔斯哲学介绍》(*An Introduction to Peirce's Philosophy*),伦敦:乔治·艾伦＆昂温图书有限公司1960年版。
　　⑤ 亚当斯、蒙塔古编:《现代美国哲学》,第2卷,第24页。

的,也只能依据目的来说明方法。杜威并不满足认识目的与方法的相关性,使目的服从于方法,甚至取消了它们之间的区别。对他来说,目的只不过是所期待的遥远阶段的一系列行动,而方法只不过是在较早时期的一系列行动;目的是采取的一系列共同行动的一个名称,而方法是个别采取的同样系列行动的一个名称。① 所以,在某种意义上,教育在它自身之外没有目的,"生长导向进一步的生长"(growth leading to futher growth)②。对于在受到约束的教室里的成千上万个儿童来说,"生长"这一概念具有获得自由的意义。

因此,这样处理目的的结果说明了生活没有意义。根据这样的观点,一种无目的的生活似乎受到了称赞而不是受到谴责。教育,正如它经常不幸地表现出的,始终不停息地旋转着——围绕着以活动为目的的活动,就像猫追逐自己的尾巴一样——整个过程(性质)最终蜕变了。人类的目的更多的是在对一种更好状态的想象中的设计,而不是现实;它们决定着方法的选择和组织以及节省精力和时间;它们控制着整个过程。它恰恰是人的富有想象力的预见能力的表现,也是人实现其目的的能力,这区分了人类活动和行为与动物的行为,后者的行为是一种无意识目的或者是由本能活动为特征的过程的结果。尽管杜威与许多自然主义者所做的一样并没有在哲学上回转到把本能作为解释人的行为的基本原理,但是,他坚持动物行为和人类行为的连续性;同样的解释原理对两者来说是共同的。杜威认识到,在原生动物和那些生来比天使(angels)低级一点的生物之间是没有区别的;他拒绝去认识人的经验的另一个方面,即超出归因于动物的经验;文化、艺术、道德和宗教都可以在生物学原理的基础上进行解释。对于杜威来说,并不存在着"目的的领域"(realm of ends)。每一件事情都是暂时的;没有什么事情是最终的。知识始终是一种方法,在本质上从来没有一个目的。它纯粹

---

① 杜威:《人的自然与行为》(*Human Nature and Conduct*),伦敦:乔治·艾伦 & 昂温图书有限公司 1922 年版,第 34、36 页。

② 这里的英文"生长"(growth)一词,也可以翻译为"发展"。——译者注

是工具性的，因此，杜威哲学的名称是——"工具主义"（*Instrumentalism*）[1]。

变化原理

一个有机体只要它是有生命的就一直处于变化之中，直至死亡后分解为止。因此，变化（change）成为杜威最富有成效的范畴之一。在前苏格拉底时代，赫拉克利特（Heraclitus）[2]提出了事物不断变化的学说；物质不断地经历着变化；所有的生命被卷入连续的分解和更新之中。[3] 在声称苏格拉底寻求可能会引起讨论的某种稳定的定义时，柏拉图在"理念"上发现永恒的要素，这些要素使得事物成为它们自己的样子。

对杜威来说，不存在固定不变的信念。从苏格拉底时代以来哲学家和科学家在确定性（certainty）上所做的探寻是一个错误，它把人的注意和能力从可能的和实际的现实在他理解的范围内转移开来——它因为是一种"补偿性的曲解（compensatory perversion）"[4]而被放弃了。决不存在轻松解决伦理问题的方案；"生长本身就是唯一的道德目的"[5]。另一方面，唯心主义坚决主张精神的价值是不能破坏的。它承认："永

220

---

① 参见杜威：《确定性的寻求》（*The Quest for Certainty*），纽约：明顿和鲍尔奇图书有限公司1929年版，第295页："它［认知］标志一种变化的改变方向和现实的重新安排。它是起媒介作用的和工具性的。"此外，第298页："知识是工具性的。但是，我们整个讨论的目的是在对工具、手段和方法的赞美，把它们放在一个在价值上与目标和结果相等的水平上，因为没有它们，后者仅仅是偶然的、分散的和易变的。"也可参见格林（Maxine Greene）：《约翰·杜威与道德教育》（*John Dewey and Moral Education*），《当代教育》（*Contemporary Education*），第40期（1976年秋季号），第18页。

② 赫拉克利特（约前540—约前480与470之间），古希腊哲学家。——译者注

③ 参见冈珀茨（T. Gomperz）：《古希腊思想家》（*Greek Thinkers*），伦敦：约翰·默里图书公司1901年版，第1卷，第1章。

④ 《确定性的寻求》，第229页。

⑤ 杜威：《学校与社会》（*The School and Society*），芝加哥：芝加哥大学出版社1900年版，第71页；沃思：《作为教育家的约翰·杜威》，第15章。

久的现实并没有变化,美好的事物并没有消失。"①对相信一些基本原理
的人们来说,伟大的历史成就应当归功于那些坚持某些基本原则信念
的人。费希特也是这样写的。② 这些人以及所有其他在世界历史上具
有同样心理的人赢得了胜利,因为永恒激励着他们,这种激励确实一直
也必须击败任何没有受到激励的人。人类在其漫长的历史进程中也同
样在各处找到了正确的路径。在一些领域中,人所采用的方法是绝不
会轻易放弃的;尽管这种方法可能是修改的和扩展的,研究将在同样的
方向继续;我们并不期望变化超出我们的认识范围。怀特海在《教育的
目的》(*The Aims of Education*)中指出:〔科学的〕过程是对逻辑关系的
永久性、一致性和简明性的一种研究。③ 在《科学与现代世界》(*Science
and the Modern World*)中,他又指出:离开重现,知识将是不可能的,因
为没有什么能离开我们过去的经验。同样,离开一些重新浮现的规律
性,测量也将是不可能的。但是,存在一个互补的事实——在细微之处
没有任何东西曾经重现过。人们期盼着太阳升起,但是风却在随意地
吹。因此,在事物的真正本质上,有两个原理是固有的,即变化的精神
和保存的精神。没有这两者,任何事情都不可能是真实的。④

　　杜威自己并没有始终坚持对变化原理的忠诚。在《我们如何思维》
(*How We Think*)中,他提到"一些确实已被确认的事实和原理",认识
到如果思维是完全可能的,那么"参考的标准在任何时候都必须保持同
样的标准。这个概念表明,一种含义如果已被确认,它在不同的情境下

　　① 克罗斯曼(R. H. S. Crossman):《今日柏拉图》(*Plato To-day*),伦敦:乔治·
艾伦 & 昂温图书有限公司 1937 年版,第 225 页。
　　② 费希特:《对德意志民族的演讲》(*Addresses to the German Nation*),琼斯(R.
F. Jones)、特恩布尔(G. H. Turnbull)译,纽约:哈珀·托奇图书公司 1968 年版,第
122 页。
　　③ 怀特海:《教育的目的》(*The Aims of Education*),伦敦:欧内斯特·本图书公
司 1962 年版,第 228 页。
　　④ 怀特海:《科学与现代世界》(*Science and the Modern World*),剑桥:剑桥大学
出版社 1926 年版,第 6、40、250 页。

依然不变。"①在《自由与文化》(*Freedom and Culture*)一书谈到杰斐逊(Jefferson)的演讲和通信时,杜威阐释说,民主的目的是人的权利——不是以复数形式的人的权利——它是不变的。②在《一个共同的信仰》(*A Common Faith*)中,他甚至断言:"我们的责任是保存、传播、修正和扩展我们已接受的价值传统。"③杜威的信徒克伯屈在《为了一种正在变化的文明的教育》(*Education for a Changing Civilisation*)中虽然用了一节来写"变化哲学"(Philosophy of Change),但他承认:"就化学而言,它是变化的,但其经过实验的结果仍是稳固的。"④

221   对变化的绝对依赖说明参照过去是无用的,规划未来也没有用处。人们只能耐心等待,直到变化必要性的出现。参与生活而不是为生活准备,成为了教育的格言。它致使一些进步学校出现难以置信的放任,这些学校对教授事实不感兴趣,因为事实是不断变化的。他们认为,学习地理是无用的,因为地图的变化如此之迅速。它证明了学生对老师的疑问的回答是正当的:为什么不为考试做准备,回答说他想对考试有一种新的体验!

在教育中有关永恒不变或进步的争论是由康德在他的《教育论》(*Lectures on Education*)中引起的。他说:"儿童应该受到教育,不是为了现在,而是为了人在未来可能得到改善的环境。"⑤柏拉图确认,他的理想国不允许革新,他的理想是永恒不变的。另一方面,赫巴特·斯宾塞(Herbert Spencer)抵制政府管理因为它是保守的,而把教育看做是社会中的一种进步力量。"出于利己的原因,所有的机构具有一种自我保存的本能。人为了他们的生命力而依靠于现存秩序的继续,他们自

① 杜威:《我们如何思维》(*How We Think*),伦敦:D·C·希思图书有限公司1909年版,第95、151页。
② 杜威:《自由与文化》(*Freedom and Culture*),伦敦:乔治·艾伦&昂温图书有限公司1940年版,第157页。
③ 杜威:《一个共同的信仰》(*A Common Faith*),纽黑文:耶鲁大学出版社1934年版,第87页。
④ 克伯屈:《为了一种正在变化的文明的教育》(*Education for a Changing Civilisation*),纽约:麦克米伦图书有限公司1926年版,第12页。
⑤ 康德:《康德论教育》(*Kant on Education*),丘顿(Annette Churton)译,伦敦:基根·保罗图书公司1899年版,第14页。

然地坚持这些秩序。他们的根是在过去和现在,从来不是在未来。变化威胁并改变他们,最后摧毁他们,因此,他们一致反对变化。另一方面,严格地说,所谓的教育是与变化密切关联的——是变革的发起者——也是变革的永不衰竭的动力——始终使人去追求更高的目标,而不是使人满足现在。所以,在两个方面之间存在着敌对现象:一方面是人的基本素质(constitutions),即他是什么;另一方面是真正的教育,即作为塑造人的工具的教育。"①永恒不变和进步两者是基本的,杜威通过强调变化而对强制教育回到过去的中世纪精神提出了挑战。

除自然主义者的偏见外,杜威从詹姆斯那里得到了实用主义学说,但是并非全盘承袭。事实上,杜威指责詹姆斯的一种自相矛盾的行为,仅仅是把事情上下颠倒——用行动是思想的源泉替代思想是行动的源泉。与此对照,杜威断言,重视实效的工具主义的本质是把知识和实践两者都看成工具,以确保善(good)——一种美德——在被经验到的存在(experienced existence)中的安全。他阐释说:"它并不意指行动比知识更高和更好,实践定然优于思想。知识与行动之间不断地和有效地相互作用是完全不同于为了活动自身的提升而进行的活动。在受到知识的指导时,行动是方法和手段,而不是目的。通过对客体的积极控制的方法,目的和结果是更安全的、更自由的和更广泛分享的经验的价值的体现,只有知识才使它成为可能。"②

尽管不承认,但杜威著作中许多陈述很少(如果不是全部的话)能够与詹姆斯的观点区分开来。例如,在《民主主义与教育》(*Democracy and Education*)中,杜威在论述实验方法的发展时说:"它表明,我们没有权利把任何东西都称为知识,除非我们的活动确实在事物中产生了某些物理变化,符合和证实我们所接受的概念。"③在《人性和行为》(*Human Nature and Conduct*)中,他强调行动先于思想,动机并不在行动之前存在和产生行动。④ 在《确定性的寻求》中,他阐释说,经验的过

---

① 斯宾塞:《社会统计学》(*Social Statics*:*Or The Conditions Essential to Human Happiness*),伦敦:约翰·查普图书公司1851年版,第341页。

②《确定性的寻求》,第37页脚注。

③《民主主义与教育》,第393页。

④ 杜威:《人性和行为》(*Human Nature and Conduct*),纽约,1922年版,第30、120页。

程是一个把做（doing）安置在认知中心的过程，思想客体（object of thought）的效用依赖于能够界定思想客体的操作的结果；他重复道：思想的检验的结果，或思维的检验的结果，一般是在由思想引导的行动的结果中被发现的。[①]

　　在伦理学上强烈要求反对享乐主义的一个理由是，我们不能事先说明一个预定的行动过程将产生多少欢乐。实用主义也是同样，我们无法预测所做的行动到底会是什么结果以及我们行动所依靠的思想是否正确。我们可能是有智慧的，但只有在结果之后。正如怀特海所说的："如果我们在等待行动的必要性出现时才开始梳理我们的思想，那么，我们将在和平中失去我们的商业贸易，我们将在战争中失去胜利。"[②]另一方面，杜威自己承认，最后的结果从来是不能被预见的：[③]"关键是在一个人的行为和他的行为所造成的结果（甚至包括他自己所承担的结果）之间，有一些不确定的、始终有分歧的因素的介入。由于在时间和空间上的间隔是如此之大，因此，决定最后结果的大量因素是不能被预见的。甚至在它们能够被预期时，结果也是由一般人很难控制的因素所决定的，控制这些因素比人对地震的控制还难。[④]

　　在这一自相矛盾的教条出现之前，约翰·罗斯金（John Ruskin）[⑤]

　　[①]《确定性的寻求》，第36、129、136页。参见第166页："思想是一种指导公开行动的方式"；第167页："认知本身是一种行动"；第207页：认识"一种行动的方式"；第245页：认识"一种根据经验的公开行动"。

　　[②] 怀特海：《教育的目的》，第155页。

　　[③]《自由与文化》，第58页。

　　[④] 享乐主义和实用主义两者的谬误在通过贾斯蒂斯·多诺万爵士（Lord Justice Donovan）的另一个联系中得到了简明的阐述。在陈述"索布尔案"（Soblen case）的判决时，他说："另外，一个行动的公平将由它的结果决定，那显然是虚假的，因为原因和结果并不是同样的事情。"——《时代周刊》（The Times），"法律报告"，1962年8月31日。

　　弥尔顿（John Milton）：《散文集》（Prose Works），伦敦：Henry G. Bohn，1848—1853年版，第1卷，《英国人民的第二次辩护》（The Second Defence of the People of England），第276页："关于成功的特性，我将说一些话。成功既不提供有效的原因，也不提供无效的原因；而且，我们要求，我们的原因应该不是由结果来判断的，而由原因产生的结果。"还有，对于"它导致反对一位暴君是否合法"的问题，弥尔顿回答："它的判决一般是根据结果的，以及依据它们的目的去精通法律的。"（第2卷，第23页）

　　[⑤] 罗斯金（1819—1900），英国政论家、艺术评论家。——译者注

在《直到这最后》(*Unto This Last*)一书中已经坚定地系统阐述了唯心主义者的立场，"没有人永远知道或能够知道，什么将是他自己的或者其他人的付诸行动的一系列行为的最后结果。但是，每一个人可以知道，我们中的大多数人知道，什么是一种正确的和不正确的行动。而且，我们所有人也可以知道，对其他人和我们自己两者来说，公正的结果最终将是最有可能的，尽管我们既不能说什么是最好的，同样也不能说它是如何产生的。"①如果我们接受杜威的论述，即对真理的检验在于它带来的结果，那么，我们从来就不能够知道这些结果是什么，我们就被宣判为纯粹的怀疑论者了。

实用主义者关于实践高于理论、实验探究高于思考、行动高于意图的观点，在历史上是站不住脚的。思想比行动更有力量和更持久，行动的影响是受到特定时间和空间的限制的。思想具有不断的自我再生能力，柏拉图的《对话集》(*Symposium*)宣称这是永存的特点。除伟大的宗教领袖的教学之外，思想改变了世界历史的进程。我们只需要举这几个例子就够了，如卢梭的《社会契约论》(*Social Contract*)与法国革命，或者卡尔·马克思(Karl Marx)的《资本论》(*Das Kapital*)与现代共产主义。杜威关于实践导致理论的产生、教育实践和直接经验产生并决定了教育目的和理论的观点，②是与教育历史相悖的。自古以来，几乎所有的伟大教育家都是哲学家，而且他们也没有因为在实际教学活动中的技能而出名——事实上，他们中的一些人在承认自己是不成功的实践者时还表现出一种童真的快乐。

一些智力活动不能说具有任何的实际结果，例如，对一个仅具有其自身文化价值主题的研究，对一件艺术作品的欣赏或者对一个交响乐的享受。这些活动并不是工具的，它们本身是具有目的的，或者用杜威的术语来说，是"有结果的"；它们是具有内在价值的；它们的目的就是

---

① 《荣誉的根源》(*The Roots of Honour*)，根特：乔治·艾伦图书公司 1877 年版，第 8 页。

② 杜威：《教育科学的资源》(*Sources of a Science of Education*)，纽约：H·利夫莱特图书公司 1929 年版，第 55—60 页。

它们自己。在一个民主社会里,个人自身也应该被当做是一个目的。杜威尝试通过指出某些进入高等数学的离题作为"玩弄概念游戏"来避开这个结论,但是,"玩弄概念游戏"本身恰恰是另一种自身具有目的的经验。

实用主义把重点放在结果上,而忽视或轻视动机。例如,杜威说:"我们发脾气地喊住一只正在咬人的狗,但是,我们并不寻找它的咬人动机。……去问是什么导致一个人进行通常称为说话的活动,那是可笑的。他是一个有活力的人,可以说这就是全部的理由。"①然而,法律机关在判决被告是否行凶时,并不会犹豫地去考虑这个犯罪行为的动机。

尝试通过每一个实际的检验——它自己的标准——实用主义并不能解释这些行动。正如人们所说的,它不是一种哲学,而是一种尝试没有哲学地去做的方式。它在教育上的价值可以用弗兰西斯·培根的话来表达:"但是,这将使知识有尊严和提高知识的地位,假如思考和行动能够比它们以往更加密切地和严密地结合起来的话。"②

课程理论

如果在杜威的教育哲学中我们敢于谈论课程的话,那么,实用主义是反映在他的课程中的。实际上,他把《民主主义与教育》看做是他的哲学得到最充分阐述的著作,因为"教育是使哲学的特性具体化并受到检验的实验室"③。在《杜威学校》(*The Dewey School*)④中,主要的假

---

① 《人性和行为》,第 119 页。

② 弗兰西斯·培根(Francis Bacon):《学问的进展》(*Of the Advancement of Learning*),载《哲学文集》(*Philosophical Works*),伦敦:劳特利奇图书公司 1905 年版,第 60 页。

③ 《民主主义与教育》,第 384 页。

④ 《杜威学校》一书由梅休(K. C. Mayhew)和爱德华兹(A. C. Edwards)著,第 vi 页。[梅休和爱德华兹俩人是杜威学校,即芝加哥大学实验学校的教师。——译者注]

设是:生活本身尤其是服务于人的主要需要的工作和交往,应该为儿童的教育提供基本的经验。诸如烹饪或木工的工作"为儿童提供了一种真正动机"①。赫巴特·斯宾塞在《教育论:智育、体育和德育》(*Education:Intellectual,Physical and Moral*)②一书中回答他自己的问题"什么知识最有价值"时,采用了同样的原理,这是一个世纪以来某些近代学者所期望的,适应来自科学观点的教育,主张一种基于科学的课程,以满足一种自由教育的全部要求。③ 斯宾塞根据重要性对组成人类生活的活动进行了如下的分类:生物的、社会和政治的、文化的,此外还有技艺、美术、纯文学,因为它们占据了生活的闲暇部分,应该从属于文明所依靠的教学和训练。近代课程制定者们会依照出现率的次序对这些活动进行分类,但杜威完全拒绝这个标准。他声称,这一原理至多在某些科目上具有较实用的效果,但涉及有关课程重组和方法更多的问题时,它是毫无帮助的。④

225

　　然而,杜威并不像斯宾塞和近代课程制定者们那样,他认为,为了教育目的而将人类活动进行分类是不可能的。他强调指出,我们不能在学习中建立一个价值的等级制度。"试图把它们排列成一个次序,开始是价值最小的科目,接着是具有最大价值的科目,这是无用的。也就是说,任何的科目在经验中都具有一种独特的和不能替代的功能;也就

---

① 《学校与社会》,第 17 页。

② 文章最初发表在《威斯特敏斯特评论》(*The Westminster Review*)上,1895 年 7 月、10 月。

③ 参见埃德曼(Irwin Edman):"自由的艺术"(*The Arts of Liberation*),载《权力主义者控制教育的企图》(*The Authoritarian Attempt to Capture Education*),纽约:国王王冠出版社 1945 年版,第 29 页。"科学常常被一般人认为是技术奇迹的宫殿或技术恐怖的弹药库。但是,科学的成果既是精神的也是教育的,这些成果在现代学习和教学中仅仅是认识或讨论的开始。它们很少影响受过教育的普通民众,或者甚至也很少影响科学家他们自己思想的基本形式和设想。科学探究的方法完全是一种在客观、公平和独立方面的道德课程。它的细致的和耐心的过程是一种专心和责任心方面的课程,尊重他们所发现的事实,具有对无数资源理解的信念,从而可以了解对人类使用的性质。在揭示作为探究的经验前景以及前景所表明的人类未来中,所展示出的是存在着由一种完整的宗教所形成的一个完整的过程。"

④ 《教育科学的资源》,第 65—66 页。

是说,任何的科目都标志着生活所特有的丰富内容,它的价值是内在的和不能比较的。……它所能确立的唯一的基本价值正是生活过程本身。"①不存在具体的、满意经验从属于的最终的目的观点认为,无需一种预定的课程。这一结论如耶鲁大学校长所指明的那样:"今天,年轻的美国人了解他生活于其中的智力传统,在这个智力传统中他只能依靠偶然性去生活。"他还补充说:"决定性的错误是坚持认为,没有什么事情是比其他任何事情更为重要的,不可能有德行的秩序,也不可能有智力领域的秩序。没有什么事情是中心的,也没有什么事情是边缘的;没有什么事情是首要的,也没有什么事情是第二位的;没有什么事情是基本的,也没有什么事情是肤浅的。"②

杜威早就察觉到这一危险,因为在一篇题为《在新学校里有多少自由?》(*How Much Freedom in the New Schools?*)③的文章中他提出了警告,缺乏通过有意义的学科内容(subject matter)来进行智力管理,会引发可悲的自我中心、骄傲自大、傲慢鲁莽和对他人权利的忽视,很显然,在有些人看来这些是自由不可避免的伴随物,如果不是本质的话。杜威怀疑进步学校提供一种新的学科内容方式。"学科内容只能用能够促进经验的有序的和连续的发展的方式获得,而这些经验只能通过那些具有最广泛经验的人来认真地选择和组织——即那些将冲动和初期的欲望与计划视作生长的潜力而不是终结的人。"

虽然杜威认为我们不能为了教育目的对人类活动进行分类,但他强调了活动的先后次序。杜威说,仿效斯宾塞,课程必须进行计划,即首先安排必要的,再安排次要的。而且,他对"什么是必要的? 什么是人的主要需要?"这些问题的回答是以实用主义哲学为依据的:"人类基本的和共同的事务中心是食物、住所、衣服、家具以及与生产、交换和消费相联系的工具。它们体现着生活的必需品和将这些必需品包装起来

---

① 《民主主义与教育》,第 281 页。

② 引自马里坦(Jacques Maritain):《教育处在十字路口》(*Education at the Cross Roads*),纽黑文:耶鲁大学出版社 1943 年版,第 55 页。

③ 《新共和》(*The New Republic*),1930 年 7 月 9 日。

的装饰品两个方面,它们在一个更深的层面叩击了人类的本能,渗透着具有社会性质的事实和原理。"①当斯宾塞对纯粹科学和个人主义的坚持成为 19 世纪典型特征时,杜威对应用科学、工艺和社会因素的坚持则成了 20 世纪的代表。然而,两者都有低估精神价值在人的生活中的重要性的倾向,而这一点是沛西·能在阐释生活的基本要素时所坚持的:"在一个民族传统的气质或倾向中,最高的价值属于那些在创造力的要素中最富裕的人。这些就是他们自己的活动、实践、智力、艺术、道德的传统,带有一种高度的个性和连续性特征,它们在人类精神的发展中设计了主要的路线。如果想知道人类是用什么来写诗歌的,那么,就必须知道诗歌是用什么来表现人类的;考虑到他所创造的一个美好世界来自颤动的管乐器、弦乐器和铜管乐器的声音;考虑到他通过建筑和艺术获得了心灵的发展,而心灵是它们的母亲和女王;考虑到他的思想的成就是训练进入数学、科学和哲学的方法,难道我们不是正确地按照这样的方向通过活动去衡量一种文明的特性吗? 如果是这样的话,难道所有的教育阶段就绝不能提供实现能够适当地被称为完满生活的手段吗?"②显然,杜威坚决选择食物和家具,而沛西·能坚决选择诗歌和哲学——这是人类思想在实利主义生活观和理想主义生活观之间长久冲突的一个例证。

思维与方法

　　由于不满足坚持结果是意义的和效用标准的最后的检验,杜威通过强调起因来补充实用主义原理,认为思维产生于实际的需要,只有通过行动才能获得知识和取得进步。事实上,他对获得知识的方法或手段的兴趣要超过对检验它效用的兴趣。获得知识所依靠的方法就是实验的方法。"日益工业化的西方文明在特点上是平常的;它应该是一个

227

----

①《民主主义与教育》,第 223 页。
② 沛西·能:《不列颠协会的教育科学讲演》(*British Association Address to Educational Science*),1923 年。

同样熟悉的事实,即这个工业化是实验的认识方法发展的直接产物。"①给杜威深刻印象的是实验方法的效用,以致引起他去假设它是唯一的认识方法。例如,在《我们如何思维》②一书中,他坚持主张,从科学的方面来看,它表明只有采用了某种形式的实验方法指导,有效的和整体的思维才是唯一可能的。这一论点的提出,给了杜威的哲学可供选择的名称即实验主义。在他的芝加哥大学实验学校里,在历史和科学的教学中很好地应用着实验方法;在文学的教学中它并不十分适合,基本原理也不是那么清晰。③

在两者的争论上,杜威的论点是不充分的。当必要性是创造力的源泉时,纯粹的智力好奇性同样激发知识的扩展。亚里士多德在他的《形而上学》(Metaphysics)④中断言,哲学发源于怀疑,但是,我们需要做的一切是怀疑杜威的假设,去检验杜威在《我们如何思维》中所引用的那些有关操作性思维的例子。⑤下面三个源于理论好奇心的例子中有两个例子并不源于实际的需要,即"思维依赖于观察"的两个例子:思考一根长长的从渡船上层甲板水平方向伸出的顶端挂着一个涂了金色的球的白色杆子的意义;思考酒杯在起泡沫的热的肥皂水里刷洗后将其杯口朝下放在盘子里时玻璃酒杯口外边有水泡的原因。第三个例子是"一个实际的思考的例子",即决定选择哪条乘车路线以保证他不失约,这是真正出于实际需要的思维。显然,这种理论意义与实际意义的比率并不是有利于杜威的。

正如怀特海所说的,存在着两种逻辑——发现的逻辑和被发现的逻辑。然而,杜威忽视了其中的一种。"发现的逻辑存在于对可能性的考量,存在于抛弃不相关的的细节,存在于预言导致事件发生的一般原则,存在于通过设计适当的实验来检验假设。这就是归纳的逻辑。被发现的逻辑是对专门活动的演绎推理,在一定的环境下,这些活动的发

① 《确定性的寻求》,第79页。
② 《我们如何思维》,第188页。
③ 沃思:《作为教育家的约翰·杜威》,第172页。
④ 亚里士多德:《形而上学》,第Ⅱ卷。
⑤ 《我们如何思维》,第91—94页。

生将会遵照假定的自然规律。因此,当这些规律被发现或假定的时候,它们的利用完全依赖于演绎的逻辑。没有演绎的逻辑,科学将完全是无用的。从特殊上升到一般仅仅是一种无结果的游戏,除非我们以后能够使这个过程倒转和从一般下降到特殊,上升和下降就像雅各(Jacob)①阶梯的天使一样。当牛顿(Newton)②预言了万有引力定律的时候,他立即着手预测地球对一个苹果表面的引力以及对月亮的引力。我们可以顺便注意到,没有演绎的逻辑,归纳的逻辑将是不可能的。因此,牛顿的预测在他对这个伟大的规律的归纳证明中是基本的一步。"③

　　科学的历史并不支持杜威。数学上的进步主要是通过演绎而发生的:"几个世纪以来,人类在等待圆周和椭圆的某些特征的展示。然而,我们知道,它们无疑包含在这些曲线的定义之中,因为我们能够通过演绎推理并借助一些一直被认为是有效的假设和原理来演绎它。但是,对圆周和椭圆来说,我们并不采用实验。既然它是一个纯粹的推理演绎问题,那是什么能够使它们有效用呢?"④考虑到在天文学上应用实验的困难,杜威改变了他的看法,解释道,⑤探究的进展是与物理仪器的发明和建造上的进步同义的,这些仪器是为了生产、记录和测量变化的。物理学是一个实验已取得卓越成功的领域,但公平地讲,它的进展并不是全部依赖于实验,一些科学原理是通过演绎推理而得出的。⑥ 怀特海也补充说:"现在,这个反论完全得到了确立,最高度的抽象是真正的武器,并被用来控制我们有关具体事实的思考。"⑦当生物科学的实验范围被相当大地扩展时,19世纪生物学观点的重要变化——达尔文进化学

---

① 雅各,基督教《圣经》中人名。——译者注
② 牛顿(1642—1727),英国科学家。——译者注
③ 怀特海:《教育的目的》,第80页。
④ 迈耶森(E. Meyerson):《同一性与现实》(*Identity and Reality*),纽约:麦克米伦图书有限公司1930年版,第396页。
⑤ 《确定性的寻求》,第84页。
⑥ 迈耶森:《同一性与现实》,第398页:"动力学理论的原理······必须归因于演绎。"
⑦ 怀特海:《科学与现代世界》(*Science and the Modern World*),"洛厄尔讲演,1925年"(*The Lowell Lectures* 1925),剑桥:剑桥大学出版社1926年,第41页。

说——并不是通过实验得到的,而是通过观察和演绎得到的。在心理学中,从亚里士多德时代到弗洛伊德的"潜意识"的揭示,最有意义的进步并不是实验的结果,而是临床观察的结果。① 在社会科学中,因素的复杂性使得实验变得更加困难,这使得杜威承认:"社会领域的实验目的与自然科学领域的实验目的是非常不同的;它更应该是一个试验和错误的过程,并伴有一定程度的希望和很多的讨论。"②

人们认为,是杜威呼吁把实验作为所有创造性思维的基本特征的,尽管这种判定"证据不足",但这不应该有损于这种观点的声誉,即坚持认为,在知识的获得中,了解过程是基本的,这样才能充分理解它所带来的结果。③ 启发式方法④的优点就体现在这一点上,而不是遵循原创性发现的次序。杜威提出的实验方法是一个有明确计划的程序,正如他警告他的一些过分热情的追随者那样,这并不是"浪费时间,也不是抱着改善的希望一会儿做这个,一会儿又做那个"⑤。职业教育必须集中在基础的工业原理上,而不是仅仅集中在职业技能的获得上。⑥ 这种方法的步骤是任何推理归纳都要采取的那些步骤——问题的形成(formulation of problem)、假设的提出(suggestion of hypothesis)、假设的检验(testing hypothesis)、原理的阐述(formulation of principle)——但是,杜威的表述如下:⑦"这些步骤是:第一,学生有一个真实的经验情

---

① 也可参见克莱因(D. B. Klein):《心理学的进步与空想的戒律》(Psychology's Progress and the Armchair Taboo),载《20 世纪心理学》(*Twentieth Century Psychology*),纽约:哲学图书馆,1946 年。

② 《自由与文化》,第 65 页。

③ 参见《民主主义与教育》,第 204 页。杜威提出,对它来说,其进步是直接性、虚心、专心、责任心。

④ 阿马斯特朗(H. E. Armstrong):《科学方法的教学》(*The Teaching of Scientific Method*),纽约:麦克米伦图书有限公司 1925 年版,"启发式方法"(*The Heuristic Method*)。

⑤ 杜威:《人的问题》(*Problems of Men*),纽约:哲学图书馆,1946 年,第 137—138 页。

⑥ 沃思:《作为教育家的约翰·杜威》,第 210 页。

⑦ 《民主主义与教育》,第 192 页。

境——即有一种对活动本身感兴趣的连续活动；第二，在这个情境中产生的一个真实的问题作为他思维的刺激物；第三，他要占有资料和进行必要的观察以处理这个问题；第四，他将负责采用一种有序的方式，展示他自己所想到的解决问题的方法；第五，他要有机会和需要通过应用去检验他的观念，使这些观念的含义清晰，并让自己发现它们的有效性。"①

思维的两个方面——思维产生于实际需要和通过它们的实际结果来检验效用——在设计教学法（project method）②中被结合了起来。尽管杜威反复地告诫我们这个方法的局限性，但它是对杜威的教学的一个自然推论。例如，在《民主主义与教育》一书中，杜威提到一些设计可能过于奢望和超出学生的完成能力："儿童容易夸大他们自己的实行力量，并选择超出他们自己能力的一些设计，这是完全确实的。"③在《从教育混乱中寻找出路》（*The Way Out of Educational Confusion*）中，他指出了另一个缺点，即一些设计可能太琐细而没有什么教育作用。④

教育思想的地位和影响

考虑到杜威的主要著作《民主主义与教育》的书名，我们不能不考虑他的政治学说而得出我们的结论。杜威提出了"无阶级社会"（classless society）的概念，⑤而且任何形式的权力主义都是不适合于他

230

---

① 参见沃特海默（Max Wertheimer）：《富有成果的思维》（*Productive Thinking*），纽约、伦敦：哈珀兄弟图书公司 1943 年版，第 190—191 页。

② 杜威不是"设计教学法"一词的创始人。他本人在 1933 年 2 月 9 日给著者的信中写道："'设计'一词不是我创立的。"它是由克伯屈广泛宣传的——《哥伦比亚大学师范学院学报》（*Teachers' College Record*），1918 年第 19 期，但逐渐被广泛地误解，几乎应用于学生的任何松散地围绕着"兴趣中心"的活动，他们在这种活动中可能或不可能形成他们自己。

③《民主主义与教育》，第 231 页。

④ 杜威：《从教育混乱中寻找出路》（*The Way Out of Educational Confusion*），坎布里奇：哈佛大学出版社 1931 年版，第 31 页。

⑤ 参见杜威的女儿撰著的《约翰·杜威传》，载施利普的《约翰·杜威的哲学》。

的本性的。他接受了亚里士多德的原理：^①"对政体永久性的最大贡献是教育适合于政府的形式"，因此，一个民主国家应该具有民主的教育形式。^②还有，甚至在一些自称民主的国家里，有很多事情应该去做，以使教育是真正民主的；从杜威的著作中能够获得新的启示以加强这些努力。

然而，有时常常会有这样的情况，在缺乏绝对的和普遍的道德标准和否认了任何来自历史先例的支持时，杜威因为坚持他的实验信念而倾向于倡议急剧的变革，而不管其结果如何。但是，他最后回到了民主的生活方式。我们也希望，当自然主义和实用主义宣布它们自己的不足时，杜威可能会回到一种理想主义，即动态的和包容一切的理想主义，这在两个流派中都是有价值的。

在教育上，我们不得不感谢杜威，因为他在对传统的、"静止的、无趣的、贮藏式的知识理想"^③的挑战中做出了自己最大的贡献，使教育更多地与当前的生活现实一致起来。"学生必须学习有意义的和拓展他眼界的东西，而不是学习琐碎的东西。"^④而且，当杜威决心去做的时候，他把所有的教育都看做是在社会环境中发生的，因为对他来说经验是人和他自己的环境之间不断相互作用的产物。对他的哲学发展起支撑作用的一般原理以及他在教育上对这些原理的应用，显示出哲学和教育两者应该反映当代思想的主要潮流，并使那些明显地有助于现代工业和社会进步的方法具体化。

杜威的教育思想在20世纪早期和中期产生了极大的影响，也就是说，这种影响发生在他的一生中，在许多具有广泛分歧的政治派别的国家里。正如我们所看到的，在20世纪二三十年代里，年轻的苏维埃共

① 亚里士多德：《政治学》，第5卷，第9、11条。
② 然而，与他的追随者不同，杜威突然停止了对个人异想的纵容。在他未发表的《大学初等学校的组织计划》(*Plan of Organisation of the University Primary School*) 中，他的基本陈述是："全部教育的根本问题是使心理因素和社会因素协调起来。"参见沃思：《作为教育家的约翰·杜威》，第121页。
③《民主主义与教育》，第186页。
④《学校与社会》，第71页。

和国对杜威的教育思想有点兴趣。在英国,那些先驱者在 20 世纪三
四十年代里引用和追随他的教育思想,但是,他的影响时期真正开始
于 20 世纪 60 年代。杜威对直接经验和问题解决的强调导致了给传
统课程以新的形式,并取消学生并不理解的"灌输"。他比任何人更
加要求把教师从教室的中心位置移开。杜威的影响如此深入,以至于
他的一些理念(concepts)已经成为现代教育思想的一些原理,特别是关
于"如果要进行任何富有意义的学习,儿童就需经验、活动和兴趣"的理
念。[1]

　　另一方面,尤其在美国,杜威因为现代教育中的一些更加引人注意
的过失而受到了指责。没有一个人超过艾森豪威尔(Eisenhower)[2]总
统在 1959 年时对这个国家的警告:"必须继续通过我们教育制度中的
缺点去唤醒教师、家长和学生。必须引导他们去放弃那条相当盲目地
跟随作为约翰·杜威教学结果的道路。"[3]杜威的哲学学说在名称上仅
仅被认为是一种狭窄的工具主义,在当时受到了严厉的批评:"没有共
同的信念,没有共同的原理,没有共同的知识,没有共同的道德和智力
训练。然而,这些现代学校的毕业生却被期望去形成一个文明社会。"[4]
还有一种抨击是由赫钦斯(R. H. Hutchins)[5]主导的,他提出了恢复
"基本价值"的强烈要求。1955 年,进步教育协会(Progressive
Education Association)解散,两年后它的杂志停刊,[6]这个结果"标志着

---

　　[1] 参见托马斯(A. K. Thomas):《对约翰·杜威与今天关联的思考》(*A Consideration of John Dewey's Relevance Today*),《斯旺西学院教育杂志》(*Swansea College Faculty of Education Journal*),1970 年第 21 期,第 5 页。

　　[2] 艾森豪威尔(1890—1969),美国总统。——译者注

　　[3] 1959 年 3 月 15 日给《生活周刊》(Life)的一封信。

　　[4] 利普曼(Walter Lippmann):《没有文化的教育》(*Education without Culture*),《公共福利》(*Commonweal*),1940 年第 33 期,第 1 页。

　　[5] 赫钦斯(1899—1977),美国教育家,永恒主义教育思想的代表人物。——译者注

　　[6] 进步教育协会(Progressive Education Association)建立于 1919 年,它的杂志《进步教育》(*Progressive Education*)创刊于 1924 年。——译者注

美国教育史上一个时代的结束"①。

　　然而,正如杜威的门徒和同事胡克所指出的,②艾森豪威尔应该这样写:"那条他们相当盲目地跟随被误解了的约翰·杜威教学结果的道路。"尽管杜威强调自由的重要性,但他并不反对权威;相反,他主张"权威是必要的,最高的权威是智力"。杜威不能容忍在"分享民主制"的伪装之下的专政,怀疑那些人"把民主仅仅看成是一种实现社会主义的方法,而不是检验计划的社会主义者的标准,以作为一种扩大和加深民主的方法"。而且,杜威把民主看做是一个政治概念,对于包括教育在内的所有社会机构来说,没有必要采取同样的一人一票的形式。总之,杜威的"民主"意指关心所有人,它所鼓励的既不是平庸也不是放纵。

　　杜威所做的,也并不像现今一些非学校化教育家(de-schoolers)③把教育与经验等同起来。相反,他把教育的(educational)经验与非教育的(non-educational)经验区别开来,并把他自己的所有重心放在前者。活动——这个最经常与他的名字联系在一起的过程,如果要具有任何教育价值的话,那就应当要求它具有一些智力内容。④　总之,杜威的一生献身于把科学方法作为评价学习的一个基础,这就导致了他谴责现代社会中所有更为极端的教育万应药。

　　简言之,约翰·杜威也遭遇了一些大胆革新者的通常命运,成为后来的理论家们的偶像。他们把鲁莽误认为是大胆,为了变化而进行变化以及使革新退化为稀奇古怪和荒唐愚蠢。人们可以感受到杜威的深

----

①　克雷明(L. A. Cremin):《学校的变革》(*The Transformation of the School*),序言,纽约,1961 年版。也可参见《杜威主义在美国的失败》(*Die Uberwindung des Deweyismus in den USA*),《国际教育评论》(*International Review of Education*),第 12 期(1966 年 3 月号),第 24—37 页。

②　胡克(Sidney Hook):《教育与权力控制》(*Education and the Taming of Power*)。

③　非学校化,20 世纪 70 年代首先在美国出现的一个教育运动。这个词源于当代西方教育家伊里奇(Ivan Illich)1971 年出版的著作《非学校化社会》(*Deschooling Society*)。——译者注

④　参见托马斯:《对约翰·杜威与今天关联的思考》,《斯旺西学院教育杂志》,1970 年,第 21 期,第 23—24 页。

刻影响,那就是,确立了教育在大学研究中的地位,承认学校需要回应社会的变化,坚持一种对理性探究的力量的持久信念(尽管有时是波动的),强调儿童对他自己生长的贡献。杜威的哲学在一个特定时代并没有立即引起人们的注意,其时一些事件的发生常常好像受到一些沉重的、远远超出人们控制能力的力量所引导。然而,在 20 世纪 70 年代后期,在杜威去世后的四分之一世纪时,有一些迹象表明教育潮流再一次趋向杜威的方向。

第十三章　20 世纪教育家

233　　在经典的伟大教育家中,杜威是最后的一位。也许因为越来越多的人变得对教育有兴趣并获得了一点有关教育的知识,所以不再有像预言家这样的巨人的任何位置。这并不是说不可能再发现预言家,也不是说通用的秘方没有被热情地推销,而是秘方不再获得持久的认可了,被接受的那些理论也不再普遍适用了。

　　教育的问题仍然存在,即便现代生活日益复杂,这些教育问题一般也是伟大教育家们曾遇到过的同样问题。我们的时代已是一个自相矛盾的世纪:个人的重要性日益得到了强调,但他所生活的社会的重要性也日益得到了加强。个人和社会群体的相互作用已逐渐成为教育理论研究的中心,无论如何这并不是第一次,尽管理论家的许多时间被用来界定术语,"为了旅行而驮载"(packing for the journey)。尤其是在 20世纪的最后 25 年里,我们也看到了一个运动,反对任何种类的宿命论、反对权力主义以及用它的极端形式反对权威。自由已成为一种好东西,就像柏拉图所主张的任何专制一样。每一种实验主张都被人们所接受,而每一种传统都受到了质疑。不可避免的是,这一趋向因为急切的渴望而被继续下去,因为当黄金旅行(Golden Journey)①经过长途跋涉到达撒马尔罕(Samarkand)时,或者通过在没有吸引力的绿洲里的醒悟,人们似乎觉得已经过了那么遥远的旅程。

　　对于这些教育问题中的每一个问题,现代思想家们已贡献了一些解决方法,或者至少已贡献了一些建议。这一章打算对这些现代思想
234　家进行论述。希望更多地了解这些现代思想家的读者,将会在参考文

---

　　① 公元 329 年,亚历山大大帝曾攻占中亚最古老的城市之一撒马尔罕。撒马尔罕现为乌兹别克斯坦的第二大城市。——译者注

献中发现他们著作的名称。

弗洛伊德

　　20世纪初期儿童研究的发展本身就表明了对个人的关注越来越多。格塞尔（Arnold Gesell）①描述了发展的正式类型，阐释了游戏的重要性以及在游戏过程中儿童游戏欲望的丧失和提升。在剑桥的马尔丁家庭学校（Malting House School）工作的苏珊·艾萨克斯（Susan Isaacs）②，揭示了儿童是如何通过活动和发现而进行学习的，她的极大影响在于冲破了初等课程的传统藩篱。20世纪30年代是心理测验的高潮时期，这些心理测验旨在设计个体儿童心理特征的统计图和量表，在其中，西里尔·伯特爵士（Sir Cyril Burt）③、戈弗雷·汤姆森爵士（Sir Godfrey Thomson）④和弗雷德·斯科内尔爵士（Sir Fred Schonell）⑤等

---

　　① 格塞尔（1880—1961），主要著作有：《正常儿童与初等教育》（*The Normal Child and Primary Education*），伦敦：吉恩图书公司1912年版；《人生的第一个五年》（*The First Five Years of Life*），伦敦：梅休因图书公司1966年版；《儿童：从5岁到10岁》（*The Child from Five to Ten*），伦敦：哈米什·汉密尔顿图书公司1965年版；《青少年：从10岁到16岁》（Youth：The Years from Ten to Sixteen），伦敦：哈米什·汉密尔顿图书公司1965年版。［格塞尔，美国儿童心理学家。——译者注］

　　② 苏珊·艾萨克斯（1885—1948），主要著作有：《我们所教的儿童》（*The Children We Teach*），伦敦：伦敦大学出版社1932年版；《幼儿的智力发展》（*The Intellectual Growth of Young Children*），伦敦：劳特里奇 & 基根·保罗图书有限公司1930年版；《幼儿的社会发展》（*The Social Growth of Young Children*），伦敦：劳特里奇 & 基根·保罗图书有限公司1937年版。

　　③ 西里尔·伯特（1883—1971），主要著作有：《青少年犯罪者》（*The Young Delinquent*），伦敦：伦敦大学出版社1969年版；《智力迟钝儿童》（*The Backward Child*），伦敦：伦敦大学出版社1961年版。

　　④ 戈弗雷·汤姆森（1881—1955），他的最有影响著作导致了一长系列的"莫里文库"（Moray House）测验，以"爱丁堡研究中心"（Training Centre of Edinburgh）命名，他是该中心的研究主任。

　　⑤ 弗雷德·斯科内尔（1900—1969），主要著作有：《基本科目上的智力迟钝》（*Backwardness in the Basic Subjects*），爱丁堡：奥利弗 & 博伊德图书有限公司1942年版。

人发挥了有效的推动作用。沛西·能爵士(Sir Percy Nunn)[①]坚定地维护了在一个民主社会里自由民的权利。但是,在 20 世纪中,个体研究大多归功于奥地利的弗洛伊德(Sigmund Freud)和瑞士的皮亚杰(Jean Piaget)。

弗洛伊德[②]是一位维也纳医生。人们发现,他在诊断某种病理状况时,或者说,实际上在解释许多正常的行为类型时,所获得的成功并没有引起人们的关注,一直到他既研究病人的身体又研究他们的心理之后。他只能用一种在它的方式上就像爱因斯坦(Einstein)[③]的理论一样的革命理论来阐释他所发现的情况,这种理论在他的一本书名为《日常生活的精神病理学》(*The Psychopathology of Everyday Life*)的著作中得到了简洁的说明。在弗洛伊德的论文中,没有什么行为是偶然的,如果意识的动机不能得到探究,那么,动机的力量就是潜意识的。人的行动表现出人们试图调解两种强制间的冲突,即"快乐原则"(Pleasure Principle)与"现实原则"(Reality Principle)的冲突,前者迫使他满足自己的意识和潜意识动机;而后者强迫符合他的生理环境和社会环境的要求。弗洛伊德发现,能够为应付挑战提供能量的动机存在于情感领域而不是在认知领域。激发一切行动的动机力量是性欲,弗洛伊德称它为"力比多"(libido)[④]。他假定了三个方面——一是本我(Id),试图

---

① 沛西·能(1870—1944),主要著作有:《教育原理》(*Education:iIts Data and First Principles*),伦敦:爱德华·阿诺德图书公司 1930 年版。

② 弗洛伊德(Sigmund Freud ,1856—1939),弗洛伊德著作的权威版本《弗洛伊德全集》是由霍格思图书出版公司出版的。尤其可参见:第 4 卷和第 5 卷(1900),《梦的解释》(*The Interpretation of Dreams*);第 6 卷(1901),《日常生活的精神病理学》(*The Psychopathology of Everyday Life*);第 13 卷(1913),《图腾与禁忌》(*Totem and Taboo*);第 18 卷(1920),《超出快乐原则》(*Beyond the Pleasure Principle*)。

论述弗洛伊德的著作有,欧内斯特·琼斯:《弗洛伊德的生平与著作》(*The Life and Work of Sigmund Freud*),伦敦:霍格思出版公司 1958 年版;J·A·C·布朗(J. A. C. Brown):《弗洛伊德与后弗洛伊德主义者》(*Freud and the Post-Freudians*),哈蒙茨沃思:佩古因图书公司 1964 年版;弗兰克·乔菲(Frank Cioffi)编:《弗洛伊德》(*Freud*),伦敦:麦克米伦图书有限公司 1973 年版。

③ 爱因斯坦(1879—1955),现代物理学家。——译者注

④ "力比多",即"性欲"。——译者注

满足在快乐原则上的情感需要;二是自我(Ego),强调由现实原则控制
的人的个性;三是超我(Super-Ego),趋于追求一种理想,从而使一种道
德因素进入他的行为。因为这三种力量不断地处于冲突之中,他的心
理发展了不同的机制去保卫自身以防止伴随而来的忧伤和苦恼,特别
是防止不可抑制的冲动要么受到抑制、要么得到升华的一种潜意识过
程。

这种理论必然把更大的重点放在最早的人际关系上,尤其是儿童
与他的父母之间的关系上。弗洛伊德觉察到,幼儿生活中有各种各样
的性冲动,一些冲动并不仅仅来自对父母的爱而且来自嫉妒,甚至是憎
恨。上述的概念招致了猛烈的反对和怀疑。总之,因为他告诉人们被
广泛地看做病理学条件的东西实际上就是每个人的日常生活,所以,他
几乎不指望被真诚地接受。更加专业的批评者在更加专业的水平上对
弗洛伊德的思想进行了评价。阿德勒(Alfred Adler)①接受了他的一般
动机概念,但发现它体现在攻击性上,而不是性欲。荣格(Carl Jung)②
假设了一般动机,但没有将其限制在性欲上。一些人指责弗洛伊德,因
为他损害了自由意志的概念和给每个人提供了为应受到严责的行为辩
解的一个理由,他接受了对他的理论的最后的一个解释。更多的当代
心理学家认为,弗洛伊德声称的所有行为毫无例外地都有动机的说法
过于夸张了,而将他们的注意力集中在行为形成的模式上。

弗洛伊德的理论并不都是新的。例如,他的潜意识概念可以在赫

235

---

① 阿德勒(1870—1937),主要著作有:《个体心理学的实际与理论》(*The Prtactice and Theory of Individual Psychology*),伦敦:基根·保罗图书有限公司 1924 年版。参见刘易斯·韦(Lewis Way):《艾尔弗雷德·阿德勒:他的心理学介绍》(*Alfred Adler: An Introduction to his Psychology*),哈蒙茨沃思:佩古因图书公司 1956 年版。[阿德勒,奥地利医生、心理学家,个体心理学创始人。——译者注]

② 荣格(1875—1961),主要著作有:《潜意识心理学》(Psychology of the Unconscious),伦敦:基根·保罗图书有限公司 1916 年版;《寻求灵魂的现代人》(*Modern Man in Search of a Soul*);《人格的整合》(The Integration of the Personality)。参见雅各比(Jolande Jacobi):《荣格心理学》(*The Psychology of C. G. Jung*),伦敦:劳特里奇 & 基根·保罗图书有限公司 1962 年版。[荣格,瑞士精神病学家、心理学家,分析心理学创始人。——译者注]

尔巴特那里找到,①他的非压抑主张可以在卢梭那里找到。但是,他的心理分析理论似乎是革命性的,因为他完整地创立了这种理论。他的理论像那些成功的革命性理论一样,在一段时间里会受到广泛的非议;在另一段时间里会同样受到广泛的认同,几乎是没有中间阶段。在教育领域,它替代了强制的目的,至少是在意向上,因为对儿童心理的健康来说每一种压抑形式似乎都是危险的。教育家们试图为儿童的动机和能量提供发泄的方法,强调促进适应能力的需要以及突出早期关系的重要性。作为替代家长的教师角色得到了心理分析。教学的"自由方法"得到了提倡,如果普通学校突然停止所要求的自由,那就建立"自由学校"(free schools)来提供自由。

尼尔

对国民学校的教室里所提供的形式化教育的反对声中,最激进的是尼尔(Alexander S. Neill)②。尼尔作为一位小学教师在苏格兰受到训练,并在那里开始他的教师生涯,但不久就与权威发生了不可调和的冲突并被解雇。由于受到心理分析学说的深刻影响,为了保护他的学生免受因压制而发生的危险,尼尔试图激励学生自由地表达他们自己的思想:"总有一天,人类会将本质上是反生命的特有的文明形式看成人类所有的痛苦、怨恨和疾病的根源。"③"手淫的问题在教育中是最重要的。……手淫的禁止意指痛苦的和不幸的儿童。我认为,对萨默希尔儿童的幸福来说,根本的原因之一是排除了因性禁止而引起的恐惧

---

① 参见赫尔巴特:《教育科学》,第 160—161 页。

② 尼尔(1883—1973):《一位教师的记录》(A Dominie's Log),伦敦:赫伯特·詹金斯图书公司;《被解雇的一位教师》(A Dominie Dismissed),伦敦:赫伯特·詹金斯图书公司;《萨默希尔:一种激进的教育方法》(Summerhill: a Radical Approach to Education),伦敦:戈兰茨图书公司 1962 年版。也可参见莱斯利·R·佩里(Leslie R. Perry):《四位进步教育家》(Four Progressive Educators),伦敦:科利尔—麦克米伦图书有限公司 1967 年版。[尼尔,英国教育家,萨默希尔学校创办人。——译者注]

③ 尼尔:《萨默希尔:一种激进的教育方法》,第 100 页。

和自我憎恨。"①"它反对的只是为邪恶服务的权力。人类是善的;他们也是向善的;他们想爱和被爱。憎恨和反抗仅仅是受到反对的爱和受到反对的权力。"②所以,尼尔试图给儿童提供关心和爱,使他们能够从中得到安全。他在萨默希尔建立了一所自由学校,③因为尼尔在阐释自己思想中的雄辩口才,所以,他所获得的声誉远远超出英国的范围。尼尔拥有一些追随者。在国家教育制度里面的那些人发现,要保持原样地实践尼尔的教育学说,那实际上是不可能的。

皮亚杰

让·皮亚杰(Jean Piaget)④1896 年出生于纳沙特尔,"也许是唯一一个现在还活着的心理学家,他的名字是家喻户晓的"⑤。他曾是一个年轻的天才,1915 年获得了生物学的学位,三年后又获得了博士学位。当他还在学校时,就得到了日内瓦博物馆的一个职位。一段研究生态学的时期促使皮亚杰对有机体与环境的平衡产生了兴趣,这是他的心理学理论的主要论题。从 1921 年到 1971 年,皮亚杰在日内瓦的卢梭研究所(Institut Rousseau)工作。在作为该研究所主任的最后 40 年里,他撰著出版了一批关于儿童认知发展的著作,具有很高的独创性和

---

① 《萨默希尔:一种激进的教育方法》,第 224—225 页。

② 《萨默希尔:一种激进的教育方法》,第 316 页。

③ 通称"萨默希尔学校"。——译者注

④ 皮亚杰(1896—1980),主要著作有:《儿童的语言与思维》(*The Language and Thought of the Child*),伦敦:劳特里奇 & 基根·保罗图书有限公司 1960 年版;《儿童的道德判断》(*The Moral Judgment of the Child*),伦敦:基根·保罗图书公司 1932 年版;《智力心理学》(*The Psychology of Intelligence*),伦敦:劳特里奇 & 基根·保罗图书有限公司 1950 年版;《逻辑思维的发展》(*the Growth of Logical Thinking*),伦敦:劳特里奇 & 基根·保罗图书有限公司 1958 年版。他也撰写了一系列著作,论述了儿童对各种现象的看法。[皮亚杰,瑞士心理学家,日内瓦学派创始人。——译者注]

⑤ 韦德·P·瓦玛(Ved P. Varma)、菲利普·威廉姆斯(Philip Williams):《皮亚杰:心理学与教育》(*Piaget, Psychology and Education:Papers in Honour of Jean Piaget*),伦敦:霍德·斯托顿图书有限公司 1976 年版,第 XI 页。

广泛的影响。皮亚杰的研究所吸引了来自世界各地的学者,也从美国得到了很大的资助,其中著名的资助者有福特基金会和洛克菲勒基金会。皮亚杰在日内瓦建立了一个国际中心,当他 75 岁从卢梭研究所退休时,他继续在这个国际中心工作。

早在 1923 年,皮亚杰就在《儿童的语言和思维》(*The Language and Thought of the Child*)中奠定了他的发展理论的基础,该理论详细论述了心理生活的三个阶段:一是我向的阶段(autistic),最初的 18 个月,儿童受到他的直接需要的支配;二是自我中心的阶段(egocentric),从 18 个月到 7 岁或 8 岁,儿童认识到其他人的存在,但并没有依从他人或与他人讨价还价的需要;三是社会的阶段(social),从 7 岁或 8 岁到大约 16 岁,儿童第一次出现了自我批评和社会从众性的现象。总之,儿童在"漫长的非中心的道路"上行进。[1] 后来,儿童通过形成基于经验的范式而扩展自己的知识和能力。能力发展分五个阶段——感觉运动阶段(sensory-motor),0 岁到 2 岁;前概念阶段(pre-conceptual),2 岁到 4 岁或 5 岁;直观阶段(intuitive),4 岁或 5 岁到 7 岁;具体运算阶段(concrete operational),7 岁到 11 岁;形式运算阶段(formal operational),11 岁到 16 岁。在儿童认知能力的发展中,最重要的一个因素是他使用符号的可能性的发展。

皮亚杰发现,对儿童认知能力这种发展来说,动机力量在儿童本身内部,调节控制的因素是"成熟"(readiness)。例如,在激励和促进儿童发展的因素中,几乎没有什么因素是与由其他人(如教师)所支配的部分有关系的,即便有也很少。认知发展的基础并不是感觉而是行动;儿童是通过做来学习的。最重要的是,皮亚杰指出(重复着卢梭的话),儿童的思维方式基本上不同于成人的思维方式。

皮亚杰存储证据的方法是心理学的,显示着"一种移情儿童的非凡眼光"[2]。他在漫长的时期中观察到儿童的行为,并报告了他的推论。

---

① 布鲁纳(Jerome Bruner, 1915—):《教育的关联性》(*The Relevance of Education*),伦敦:乔治·艾伦＆昂温图书有限公司 1971 年版,第 13 页。

② 韦德·P·瓦玛、菲利普·威廉:《皮亚杰:心理学与教育》,第 10 页。

皮亚杰著作的最尖锐批评者之一认为,皮亚杰对测量从来没有给予充分的注意,因为不管怎样细致的观察都不能是测量的一个完全的替代。

然而,皮亚杰的思想引发了大量的研究,初等学校教师培训班的课程越来越受惠于他。在第二次世界大战后的那些年里,皮亚杰成了一个被人们所崇拜的人物,尽管心理学家们从来没有完全对他的方法感到高兴,直到20世纪70年代,对他的思想提出的批评才变得多了。[①]皮亚杰的临床方法受到了非难,部分原因是这个方法始终把他与儿童的日常世界分隔开来,但更多是因为他在跟随和驳斥有选择性的假设时不够严密精确。他提出的儿童只是通过做而学习的主张是有争议的,因为一些经验似乎表明儿童能够仅仅通过观察来学习操作性思维,而无需运用任何东西。[②] 新的研究表明在感觉过程中认知结构具有它们的基础。

最持久的批评集中在皮亚杰的道德和情感发展理论上。对于道德和情感发展这两方面,他提出了一个连续的阶段,就像认知发展的连续阶段一样。在道德发展上,皮亚杰主张,儿童通过自我中心的阶段前进到一个他接受游戏规则的阶段。他的批评者坚持认为,他低估了外部的(尤其是父母的)教导和榜样的影响;对那些探究整个道德受到社会环境影响的人来说,他的理论是完全不能被接受的。在情感发展上,皮亚杰把情感发展看做是相同的一般过程的另一个方面。他大量地依靠弗洛伊德和心理分析家,但并没有提供很多的证据来给以支持。

正如彼得斯(Richard Peters)所指出的,[③]皮亚杰在他的阶段概念上是受到康德影响的,通过这些阶段儿童把次序强加于经验的不断变

238

① 半个多世纪,皮亚杰通过他的一些含糊的语言和修改他的理论来以保护他自己。

② W·S·安东尼(W. S. Anthony):《在有关皮亚杰操作性思维的学习中的活动》(*Activity in the Learning of Piagetian Operational Thinking*),《英国教育心理学杂志》(*British Journal of Educational Psychology*),第47期(1977年2月号),第18—23页。

③ 彼得斯(Richard Peters):《伦理与教育》(*Ethics and Education*),伦敦:乔治·艾伦 & 昂温图书有限公司1971年版,第49页。[彼得斯(1919—),英国哲学家,分析教育哲学伦敦派代表人物。——译者注]

化之上。一些心理学家,著名的有内森·艾萨克斯(Nathan Isaacs)和苏珊·艾萨克斯,批评皮亚杰把每一个阶段与后面的阶段划分得太明显,并提出了他们自己的替代阶段。而且,皮亚杰专注于年龄的单一变数,而忽略了其他变数的明显影响,例如,文化差异。[①] 后来的研究对发展的实际过程的注意多于对它的阶段结构的注意。但是,作为一种对儿童认知发展的描述,皮亚杰的理论具有真理的特性,它们的影响是意义深远的。尤其在幼儿教师中间,现在对他们来说"成熟就是一切"(the readiness is all)。甚至皮亚杰的批评者也承认,"皮亚杰显然是心理学史上的巨人之一"[②]。

马克思

由于对个体给予越来越多的关注,因此,也就更加强调他的环境必然产生的影响。自20世纪以来,对人承受来自物质的、社会的和政治的沉重压力的信念逐步减弱。在智力测量领域,在遗传论者和环境论者之间产生了争论。1914—1918年大动乱之后,对国家的影响的关注以及为了公民的利益需要改变国家的考虑凸显了出来,但是,在20世纪20年代存在一个反应,反对在俄罗斯、德国和匈牙利的惊恐的暴力。30年代的经济衰退、法西斯主义者的冒险以及另一次世纪大战对形成一个普遍的信念作了贡献,即必须将社会从教育事业的坏人转变为教育事业的英雄。

---

① 布鲁纳:《教育的关联性》,第24页。

② 简·斯梅德伦德(Jan Smedlund),引自巴格诺尔(Nicholas Bagnall)的一篇论文,载《泰晤士周刊教育副刊》(*Times Educational Supplement*)1977年3月18日。论述皮亚杰的著作有,鲁思·M·比尔德(Ruth M. Beard):《皮亚杰发展心理学概要》(*An Outline of Piaget's Developmental Psychology for Students and Teachers*),伦敦:劳特里奇＆基根·保罗图书有限公司1969年版;米尔德莱德·哈德曼(Mildred Hardeman)编:《儿童认知的方式:内森·艾萨克斯论教育、心理学和皮亚杰》(*Children's Ways of Knowing: Nathan Isaacs on Edcuation, Psychology and Piaget*),美国教师学院出版社1974年版。

在这一时期,对教育具有最大影响的思想家完全不是专业的教育家,而是政治哲学家。在卡尔·马克思(Karl Marx)看来,①人的社会存在决定他的意识。因此,马克思的哲学观念不是沉思而是行动。他的墓碑上引用了他的《第十一篇论文》(*Eleventh Thesis*)中的一句话:"哲学家只是用各种方式去解释世界,然而,关键在于改变它。"马克思仅仅对改善普通人的生活质量的思想感兴趣。他相信,全部历史和思想是经济因素的产物,所以,西方国家制度的特有的特征是它们的资本主义经济。尽管受到黑格尔的影响,但马克思不同于黑格尔,强调对历史和社会现象的唯物主义解释;他不仅把国家比它的全体公民更重要的神秘的和理想主义理论看做是胡说,而且看做是对它的公民利益的危险。对马克思来说,资本主义是一个彻头彻尾的坏制度,②对在这个制度下生活的那些人的大多数是有害的,因为它强占而不支付每一个工人的劳动份额,必然会不断强迫每一个工人提高他自己的生产率以维护其本身:"资本主义生产在本质上不关心它所生产的任何产品的特定的使用价值和与众不同的特点。在生产的每一个方面,它仅仅考虑生产的剩余价值,以及占用体现在劳动产品上的一定数量的不付报酬的劳动。"③

而且,因为资本主义是建立在交换价值甚于使用价值的基础上的,所以,它破坏了事物的自然规律。这里,马克思可能说到了卢梭的意见。但是,他认为,资本主义的生命危在旦夕,希望工人所喜爱的社会主义国家的一些形式必然会发生。马克思把会导致变化的动态的政治信条看做是共产主义:"在资本主义社会和共产主义社会之间,存在着从一个社会到另一个社会的革命变革的时期。与这一致的也是一个政

---

① 马克思(Karl Marx,1818—1883),《资本论》(*Capital*),6卷本。伦敦:劳伦斯 & 威沙特图书公司;《马克思著作选》(*Selected Works*),2卷本,莫斯科:外语出版社。参见戴维·麦克莱伦(David McLellan):《卡尔·马克思:他的生平与思想》(*Karl Marx: His Life and Thought*),伦敦:麦克米伦图书有限公司1973年版。

② 关于它的性质,它是马克思所批判的资本主义理论,并不是它在西欧和美国的真实表现。

③ 马克思:《资本论》,第3卷,第191页。

治变革的时期,在这个时期中国家只能是无产者的革命专政。"①

事实上,马克思并没有把更多的注意力放在变化的方法上。这留给了他的追随者,其中,著名的是列宁(Lenin)。他强调和发展了在革命初期和革命国家中需要的方法:"没有一个暴力革命,无产阶级国家要替代资产阶级国家是不可能的。"②只有通过无产阶级变成统治阶级,才能实现推翻资产阶级,才能镇压资产阶级的不可避免的和铤而走险的反抗,组织所有的劳动者和被剥削的民众争取新的经济秩序。③

然而,马克思主义用它的后来形式中的一两种形式,在 20 世纪中期成为了最强有力的政治力量。随着宗教的衰弱并因为它强调的是来世幸福,马克思主义者呼吁"友爱"(fraternity)为人世间的幸福提供了一些希望,但是,要等到资本主义(它的特性是消灭友爱)失败之后才能实现。④

马克思的追随者非常重视他的被看做是"辩证的"哲学方法,从黑格尔的正题—反题—合题发展而来。事实上,马克思很少提及这一概念,尽管他写过"思维通过否定而得到提高"这样的话。正如威廉·里昂·麦克布赖德(William Leon McBride)所认为的,⑤对描述马克思的哲学过程(理论—调查—重新陈述)的步骤来说,它可能是更加正确的。然而,马克思主义者抓住辩证法把它作为抨击现行的思想体系和政府的理想工具。对他们来说,反抗成为了前进的唯一方法;渐进主义和折中方法是无效的自由主义工具,是完全不能接受的。

怀特海

当然,调和个人与他的社会对抗的主张的问题就像教育一样古老。

---

① 马克思:《哥达纲领批判》(*Critique of the Gotha Programme*),《马克思著作选》,第 2 卷,第 30 页。

② 列宁:《国家与革命》(*State and Revolution*),1918 年。

③《国家与革命》。

④ 参见彼得斯:《伦理与教育》,第 218—221 页。

⑤ 麦克布赖德(William Leon McBride):《马克思的哲学》(*The Philosophy of Marx*),伦敦:赫钦森图书公司 1977 年版,第 56 页。

在 20 世纪中期,当自由逐渐被上升为一种绝对的好事情时,这个问题具有了一种新的尖锐性和紧迫性。从 20 世纪 20 年代到 50 年代,早期的解决方案集中关注的是,保护个人不受其无法控制的社会腐败行动的影响,通过心理的独立来训练他不受社会压制的影响。也许,在长期的历程中,人类将改组社会,使之更加接近一个民主的理想。除了约翰·杜威之外,在这一时期,最重要的哲学家就是怀特海(Alfred North Whitehead),①他的学说对教育产生了直接的影响。怀特海对当代形而上学家的控诉是:他们把抽象误以为现实,所以,他对现行教育忽略现实的批评也同样带有人为性:"现在,我们的教育把对一些抽象的彻底研究与对大量抽象的微小研究结合起来。在我们的日常教育工作中,我们完全太书生气了。"②像杜威一样,怀特海抵制一种被动的教育,而赞成一种主动的教育,在儿童思维活动的训练中,最重要的是我们必须当心我称之为"无活力概念"(inert ideas)的东西"——也就是说,概念仅仅是被接受而进入心里,但没有被利用或检验,或者陷入无经验的结合。③"从儿童教育的最早期起,儿童应该体验发现的乐趣。"④怀特海总结性地断言,在所有的教育中,失败的主要原因是缺乏新意。⑤

怀特海提倡,为所有的学习者提供一种综合的课程、一种全面的教育。而在《教育的目的》(*The Aims of Education*)中,他指出:对教育来说只有一门学科,那就是生活的一切方面。⑥ 后来,他承认,课程具有三

241

---

① 怀特海(1861—1947),主要著作有:《理想的冒险》(*Adventures of Ideas*),哈蒙茨沃思:佩利坎图书公司 1948 年版;《教育的目的》(*The Aims of Education*),伦敦:欧内斯特·本图书公司 1962 年版。参见 W·梅斯(W. Mays):《怀特海的哲学》(*The Philosophy of Whitehead*),伦敦:乔治·艾伦 & 昂温图书有限公司 1959 年版;哈罗德·B·邓克尔(Harold B. Dunkel):《怀特海论教育》(*Whitehead on Education*),哥伦布:俄亥俄州立大学出版社 1965 年版。

② 怀特海:《科学与近代世界》(*Science and the Modern World*),纽约:新美国图书馆,1964 年,第 177 页。

③ 怀特海:《教育的目的》,第 1—2 页。

④《教育的目的》,第 3 页。

⑤《教育的目的》,第 86 页。

⑥《教育的目的》,第 10 页。

个方面:"有三个主要的方法,这些方法是一个国家教育体系所需要的,也就是文学课程、科学课程和技术课程。但是,在这些课程中的每一种课程都应该包括其他两种课程。我的意思是,每一种教育形式应该给儿童一种方法、一种科学、各种普遍观念和美学欣赏,而且,他的这些方面训练中的每一种训练都应该受到其他方面的启发。"①怀特海完全反对一种狭隘的技术教育,因为它使一个人仅仅准备去适合他所生活的社会:"如果在我们可能面临困难时,你显然希望增加一些剧烈变动的机会,广泛引入技术教育而忽视祈福式的理想,那么,社会将得到它应该得到的东西。"②

然而,最近,教育思想越来越关注通过直接改变社会来改变均衡的条件。20 世纪 60 年代和 70 年代,在西方国家,尤其在美国,不能允许现行组织继续存在的信念不断增长,且紧迫感日强。许多美国城市的中心地区已成为一个贫民窟,仅仅是社会下层的人在那里居住。持久的贫困总会产生它自己的文化,只关注自己的生存,不效忠于国家的任何更广泛的文化。现今,在那些处于不利地位的团体中出现一种日益增长的感觉,他们的生活条件不是没有希望的,而是能够得到改善的,不过这只有通过社会结构的激烈变革来实现。问题是如何引导这种感觉以避免剧变;科南特(James Bryant Conant)③在"充满活力的"1961年曾对这种情况提出了警告。

曼海姆

放任主义已经死亡。从 20 世纪 30 年代起,一些政治和教育观察家逐渐认识到迫切需要一个计划社会。涂尔干(Émile Durkheim)④认

---

① 《教育的目的》,第 75 页。
② 《教育的目的》,第 68—69 页。
③ 科南特(1893—1978),美国化学家、教育家。——译者注
④ 涂尔干(1858—1917):《社会学方法的法则》(*Rules of Sociological Method*),伦敦:科利尔—麦克米伦图书有限公司 1964 年版。[涂尔干,法国教育社会学家。——译者注]

为,所有的教育都是有意识地、有条理地把一定的行为方式和一定的价值观强加给它的学生,而这些行为和价值观是那些教育制度得以运行的社会所接受的。卡尔·曼海姆(Karl Mannheim)①是一个从纳粹统治下逃出来的难民,寻求在放任主义和极权主义之间的一条中间道路,一个有计划的和民主管理的社会,为生活在其中的个人谋求利益。他认为,所有思想都是由社会所决定的,并假定其基本价值观具有广泛的一致性。这种假设引起了广泛批评。这里,他触及了计划社会的一个首要困难——在许多公民中号召为了它作出牺牲。正如彼得斯所指出的,②民主是一个困难的政府形式,因为它赖以为基础的道德原则,诸如公平、自由和考虑他人的利益等,必须强加在其他方面的强大的自然倾向上。所以,在一个计划社会里,教育是最重要的。事实上,曼海姆认为,教育应该以社会为中心,而不是以儿童为中心;家庭、学校和社区应该具有共同的目的,不可能在西方社会赖以为基础的"核心"家庭背景下为每一个人提供一种充分的社会教育。平衡是必要的。一个儿童应该受到教育,既是为了独创性,又是为了一致性。对前者强调太多,你鼓励了神经官能症;对后者过分强调,你的社会变得僵化和枯萎。作为新兴科学的社会学在使个人理解他所生活的社会和认识到牺牲的必要性方面是无价的。这就是简·弗拉德(Jean Floud)所说的"拯救福音要通过社会学"。像怀特海一样,曼海姆要求一种广泛的教育,它比一种纯粹的技术训练要广泛得多,这种教育期望并促进一致性。

布鲁纳

20世纪50年代和60年代初期的课程改革在美国和西欧国家试图

---

① 卡尔·曼海姆(1893—1947),主要著作有:《我们时代的特征简述》(*Diagnosis of Our Time*),伦敦:劳特里奇 & 基根·保罗图书有限公司1943年版;《教育社会学导论》(*An Introduction to the Sociology of Education*),伦敦:劳特里奇 & 基根·保罗图书有限公司1962年版。[曼海姆,德国社会学家。——译者注]

② 彼得斯:《论理与教育》,第319页。

在制度内部进行温和的变革。布鲁纳把课程改革描述为"一种促使更年幼的儿童更加有效地掌握那些体现在所学各科知识中的重要理念所做的努力……为他们发明了能够掌握文化的方法"①。同样,在系统内部采取了一些有组织的权宜之际的措施——例如,建立社区学校(the community school),希望它会对社区产生有益的影响。然而,从20世纪60年代中期起,改革家变得急躁起来,并寻求更加激进的解决方法,他们感到,不能再等待想象中的黄金时代了。

这样的一个解决方法就是机会平等学说——"补偿教育"(compensatory education)。② 这超越了没有哪个评论者会持异义的公正,积极提倡对儿童区别对待,对那些处境妨碍他们自然发展的人给予更多的关心和帮助。这就是美国"幼儿早年教育"(Headstart)计划③和英国建立"教育优先发展区"(Educational Priority Areas)④的理论基础,在对它的赞成上存在着法律和教育上的明显争论。不幸的是,它们常常由于支持者而被污损名声,这些支持者实际上抨击着与这种不平等相连的社会态度,他们示威反对特权而不是争取公正。彼得斯提出的原则中的否定性说法对理解更有益处:"不应该事先假设任何人可以要求比他人更好的待遇",立场必须明确。⑤ 然而,存在的问题一直没有解决,即如何通过改变一个儿童的环境而能够更好地增加学习的智力和才能。这个问题继续引起了十分激烈的论战。1969年,詹森(A. R. Jensen)⑥发表了一个声明:遗传解释了智商(IQ)差异的百分之八十,这引起了反对的风暴,有时理由是充分的,但常常是在人文主义的基础上

---

① 布鲁纳:《教育的关联性》,伦敦:乔治·艾伦&昂温图书有限公司1971年版,第17—19页。

② 补偿教育,美国提高贫苦儿童教育水平的教育。——译者注

③ 幼儿早年教育计划,美国联邦政府为低收入家庭3—5岁的儿童提供资助的计划。——译者注

④ 教育优先发展区,英国在1967年的《普洛登报告》(*The Plowden Report*)[名为:"儿童和他们的小学"]中提出,对城市教育处境不利地区增加财政投入和改善学校条件。——译者注

⑤ 彼得斯:《论理与教育》,第121页。

⑥ 詹森(1923—),美国教育心理学家。——译者注

的而不是科学的基础上的。① 弗农(P. E. Vernon)②提出,就遗传与环境对人的发展重要性而言,接受二比一的比率会使多数人满意,除了少数极端分子之外。但是,这个论战并没有表现出减弱的迹象。③

伊里奇

对个人与社会关系这个问题的一个更为激进的解决方法,出现在20世纪70年代初期。它的最令人信服的提议者是伊里奇(Ivan Illich),他在强调教育过程的决定论上追随涂尔干。他写到"潜在课程"(hidden curriculum)④时,认为隐性课程使学生相信学校教育本身是有价值的,把学问变成一个物品而不是有用的活动,用来奖励那些能够记住事实的人,最后形成十足的"知识—资本主义"(knowledge-capitalism)。人们并不感到奇怪的是,学校未能做到对大多数学生的重视或关注,因而玩忽职守、不服从和野蛮行为是通常的事情。从制度内部进行改革的希望并没有得到实现,因为这个制度本身是不健全的。例如,综合教育从来没有被完全尝试过,因为它并不适合教育机构的模式。甚至尼尔和他的朋友所建立的那所自由学校也不过是一种自由的幻想,因为它们是"被保护的花园"(protected gardens),它们制定了自己的规则,但却未能为毕业生走向外界生活做好准备。所有的学校都将教师的作用限制在教室里了,使得教育成为一种人工的或非自然的事业。教师们通过自己创造的职业神秘性增强了这种曲解,将那些没有合格证的从业者打上了江湖医生的烙印。

伊里奇的结论是必然的:"我认为,学校的废除已成为不可避免的

244

① 詹森:《我们能够提高多少智商和学业成就》(*How Much Can We Boost I. Q. and Scholastic Achievement*),《哈佛教育评论》(*Harvard Educational Review*),(1969年)第39期,第1—123页。
② 弗农(1905—),英国心理学家。——译者注
③ 韦德·P·瓦玛、菲利普·威廉:《皮亚杰:心理学与教育》,第40页。
④ 伊里奇:《学校教育的替换物》(*The Alternative to Schooling*),《星期日评论》(*Saturday Review*),1971年6月19日,第44—48页。

事情,这个幻想的目的使我们充满着希望。"这个结果就是被称之为"非学校化"(deschooling)①的运动,通过这个运动学校被废除了,而由父母承担他们孩子的教育责任;年轻人将通过自我学习兴趣和自由市场的经营活动来寻求他们自己的教育。所有的现代技术资源将得到开发,以提供足够的学校体制外的教育服务。"每一个人就是他自己的教师。"

伊里奇最初的写作是针对第三世界尤其是南美洲问题的,但是,他的学说被一些过激分子所关注,他们不满西方的资本主义教育,他们倾向于把他视为新的救世主。② 另一方面,同样是必然的,伊里奇的思想受到了严厉的反对。胡克(Sidney Hook)认为,伊里奇的《非学校化社会》(Deschooling Society)③"这本时髦的和愚蠢的著作是……一本荒谬的过激理论的著作,没有理由吸引任何具有正常的共同感觉的人的很多注意"④。在伊里奇的学说中,除了它的模糊不清外,最明显的不足就是缺少实际的替代物。与两个世纪前卢梭所建议的爱弥儿(Émile)⑤的自然教育相比,对于已经成型的教育制度来说,伊里奇的学说并不令人担忧。但是,它是对权威的令人厌烦的和扭曲的效果的普遍反抗的组成部分。在 20 世纪最后的 25 年里,没有教育思想会支配任何的信念,除非它为了反对这些影响和保证发展的自由而使一些建议具体化。

在 20 世纪 70 年代后期,已有迹象表明对自由的狂热崇拜本身是过分的。责任性在美国成为了口号,并在英国进行了实践。它自由地阐明,补偿教育已经使用了大量的资金,但并没有表现出任何有深刻印象的结果。实验方法没有能够提供它们所承诺的东西,因而出现了一

①这个名称是约翰·霍尔特(John Holt)在 1971 年的《重新阐述》(Reformulations)中的一封信里所提出的。

②参见彼得·伦德(Peter Lund):《伊里奇》(Illich),《泰晤士杂志教育副刊》(Times Educational Supplement),1977 年 1 月 21 日。

③伊里奇:《非学校化社会》(Deschooling Society),哈蒙茨沃思:佩古因图书公司1973 年版。

④胡克:《教育与权力的控制》(Education and the Taming of Power),纽约:阿尔克夫出版社 1974 年版,第 90、166 页。

⑤爱弥儿,18 世纪法国教育家卢梭的教育著作《爱弥儿》的主人公。——译者注

种回到更严格的管理和测量结果的要求。英国工党政府的首相和教育大臣就发表了使用这样一种语调的声明。最后要分析的是,左派、右派和中间派教育学者传播的学说依据的是他们各自的观点。正如弗雷德·克拉克爵士(Sir Fred Clarke)①所指出的,根据相信还是不相信原罪说(Original Sin),所有的教育哲学家分成了两派。教育的争论仍然在卢梭的信徒和柏拉图的信徒之间进行着。

---

① 克拉克(1880—1952),英国教育家。——译者注

文献书目

第一章 "伟大教育家"

Whitehead, A. N., *Process and Reality: An Essay on Cosmology* (New York: Harper & Row, 1957).

第二章 柏拉图

Bambrough, Renford, *Plato, Popper and Politics: Some Contributions to a Modern Controversy* (Cambridge: Heffer, 1967).

Barclay, W., *Educational Ideals in the Ancient World* (London: Collins 1959).

Barrow, Robin, *Plato, Utilitarianism and Education* (London: Routledge & Kegan Paul, 1975).

Beck, F. A. G., *Greek Education, 450—350 B. C.* (London: Methuen, 1964).

Black, R. S., *Plato's Life and Thought* (London: Routledge & Kegan Paul, 1949).

Bowen, James, *A History of Western Education*, vol. I, *The Ancient World* (London: Methuen, 1972).

Boyd, W., *Plato's Republic for Today* (London: Heinemann, 1962).

Crossman, R. H., *Plato Today* (London: Allen & Unwin, 1963).

Gross, Barry (ed.), *Great Thinkers on Plato* (New York: Capricorn Books, 1969).

Jaeger, Werner, *Paideia: The Ideals of Greek Culture*, trans. G. Highet (Oxford: Basil Blackwell, vol. I, 1939; vol. II, 1944; vol. Ⅲ, 1945).

Livingstone, R. W., *Portrait of Socrates* (OUP, 1938).

——, *Plato and Modern Education* (CUP, 1944).

Lodge, R. C., *Plato's Theory of Education* (London: Routledge & Kegan Paul, 1947).

Marrou, H. I., *A History of Education in Antiquity*, trans. G. Lamb (London: Sheed & Ward, 1956).

Nettleship, R. L., *The Theory of Education in the Republic of Plato* (OUP, 1935).

——, *Lectures on the Republic of Plato*, 2nd ed. (London: Macmillan, 1958).

Plato, *The Epinomis of Plato*, trans. J. Harward (OUP, 1928).

——, *The Laws*, trans. Trevor J. Saunders (Harmondsworth: Penguin Books, 1970).

——, *The Republic*, trans. H. D. P. Lee (Harmondsworth: Penguin Books, 1955).

——, *Works*, trans. Benjamin Jowett (OUP, 1875).

Popper, K. R., *The Open Society and Its Enemies*, vol. I, *The Spell of Plato* (London: Routledge & Kegan Paul, 1966).

Russell, Bertrand, *Unpopular Essays* (London: Allen & Unwin, 1950).

Taylor, A. E., *Socrates* (London: Peter Davies, 1933).

——, *Plato: The Man and His Work* (London: Methuen, University Paperbacks, 1960).

第三章　昆体良

Bowen, James, *History of Western Education*, vol. I, *The Ancient World* (London: Methuen, 1972).

Clarke, M. L., 'Quintilian: A Biographical Sketch', in *Greece and Rome*, 2nd ser., xiv (April 1967).

Colson, F. H., *M. Fabii Quintiliani Institutionis Oratoriae*, *Liber I* (CUP, 1924).

Downes, John F., 'Quintilian Today', in *School and Society*, LXXIII (March 1951).

Gwynn, A., *Roman Education from Cicero to Quintilian* (Oxford: Clarendon Press, 1926).

Kennedy, George, *Quintilian* (New York: Twayne, 1969).

Quintilian, *Institutio Oratoria*, trans. H. E. Butler (Loeb Classical Library) 4 vols(London: Heinemann, 1921).

Wilkins, A. S., *Roman Education* (CUP, 1905).

第四章　罗耀拉

Bowen, James, *History of Western Education*, vol. II, *Civilization of Europe* (London: Methuen, 1975).

Brodrick, James, *The Origin of the Jesuits* (London: Longmans Green, 1940).

——, *The Progress of the Jesuits* (London: Longmans Green, 1947).

——, *Saint Ignatius Loyola: The Pilgrim Years* (London: Burns & Oates, 1956).

Elliot-Binns, L. E., *England and the New Learning* (London: Lutterworth Press, 1937).

Farrell, Alan P., *The Jesuit Code of Liberal Education: Development and Scope of the Ratio Studiorum* (Milwaukee: Bruce

Publishing Co. , 1938).

Fitzpatrick, E. A. , *St Ignatius and the Ratio Studiorum* (New York and London: McGraw-Hill, 1933).

Ganss, George E. , *Saint Ignatius' Idea of a Jesuit University* (Milwaukee: Marquette University Press, 1956).

Hughes, T. , *Loyola and the Educational System of the Jesuits* (London: William Heinemann, 1892).

Loyola, Ignatius of, *The Autobiography of St Ignatius Loyola*, *with Related Documents*, ed. John C. Olin, trans. Joseph O'Callaghan (New York: Harper Torchbooks, 1974).

Matt, Leonard von, and Rahner, Hugo, *St Ignatius of Loyola: A Pictorial Biography*, trans. John Murray (London: Longmans Green, 1956).

Pachtler, G. M. , *Monumenta Germaniae Paedagogica* (Berlin, 1887—94).

Schwickerath, R. , *Jesuit Education: Its History and Principles* (St Louis: B. Herder, 1903).

Thompson, Francis, *Saint Ignatius Loyola* (London: Burns & Oates, 1909).

Tillyard, E. M. W. , *The English Renaissance: Fact or Fiction* (London: Hogarth Press, 1952).

Van Dyke, Paul, *Ignatius Loyola: The Founder of the Jesuits* (New York and London: Charles Scribner's Sons, 1927).

第五章 夸美纽斯

Beneš, E. , *et al.* , *The Teacher of Nations: Addresses and Essays in Commemoration of the Visit to England of Jan Amos Komensky*, *Comenius*, *1641—1941* , ed. Joseph Needham(CUP, 1942).

Bowen, J. , *Orbis Sensualium Pictus by Joannes Amos Comenius* (New York: International School Book Service, 1967).

Comenius, J. A., *The Labyrinth of the World and the Paradise of the Heart* (London: Dent's Temple Classics, 1905).

——, *The School of Infancy*, ed. E. M. Eller (University of North Carolina Press, 1957).

Corcoran, T., *Studies in the History of Classical Teaching* (London: Longmans Green & Co., 1911).

Jelinek, V., *The Analytical Didactic of Comenius* (University of Chicago Press, 1954).

Keatinge, M. W., *The Great Didactic of John Amos Comenius* (London: A. & C. Black, 1910).

Laurie, S. S., *John Amos Comenius* (CUP, 1899).

Sadler, John E., *J. A. Comenius and the Concept of Universal Education* (London: Allen & Unwin, 1966)

Spinka, Matthew, *John Amos Comenius: That Incomparable Moravian* (University of Chicago Press, 1943; repr. 1973).

Turnbull, G. H., *Hartlib, Dury and Comenius* (University Press of Liverpool, 1947).

Young, R. F., *Comenius in England* (OUP, 1932).

第六章　洛克

Axtell, James L., *The Educational Writings of John Locke* (CUP, 1968).

Cranston, Maurice, *John Locke: A Biography* (London: Longmans Green, 1957).

Dewhurst, K., *John Locke, Physician and Philosopher: A Medical Biography* (London: Wellcome Historical Medical Library, 1963).

Gay, Peter (ed.), *John Locke on Education* (New York: Teachers' College, 1964).

Laslett, Peter, *John Locke: Two Treatises of Government* (CUP, 1960).

O'Connor, D. J., *John Locke* (Harmondsworth: Penguin Books, 1952).

Quick, R. H., *Some Thoughts Concerning Education by John Locke* (CUP, 1895).

Stocks, J. L. *et al.*, *John Locke: Tercentenary Addresses Delivered in the Hall at Christchurch* (OUP, 1933).

Yolton, John W., *John Locke: Problems and Perspectives* (Philadelphia Book Co., 1971).

——, *John Locke and Education* (Philadelphia Book Co., 1971).

第七章　卢梭

Boyd, W., *Émile for Today* (London: Heinemann, 1956).

——, *Educational Theory of Jean-Jacques Rousseau* (London: Longmans, 1911; repr. 1963).

Claydon, Leslie F., *Rousseau on Education* (London: Macmillan, 1969).

Compayre, Gabriel, *Jean-Jacques Rousseau and Education from Nature* (New York: B. Franklin, 1907; repr. 1972).

Green, F. C., *Jean-Jacques Rousseau: A Critical Study of His Life and Writings* (CUP, 1955).

Grimsley, R., *Jean-Jacques Rousseau: A Study in Self-awareness*, 2nd ed. (Cardiff: University of Wales Press, 1970).

——, *The Philosophy of Rousseau* (OUP, 1973).

Macdonald, Frederika, *Jean-Jacques Rousseau: A New Criticism* (London: Chapman & Hall, 1906).

Rousseau, Jean-Jacques, *Emile*, trans. Barbara Foxley (Everyman ed., London: Dent, 1911).

Sahakian, M. and W., *Rousseau as Educator* (New York: Twayne, 1974).

第八章　裴斯泰洛齐

Green, J. A. (ed.), *Pestalozzi's Educational Writings* (London: Edward Arnold, 1912).

Heafford, M. R., *Pestalozzi* (London: Methuen, 1967).

Herbart, J. F., *ABC of Sense Perception and Minor Pedagogical Works*, trans. W. J. Eckoff (New York: D. Appleton, 1903).

Pestalozzi, J. H., *How Gertrude Teaches Her Children*, trans. Lucy E. Holland and Francis C. Turner (London: Swan Sonnenschein, 1907).

Silber, Kate, *Pestalozzi: The Man and His Work*, 3rd ed. (London: Routledge & Kegan Paul, 1973).

第九章　赫尔巴特

Adams, J., *The Herbartian Psychology Applied to Education* (London: Isbister, 1909).

Dunkel, Harold B., *Herbart and Herbartianism: An Educational Ghost Story* (University of Chicago Press, 1970).

Herbart, J. F., *Textbook of Psychology*, trans. Margaret K. Smith (New York: D. Appleton, 1891).

——, *ABC of Sense Perception and Minor Pedagogical Works*, trans. W. J. Eckoff(New York:D. Appleton, 1903).

——, *Outlines of Educational Doctrine*, trans. A. F. Lange (New York: The Macmillan Co., 1904).

——, The Science of Education, trans. H. M. and E. Felkin (London: Swan Sonnenschein, 1904).

第十章　福禄培尔

Froebel, Friedrich, *Autobiography of Friedrich Froebel*, trans. E.

Michaelis and H. K. Moore (London: Swan Sonnenschein, 1886).

——, *Letters on the Kindergarten*, trans. E. Michaelis and H. K. Moore (London: Swan Sonnenschein, 1891).

——, *The Pedagogics of the Kindergarten*, trans. Josephine Jarvis (London: Edward Arnold, 1900).

——, *Education by Development*, 2nd part of *The Pedagogics of the Kindergarten*, trans. Josephine Jarvis (New York: D. Appleton, 1905).

——, *The Education of Man*, trans. W. N. Hailman (New York: D. Appleton, 1909).

Kilpatrick, W. H., *Froebel's Kindergarten Principles Critically Examined* (New York: The Macmillan Co., 1916).

Lawrence, Evelyn (ed.), *Friedrich Froebel and English Education* (London: Routledge & Kegan Paul, 1952; repr. 1969).

Lilley, Irene M., *Friedrich Froebel: A Selection from His Writing* (CUP, 1967).

Marenholz-Bülow, Baroness B. von, *Reminiscences of Friedrich Froebel*, trans. Mrs Horace Mann (Boston: Lee & Shepherd, 1895).

第十一章　蒙台梭利

Kilpatrick, W. H., *The Montessori System Examined* (Boston: Houghton Mifflin, 1914).

Lillard, Paula P., *Montessori: A Modern Approach* (New York: Schocken Books, 1972).

Montessori, M., *The Montessori Method*, trans. Anne E. George (London: William Heinemann, 1912).

——, *The Advanced Montessori Method*, trans. Florence Simmonds and Lily Hutchinson (London: William Heinemann, 1917).

——, *The Secret of Childhood*, trans. and ed. Barbara B. Carter

(London: Longmans Green, 1936).

——, *The Absorbent Mind* (Wheaton, Ill.: Theosophical Press, 1964).

Orem, R. C., *Montessori Today* (New York: Putnam, 1971).

Rambusch, Nancy, *Learning How to Learn: An American Approach to Montessori* (New York: Taplinger Publishing Co., 1962).

Standing, E. M., *Maria Montessori: Her Life and Work* (London: Hollis & Carter, 1957).

第十二章　杜威

Brickman, W. W., and Lehrer, S. (eds), *John Dewey: Master Educator* (New York: Society for the Advancement of Education, 1959).

Dewey, John, *The School and Society* (University of Chicago Press, 1900).

——, *How We Think* (London: D. C. Heath & Co., 1909).

Dewey, John, *Democracy and Education* (New York: The Macmillan Co., 1916).

——, *The Quest for Certainty* (New York: Minton, Balch & Co., 1929).

——, *A Common Faith* (New Haven: Yale Univ. Press, 1934).

——, *Freedom and Culture* (London: Allen & Unwin, 1940).

Hook, Sidney, *Education and the Taming of Power* (London: Alcove Press, 1974).

Mayhew, K. C., and Edwards, A. C., *The Dewey School* (New York: D. Appleton-Century Co., 1936).

Schlipp, Paul Arthur (ed.), *The Philosophy of John Dewey* (Evanston and Chicago: Northwestern University Press, 1939).

Skilbeck, Malcolm, *Dewey* (London: Macmillan, 1970).

White, Morton G., *The Origin of Dewey's Instrumentalism* (New

York：Columbia University Press，1943).

Wirth, Arthur G. , *John Dewey as Educator* (New York：Wiley，1966).

第十三章　20世纪教育家

Adler, Alfred, *The Practice and Theory of Individual Psychology*, trans. P. Radin (London：Kegan Paul & Co. , 1924).

Beard, Ruth M. , *An Outline of Piaget's Developmental Psychology for Students and Teachers* (London：Routledge & Kegan Paul, 1969).

Brearley, M. , and Hitchfield, E. , *A Teacher's Guide to Reading Piaget* (London：Routledge & Kegan Paul, 1966).

Brown, J. A. C. , *Freud and the Post-Freudians* (Harmondsworth, Penguin Books, 1964).

Bruner, Jerome, *The Relevance of Education* (London：Allen & Unwin, 1971).

Burt, Cyril, *The Backward Child*, 5th ed. (University of London Press, 1961).

——, *The Young Delinquent*, 4th ed. (University of London Press, 1969).

Cioffi, Frank (ed.), *Freud* (Modern Judgements series; London：Macmillan, 1973).

Clarke, Fred, *Freedom in the Educative Society* (University of London Press, 1948).

Curtis, S. J. , and Boultwood, M. E. A. , *A Short History of Educational Ideas*, 3rd ed. (London：University Tutorial Press, 1961).

Dunkel, Harold B. , *Whitehead on Education* (Ohio State University Press, 1965).

Durkheim, Émile, *Rules of Sociological method* (London：Collier-

Macmillan, 1964).

Freud, Sigmund, *The Psychopathology of Everyday Life* (London: Hogarth Press, 1953).

——, *Beyond the Pleasure Principle* (London: Hogarth Press, 1920).

Gesell, Arnold, *The Normal Child and Primary Education* (London: Ginn, 1912).

——, (ed.), *The First Five Years of Life* (London: Methuen, 1966).

——, and Frances Ilg, *The Child from Five to Ten* (London: Hamish Hamilton, 1965).

——, Frances Ilg and Louise Bates Ames, *Youth: The Years from Ten to Sixteen* (London: Hamish Hamilton, 1965).

Hardeman, Mildred (ed.), *Children's Ways of Knowing: Nathan Isaacs on Education, Psychology and Piaget* (USA Teachers' College Press, 1974).

Illich, Ivan, *Deschooling Society* (Harmondsworth: Penguin Books, 1973).

Isaacs, Susan, *The Intellectual Growth of Young Children* (London: Routledge & Kegan Paul, 1930).

——, *The Children We Teach* (University of London Press, 1932).

——, *The Social Growth of Young Children* (London: Routledge & Kegan Paul, 1937).

Jacobi, Jolande, *The Psychology of C. G. Jung*, 6th ed. (London: Routledge & Kegan Paul, 1962).

Jones, Ernest, *Life and Work of Sigmund Freud*, 3 vols (London: Hogarth Press, 1958).

Jung, C. G., *Psychology of the Unconscious* (London: Kegan Paul, 1916).

Lawrence, Elizabeth, *The Origins and Growth of Modern Education* (Harmondsworth: Penguin Books, 1972).

Lister, Ian, *Deschooling: A Reader* (CUP, 1974).

McBride, William Leon, *The Philosophy of Marx* (London: Hutchinson, 1977).

McLellan, David, *Karl Marx: His Life and Thought* (London: Macmillan, 1973).

Mannheim, Karl, *Diagnosis of Our Time* (London: Routledge & Kegan Paul, 1943).

Mannheim, Karl, and Stewart, W. A. C., *An Introduction to the Sociology of Education* (London: Routledge & Kegan Paul, 1962).

Mays, W., *The Philosophy of Whitehead* (London: Allen & Unwin, 1959).

Morrish, Ivor, *The Disciplines of Education* (London: Allen & Unwin, 1968).

Neill, A. S., *Summerhill: A Radical Approach to Education* (London: Gollancz, 1962).

Nisbet. R. A., *Émile Durkheim* (New York: Prentice-Hall, 1965).

Nunn, Percy, *Education: Its Data and First Principles*, 2nd ed. (London: Edward Arnold, 1930).

Perry, Leslie R., *Four Progressive Educators* (London: Collier-Macmillan, 1967).

Peters, Richard, *Ethics and Education* (London: Allen & Unwin, 1970).

Piaget, Jean, *The Moral Judgment of the Child* (London: Kegan Paul, 1932).

——, *The Psychology of Intelligence* (London: Routledge & Kegan Paul, 1950).

——, *The Growth of Logical Thinking* (London: Routledge & Kegan Paul, 1958).

——, *The Language and Thought of the Child*, 3rd ed. (London:

Routledge & Kegan Paul, 1960).

Schonell, Fred, *Backwardness in the Basic Subjects* (Edinburgh: Oliver & Boyd, 1942).

Varma, Ved P., and Williams, Philip (eds), *Piaget, Psychology and Education: Papers in Honour of Jean Piaget* (London: Hodder & Stoughton, 1976).

Way, Lewis, *Alfred Adler: An Introduction to His Psychology* (Harmondsworth: Penguin Books, 1956).

Whitehead, Alfred N., *Adventures of Ideas* (Harmondsworth: Pelican Books, 1948).

——, *The Aims of Education* (London: Ernest Benn, 1962).

人名与主题索引

'Great Educator', 1—6, 233

Greek, 40, 75, 95

Greek education, 11—13, 120

Green, T. H. , 16

guardians, Platonic, 14—16

'Headstart', 243

health education, 74, 89—90, 99

hedonism, 222

Hegel, G. W. F. , 5, 102, 116, 156, 179, 182, 183, 184, 186, 217, 218, 239, 240

Heine, Heinrich, 40

Herbart, J. F. , 2, 3, 4, 5, 6, 20, 70, 78, 113, 114, 138, 139, 141, 142, 144, 146, 147, 148, 149, 152, 154, 155—77, 179, 185, 190, 198, 235

Herbartian Psychology Applied to Education, *The* (Adams), 166, 177

Herbartian steps, the 168—70, 177

heuristic method, the, 122, 229

hidden curriculum, the, 243

history, 76, 125—7

History of Pedagogy (Raumer), 78

home education, 38—9, 66—7, 81, 89, 106—7, 140

Homer, 17, 41

Hook, Sidney, 217, 231, 244

House of Childhood, Montessori's, 193, 194, 195, 197, 198—9

How Gertrude Teaches Her Children (Pestalozzi), 139, 141—52, 165

How We Think (Dewey), 220, 227

Human Nature and Conduct (Dewey), 222

Humboldt, K. W. von, 156

Hume, David, 86, 101, 180

Hutchins, R. H. , 231

Id, the, 234

Idea of a University, *The* (Newman), 88

idealism, 179—86, 217—8, 220, 223

Illich, Ivan, 1, 243—4

inductive and deductive methods, 70, 227—9

infant education, 74, 190—2

Institutes of the Orator (Quintilian), 35—45, 46

instruction and education, 165—71, 189

instrumentalism, 219, 221, 231

interest, 164—70

Isaacs, Nathan, 214

Isaacs, Susan, 214, 234

Itard, J. , 193

Jackmann, J. , 170

James, William, 87, 162, 215, 218, 221, 222

Janua Linguarum Reserata (Comenius), 72, 78

Jefferson, Thomas, 215, 220

Jennings, H. S. , 103

Jensen, A. R. , 243

Jerome, 45

Jesuit system, the, 47—61, 71

Jones, Ernest, 161

Jouvancy, J. de, 53

Jung, Carl, 235

Juvenal, 44

Kandel, I. L. , 78

Ruskin, John, 223

Sacco and Vanzetti, 217

scepticism, 180

Schelling, F. W. J., 179, 181, 182, 184

Schmid, Barbara, 136

Schmid, Josef, 138, 146

Schonell, Sir Fred, 234

School of Infancy, *The* (Comenius), 78

Schools of Tomorrow (Dewey), 135

Schweitzer, Albert, 136

Science and the Modern World (Whitehead), 220

Science of Education, *The* (Herbart), 156, 159—76

Secret of Childhood, *The* (Montessori), 193

Séguin, Edouard, 193, 195, 196, 201, 202, 205

Seneca, 76, 102

senses, education through the, 68, 119—20, 187, 201—4

sensitive periods, 196, 213

sex education, 125, 130—1

Shaftesbury, first Earl of, 81

Skilbeck, Malcolm, 216

Social Contract, *The* (Rousseau), 101, 136, 223

society and education, 2, 13—16, 27—8, 31, 33—4, 80, 102—5, 108—9, 112—3, 230, 233, 239—45

sociology, 242

Socrates, 8, 9, 10, 11, 13, 22, 140, 219

Socratic Method, the, 9—10, 34

Some Thoughts Concerning Education (Locke), 5, 81, 87—99, 112

Sophists, the, 7—9, 36

speech training, 38

spelling, 94

译后记

  英国教育史学家罗伯特·R·拉斯克(Robert R. Rusk)和詹姆斯·斯科特兰(James Scotland)合著的《伟大教育家的学说》一书自1918年第一版以来,不仅有5次版本,而且16次重印,史料的翔实、观点的犀利、思路的清晰、分析的严密、语言的精辟,使它在西方教育史学界享有很高的学术声誉。因此,在西方教育史尤其是西方教育思想史的学习和研究中,该书一直是我国西方教育史研究学者和学生竞相阅读以及主要参考的一本重要的西方教育史经典著作。

  但是,一些高等院校限于图书馆资料条件,因而多年来不少想阅读《伟大教育家的学说》一书的教师和学生无法如愿。这次,该书被列入山东教育出版社策划的《西方教育史经典名著译丛》——国家新闻出版署"十二五"规划重点图书、2012年国家出版基金资助项目,这不仅使得更多的读者有机会阅读这本西方教育史经典著作,而且将有助于我国西方教育史尤其是西方教育思想史研究的深入。

  在2011年10月广东肇庆统稿会上,根据会议的安排,我们俩共同接受了《伟大教育家的学说》一书的翻译任务。统稿会之后,用了一年的时间,倾注了很大的精力,我们终于合作完成了该书的翻译工作。其中,合肥师范学院教师教育研究中心、安徽新华学院大学生素质教育研究中心朱镜人教授翻译"前言"和第1—7章;浙江大学教育学院博士生导师、华东师范大学基础教育改革与发展研究所研究员单中惠教授翻译第8—13章。

  考虑到《伟大教育家的学说》一书各章原来没有二级标题,再加上各章的字数又很多,有的章甚至达到了两三万字,这在一定程度上给读者的阅读带来了不便,因此,我们在翻译的基础上进行了深入的思考和反复的斟酌,在中文本目录上对各章添加了二级标题。此外,本书的注释原是集中放在书末按尾注形式处理的,为了方便读者阅读,我们将其改为脚注。在此作一说明。

在《伟大教育家的学说》一书即将付梓之际,我们衷心感谢山东教育出版社对学术著作出版的重视和支持,同时对《西方教育史经典名著译丛》的策划人及本书责任编辑蒋伟编审的辛勤工作表示最诚挚的谢意。

由于水平有限,书中的译文如有不当之处,恳请专家学者和读者批评指正。

单中惠

浙江大学教育学院

朱镜人

合肥师范学院

2013 年 3 月